한빛교회 60년사

세상을 품은 작은 교회

문영미

이한열기념관의 학예연구실장으로 일하고 있으며 역사를 기록하고 기억을 되살려 내는 일에
관심이 많다. 펴낸 책으로 「기린갑이와 고만네의 꿈」, 「아무도 그녀의 이야기를 들어주지 않았
다」, 「새벽의 집」이 있다. 또 동화 작가로서 「우리 마당으로 놀러 와」, 「고만네: 백 년 전 북간도
이야기」, 「열려라 남대문 학교」, 「우리 집에 온 길고양이 카니」 등의 어린이 책을 썼다. 연세대학
교 사학과와 한신대학교 신학대학원을 졸업하였고, 한빛교회 교인이다.

한빛교회 60년사
세상을 품은 작은 교회

2017년 2월 20일 초판 1쇄 펴냄

한국기독교장로회 한빛교회
담임목사 홍승헌

한빛교회 60년사 발간위원회
위원장 박갑영
위원 고은지, 김경영, 나석호, 문영미, 원현철, 송영관, 최인성, 한운석

01163 서울시 강북구 도봉로 28 나길 7
www.hanbitc.org
http://m.hanbitc.org

글쓴이 문영미

펴낸곳 (주)도서출판 삼인
펴낸이 신길순

등록 1996. 9. 16. 제25100-2012-000046호
주소 120-828 서울시 서대문구 연희로5길 82(2층)

전화 02) 322-1845
팩스 02) 322-1846
전자우편 saminbooks@naver.com

표지 본문 디자인 끄레 어소시에이츠

ISBN 978-89-6436-126-9 03230
값 23,000원

한빛교회 60년사

세상을 품은 작은 교회

문영미 씀

삼인

한빛교회 60년사 발간에 부쳐

홍승헌 | 한빛교회 담임목사

한빛,

가슴이 저려 오고 목이 메이는 이름입니다.

1970년대, 1980년대 교회 골목을 지키고 섰던 형사와 경찰들에게 대차게 저항하던 젊은 손길들이 이제는 아름다운 삶의 마무리를 간구하며 단아하게 두 손 모으시는 어르신들이 된 모습에 울컥해집니다. "미쳐 돌아가는 세상 속에서 그저 그렇게 살다 보면 나도 미치게 될까 봐 두렵습니다. 그래서 매주일 한빛을 찾아와요." 하던 어느 집사님의 고백이 가슴 한편에 콕 박혀 있습니다. 늘 시대의 멍에를 어깨에 지고서 낮지만 무거운 호흡으로 한빛의 강단을 이어 나가던 목사님들의 설교가 가슴을 두드립니다. '한빛'이라는 이름으로 모인 사람들의 고백을 담았습니다.

교회,

교회는 큰 교회와 작은 교회로 나뉘는 것이 아니라, 살아 있는 교회와 죽은 교회로 나뉜다지요. 이웃을 진심으로 환대해 주고, 상처 입은 사람들을 위해 몸을 낮추고, 함께 삶을 나누는 마음이 넘치는 교회, 이런 예수 정신을 구현하기 위해 몸부림치는 교회는 아무리 작아도 살아 있는 교회일 것입니다.

그리스도인이라면 항상 던져야 하는 근본적인 질문, "우리 교회는 살아 있는 교회인가? 우리는 삶 속에서 그리스도의 몸으로 살고 있는 가?"에 예수의 하나님 나라 운동을 동력 삼아 민주화와 평화통일 운동으로 응답하던 한빛교회의 모습을 담았습니다.

이야기,

폴 리쾨르Paul Ricoeur는 "삶의 진정한 의미는 단순히 흘러가는 시간에서 찾아지는 것이 아니라, 자기 인생의 사건들을 이야기로 재통합하는 과정에서 만들어진다"고 했습니다.

한빛 가족의 고백과 민족의 역사가 하나로 엮이고, 한빛교회 신앙고백의 실천과 암울한 시대의 민주화와 통일 운동사가 맞물립니다. 작고 보잘것없어 보이는 한 교회가 예수 정신을 꿋꿋이 지켜 왔음을 기록했습니다. 하나님 앞에 선 한빛 가족의 진술한 모습들을 담았습니다. 자칫 무겁고 딱딱할 수 있는 역사와 시대의 기록을 읽기 쉽게 이야기로 풀었습니다.

한빛교회 창립 62주년에 즈음하여 「한빛교회 60년사: 세상을 품은 작은 교회」를 펴내게 되어 행복합니다. 이를 위해 책임을 맡아 저술해 준 문영미 집사께 깊은 감사를 드립니다. 그리고 교회사발간위원장 박갑영 장로를 비롯한 고은지, 김경영, 나석호, 송영관, 원현철, 최인성, 한운석 위원들, 그리고 한빛 교우들의 격려와 기도에 감사합니다. 무엇보다 이해동, 유원규 두 분 원로목사의 배려와 조언이 큰 도움이 되었습니다. 결코 짧지 않은 분량의 원고를 읽고 추천의 글을 써주신 문동환, 김경재 목사님께도 고마움을 전합니다. 지난해 작고하신 안계희 장로를 비롯해 인터뷰에 응해 주신 모든 분들, 인터뷰 녹취를 풀어 준 고은

지, 김민범, 김은성, 김은총, 나석호, 남시남, 이복희, 정하진, 독일을 오가며 자료를 구해 준 한운석, 초기 교회 구성원들을 찾아 연결시켜 준 김원철 목사, 오래된 사진과 기록물을 제공해 준 이종옥, 문영금, 박성수, 송영관, 김재홍, 독일에 있는 소혜자 선교사, 한겨레신문 김경애 기자, 60년 연표를 정리해 준 최옥희, 글을 다듬어 출간해 준 삼인출판사 홍승권 부사장과 편집자에게도 진심으로 고마움을 전합니다.

이제 한빛교회 60년사 발간과 더불어 우리는 새로운 60년을 향해 꿈꾸며 나아가고자 합니다. '커다란 하나의 빛'이 되어 세상을 따뜻하게 밝히는 신앙 공동체의 이야기를 새롭게 써 나갈 것을 다짐해 봅니다. 지난 60년 동안 우리와 함께 하신 하나님의 은총이 다가올 60년에도 함께하길 간절히 소망합니다. 고맙습니다.

역사의 주가 되시는 하나님의 뜻을 묻는 심정으로

문동환 | 목사

　　1960년대와 1970년대에 '하나님의 선교신학(Missio Dei)'이 전 세계를 뒤덮었다. 역사의 주체이신 하나님이 그가 필요로 하는 역군들을 불러 인류 역사를 이끄신다는 것이다. 이스라엘 민족 중에서는 모세, 예언자들 그리고 예수님이 그런 분이시라는 것이다. 그밖에도 많은 인물과 글이 포함되어 있다. 이것은 이스라엘 백성의 역사에만 국한되는 것이 아니다. 이 사건들을 기록한 글에서 인류 전체의 역사를 운영하시는 하나님의 모습을 경험할 수 있다는 것이다. 그 기록들이 그대로 하나님의 진면목을 드러내는 것은 아니다. 그것은 어디까지나 그 역사를 쓴 필자들의 생각을 전한다. 그러나 그것을 읽는 독자들이 그 배후에서 역사하신 하나님의 음성과 모습을 찾으려는 간절한 심정으로 읽을 때 그들은 역사의 주가 되시는 하나님을 만난다는 것이다.

　　1960년대에서 1980년대에 이르는 한국 역사에서 우리는 박정희와 전두환 정권의 만행을 겪어야 했다. 민주화를 갈망하는 사람들은 그들 정권에 강력하게 저항했다. 그 중에서도 기독교가 앞장서 이끈 역동적인 사건들, 숨은 하나님의 역사를 보여 주는 항전이 가장 강력했다. 이들 일련의 사건에서 한빛교회는 중요한 역할을 담당했고, 글쓴이는 그 역사를 추적해 기록했다. 그리고 한빛교회의 역할을 밝혔다.

글쓴이는 이 일들을 기록하면서 단순한 사건의 나열이 아니라고 선언했다. 사건의 나열은 그 사건들이 지닌 의미를 밝히지 못한다. 해서, 글쓴이는 그가 중요하다고 생각하는 사건들을 그 의미와 중요성을 밝히면서 서술했다. 이것은 겸손하고 솔직한 고백이다. 성서에 포함된 글들도 다 그런 글들이다. 성서 기록자들은 그 사건들을 그들 나름의 이해에 따라서 기록했다. 따라서 그것들이 그대로 하나님의 말씀은 아니다. 그러나 성실히 기도하는 심정으로 그 글을 읽을 때 그 배후에서 일하신 하나님의 심정과 마주하게 되고, 역사의 주이신 하나님의 뜻을 감지하게 된다. 한빛교회 60년사도 마찬가지다. 그러니 역사의 주가 되시는 하나님의 뜻을 묻는 심정으로 읽어야 할 것이다. 그러면 하나님이 뜻하시는 바가 무엇인지 알게 될 것이요, 우리가 해야 할 일이 무엇인지도 깨닫게 될 것이다.

한빛교회의 밑바탕에 흐르는 영적인 전통을 한빛교회를 창설한 문재린 목사 내외와 그와 같이 월남한 몇 명의 교우들에게서 본다. 그들은 일제강점기 북간도에서 민족의 자주독립을 기원하면서 투쟁해 온 분들이다. 그리고 하나님의 뜻에 따라 정의롭고 평화로운 새로운 내일을 갈망하면서 살아온 분들이다. 한빛교회의 밑바탕에는 이러한 정신이 힘차게 흐르고 있어, 교회의 삶이 언제나 그 물줄기에서 생명력을 얻고 있다고 본다. 그것은 정의롭고 평화로운 민주화를 이룩하는 일이요, 갈라진 민족을 다시 하나로 만들어서 평화롭게 사는 새 내일이다. 한빛교회 60년사에서 한빛교회와 더불어 새 내일을 갈망하면서 하나님의 뜻을 강구한다면 이 민족과 더불어 일하신 하나님의 맥박을 느낄 것이다.

이 책은 한 진지한 질문으로 끝난다. 그렇게 진지하고 투쟁적이던 모습을 오늘의 교회에 찾아 볼 수 없다는 것이다. 이것은 한빛교회에 국한된 문제가 아니다. 교계 전체가 체험하는 고민이다. 교회들은 이 물음을 중시하고 이에서 탈출하는 노력을 해야 한다고 본다.

한빛교회 60년사를 풀어 보이는 글쓴이의 글은 다채롭고 강력하면서 동시에 부드럽다. 이 책을 읽으면서 독자들은 저도 모르게 당시에 일어난 일에 깊이 참여하게 될 것이다. 일독을 권한다.

세상을 품은 작은 교회 이야기

김경재 | 한신대학교 명예교수

'커다란 하나의 빛'이라는 뜻을 지닌 한빛교회가 60년 교회사를 세상에 내놓는다. 이름하여 「한빛교회 60년사: 세상을 품은 작은 교회」이다. 초고를 먼저 읽어 보았다. 그동안 한빛교회에 관하여 알지 못하던 많은 점을 알게 되어 큰 은혜를 받았지만, 무엇보다도 자꾸 눈시울이 뜨거워지고 가슴이 울컥해지는 감동이 앞섰다. 무엇이 나를 그렇게 만들었을까, 되짚어 보며 그 까닭을 소박하게 느낀 대로 밝히는 것으로 추천의 글을 대신한다.

첫째, 한빛교회 60년사 「세상을 품은 작은 교회」는 단순히 한국기독교장로회에 속한 한 지교회支敎會의 역사가 아니라, 갈릴리의 예수 복음이 한민족의 마음밭에 떨어진 뒤 싹이 트고 자라서 잎과 꽃을 피우고 열매 맺는 '하나님의 포도나무 농사' 이야기를 생생하게 들려주어서 감동적이다.

한빛교회가 1955년에 설립된 지 만 60년, 환갑을 맞은 것이 지난 2015년이었다. 한국 기독교 교회 역사는 맨 처음 개신교 교회인 소래교회가 설립된 때(1884년)로부터 역사를 셈한다고 하더라도 130년이 지났을 뿐이다. 그러니 한국의 교회는 오래되어도 모두 100년 남짓한 젊은 교회들이다. 그런 점에서, 이 책 「세상을 품은 작은 교회」가 제1부에서 한빛교회 설립자이며 초대 담임목사이신 문재린 목사와 반려자 김신묵 권사가 그들의 신앙씨앗을 물려받은 북간도 용정 지역과 함경도 지역의 민족운동사와 기독교사를 다루고 있는 것은 매우 의미 깊은 일이며, 주목받아야 할 역사의식이다.

한국 기독교의 영적 지형도를 들여다보면, 평안도와 경상도를 잇는 신앙의 산맥과 함경도를 포함한 북간도와 전라도를 잇는 신앙의 산맥이 서울에서 엑스X 자로 교차하며 흐른다. 이 두 가지 큰 흐름 가운데 후자는 그 기독교 영성사의 유전자 속에 실사구시의 실학 정신, 민족애와 자립자주 정신, 민중의 자유와 평등 정신, 삶과 역사 속에 육화肉化하는 생활신앙의 영성 유전자가 있다. 바로 여기에 한빛교회 60년사의 영적 에너지의 비밀이 있다. 이 책은 한빛교회의 정신적, 역사적 토대인 북간도와 함경도의 신앙의 맥을 찾아감으로써, 그동안 잃어버렸거나 소홀히 다루었던 한국 기독교의 중요한 뿌리를 되찾아 주었다.

둘째, 한빛교회 60년사 「세상을 품은 작은 교회」는 교회사 서술 방식이 새롭고 혁명적이다. 집대성한 문서 자료를 연대기로 정리하는 전통적인 역사 서술 방식이 아니라, 이른바 '이야기 역사(story-telling history)' 서술 방식을 채택하고 있는 점이 그렇다.

물론 이 책의 저자는 참고할 수 있는 객관적인 문서 자료를 총동원하여 반영하고 있다. 그러나 다른 교회사나 일반 역사에서는 찾아보기 힘든 두드러진 특징이 있다. 곧, 수많은 사람을 인터뷰하고, 그들의 생생한 구술 자료를 인용한 산 증언을 들려준다. 교회사를 읽는다는 느낌보다 사실적 사건을 현장에서 느끼게 함으로써 감동과 아픔과 기쁨을 준다. 그리고 그 생생한 증언들은 한빛교회 60년사의 페이지를 차지하는 자료로서뿐만 아니라, 잊어서는 안 되는 '고난과 죽음의 골짜기를 건너온' 한국 현대사에서의 민주화운동을 증언하는 귀중한 자료로서 가치를 지닌다.

그러한 교회사 서술 방법은 10년 전에 출간한, 문재린 목사 부부의 이야기를 다룬 「기린갑이와 고만녜의 꿈」의 공동 저자이며 '한빛교회 사발간위원회' 위원인 글쓴이 문영미의 역사에 대한 통찰과 문학적 능력이 아니고서는 이루기 힘든 일이었을 것이다. 흔히 사람들은 역사서를 대할 때 객관적인 통계자료나 확고부동한 인쇄물로서 고정되어 있는 사료를 엄정한 방법론으로 서술했는지의 여부로 가치판단을 한다. 그러나 알고 보면 그러한 방법은 사학계에서 이미 잘못으로 판정된 '객관적 실증주의 역사관'의 허구에 불과하다. 창세기와 출애굽기를 위시한 구약의 역사서들, 신약의 복음서들은 모두 '이야기 역사' 서술 방법으로 기술되었다. 그래서 밭에서 갓 따 온 싱싱한 식재료로 마련한 음식처럼 생생하고 맛깔스럽다. 「세상을 품은 작은 교회」 역시 사람들의 생생한 증언들을 집대성하여 엮은, 한빛 교인들 모두의 '살아온 체험 신앙 이야기'인 것이다.

셋째, 한빛교회 60년사 「세상을 품은 작은 교회」는 진보적인 현대 기독교 교회론, 곧 "교회란 하나님의 선교 공동체로서 선교와 섬김의 전진기지"라는 교회론이 열매를 맺은, 모범적인 교회 존재 양태의 본보기를 보여 준다.

지난 2천 년 동안의 교회사를 뒤돌아보면 교회란 무엇인가 하는 논의에서, 다시 말해 교회의 본질과 사명을 이해하는 데에서 크게 세 가지 모델이 있음을 알 수 있다. 초대교회와 중세교회를 대표하는 '노아의 방주'로서의 교회, 종교개혁과 근세를 대표하는 '하나님의 학교'로서의 교회, 그리고 20세기 중반기 이후에 나타난 '하나님의 선교 캠프'로서의 교회 비유가 그것이다. 한국 개신교의 보수 교단이 앞의 두 모델에 머물러 있을 때, 진보 교단은 세 번째 모델에 주목하여 인간 삶의 전 영역에서 '하나님의 나라'를 실현하는 표징으로서 정의, 자유, 평등, 화해, 인간 존엄, 민주주의 실현, 평화통일 운동을 신앙적 실천 과제로 여기며 선교 전선에 뛰어들었다.

특히 1970년대, 암울했던 군부독재 시대에 한빛교회는 민주화운동과 인권운동의 최전선에 서 있었고, '하나님의 선교' 전선 맨 앞에서 '거대한 골리앗과 조약돌 하나로 당당히 맞선 다윗 소년'처럼 우뚝 서 있었다. 작고 평범한 '한빛교회 공동체'가 죽임과 거짓의 세력에 맞서서 역사의 거센 폭풍을 온몸으로 맞섰다는 것은 놀라운 일이다. 민주화운동에 투신한 그들의 용기와 신앙적 결단을 통한, 역사 경륜자의 섭리의 손길을 느끼지 않을 수 없다. 왜냐하면, 1970, 1980년대의 한국 정치사회사에서 결코 잊을 수 없는 역사적 사건 대부분이 한빛교회와 직간접으로 관련되어 발생하고 전개되었기 때문이다. 이를테면 동아투위 사건, 3·1민주구국선언문 사건, YH 여성노동자 사건, 목요기도회, 갈릴리교회 회집, 민중신학의 태동 등이다. 어떻게 미아리 산비탈에 있는 작은 교회가 역사적 태풍의 눈, 또는 역사를 뒤흔든 지진의 진앙지가 될 수 있었을까? 그 미세한 진동의 단초와 전개 과정을 역사적 기록으로 남기고 있다는 점에서 한빛교회 60년사는 독보적인 가치와 의미를 지닌다.

넷째, 한빛교회 60년사 「세상을 품은 작은 교회」는 역사 과정 속에서 기독교 교회가 역사에 책무를 지고 참여할 때 교회 본래의 영적 자기 정체성을 잃어버리거나 약화시키는 딜레마, 신학에서 말하는 '책임적 참여와 자기 정체성의 위기 사이의 딜레마'(Dilemma of Commitment and Identity Crisis)를 혹독하게 겪어 나가는 과정을, 또 진솔한 평신도들이 어떻게 그 딜레마를 극복했는지를 여실하게 보여 준다.

독자들은 이 책에서 한빛교회의 긍지와 부끄러움을 솔직하고 담백하게 고백하는 것에 더욱 신뢰감과 애정을 느끼게 될 것이다. 1970년대, 1980년대 한빛교회에는 세 부류의 교인들이 있었다고 고백한다. 한 부류는 원래부터 교회에 출석하던 이들로 위기 때마다 교회를 지켜 온 '순하디 순한 교인들,' 또 한 부류는 신앙은 작지만 민주화 열망의 베이스캠프로서 한빛교회에 동참한 교인들, 그리고 세 번째 부류는 아예 신앙엔 관심 없고 민주화운동을 하기 위해 교회를 방패막이로 여기며 찾아든 젊은이들이었다. 한빛교회는 그 모든 부류를 가리지 않고 어머니 품처럼 다 받아 주었다. 그렇게 다양한 사람들이 뒤섞인 한빛 공동체 안에서, 그리고 당국의 감시와 음성적 압력을 받으면서, 교회 설교의 지나친 정치적 설교에 부담을 느끼면서 다른 교회로 교적을 옮겨간 교인들도 있었음을 고백한다. 밖에서 보면 한빛교회는 '급진적인 정치 교회'라는 비방을 받을 만하였다. 그러나 가장 어려울 때 당회장 직을 맡았던 이해동 목사의 말은 우리를 숙연하게 한다. "많은 사람들은 우리 교회를 특수한 교회로 보는 경향이 있다. 그러나 우리 교회는 결코 특수한 교회가 아니다. 다만 참된 교회이기를 바라서 몸부림치고 있을 뿐이다." 아직도 '좌경적 목사'라고 많은 한국 보수 기독교인이 오해하는 문익환 목사가 봉수교회에서 행한 설교의 첫마디, "민주는 민중의 부활이고 통일은 민족의 부활이다"라는 고백은 하늘이 그의 입에 위탁해서 한민족에게 주신 말씀이다.

마지막으로, 한빛교회 60년사 「세상을 품은 작은 교회」를 통해 땅 위에 서 있는 교회는 연약한 인간들의 모임이지만 참 '신비한 실재'임을 새삼스럽게 깨달으면서, 각자가 몸담은 제도 교회를 사랑하면서 개혁해 나가야 한다는 용기를 다시 얻는다. 특히 기지촌 여성 선교센터 두레방 이야기, 비전향 장기수를 그리스도의 사랑으로 품에 안은 이야기, 수많은 장학 사업에 기금을 내놓은 신도들의 따뜻한 이야기는 가슴을 울린다.

미디안 광야의 '떨기나무 덤불' 속에 타오르던 신령한 광휘의 불꽃은 꺼지고, 한반도와 한민족은 사막의 열기로 불타 버릴 수 있는 광야에서 말라 버린 관목 덤불로 변해 버렸다. 한빛교회 60년사 「세상을 품은 작은 교회」 간행이 새로운 하늘의 불꽃을 불붙이는 불씨가 되기를 기도하면서 모든 하나님의 자녀들과 목회자들의 일독을 강력하게 권한다.

차례

한빛교회 60년사 발간에 부쳐 | 홍승헌 4
추천의 글 역사의 주가 되시는 하나님의 뜻을 묻는 심정으로 | 문동환 7
추천의 글 세상을 품은 작은 교회 이야기 | 김경재 10

한빛 60년 축시 말씀이 역사로 우뚝한 60년 | 고춘식 20

여는 글 우리는 왜 역사를 기록하는 것일까? 23

제1부 내 어린 양떼를 먹여라
1955년 2월 20일 교회 창립부터 1969년까지

6·25전쟁과 서울중앙교회 창립 30
피난민들의 그루터기, 서울중앙교회 35
용정중앙교회와 문재린 목사의 신앙관 44
김신묵의 신앙과 여성의 역할 52
함경도 지방의 교회와 캐나다 선교부 57
장로교회의 분열과 한국기독교장로회의 탄생 65
기독교를 정화시킨 4월 혁명과 김창필의 희생 71
동부교회와의 통합과 분리 81
한빛교회라는 아름다운 새 이름 94

초기 한빛교회 여교역자들과 여성에 대한 의식　101
문익환 목사의 성서 공동번역과 에큐메니컬 운동　110

제2부 고난의 시대 등불이 되다
1970년부터 1984년까지

새로운 시대를 열어나갈 목회자 이해동　118
교인들의 헌신으로 세운 예배당　123
등나무 아래에서 만난 사람들　131
한빛교회, 역사의 부름에 응답하다　142
민청학련 사건과 한빛교회　150
구속자와 함께한 목요기도회　157
동아투위와 한빛교회　160
춤을 추면서 물위를 걸어가는 갈릴리교회　168
3·1민주구국선언문 사건　179
목자 잃은 양떼들　190
창립 20주년에 첫 여성 장로를 세우다　199
1977년 한신대, 연세대 시국 사건과 한빛교회　206
문익환 목사의 단식 소식으로 애끓는 교우들　214
끝을 향해 치닫는 유신정권　222
그리스도를 위해 고난받는 특권, 광주 5·18　230
암울한 시대, 교회를 지키기 위한 노력　242
평신도 운동과 남신도회 창립　251
안식을 위해 영국으로 떠난 이해동 목사　256

제3부 민주는 민중의 부활이요, 통일은 민족의 부활이다
1985년부터 2015년까지

유원규 목사의 부임 266

차풍길 집사 가족이 겪은 인권 유린 275

민주는 민중의 부활이요, 통일은 민족의 부활이다 279

문익환 목사의 죽음과 박용길 장로의 방북 288

통일을 위한 노력 293

비전향 장기수와의 만남 303

여신도들의 활동 313

기지촌 여성 선교센터 두레방과 한빛교회 322

교육 민주화를 위한 싸움 327

교육관 겨자씨의 집 329

'늘푸른야학'과 한빛어린이공부방 335

한빛영성수련원 마련 340

늘 푸른 한빛 성가대 343

우리 문화로 하나님 찬미하기 348

빛과 색으로 신앙을 고백하다 353

향기로운 예배와 기도 모임 357

웃음이 넘치는 사랑의 공동체 364

잊을 수 없는 얼굴들 369

한빛교회 장학금 372

한빛교회 신앙고백문을 만들다 375

아픔이 있는 곳에 계신 하나님 378

교회의 미래를 함께 꿈꾸다 382

맺는 글 도도하게 흐르는 물줄기 386
후기 394

부록 사진과 자료 396
한빛교회 60년 약사 438

도움말을 주신 분들 448
참고한 책과 자료 449

일러두기 이 책 「세상을 품은 작은 교회」에서 인용한 성경 구절은 "표준새번역" 성서에 따랐습니다.

말씀이 역사로 우뚝한 60년

한빛 60년!
지나온 그 긴 시간들,
지금 빛나는 역사가 되었습니다
그 역사는 지금
우렁찬 말씀으로,
크고도 높은 가르침으로
우리 앞에 우뚝합니다

교회당은 비록 낡았지만
믿음의 싹들 마냥 푸르릅니다
교회당은 비록 자그마하지만
주님의 크신 음성
가장 가까이서 듣습니다

주일이 되면
갓 지어 따끈따끈한
말씀의 밥으로 설레는 식구들

빛 되라!
소금 되라!
그 소명 무겁고 버거웠지만
발자국마다 향기 배어 있습니다

한빛교회 60년!
이 겨레 역사의 소용돌이 한가운데서
그 큰 십자가 앞장서 짊어졌던 교회
예수님 고난에 바짝 다가갔던 교회

그러나 그 자랑스러움,
제대로 잇지 못하지 않는가 하는 자책에
때로는 부끄러울 때 있었습니다

자유, 자주, 자존
민주, 민중, 민족

화해, 포용, 통일
이런 단어들을 감당할 수 없어
한없이 작아지기도 했습니다

생각하면
한빛교회의 60년은
역설의 60년!

우리 현실 차가울수록
가슴들 더욱 뜨거웠고

우리 현실 암담할수록
우리가 치켜든 횃불 더욱 밝았습니다
굴욕을 강요할 그 때
우리의 자존自尊 오히려 드높았습니다

겨레의 앞날 캄캄할수록
늦봄*의 외침은 찬란했고
모든 땅 얼어붙을수록
봄길*의 말씀은 겨레에게 큰 용기였습니다

60년!
지나온 60년은
아직은 다시 가야 할 60년!

민주가 꽃봉오리로 맺는 그 날
온 겨레가 하나 되는 그 날
참다운 '전국全國'이 이루어지는 그 날
새로운 60년은
그제야 비로소 시작될 것입니다

2015. 2. 15.
고춘식

* 늦봄은 문익환 목사의 호이며, 봄길은 문 목사가 아내를 위해 지어 준 박용길 장로의 호이다.

우리는 왜 역사를 기록하는 것일까?

1987년 6월 9일 연세대학교 정문에서 최루탄에 맞고 쓰러진 이한열은 유월민중항쟁의 도화선이 되었다. 얼마 전 이한열이 그날 신었던 운동화 한 짝이 복원되었다. 밑창이 모래알처럼 바스러진 운동화를 복원하는 것을 보며 우리는 질문한다. 인간은 왜 낡아빠진 운동화 한 짝을 버리지 못하고 되살리려는 것일까? 이 운동화가 상징하는 것은 과연 무엇일까? 사람들은 왜 지나간 일을 기억하려고 애쓰는 것일까?

이한열의 운동화를 복원한 김겸 박사는 이렇게 말했다. "우리는 흔히 가만히 두는 게 역사를 지키는 것이라고 생각하는데 가만히 두면 안 됩니다. 역사는 적극적으로 보존하고, 기억하고, 지키려고 끊임없이 노력해야만 지켜지는 것입니다."

우리가 교회사를 쓰는 것도 운동화를 복원하는 것과 다를 바 없을 것이다. 운동화를 그대로 두면 얼마 후 소멸되는 것처럼 교회사도 지금 기록해 두지 않으면 잊힐 것이다. 고난으로 점철된 한빛교회 역사를 한때의 화려한 무용담으로 떠돌게 두어서는 안 된다. 오늘 우리에게 주는 의미를 적극적으로 찾을 때 비로소 의미 있고 살아 있는 역사가 되는 것이다.

중국의 철학자 풍우란은 1933년에 이렇게 썼다. "존망의 갈림길에서 우리 선철先哲의 사상을 반추하는 심정은 몹시 아플 때 부모를 찾는 심정이다."

한국 개신교가 방향을 잃고 헤매고 있다. 예배당이 커지고 교인이 늘고 생활에도 여유가 생기면서 오히려 영성이 식었다. 교회가 물질적인 가치관과 성공주의에 빠졌다. 많은 이들이 실망하며 교회로부터 떠나고 있다. 우리는 어디로 가야 할 것인가?

환갑을 맞은 한빛교회도 갈림길에 서 있다. 대형 교회의 틈바구니에서 작지만 세상의 큰 빛이 되고자 노력해 온 한빛교회는 어디로 갈 것인가? 빠르게 변화하는 세상에서 한빛의 빛나는 전통을 어떻게 이어나갈 것인가? "몹시 아플 때 부모를 찾는 심정"으로 한빛교회 역사를 썼다.

한국 현대사와 함께 달려온 한빛교회

한빛교회는 격동의 한국 현대사와 함께 숨 가쁘게 달려왔다. 한빛교회는 1955년 2월 20일 전쟁을 피해 내려온 피난민들이 세웠다. 1960년 4·19혁명의 소용돌이에서 청년 김창필을 역사의 제단에 바쳤다. 유신정권에 엄중한 경고장을 날린 1976년 3·1민주구국선언문 사건으로 문익환, 이해동 목사가 구속되었고 이우정 장로가 불구속 입건되었다. 그 시절 목회자와 교인들이 받은 선고 형량을 합하면 무기징역을 빼고도 200년이 넘었다. 전 교우가 역사의 십자가를 짊어지고 거친 가시밭길을 걸어가야 했다. 1989년 문익환 목사의 역사적인 북한 방문으로 온 나라가 벌집을 쑤셔 놓은 듯했다. 이 사건 이후로 한빛교회는 통일을 상징하는 교회가 되었다. 한빛교회 역사는 하나님이 한 작은 공동체를 통해 어떻게 역사를 움직이는지에 대한 증언이다.

이렇듯 한빛교회 역사는 한국 현대사와 연결시키지 않고는 서술할 수가 없다. 한빛의 역사와 현대사의 사건들이 씨실과 날실처럼 얽혀 있기 때문이다. 따라서 이 책의 중요한 주제 가운데 하나는 한빛이라는 작은 공동체가 교회 밖의 세상과 어떠한 관계를 맺어 왔느냐 하는 것이다. 한빛교회는 왜 이른바 운동권 교회가 될 수밖에 없었던 것일까? 그것은 어느 날 갑자기 하늘에서 뚝 떨어진 일이 아니었다. 하나님을 위한 선한 싸움에 겁 없이 나서게 한 그 신앙의 전통은 무엇이었을까? 책을 쓰는 내내 이런 질문들을 품고 그 답을 찾고자 했다.

공동체의 역사

교회사는 대부분 자료로서 의미가 있을 뿐 흥미진진하게 읽기는 힘들다. 사실 교회사라는 것이 목회자 중심의 시대구분과 서술, 해마다 되풀이되는 교회 행사들로 채워지는 구성에서 벗어나기가 쉽지 않다. 형식적인 교회사의 구성에서 벗어나기 위해 교인들의 생생한 이야기를 교회사에 녹이고자 했다. 한마디로 시끌벅적 수다스러운 교회사를 쓰기로 작정한 것이다.

요즈음은 역사를 기록할 때 왕이나 위인 중심에서 벗어나 평범한 사람들의 이야기를 다루는 것이 추세다. 낮은 곳에 있는 평범한 사람들의 이야기는 거개가 구술을 통해 채록된다. 개인의 기억과 구술을 바탕으로 역사 자료를 수집하는 구술사具述史가 예전에는 역사적인 가치가 떨어진다고 무시되곤 했지만, 요즘에는 보통 사람들의 생각과 감정, 세세한 일상, 다양한 시각을 담을 수 있다는 점에서 중시되어 널리 사용되고 있다.

이 책은 목회자 중심에서 벗어난 서술을 시도하고 있다. 한빛교회는 문재린, 문익환, 이해동, 유원규 목사와 이우정 선생 같이 훌륭한 분들을 지도자로 섬길 수 있었던 대단히 행복한 교회였다. 물론 이 책에서 그분들의 영성과 삶을 최대한 진솔하게 담고자 노력했다. 지도자들의 역할을 어찌 과소평가할 수 있으랴. 그렇지만 교회사는 살아 움직이는 평신도 공동체의 역사다. 실제로 온갖 풍파 속에서도 한빛교회를 지켜 온 이들은 순하디 순한 교인들이었다. 평범한 교인들의 이야기는 교회의 공식적인 문서에는 잘 드러나지 않는다. 이들의 이야기를 인터뷰를 통해 수집했다. 물론 세월의 때가 묻은 주보, 당회록과 같은 교회 문서와 여러 역사서도 참고했다.

세 해 남짓한 동안 모두 42회에 걸쳐 70여 명을 심층 인터뷰했다. 되도록 많은 이들의 목소리를 담고 싶었지만 모든 사람들을 인터뷰한다는 것은 현실적으로 불가능했다. 불가피하게 빠진 분들과 이야기가 있다면 넓은 아량으로 이해해 주시기를 부탁드린다. 한빛교회사는 그곳을 길게 머물렀거나 잠깐 드나들었던 모든 이들이 만든, 아니 만들어 가고 있는 아름다운 모자이크다.

객관적인 역사는 없다

객관적인 역사는 없다. 역사를 서술할 때 쓰는 사람의 시각이 반영될 수밖에 없기 때문이다. 이 책은 한빛교회를 30년간 섬긴 한 여성 평신도의 시각으로 쓴 것이다. 그렇기에 이 글은 하나의 한빛교회 역사일 뿐, 정답은 아니다. 역사에 대한 다양한 시각과 해석이 있을 수 있기 때문이다. 그럼에도 불구하고 관찰자의 시각을 유지하며 공정하게 묘사하고자 노력하였다. 균형 잡힌 시각을 위해 같은 시간과 공간을 살았지만 상반된 의견을 가진 이들의 목소리를 담으려고 애썼다. 여러 목소리를 담으려고 한 또 다른 이유는 공동체 안에 다양한 목소리가 있다는 것 그 자체가 소중하기 때문이다.

1970년대 이전의 자료는 거의 남아 있지 않았다. 이 시기를 기억하는 이들도 드물었다. 그나마 기억하고 있음직한 몇몇 사람과는 연락이 잘 닿지 않았다. 무덤 속 유물을 발굴하듯 기억의 연결고리를 이어 줄 이들을 찾아 나섰다. 초기 30년의 역사는 지금 기록해 두지 않으면 영원히 소멸될 수 있는 기억이기에 할 수 있는 데까지 충실하게 적었다.

최근 30년의 시기는 상대적으로 짧게 서술했다. 1984년 이후의 자료는 충분히 남아 있다. 현재와 바로 맞닿아 있는 최근 30년에 대한 평가는 세월이 좀 더 흐른 뒤에 하는 게 바람직하리라고 판단했다.

일반 역사와 교회사의 차이는 무엇일까? 교회사는 공동체의 역사 가운데 살아 움직이는 성령의 임재를 믿는 것이리라. 지난 60년 동안 한빛교회와 숨결처럼 늘 함께하신 하나님의 뜻을 어렴풋이나마 헤아려 보려고 노력하였다. 그러나 감히 누가 함부로 하나님의 뜻이 무엇이라고 단언할 수 있겠는가? 이것은 우리의 고백일 뿐이다. 하나님의 뜻은 읽는 사람들의 마음 가운데 밝게 드러나 보이지 않을까 싶다.

나는 선한 목자이다. 나는 내 양들을 알고, 내 양들은 나를 안다.

그것은 마치 아버지께서 나를 아시고, 내가 아버지를 아는 것과 같다.

나는 양들을 위하여 내 목숨을 버린다.

요한복음 10장 14-15절

제1부

내 어린 양떼를 먹여라

1955년 2월 20일 교회 창립부터 1969년까지

"더불어 사는 삶", 박갑영, 1991

6·25전쟁과 서울중앙교회 창립

일제의 억압에서 해방된 기쁨도 잠시, 남쪽에는 미군이, 북쪽에는 소련군이 들어왔다. 기독교와 공산주의 세력 사이의 갈등은 1945년 모스크바삼상회의에서 결정된 신탁통치에 대한 의견 차이로 점차 격렬해졌다. 공산주의 세력은 일시적인 신탁통치에 찬성하는 태도를 취하였다. 기독교계는 신탁통치를 지지하는 공산당을 강력하게 비판했다. 그 뒤 공산주의 세력은 대중의 지지를 얻기 위해 1946년 3월 5일 토지개혁을 감행하였다. 토지개혁령으로 교회의 토지와 재산을 몰수하자, 정치적인 탄압과 함께 경제 기반을 잃어버린 북녘의 기독교인들은 고향을 등지고 남쪽으로 내려왔다.

월남한 기독교인들은 처음에는 분단 상태가 계속되리라고는 생각지 못했다. 임시로 남한에 머물다가 언젠가 고향에 돌아갈 것이라는 기대를 갖고 있었다. 그래도 그들은 남쪽에 내려오자마자 교회를 세우기 시작하였다. 그 무렵 한경직 목사와 김재준 목사는 미국 군정청의 도움을 받아 서울시에 있던 일본 천리교 건물 마흔 곳을 접수하여 실향민들이 교회를 설립할 수 있게 하였다. 이처럼 실향민 교회가 서울에 우후죽순처럼 생겨난 것은 그만큼 월남 기독교인들로서는 그들의 한과 아픔을 위로해 줄 교회 공동체가 절실하였기 때문이다. 해방 후 초기에는 주로 목회자들이 월남하였고, 1947년 이후에는 평신도들이 뒤따라 남쪽으로 많이 내려왔다.

피난 시절 문재린 목사와 김신묵 사모. 1951년.

한빛교회를 창립한 문재린 목사는 북간도 용정에서 공산주의자들에 의해 두 번이나 투옥되어 생사의 위기를 넘나들었다. 그전에도 일제 말기에 문재린 목사는 성진의 일본 헌병대에 붙잡혔다가 1945년 8월 12일에 기적적으로 풀려난 일이 있었다. 문목사는 온 겨레와 더불어 해방의 기쁨을 나누며 하나님께 감사 기도를 드렸다. 그러나 그는 삼팔선 이북에 주둔한 소련군이 공산주의 정권을 세우면 미군이 주둔한 남과 갈라지지 않을까, 하는 불길한 조짐을 느꼈다. 그는 해방 이튿날 커다란 현수막에 "동포여! 하나가 되자!"라고 써서 용정중앙교회에 내걸었다. 원통하게도 그 현수막 글귀는 뒷날의 조국 분단을 예견한 것이 되고 말았다.

1945년 가을 해방 정국을 살피려고 서울을 방문한 문재린 목사는 조선호텔에서 이승만을 만났다. 이승만 박사를 비롯한 많은 이들이 만주는 완전히 공산주의 세상이 될 것이니 월남하라고 충고했는데도 문재린 목사는 용정으로 돌아갔다가 그만 공산주의자들에게 체포되고 말았다. 그는 10월 18일에 붙잡혀 1월 5일까지 연길의 차디찬 감옥에 갇혀 있었다. 가족 면회도 허락되지 않았으며 음식 차입도 안 되는 상황에서 그는 사형 집행만을 기다리고 있었다. 그때 문재린 목사가 이사로 있던 은진중학교 졸업생 가운데 팔로군으로 활약하다가 용정으로 온 이들이 있었다. 김신묵 사모는 지푸라기라도 잡는 심정으로 그들을 만나 문 목사를 풀어 달라고 호소하였다. 때마침 그들은 지방 공산당이 지역에서 민심을 잃고 있는 것을 보고 존경받는 유지들을 풀어 주어 인심을 되찾으려고 했다. 이렇게 해서 문재린 목사는 이번에도 기적적으로 풀려났다. 이런 일을 겪은 뒤에도 문재린 목사는 용정을 떠나지 못했다. 그 이유를 그는 이렇게 밝힌 적이 있다.

나는 남쪽으로 도피할 생각은 없었다. 앞날을 걱정한 많은 사람이 남쪽으로 도피하기 시작했지만 나는 만주에 깊은 인연이 있었다. 50년 전 선친이 민족을 위한 큰 꿈을 품고 동지들과 함께 입주해서 땅을 개간하고 학교와 교회를 설립한 곳이며, 내가 20년 동안 목회해 온 곳이다. 내가 먹여서 기르던 양 떼가 있는 곳인데 어찌 저들을 뒤에 두고 떠날 수 있단 말인가?

문재린 목사는 석방된 지 3주 만에 다시 소련군에게 체포되어 연길의 소련군 사령부 감옥으로 끌려갔다. 서울에서 이승만을 만난 일로 미국 스파이로 몰려 조사를 받게 된 것이었다. 죽음의 문턱에서 그는 하나님에게 모든 것을 맡기고 기도하였다. 몇 달 뒤 소련군은 죄수들을 데리고 소련으로 돌아갔다. 그런데 어찌된 일인지 그들은 문 목사를 감옥에 버려두고 소련으로 떠났다. 하나님이 또 한 번 그를 지켜 주신 것이었다.

해방을 전후해 세 번의 죽을 고비를 넘긴 문재린 목사와 가족들은

피난 시절, 1952년 4월 27일 용정중앙교회 교우의 부산 송
도 나들이 모임. 명동학교 창립 기념일을 기념해 만난 것으
로 보인다. 맨 위 사진 속 인물은 왼쪽부터 윤영춘(윤형주 아버
지), 문재린, 김재홍(김약연 증손자), 장내원(안경 쓴 이). 맨 아래
사진 왼쪽부터 조송학(김기섭 부인이자 김약연 손자며느리), 김
신묵, 염정혜.

가족회의 끝에 만주를 떠나기로 결정하고 1946년 5월 28일 남쪽으로 탈출하였다. 한빛교회의 다른 초기 구성원들도 이와 비슷한 사정으로 월남하였다. 이들은 대체로 만주와 함경도에 고향을 두고 있었다.

　월남한 문재린 목사는 경상북도 김천 황금동교회에서 1946년 7월부터 1948년 8월까지 목회하였다. 그 뒤 서울로 옮겨 돈암동에 있는 신암교회 담임목사로 재직하던 중 6·25전쟁이 일어났다. 전쟁 중에 문재린 목사는 피난민을 돌보는 사역을 하였다. 처음에는 제주도에서 활동하다가 캐나다 선교부의 요청에 따라 문재린 목사 가족은 거제도로 갔다. 거제도에는 함경도에서 내려온 피난민들이 많아 함경도를 선교 구역으로 삼았던 캐나다 선교부에서 지대한 관심을 가지고 있었기 때문이었다.

　그러던 중 피난민 교회인 거제도 옥포교회에서 부임을 요청해 왔다. 문재린 목사는 "교회의 최고 지도권이 목사에게 있다는 인식을 바꾸어, 더불어 일하는 교회라는 인식을 가지게 하려고 애썼다. 그리고 피난민 중학교를 설립하기로 했다. 이름은 '육영학교'로 정했다." 그는 가는 곳마다 만주에서의 경험을 살려 학교를 세우고 교회당을 넓혔다. 그의 활발한 활동으로 교인 수가 날로 불어났다. 이때 옥포교회에서 사찰로 일하며 교회 뜰 안에서 함께 생활하던 김세암, 오복림 부부 가족은 뒷날 서울로 상경하여 한빛교회 구성원이 된다.

　1953년 휴전협정이 체결되자, 피난민들은 거제도를 떠났다. 문재린 목사의 가족도 서울로 돌아왔다. 그 뒤 문재린 목사는 한동안 강원도 지역을 순회하며 한국기독교장로회 교회를 여럿 개척하였다. 함경도에서 강원도로 내려온 많은 피난민들이 의지할 장로교회가 없던 터라, 전쟁의 아픔을 겪은 신자들을 돌보아야 한다는 사명감으로 춘성군 신포리교회, 홍천군 홍천읍교회, 화천군 중앙교회, 춘천시 후평동교회, 춘천시 교동교회, 신사리교회, 화천군 구만리교회 들을 세웠다.

세 해 동안 지속된 6·25전쟁으로 남북을 합하여 250만 명이 사망하였고 수많은 전쟁고아와 이산가족이 생겨났다. 살아남은 사람들도 전쟁의 후유증을 안고 살아가야 했다. 가옥의 절반과 산업 시설 대부분이 파괴되어 한반도는 경제적, 사회적 암흑기에 빠져들었다. 남과 북은 전쟁으로 인하여 감정의 골이 더욱 깊어졌고 분단은 고착화되었다. 전쟁이 할퀴고 간 잿더미 속에서 고향을 떠난 무리들은 낯선 서울에서 다시 살아가기 위해 몸부림치고 있었다. 이런 상황에서 남북의 휴전협정이 타결된 1953년으로부터 2년 뒤 한빛교회의 씨앗이 심어졌다.

피난민들의 그루터기, 서울중앙교회

1955년 2월 20일, 서울시 중구 필동 2가 28번지 김성호 장로의 집에 일군의 사람들이 모였다. 문재린 목사와 김신묵 권사, 김성호 장로, 문치룡 집사, 김기섭, 이상은, 김인순, 김순덕, 채희숙, 이렇게 열 명이었다. 북간도 용정중앙교회에서 함께 신앙생활을 하던 교우들이 문재린 목사를 모시고 교회를 세우기를 간청하여 모인 것이었다. 그들은 그날 교회를 세우기로 합의하고 첫 예배를 드렸다. 주님의 뜻을 실천하는 교회를 시작하자고 의기투합하였다. 일주일에 한 번씩 고향의 익숙한 얼굴을 만나 예배드리고 소식을 나누는 것만으로도 큰 위안이 되었다. 투박한 함경도 말씨로 마음껏 이야기를 나눌 수 있는 것도 좋았다.

문재린 목사의 각별한 친구이자 용정중앙교회에서부터 동역자로 활동해 온 김성호 장로가 주축이 되었다. 김성호 장로는 용정에서 송원백화점을 운영하다가, 해방 직전에는 청진에 가서 피복 공장을 운영하였다. 경제적으로 여유가 있던 김성호 장로는 문재린 목사를 물심양면으로 도와 교회 창립을 주도하였다. 김성호 장로의 막내딸 김은순은 아버지가 "이북에서 내려온 오갈 데 없는 피난민들이 의지하고 모일 수 있는 그루터기 같은 교회"를 꿈꾸며 교회를 시작했다고 회고하였다. 문재린 목사의 5촌 당숙인 문치룡 집사도 적극적으로 나섰다. 문치룡 집사는 명동학교를 졸업한 뒤 국민회 경호원으로서 독립운동을 하다가 7년 동안 옥고를 치렀다.

창립 당시에 모인 교인들은 대부분 용정중앙교회 출신이었다. 이들은 만주 지역을 대표하는 큰 교회였던 용정중앙교회에서의 경험을 되살려 그 맥을 잇고자 하였다. 교회 이름을 서울중앙교회라고 지은 것도 바로 그러한 뜻에서였다. "가난한 자들에게 복음을 전하고 눌린 자를 일으킨다는 주님의 뜻대로 기성 교회와는 다른 참신한 교회"를 만들어 보자는 데 의견을 모았고 그것이 교회 창립 목적이 되었다. 김성호 장로 집에서 2월 20일에 모여 교회를 세우기로 뜻을 모으고 일주일 뒤 2월 27일에 서울중앙교회 창립예배를 드렸다─한빛교회는 창립예배를 봉헌한 2월 27일 대신에, 교회를 세우기로 뜻을 모아 첫 예배를 드린 2월 20일을 기려 2월 셋째 주일을 창립주일로 지킨다.

창립예배는 1955년 2월 27일 서울시 중구 예관동 43번지 최우현 상점 2층에서 가졌다. 이날 교회 명칭을 서울중앙교회로 정하고, 집사 임명식을 함께 가졌다. 남자 집사로는 문치룡, 김기섭, 이상은, 김세암 네 명이 임명되고, 여자 집사로는 김순덕, 채희숙, 김인순, 박용길, 조송학, 양순복, 박승옥 일곱 명이 임명되었다. 권사는 김신묵 한 명이었다.

1955년 5년 1일 장충공원 나들이 예배. 교회 창립 후 찍은 사진 가운데 가장 오래된 사진이다. 위 사진 속 여성은 왼쪽부터 김인순(김기섭 누이), 채희숙(김성호 부인), 김순덕(김성호 누이), 김신묵, 한 사람 건너 박용길, 남성은 오른쪽부터 문치룡, 문재린, 김성호, 김기섭(김약연 손자). 아래 사진은 왼쪽부터 김순덕, 김인순, 이신용(김약연 둘째 며느리, 김정훈 부인), 김신묵, 강근(김약연 첫째 며느리), 채희숙. 사진을 통해 문재린, 김성호, 김기섭 가족이 주축이 되어 교회가 설립되었음을 알 수 있다.

초기 한빛교회를 섬기던 세 장로가 캐나다로 이민 가는 전동림 장로 가족을 배웅하던 날. 1967년 사진이다. 왼쪽부터 문재린 목사, 김성호, 김정돈, 전동림 장로와 문익환 목사.

창립예배에 참석한 인원은 어른 열여덟 명, 청소년과 어린이 일곱 명으로 모두 스물다섯 명이었다.

앞에서도 말했듯이 용정중앙교회에 다니던 가족이 대부분이었다. 문재린 목사의 가족은 김신묵 권사, 아들 영환과 딸 은희, 며느리 박용길 집사가 있었다. 아들 익환과 동환, 딸 선희는 당시 미국 유학 중이었다. 김성호 장로의 가족으로는 부인 채희숙, 딸 혜순, 양순, 은순과 아들 재명, 누이 김순덕과 그의 딸 박승옥이 함께하였다. 그리고 문치룡 집사가 있었고, 명동촌에서부터 함께 교회 생활을 했던 독립운동가 김약연 목사의 손자 김기섭, 그의 부인 조송학과 여동생 김인순도 참여하였다. 그밖에 윤길현, 이상은이 있었다.

창립예배에는 같이하지 않았지만, 나중에 참여해 캐나다로 이민 가기 전까지 함께 신앙생활을 한 전동림 장로의 가족도 있었다. 전동림 장로의 가족은 북간도 용정에서부터 문재린 목사 가족과 가까웠다. 전동림 장로의 아버지인 전택은 장로는 용정중앙교회에서 문재린 목사와 함께 교회를 섬겼으며 친분이 매우 두터웠다. 전택은 장로의 부인인 박진옥 권사도 김신묵 권사와 각별한 사이였다. 전동림 장로는 문익환 목사와 같은 교회에서 죽마고우로 자란 터라 서울중앙교회의 일원이 된 것은 퍽 자연스러운 일이었다.

> 저희 할아버님(전택은 장로)께서는 만주 용정에 터를 잡으시고 축산과 광산으로 재력이 든든하셨기에 교회도 많이 도왔고, 또 독립 자금도 꽤나 내셨다고 할머니에게서 들었습니다. 또한 야소교 서점(기독교 서점)도 운영하시면서 북간도로 선교를 나온 캐나다 선교사들을 많이 도우셨지요.
> — 전병선(전동림 장로 아들, 캐나다 거주) 인터뷰, 2013

북녘에서 월남한 교인들 외에 남쪽에서의 인연으로 합류한 이들도 있었다. 그들 가운데 김세암, 오복림 집사의 가족은 문재린 목사가 피난 시절 거제도 옥포교회에서 목회했을 때의 인연으로 함께하게 되었다. 김세암의 가족은 경남 함양군에서 살다가 전쟁 때 거제도로 피난을 갔다. 그때 옥포교회에서 오복림이 사찰 집사로 봉사하였고, 김세암은 피난민을 돕는 보국대라는 곳에서 일을 하였다. 아들만 일곱인 이집안의 둘째 아들로 태어나 한빛교회 초창기 때부터 지금까지 출석하고 있는 김원철 목사는 그 시절을 이렇게 회고하였다.

> 옥포 초등학교 1, 2학년 때 같은 교회 울타리 안에서 사니까 문재린 목사님이 머리도 쓰다듬어 주시고 직접 키우신 토마토도 주시며 사랑을 주셨던 기

억이 납니다. 중부교회(서울중앙교회가 1957년에 바꾼 이름)가 1955년 2월 20일 세워졌는데, 저는 1957년 가을에 서울로 올라왔습니다. 초등학교 2학년까지 거제도에 있다가 부모님이 먼저 상경하시고, 부모님이 서울에서 자리를 잡으실 동안 저는 경남 함양의 할아버지 댁에 잠시 있었지요. 그리고 1957년에 서울 창신동으로 이사를 오면서 저도 서울중앙교회 주일학교에 다니기 시작했습니다.

　교회 근처 주교동에서 살던 안인숙은 김신묵 권사의 전도로 교회에 나오게 되었다. 그는 충청도가 고향이었다.

　그때 중앙산업 사택에서 살았는데 김신묵 권사님이 주일날마다 오셔. 김성호 장로님의 부인인 채희숙 집사님하고 같이 나를 꼭 데리러 오셔. 그때 내가 애기가 설 때야. 못 먹고 맨날 드러누워 있으니까 교회에 와서 바람이라도 쐬자고. 김신묵 권사님이 그때 초등학교 3학년이던 우리 딸을 앞세우고 집에 오신 거야. 깨끗한 인상이신 권사님이 그때부터 일요일마다 우리 집에 찾아오셔서 교회에 나와 예수를 믿을 것을 간곡하게 권하셨어. 믿음이 없던 나는 일요일마다 내 딸을 앞세우고 찾아오시는 권사님이 부담스러워 피하기도 하고, 딸애한테 왜 모시고 왔냐고 야단도 치고, 어떤 때는 그 정성이 민망해 우래옥 냉면을 시켜다 대접해 드리기도 했어. 그 권고에 못 이겨 몇 번 따라가 봤는데 문익환 목사님 설교하시는 게 귀에 쏙쏙 들어오더라고. 하도 정성껏 데리러 오시니까…. 그때 김신묵 권사님이 환갑이 지난 노인네시니까. 그래서 열심히 댕기기 시작했고 얼마 안 돼서 집사 직분을 주시더라고. 김신묵 권사님은 나의 정신적인 어머니이시지. 하나님의 말씀을 알게 해 주신 분이니까.
—안인숙 인터뷰, 2013

안인숙은 당시 교인들은 대부분 이북에서 내려온 사람들이었지만 그렇다고 해서 교회 분위기가 배타적이지는 않았다고 말했다. 너른 품과 평등 정신으로 출신 지역 등을 따지지 않고 서로 보듬으며 주님 안에서 교제하는 교회였다는 것이다.

이숙희 집사도 이북이 고향이고 한신환 집사도 이북이 고향이야. 서울 사람은 몇 안 됐어. 강찬순이도 부모님의 원 고향은 이북이야. 오복림, 박순덕이와 나만 이남 사람인가 봐. 이순신 권사도 서울 사람이지만 시어머니가 용정 사람이야. 그래서 목사님 식구들을 잘 알았고 교회에 나오게 된 거지. 집안이 다 이북 사람이야. 이북 사람들이 씩씩하지 않아? 어쨌거나 우리 여신도회는 화합이 잘됐어. 지내다 보니 다른 사람들이 이북 출신이라는 걸 의식하지도 못했어.

이렇게 해서 용정과 함경도 지방에서 내려온 피난민들이 중심이 되어 세워진 서울중앙교회는 충청도, 전라도, 서울 사람들이 어우러진 교회로 서서히 바뀌어 나갔다. 북간도, 함경도 지역에서부터 지니고 내려온 소중한 신앙 유산을 간직한 가운데 지역감정이나 편견 없이 모두를 하나로 껴안은 교회로 성장해 갔다.

교회는 창립 후 여러 차례 이사를 다녔다. 1955년 2월에 중구 예관동에서 시작한 교회는 같은 해 10월 30일 중구 무교동의 신축 2층 건물의 25평 공간에 전세를 들었다. 그러다가 1957년 6월 세운상가 근처인 중구 산림동 이문수 씨 집 2층으로 예배 처소를 다시 옮겼다. 새 처소는 비교적 넓은 50평짜리 전세였다. 안인숙은 이곳으로 이사를 오면서 교회 이름을 중부교회로 바꾸었다고 기억하였다. 이름을 바꾼 이유는 정확하게 알려져 있지 않지만, 용정에서의 신앙생활을 이어간다는

중부교회 시절 1960년 졸업기념예배 뒤. 문익환, 문재린 목사, 조남순 전도사, 김성호 장로, 김정돈 장로(앞줄 맨 오른쪽)가 학생들과 함께 있다.

소극적인 태도에서 벗어나 서울에 뿌리를 내리는 교회로 거듭나겠다는 적극적인 의지가 엿보인다.

산림동으로 이사한 뒤 한신환 집사, 이숙희 집사, 김정돈 장로 가족이 교회에 나오기 시작하였고, 조남순 전도사가 부임하였다. 가진 것 없는 이들이 척박한 땅에서 개척교회를 일구기란 쉽지 않았다. 그러나 새로운 각오를 다지며 교회 이름도 바꾸고 적극적인 전도 노력을 기울인 덕분에 교인 수가 점차 늘어났다.

교회 이름은 그 뒤에도 두 번 더 바뀌었다. 서울중앙교회(1955년)에서 중부교회(1957년)로 바꾼 지 다섯 해 만에 동부교회(1962년)[*]가 되

---

[*] 동부교회라는 이름을 사용하게 된 것은 동부교회와 한동안 통합하였기 때문이다. 통합과 분리에 대한 내용은 뒤에 자세히 나온다.

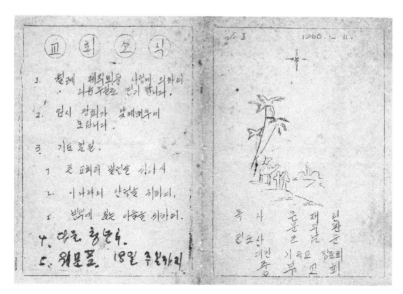

남아 있는 가장 오래된 이 주보는 1960년 12월의 것이다. "나라의 안정을 위하여"라는 기도 제목이 눈길을 끈다.

었다가 1965년에 다시 한빛교회라는 이름으로 거듭났다. 삶이 고단하고 일이 잘 풀리지 않을 때 사람들은 더러 이름을 바꾸기도 한다. 그런 것처럼 교회 이름이 여러 번 바뀌었다는 사실은 그만큼 처음 교회를 개척해서 안정적으로 유지해 나가기가 얼마나 힘든 일이었는지를 짐작하게 한다.

한빛교회가 이처럼 이름을 바꾸어 온 과정은 하나님이 교회 공동체를 이 땅에 세우신 뜻과 이유를 깨달아 가는 과정이라고 할 수 있다. 그것은 곧 고향을 등지고 남으로 내려온 사람들이 세운 한 교회 공동체가 낯설고 물선 남한 사회에서 교회의 정체성과 역할을 찾아가는 과정이기도 하였다.

1971년에 미아리에 버젓한 교회당을 세울 때까지 교인들은 불과 십

몇 년 사이에 열 번가량 예배 처소를 옮겨 다녀야 했다.* 이스라엘 민족이 이집트에서 탈출해 40년 동안 사막에서 떠돌아다니던 때처럼 가난하고 배고픈 시간이었다. 고향에서 뿌리 뽑히고 전쟁으로 피폐해진 사람들은 교회를 통해 친교하며 서로를 보듬었다. 이들은 하나님에게, 또 서로에게 의지하며 낯선 서울 땅에 서서히 뿌리를 내렸다. 전쟁이 남긴 상처가 자칫 덧나지 않도록 서로서로 보살펴 주어야 했다. 이스라엘 민족이 사막에서 보낸 연단의 세월처럼 하나님의 이끄심에 따라 고난을 겪으며 단련되고 숙성되는 시간이었다.

용정중앙교회와
문재린 목사의 신앙관

그렇다면 초기 구성원 대부분이 함께 다니던 북간도의 용정중앙교회는 어떤 교회였을까? 용정중앙교회를 섬기던 문재린 목사와 김신묵 사모는 어떤 신앙관을 가지고 있었을까? 이들이 용정으로 이주하기 전 공동체를 이루며 살았던 명동촌은 어떤 곳이었을까? 한빛교회는 1955년에 시작되었지만 그 역사를 온전히 이해하려면 원역사라고 할 수 있

---

* 이때까지 옮겨 다닌 예배 처소를 꼽아 보면, 첫 번째는 중구 예관동 43번지 최우현 상점 2층(1955년 2월), 두 번째가 중구 무교동의 신축 2층 건물(1955년 10월 30일), 세 번째가 중구 산림동 이문수 씨 집 2층(1957년 6월), 네 번째가 을지로 4가 국도극장 건너편(세운상가 근처)의 한옥 다다미 집, 다섯 번째가 충무로 3가(퇴계로 대원호텔 앞)의 4층 건물, 여섯 번째가 종로구 장사동 중앙신학교의 한옥 건물(1961년 2월 26일), 일곱 번째가 종로 6가 이화장 위 이화동 언덕(1962년 3월), 여덟 번째는 동대문에 있는 동부교회와 합병, 아홉 번째는 동부교회와 분리하여 옮긴, 스카라 극장 뒤 1층, 아홉 번째는 중구 장충동 산14번지 장충모자원 내 건물이다. 그리고 1971년 11월 미아리에 교회당을 짓고 봉헌예배를 보았으니 이곳이 열 번째다.

는 명동촌과 용정중앙교회 역사를 짚고 넘어가야 할 것이다. 나라를 빼앗긴 시기에 선인들이 보여 준 뜨거운 신앙과 민족정신을 간과한다면 한빛의 뿌리를 제대로 이해할 수 없기 때문이다.

문재린 목사는 북간도의 명동촌에서 어린 시절을 보냈다. 명동촌은 문재린의 증조부인 문병규, 김신묵의 아버지 김하규, 동만주의 대통령이라고 불리던 독립운동가 김약연, 남종구, 이들 네 분의 유학자들이 의기투합하여 세운 공동체였다. 함경북도 회령과 종성의 진보적인 유학자들이던 이들은, 1899년 2월 18일, 142명의 가솔들과 함께 두만강을 넘었다. 뒤이어 윤동주의 할아버지인 윤하현 일가도 명동으로 이주해 들어왔다. 구한말에 나라가 망해 가는데도 관리들의 부패와 타락, 민중 수탈이 갈수록 심해지자 북간도 화룡현 불굴라재로 이주하기를 감행

문재린, 김신묵이 어린 시절을 보낸 북간도 명동촌의 명동교회. 문재린 목사가 목회하던 때 사진으로 앞줄에 흰 두루마기를 입은 이가 김약연이다.

한 것이다. 그들은 만주 땅이 본디 우리 조상인 고구려인들의 땅이었으니 열심히 개간하여 우리 땅을 만들어 보자는 웅지를 품었다. 그리하여 땅 수백 정보를 사들여 개간함으로써 한인 집단 거주지를 조성하고는 그곳을 '명동'이라고 이름을 지었다. '동쪽을 비추는 밝은 빛'으로 가꾸어 나가겠다는 뜻에서였다.

그들은 실학을 바탕으로 한 유학자들이었다. 이를테면 김하규는 동학운동에 가담했을 정도로 진취적이었다. 권위주의적인 양반의 모습을 싫어하던 이 어른들은 집에 들어오면 청소년 교육에 전념하고 밖에 나가면 다른 농부들과 다를 바 없이 일하였다. 산에 가서 땔나무를 구해 등짐으로 날랐고, 물을 지게로 길어 왔으며, 나무 가래로 외양간에서 쇠똥을 쳤다. 그뿐만 아니라 해마다 한 번씩 온돌을 고치고 벽을 바르는 일을 손수 했다. 이처럼 그들은 실학 정신을 따랐다. 공리공담空理空談에 치우친 허구적 학문 연구 방법을 지양하고, 민중들의 실생활을 개선하는 데 관심을 두었다. 그런 한편, 민족의 앞날을 위해서 서구의 문물을 편견 없이 받아들여야 한다고 믿어, 1909년에 근대식 학교인 명동학교를 세웠다. 문재린 목사는 명동학교 제2회 졸업생으로 신식 교육을 받은 첫 세대였다. 김신묵 사모는 1911년에 개교한 명동여학교 제1회 졸업생이었다.

유학 사상을 철두철미하게 지키던 명동촌 전체가 기독교로 개종하게 된 것은 명동학교에 초대된 정재면 선생* 에 의해서였다. 정재면 선생은 부임 첫해에는 학생들과 예배를 보는 것으로 만족하였다. 그러나 얼마 뒤 그는 어른들도 교회에 나와 예배드리지 않으면 마을을 떠나겠다고 으름장을 놓았다. 유학의 대가들인 마을 지도자들은 고민하지 않을

---

* 정재면 선생은 독립운동 단체인 신간회의 파송을 받아 1909년 명동으로 왔다.

수 없었다. 몇 날 며칠 동안 모여서 토론한 끝에 그들은 기독교를 받아 들이기로 결단을 내렸다. 민족의 앞날을 위해 무엇이라도 해야 한다는 그들의 민족 사랑과 편견 없는 열린 마음을 헤아릴 수 있는 대목이다.

명동의 중심적인 지도자였던 규암 김약연(1868-1942)은 명동학교 교 장 일을 보면서도 일꾼도 두지 않고 1천 평쯤 되는 밭농사를 지었고, 가을에는 농군들과 함께 밤을 새워 타작을 했다. 유가의 인격과 가풍, 기독교의 공동체성과 이웃 사랑이 어우러진 김약연의 영성이 명동촌에 빛을 밝혔다. 그러자 명동촌에 만주와 함경도에서부터 학생들이 모여들 기 시작하였다.

김약연 같은 어른들의 품 안에서 자라난 문재린은 일상생활에서나 신앙관에서 그들로부터 큰 영향을 받았다. 실학의 영향을 받은 그가 내세적인 신앙관보다 생활 속의 실천을 강조하는 신앙관을 가진 것은 자연스러운 일이었다. 그는 또한 민족의 독립을 염원하는 민족주의 정 신을 모든 것에 앞서는 가장 중요한 가치로 여겼다. 그는 민중의 삶을 개선하고자 하는 실학과 기독교의 공통점을 탈권위와 평등사상에서 찾았다.

1922년, 문재린은 그 무렵 한국의 유일한 신학교인 평양신학교에 들 어갔다. 미국 장로교회에서 세운 평양신학교에서 그는 근본주의적인 신학 교육을 받았다. 그 뒤 1928년에서 1931년까지 캐나다 연합교회 의 후원으로 캐나다 임마누엘 신학교에서 신학을 공부하였다. 캐나다 에 유학 간 첫 번째 한국 청년이었다. 그는 캐나다 유학을 통해 근본주 의적인 보수 신학에서 벗어났다. 진보 신학의 기수였던 함경도의 송창 근, 김재준과 교류하면서 이 땅에서의 삶을 중시하는 신학적 태도를 견 지하였다. 우직하면서도 탁 트인 문재린 목사의 성품과 신학은 그를 키 워 준 명동촌, 평양신학교, 캐나다 유학, 진보적인 함경도 신학자들과의 교류, 캐나다 선교부의 영향 속에서 빚어졌다.

　문재린 목사는 캐나다 유학에서 돌아온 뒤 1932년 8월부터 1946년에 월남할 때까지 14년 동안 용정중앙교회의 담임목사로 목회하였다. 용정중앙교회는 1907년 북간도 지역에서 용정교회에 이어 두 번째로 세워진 교회로, 북간도 지역을 대표하는 교회였다.* 문 목사는 용정중앙교회에서의 목회에 대해서 이렇게 술회한 적이 있다.

　나는 교인들을 섬길 때는 내세나 영생에 관한 이야기보다 실생활에 도움이 되는 이야기를 하려고 했다. 아마 나에게 뿌리박힌 실학의 영향이 컸던가 보다. 당시에는 민족을 위해 모세를 보내 달라고 기도하고, 연극을 하면 에스더를 주인공으로 내세운 연극을 많이 했다. 나도 내세 신앙보다는 실생활과 민족의식을 많이 이야기했다. 나중에 신학자가 된 안병무는 은진중학교에 들어온 뒤에 내 설교를 좋아해서 따라다니면서 듣고는 했다. 아무래도 외국에서 공부하고 와서 설교가 달랐을 테고, 또 내 생활을 보고서 젊은이들이 내 설교를 좋아한 것 같다.

　문재린 목사는 캐나다 유학 생활과 유럽 여행을 통해 신학은 말할 것도 없고 교회 생활이며 문화에서도 서구의 영향을 적지 않게 받았다. 그가 직접 설계한 용정중앙교회 예배당은 그런 점을 잘 보여 준다. 그는 부임한 지 1년 반이 지난 뒤에 옛 교회 건물을 헐고 벽돌로 된 150평짜리 예배당을 2층으로 지었다. 비용을 줄이려고 건축 설계 도면

---

* 용정중앙교회는 많은 훌륭한 목사를 배출했다. 정재면을 위시하여 서금찬, 정대위, 반병섭, 강원용, 이상철, 문익환, 문동환, 안병무, 조화철, 신성구, 박용만, 오봉서, 신광현의 두 아들 신정호, 신정선(성결교 목사), 이천영, 정용철, 박지서, 김영철, 장영창, 김충국 등 스물두 명이나 된다. 이들은 목회자로서뿐 아니라 교계와 사회의 지도자로서 두드러진 활동을 남겼다.

을 손수 그렸다. 예배당 건물은 유럽의 오래된 교회와 비교해도 손색이 없을 정도로 단순하면서도 중후한 아름다움을 띠었다. 검은 벽돌을 쌓아 올려 지은 예배당은 입구에 둥근 아치가 세 개 있고 종탑도 있었다.

얼마 뒤에는 예배당 옆에 80평짜리 교육관을 지었다. 그 무렵에는 교육관을 따로 가지고 있는 교회가 흔하지 않았지만, 문 목사는 어린이와 청년들을 위한 교육 프로그램을 확대하기 위해서는 교육관이 따로 필

용정중앙교회 전경. 문재린 목사가 직접 설계했다.

요하다고 교인들을 설득하였다. 교육관에서 유치원 교육을 시작하였으며, 야학교를 세워 글을 모르는 이들에게 한글을 가르치는 한편 민족의식을 불어넣었다. 강원용, 이상철, 김영규, 권성남, 문익환 등이 야학교 선생을 맡았다. 야학교 학생들은 50명쯤 되었는데 주로 형편이 어려운 여성들이었다. 이 무렵 윤동주 시인은 유년부 선생으로, 문재린 목사의 둘째 아들 문동환은 주일학교 선생으로 봉사하였다.

문동환은 용정중앙교회에 대해 "교회 마당에 농구 코트가 있어서 청년들이 늘 농구를 하였다"고 회고하였다. 그는 또 중년의 아버지에게 자전거 타는 법을 가르치느라고 애먹었다고도 했다. 어렵사리 자전거를 배운 문재린 목사는 자전거를 타고 교인 집에 심방을 다녔다―만주 일대에서 자전거를 타고 심방 다니는 목사는 그가 유일했다. 그는

1941년 12월 용정중앙교회 유치원 1회 졸업식. 만국기 장식이 눈에 띈다. 앞줄 오른쪽에서 다섯 번째가 문재린의 막내아들 문영환이다.

자전거 타기 편한, 무릎까지 오는 승마 바지를 즐겨 입었다. 잘 다듬어 진 콧수염에 중절모를 쓰고 승마 바지 차림으로 다니는 그의 모습은 영락없는 유럽 신사 같은 풍모였다.

아버지의 목회 스타일은 한마디로 '충실'이야. 프로그램 하나를 만들어도 철저히 하셨지. 언제나 틀림없이. 교인들을 돌보는 일도 낮밤이 없었어. 밤에 자다가도 턱 일어나서 가셨어. 누가 생각나고 걱정이 되거나 꿈에서 보여 벌떡 일어나 가시면, 아닌 게 아니라 상담해 주실 일이 반드시 있는 거야. 서양에서 보고 배운 방식으로 교회를 발전시키셨지. 아버지는 충실하고 성실하신 게 특징이야. 아이들뿐 아니라 성인 교육도 중요하게 생각하셨어. 예배 드리기 전에 어른들에게 성경 공부를 시키셨지. 어머니(김신묵)는 여자반을 맡아서 가르치시고, 아버지는 남자들을 가르치시고. 또 수요일 예배가 끝난 다음에는 교사들을 모아서 훈련시키시고. 뭐 하나 시작하면 성실하게 하시는 게 특징이야.

서울중앙교회에서도 그런 식으로 하려고 하셨겠지. 그런데 교인들이 그 성실한 것을 따라 못 가거든. 부흥사들이 오면 늘 목사님은 이렇게 열심히 하시는데 왜 교인들이 따라가지 못하느냐, 그런 이야기를 했어.

— 문동환 인터뷰, 2013

문재린 목사의 충실함과 철저함은 그가 평양신학교를 다닐 때 정리한 "천국시민생활 지침"*에서 엿볼 수 있다. 그는 한빛교회에서 목회할 때에도 교인들에게 이 지침대로 신앙생활을 할 것을 강조했고, 한빛교회는 지금까지 이 지침을 소중하게 간직해 오고 있다.

사경회의 마지막 날이 되자 나는 교인들에게 다섯 가지 결심을 하도록 했다. 그 다섯 가지 결심은 "첫째 성서는 심령의 양식이니 매일 한 장씩 읽자, 둘째 하나님과 교통하는 기도 시간을 정하고 매일 한 번씩 기도를 올리자, 셋째 주일을 성스럽게 지키자, 넷째 십일조를 정성스럽게 올리자, 다섯째 1년에 최소한 한 사람씩은 교회에 인도하자"라는 것으로 내가 평양신학교 다닐 때부터 강조하던 것이다.

용정에서 문재린 목사는 민족 지도자였으며 존경받는 어른이었다. 김성호 장로가 용정중앙교회 재직 10주년에 작성한 약력에 따르면, 문재린 목사는 은진중학교, 명신여학교 이사를 15년 동안 맡았고, 동만

---

* 문재린 목사는 그 뒤 시대의 변화에 따라 "천국시민생활 지침"을 보완하였다. 이 다섯 가지 지침에 이어, 여섯째 "하루에 작은 봉사 하나를 하기로 한다"(마태복음 25장 40절)와 일곱째 "민주화 운동은 주님께서 시작한 것이니 나도 이에 참여하기로 한다"(마태복음 11장 4절-6절)를 포함시켰다.

노회 노회장 직을 세 차례나 맡았으며, 그밖에도 제창병원 이사장, 만주 조선기독교교회 총무국장, 동만교구회 회장 같은 다양한 직책을 역임하였다. 인생의 황금기였다. 그러나 분단과 전쟁이 인생의 황금기를 강제로 끝내 버렸다. 그는 아무런 연고도 없는 남한으로 내려와 생계를 위해 한때는 막노동판에서 일해야 했으며, 나머지 반평생을 떠돌이 디아스포라로 살았다. 마지막 숨을 거둘 때까지 그의 가슴은 고향 북간도에 대한 그리움으로 가득 차 있었다. 이렇듯 고향을 그리며 통일을 염원하는 절절한 마음과 더불어 민족에 대한 애틋한 사랑으로 문재린 목사는 낯선 서울에서 한빛교회를 시작했다.

김신묵의 신앙과 여성의 역할

문재린 목사는 1955년 한빛교회(창립 당시 이름은 '서울중앙교회')를 창립한 뒤 그해 10월 말에 한남신학교 교장으로 부임해 대구로 내려갔다. 서울에는 한 달에 한 번 올라왔다. 문재린 목사가 대구로 내려간 뒤 큰아들 문익환 목사가 서울중앙교회 담임목사 직을 맡았다. 당시 문익환 목사는 한국신학대학(한신대학교) 구약학 교수였다. 그때만 해도 신학교 교수직과 담임목사직을 병행하는 것이 허용되어서 가능한 일이었지만, 문익환 목사는 뒷날 1968년부터는 성서 공동번역 프로젝트의 구약 책임자로 일하는 등 여러 역할을 병행하다 보니 목회에 시간을 충분히 내기가 어려웠다. 그래서 그는 전임 목사가 아닌 설교 목사로서 교통비 정도를 받으며 봉사하였다. 그는 또 1965년 8월부터 이듬해 6월까지 열 달 동안 뉴욕의 유니언 신학교에서 공부하였는데, 그 열 달 동안에는 문재린 목사가 아들 대신 교회를 맡아 설교하였다. 이렇듯 아들과 아버지 목사는 필요에 따라 비교적 자유롭게 협동 목회를 하곤 했다.

상황이 이렇다 보니 주중에 교인들을 돌보고 심방하며 전도하는 일은 김신묵 권사와 박용길 집사, 조남순 전도사를 비롯한 여신도들의 몫이 되었다. 한빛교회가 초기에 자리 잡는 데에는 이처럼 여성들의 역할이 자못 컸다.

문재린 목사의 아내이자 선교 동반자였던 김신묵 권사의 삶은 한 개인의 특수성을 지님과 동시에 같은 시대를 산 기독교 여성들의 보편성을 띤다. 그가 살아온 삶의 여정은 기독교 복음 전파가 한국 여성들의 삶을 어떻게 변화시켰는지를 보여 주는, 매우 드물고 귀중한 기록이다. 이런 맥락에서 김신묵의 삶은 한국의 초기 기독교 여성사와 함께 살펴볼 필요가 있다. 그의 삶을 되짚어 보는 것은 또한 한빛교회의 절반을 구성하는 여성들의 뿌리를 찾아가는 일이기도 하다.

기독교가 들어오기 전 조선 여성들은 19세기 말까지도 유교의 위계질서 속에서 억압받고 있었다. 선교사들은 이 땅에 들어오면서 맨 먼저 부녀자들과 하층민을 선교 대상으로 삼고서, 여성의 삶을 옭아매는 조선의 생활 관습 가운데 조혼, 축첩, 여아 매매, 씨받이, 과부 보쌈, 그리고 미신 타파 등을 개혁해야 할 과제로 내세웠다. 이리하여 초기 기독교는 1900년대 초 한국 여성의 지위 변화에 상당한 영향을 미쳤다.

당시 언론인이자 사학자였던 문일평(1888-1939)은 기독교가 개화기한국 여성의 삶에 미친 영향을 세 가지로 정리하였다. 첫째는 신 앞에서 남녀가 평등하다는 것을 알게 되었고, 둘째는 여성들이 집안 생활에서 해방되어 일요일에는 교회에 가서 남성과 똑같이 예배를 드릴 권리를 얻었으며, 셋째는 성경을 읽기 위해 여성들 사이에 문자가 크게보급되었다는 점이다.

야외 예배에서 활짝 웃고 있는 사람들. 왼쪽부터 김신묵 권사, 안계희 전도사, 오복림 집사.

당시 기독교가 여성에게 끼친 이 같은 영향은 김신묵 한 개인의 삶에서 거울 보듯이 오롯이 볼 수 있다. 김신묵은 일찍부터 스스로 한글을 깨쳤다. 그러나 주변에 읽을 책이 없었다. 그는 오직 책을 읽고 싶은 마음에 호박씨를 모아서 얻은 돈으로 기독교 서적을 팔러 다니는 매서인에게서 쪽복음을 샀다. 당시에는 신구약 성서를 한 권으로 묶은 것은 팔지 않고, 성서를 부분으로 떼어서 팔았는데 이를 쪽복음이라 하였다.

김신묵의 아명은 고만네였다. 딸은 그만 낳으라는 뜻이었다. 그가 결혼하던 1911년에 명동에 신식 여학교인 명동여학교가 세워졌다. 명동여학교 학생들은 '개똥네,' '데진네,' '섭섭이'와 같은 아명을 버리고, 믿을 '신' 자가 들어간 새 이름을 받았다. 김신묵은 그때 얻은 이름이다. 작은 시골 마을 명동촌에 신 자 돌림의 이름을 가진 여성이 자그마치 50여 명이나 되었다. 환갑이 넘은 할머니에게도 갓 태어난 아이처럼 이름을 지어 주었다. 기독교가 이름이 없던 조선의 여성들에게 이름을 준 것이었다.

소학교를 졸업한 김신묵은 농사를 쉬는 겨울에 열리는 여자성경학원에 3년 동안 다녔다. 겨울 성경학원에서 많은 여성들이 사경회나 성경 공부를 통하여 한글을 터득하였고, 위생이나 자녀 교육 등에 관한 신생활 강의를 처음으로 접하였다. 나아가, 가정의 틀에서 벗어나 집단생활을 경험하면서 사회성과 지도력을 키워 나갈 수 있었다. 성경학원에서 공부한 뒤 김신묵은 명동교회 장년주일학교에서 여성들에게 성경을 가르쳤다. 이즈음의 교회 생활에 대해 김신묵은 이런 구술을 남겼다.

시댁 식구들과 나는 일요일 아침이 되면 모두들 깨끗한 옷으로 갈아입고 성경책을 옆에 끼고 일찌감치 교회로 갔다. 남자고 여자고 한 주일에 하루씩 옷을 갈아입고 교회에 간다는 것은 마치 해방 같은 것이었다. 나는 늘 맨 앞자리에 시어머니와 시할머니를 모시고 앉아 예배를 드렸다.

기독교를 통해 고만녜는 새 이름을 얻었고 학교에 다녔으며 지도력을 키웠다. 기독교 복음은 조선의 여성들에게 해방과 평등을 의미했다. 그는 명동여자소학교 동창회장, 명동여자기독청년회 회장으로 활동하였으며, 명동교회 여전도회장으로 일할 때에는 야학교 다섯 개를 세우고 가르쳤다. 1931년 용정으로 이사한 뒤에는 동만 평생여전도회 회장으로 선출되어 남한으로 내려올 때까지 16년 동안 활약했다.

만주에서 목사 사모이기 이전에 여성 지도자로서 동창회장, 여자청년회장, 평생여전도회장 등을 맡아 활발하게 활동하던 김신묵은 남한에서는 목사 사모에 대한 기대와 시선이 만주에서와 사뭇 다름을 느꼈다. 유교 문화가 상대적으로 더 강했던 남쪽에서는 목사 사모는 뒤에서 가만히 있어야지 여전도회장 같은 직분을 맡을 수 없다는 것이었다. 그러나 만주와 함경도 교인들이 모여서 세운 서울중앙교회는 달랐다. 사모에 대한 인식이 그리 보수적이지 않았을 뿐더러 개척교회라서 일손이 매우 부족하였기 때문에 김신묵 권사와 박용길 집사는 전도 활동과 교인을 돌보는 일에 동분서주하였다. 박용길 집사의 딸 문영금은 이렇게 기억했다.

교인이 몇 안 되니 수입은 얼마 안 되고, 어머니(박용길)가 회계 집사도 하는데 돈이 모자라는 거야. 아버지가 받으시는 월급보다 식구들이 헌금하는 액수가 더 많았지. 개척교회를 하면서 무척 힘들었지. 할머니(김신묵)도 그렇고, 어머니도 그렇고, 훈련이 많이 되신 분들이기 때문에 가만히 앉아 있지 않고 닥치는 대로 했어. 어머니는 바자회 할 때면 재봉틀 앞에 하루 종일 붙어 있었어. 뭐 주일학교 선생님이며 성가대며 반주며 필요한 일은 다 했어.

그 뒤 한빛교회에서 박용길 사모가 장로로 선출되고, 이우정, 안계희 장로 같은 여성 장로들을 세울 수 있었던 것도 여성에 대한 차별이 상대적으로 약한 북녘 문화의 영향으로 보인다. 안인숙 권사는 김신묵에 대해 이렇게 기억하였다. "그분은 사람들하고 융화도 잘하고 통솔도 잘하셨고 사람들을 잘 보듬어 주셨어. 기억력도 좋으시지만 매사 알뜰하셨지. 그래서인지 우리 여신도회는 싸우는 일이 없었어. 한 식구마냥 음식도 같이 나눠 먹고. 누구 흉보고 그런 건 없었어."

김신묵 권사가 남한에서 한 일 가운데 주목해야 할 것은 그가 1978년 한국기독교장로회 여신도회에서 주최한 노년 여신도 수련회에 참석하여 에스더 기도회를 제안한 일이다. 에스더는 구약 성서에 나오는 인물로 페르시아 제국의 왕 아하수에루스의 왕후였는데, 유대인 학살 음모로부터 동족을 구했다. 한국기독교장로회 여신도들도 에스더처럼 나라와 민족을 위해 기도하자는 취지였다. 한빛교회를 비롯한 한국기독교장로회 소속 여신도회에서는 해마다 3·1절 기념 주일 아침이면 에스더 기도회를 지금까지 이어 오고 있다.

함경도 지방의 교회와 캐나다 선교부

만주 북간도는 우리 민족의 기상이 서려 있는 곳이다. 오랜 옛날 우리 민족은 고조선, 고구려, 발해에 이르기까지 만주 일대에 나라를 세우고서 동북아 세력의 중심 역할을 하였다. 고려, 조선 시대에도 만주는 우리 민족의 주요 활동 무대였고, 일제강점기의 민족운동사에서도 중요한 역할을 했다. 기미년 3·1운동 이후 국내에서는 독립운동의 기세가 침체된 것과는 달리, 북간도는 민족운동의 요충지로서 우리 민족의 자주독립을 위해 활발한 활동을 펼쳤다. 그 중심에 명동교회와 용정중앙교회가 있었다. 이들 교회는 주체적으로 기독교 신앙과 복음을 전하는 한편 민족운동에도 열정적으로 참여했다. 이러한 특성은 북간도의 강인한 민족정신 토양과 무관하지 않을 터이지만, 무엇보다 만주와 함경남북도를 선교 지역으로 할당받은 캐나다 교회의 선교 정책과 역사와 긴밀한 관계에 있었다.

캐나다 장로교에서 함경도와 북간도 지역을 선교지로 삼은 것은 한국 장로회 선교사 공회가 1893년에 합의한 선교지 분할 정책에 따른 것이었다. 미국, 호주, 캐나다 같은 나라의 선교사들은 1800년대 말 조선에 기독교를 선교하는 과정에서 불필요한 경쟁과 마찰을 피하기 위

해 그들의 편의에 따라 지역을 나누어 맡아 선교하기로 합의하였다.[*]
그 뒤 1906년에 장로교와 감리교는 장·감 선교협약을 맺어 북간도 지역은 캐나다 선교사들이 주로 맡기로 하였다.

그러나 여기서 주목할 점은 선교사가 이 땅에 도착하기 전에 한국의 기독교인들은 이미 성서를 번역하고 곳곳에서 자발적으로 작은 교회 공동체를 형성하고 있었다는 점이다. 한국인들이 주체적으로 기독교 신앙을 수용하고 있었던 것이다. 이렇듯 미약하게나마 복음의 씨앗이 뿌려진 상황에서 선교사들이 파송되었고, 한국인들은 선교사들과 함께 선교 활동에 열정적으로 참여할 의지를 충분히 갖고 있었다.

한국에서의 초기 기독교 역사를 살펴보면, 선교사들의 신학과 선교의 특성이 크게 두 가지로 나타난다. 하나는 선교지의 상황과는 무관하게 서구의 기독교 교리와 신앙을 일방적으로 전파하는 제국주의 논리에 기반을 둔 선교 방식이다. 미국 장로교회의 선교 방식이 여기에 해당되었다. 다른 하나는 선교지를 대상으로만 보는 것이 아니라 선교의 공동 주체로 삼고서 서로 대화하며 민족 교회 형성을 돕는 선교 방식이다. 함경도와 북간도 지역을 맡은 캐나다 선교부의 선교 정책은 한국 기독교인들을 대상으로 여기기보다는 협력자로 바라보았다. 더 나아가 캐나다 선교사들은 평신도의 지도력을 키워 주고 그들의 활동을 적극적으로 지원하였다. 일제에 대항하는 민족운동도 적극적으로 도왔다. 그들이 지닌 치외법권을 이용해 독립운동 단체를 보호했을뿐더러 재정적으로도 지원하였다. 이에 대해 문재린 목사는 이렇게 회고하였다.

---

[*] 1893년 장로교 선교사 공의회는 미국 남장로교는 전라도와 충청도를, 미국 북장로교는 평안도, 황해도를, 호주 장로교는 경상남도를, 캐나다 장로교는 함경도, 간도, 경상북도를 선교 구역으로 나누어 맡기로 정했다. 이것이 애초에는 선의의 분할이었지만 이 같은 지역 구획이 불행하게도 오늘날 한국교회 분열의 배경이 되었다.

캐나다 선교부는 다른 완고한 선교부에 비해 경제적인 면에서는 조금 약했지만 사상이 새롭고 관대하여 여러 가지 돋보이는 점들이 있었다. 예를 들면, 한국 선교 사업을 선교사들이 독단으로 집행하는 것은 옳지 않다고 생각하여 1927년에 이사회를 신설하고 선교부 대표와 한국인 대표가 동수로 참석하여 일을 처리하게 한 일이 그 하나다. 다른 교파 선교부들은 근년에 와서야 이 정책을 따르게 됐다.

다른 선교부들은 한국에서 목회할 목사들이 평양신학교 교육만 받으면 넉넉하다고 생각해서 선교부의 돈을 들여 외국에 유학까지 시키려고 하지 않았다. 그러나 캐나다 선교부는 앞으로 한국인의 손으로 한국 교회를 운영하면서 세계 교회와 어깨를 나란히 하려면 외국에서 공부하는 것이 필요하다고 보고 선교 비용으로 학생들을 유학 보내기로 했다.

다른 교단의 선교부와는 차별되는 캐나다 선교부는 선교지를 존중하는 정책의 일환으로 문재린 목사를 1928년 여름 연합교회 선교부의 첫 유학생으로 선발하여 캐나다로 보냈다. 1925년 캐나다에서는 장로교회, 감리교회, 회중교회가 통합해서 연합교회를 조직하였다. 세 교파가 연합하여 하나의 교단을 이룬다는 것은 결코 쉬운 일이 아니다. 그런데도 캐나다에서 연합교회가 탄생했다는 것은 그들의 에큐메니컬 Ecumenical 정신, 곧 교회가 하나가 되어야 한다는 신념과 의지가 얼마나 컸는지 알 수 있다.

캐나다 연합교회가 남다른 선교 정책을 갖게 된 데에는 특별한 배경이 작용하였다.

한국에 부임한 초기 캐나다 선교사들의 선교 정책은 자급自給, 자치

自治, 자전自傳으로 표현되는 '네비우스 선교 정책'을 따랐다.* 곧, 스스로 자원을 마련하고, 스스로 운영하며, 스스로 전파하도록 하는 선교 방식이었다. 1914년 한국에 부임하여 오랫동안 선교 활동을 한 윌리엄 스콧William Scott(한국 이름은 '서고도') 선교사는 "네비우스 선교 방법은 한국에 있는 모든 장로회 선교부의 기본 정책이 되었고, 새로 부임하는 모든 선교사들에게 그것에 엄격히 순응하도록 했다"고 말했다.

북간도에서 선교사들은 복음 전도, 의료, 교육 선교를 중심으로 활발하게 선교 활동을 펼쳐 나갔다. 그들의 복음 선교 활동은 네비우스 선교 정책에 따라 "한국인들에 의한 자발적인 선교"를 통해 이루어졌다. 이에 대해 스콧 선교사는 이렇게 기록했다. "주요 복음 전도 사역은 기독교 신앙이 저희 자신만 간직하기에는 너무나 풍성하다는 것을 발견한 지역의 토착 기독교인들이 맡는다. 그들은 그것을 다른 사람들과 나누어야 하고, 이웃 교회의 더 성숙한 기독교인들이 저희의 비용을 들여 새로운 집단을 방문하고 격려하는 방식으로 이루어진다." 이러한 헌신적인 선교사들과 한국 기독교인들의 열정적인 선교 활동으로 함경도와 북간도 지역에 하나님의 복음이 전파되었다.

함경도 지역은 백두산 밑의 험준한 산악 지대로 두만강과 압록강을 경계로 중국과 러시아를 접하고 있다. 예부터 이곳 사람들은 기골이 장대하고 포부가 크고 이상이 높다고 일러 왔다. 바닷가를 접하고 있는 지역을 제외하고는 함경도 사람들은 농사를 지을 땅이 부족해 늘 궁핍한 생활을 면하기가 힘들었다. 발해가 멸망한 926년 뒤로는 오랫동안

---

* 1890년 한국 장로교회는 중국에 와 있던 선교사 존 리빙스턴 네비우스John Livingstern Nevius 목사를 초빙하여 선교 방법의 원칙을 제공받은 뒤, 1893년에 10개의 항목에 이르는 장로교 선교 정책을 채택하였는데 "첫째, 상류 계급보다는 근로 계급을 상대로 전도한다. 둘째, 부녀자에게 전도하고 크리스천 소녀들을 교육하는 데 특별히 힘을 쓴다."는 두 조항을 비롯해 성경 보급, 한글 사용, 자립적 교회, 동족에 의한 전도와 전도자 교육 등이 들어 있다.

여진족의 지배 아래 있다가, 14세기 말에 조선의 태조 이성계가 되찾아 북방 이민 정책으로 이곳에 많은 사람들을 정착시켰다. 조선 시대에 들어와서는 중앙 정부의 관심에서 멀어져 정치, 경제, 문화적으로 소외된 변방이 되었고, 벼슬하던 많은 선비들의 유배지로 전락하였다. 그러나 버림받고 척박한 땅에 살면서 이곳 사람들은 역설적으로 더 강인하고 진취적인 성격을 갖게 되었다. 척박한 자연 조건과 사회로부터의 소외를 극복하기 위해 억세고 강한 생명력을 지니게 된 것이다. 이들은 이러한 개척 정신뿐 아니라 나라를 사랑하는 마음 또한 드높았다. 이에 대해 한국신학대학의 연규홍 교수는 저서 「역사를 살다-한신과 기장의 신앙고백」에서 이렇게 말하고 있다.

조선 팔도 중 가장 소외되고 버림받은 척박한 땅, 함경도. 그곳은 예수님 당시의 갈릴리이다. 이곳에 캐나다 장로교회가 민중적 정서를 대변하며 민족적 의지를 북돋우는 자립 교회 형성의 선교 정책으로 함경도를 맡아 선교했다는 것은 인간의 계획을 넘어서는 하나님의 섭리였다고 말하지 않을 수 없다.

어쩌면 척박한 땅과 유난히 길고 추운 겨울은 함경도 지역과 캐나다의 공통점이었는지도 모른다. 사람들의 성향도 비슷하게 강인하고 진취적이지 않았을까? 캐나다 선교부가 한국 기독교의 민족운동이나 사회개혁을 적극적으로 돕게 된 배경에는 좀 더 오랜 연원이 있다. 캐나다 장로교회는 16세기 존 녹스John Knox*의 종교개혁으로 형성된 스코틀

---

* 존 녹스(1513?-1572)는 스코틀랜드의 종교개혁가로, 처음에는 가톨릭 사제였으나 칼뱅의 영향으로 개신교 목사가 되었다. 스코틀랜드의 메리 여왕에게 맞서, 계급구조적인 가톨릭교회 제도의 악습과 오류를 비판하는 한편 교육 개혁과 빈민 구제를 결의하며 종교개혁을 단행하였다. 그 뒤로 스코틀랜드의 국교는 장로교가 되었다.

위 사진은 용정중앙교회 당회원 일동. 앞줄 왼쪽에서 두 번째가 전택은 장
로다. 1928년 11월 3일 사진이다. 아래 사진은 용정중앙교회 크리스마스
행사를 마친 뒤에 찍은 기념사진.

랜드 장로교 전통의 영향을 강하게 받았다. 이들은 교파의 구별보다는 교회의 일치를 강조하였으며, 해외 선교에 있어서도 선교 본부의 입장을 강요하기보다는 선교사들의 자율성을 최대한 보장하는 정책을 폈다. 한국에 온 캐나다 선교사들은 대부분 그 선조들이 스코틀랜드 출신이었다. 이처럼 진보적인 배경을 지닌 이들은 다른 나라의 장로교회 소속 선교사들보다 평등주의와 민주주의 의식이 한층 더 높았으며 사회정의에 매우 관심이 컸다. 이들은 한국 교회 지도자들이 문자적 성서무오설聖書無誤說(성서의 모든 말씀은 하나님이 직접 말한 것으로 오류가 있을 수 없다는 것)에서 벗어나게 했으며, 비교 종교철학적인 연구 태도, 성서 고등비평학 같은 새로운 신학 방법론을 소개하여 이후의 한국 신학계에 영향을 크게 끼쳤다. 캐나다 선교사들은, 미국 장로교 소속 선교사들이 미국식 모델을 한국 교인들에게 강요한 것과 대조적으로, 매우 개방적인 태도로 선교에 임하였다.

캐나다 선교사들은 그들의 남다른 선교 방향과 신앙 노선으로 북간도 지역 한인들의 민족해방운동을 지원하는 든든한 버팀목이 되어 주었다. 특히 용정촌에 위치한 캐나다 선교부 지역은 일본 영사관의 힘이 미치지 못하는 치외법권 지대였던 덕분에 한민족 독립운동의 본거지가 되었다. 문재린 목사가 이사장으로 있던 제창병원은 캐나다 선교부가 1912년에 세웠는데, 가난한 민중을 치료하고 돌보는 데에서 그치지 않고 독립운동의 본거지로서 큰 역할을 하였다. 민족운동가들의 정치적 피난처로 사용되었으며, 3·1운동 때에는 병원 지하에서 독립선언서와 독립신문을 인쇄하기도 하였다. 캐나다 선교사들은 이처럼 한국인들의 처지에 서서 한국인들과 함께 아파하고 싸우며 고난의 십자가를 걸머지고서 어둠의 시대를 함께 헤쳐 나갔다.

미국 선교사들은 같은 장로교 전통에 서 있으면서도 캐나다 선교사들과 사뭇 달랐다. 그들은 한국 기독교인들의 사회 참여보다는 개인의 영혼 구원을 강조하였다. 캐나다 선교사들이 한국 민족운동을 위해 헌신적인 노력을 기울일 때, 미국 장로교 소속 선교사들은 일제가 선교사들을 향해 회유 정책을 펴자 '정교 분리의 원칙'을 내세우며 일제의 정책에 동조하였다.

결국 선교분할 정책은 선교사들이 저마다 신학과 사회참여 의식이 달랐던 탓에 작은 나라를 조각내고 말았다. 선교분할 정책으로 인하여 한국인들은 신앙의 내용을 선택할 수 있는 자율권은 빼앗긴 채, 그 지역의 선교부로부터 이식된 신앙과 문화를 그대로 받아들여야만 했다. 지금까지 계속되는 교단의 분열과 갈등이 선교사들의 정책으로부터 시작되었다는 점이 안타깝기만 하다.

민족의 정기가 서려 있는 북간도에, 진취적이고 열린 신학을 가진 캐나다 선교부가 복음의 씨앗을 맨 처음 뿌리게 된 것은 하나님의 예비하심이라 고백하지 않을 수 없다. 이러한 자유로운 토양 속에서 장차 한국 교회를 이끌어 갈 출중한 지도자들이 배출되었다. 그 중심에는 김재준, 송창근, 문재린이 있었다. 김재준과 송창근은 함경도 출신으로 미국 프린스톤 신학교에서 함께 수학하며 진보적인 신학을 받아들였다. 이들은 1940년 서울에 조선신학원을 설립하여 선진적인 신학을 가르쳤다. 장공 김재준 목사(1901-1987)는 성서의 문자 무오설과 경직된 교리적 신앙을 비판하고 신앙은 삶으로 구체화되어야 한다는 '생활 신앙'을 가르쳤다. 김재준 목사는 함경북도 경흥의 산골짜기에서 태어나 자랐으며 용정 은진중학교에서 학생들을 가르쳤다.

북간도의 민족주의 정신과 더불어 캐나다 선교부의 진보적인 신학은 한빛교회 신앙의 젖줄이다. 이른 봄 얼어붙은 대지를 뚫고 올라온 꽃처럼 우리의 선인들은 척박한 환경에서 눈부신 신앙의 꽃을 피워 냈다. 김재준 목사가 1966년에 쓴 찬송 "어둔 밤 마음에 잠겨"의 가사를 통해 당시의 역사를 되새겨 볼 수 있다. 3절 가사는 문익환 목사가 칠십 년대에 감옥에서 쓴 것이다.

어둔 밤 마음에 잠겨 역사에 어둠 짙었을 때에
계명성 동쪽에 밝아 이 나라 여명이 왔다
고요한 아침의 나라 빛 속에 새롭다
이 빛 삶 속에 얽혀 이 땅에 생명탑 놓아 간다

옥토에 뿌리는 깊어 하늘로 줄기 가지 솟을 때
가지 잎 억만을 헤어 그 열매 만민이 산다
고요한 아침의 나라 일꾼을 부른다
하늘 씨앗이 되어 역사의 생명을 이어 가리

맑은 샘 줄기 용 솟아 거치른 땅에 흘러 적실 때
기름진 푸른 벌판이 눈앞에 활짝 트인다
고요한 아침의 나라 새 하늘 새 땅아
길이 꺼지지 않는 인류의 횃불 되어 타거라

장로교회의 분열과
한국기독교장로회의 탄생

한빛교회가 소속되어 있는 한국기독교장로회는 1953년에 탄생하였다.

한국기독교장로회가 새로운 교단으로 탄생하게 된 배경에는 장로교회의 분열이라는 서글픈 역사가 있지만, 바로 그 지점에서 하나님의 경륜을 발견해야 할 것이다.

일제강점기에 일본은 반강제적으로 합동 교단을 만들어 기독교를 통치하였다. 이렇게 만들어진 합동 교단을 해방 뒤에도 유지하자는 움직임이 있었다. 1945년 9월 8일, 새문안교회에서는 감리교회의 변홍구, 이규갑을 비롯하여 장로교회의 김관식, 송창근, 김영주 목사 등이 모여 합동 교단의 존속에 대해 의논하였다. 그러나 이듬해 4월 30일 남부대회에서는 각 교파로 환원하기로 결정했다. 일제가 억지로 만들어 놓은 합동 교단에 대한 반감이 봇물 터지듯이 터져 나왔기 때문이었다. 여기에 선교사들이 지역을 분할하여 선교 활동을 한 여파까지 더해 여러 교파가 난립하게 되었다. 그뿐만이 아니었다. 이 무렵 미국과 유럽의 여러 군소 교단들이 밀려들어오기 시작했다. 그런 와중에도 1946년 남부대회에서 한국기독교연합회(Korean National Christian Council)를 교회 결속의 한 형태로 남겼다는 것은 그나마 불행 중 다행이라고 하겠다.

민족이 서로를 향해 총부리를 겨누던 시기에 한국장로교회도 분열의 아픔을 겪었다. 한국기독교장로회와 대한예수교장로회의 분열은 조선신학교(한신대학교의 전신)의 문제에서 시작되었다. 조선신학교는 송창근 박사와 김재준 목사를 중심으로 선교사에 의지하지 않고 한국인들에 의한 자주적인 지도력 양성을 목표로 세워졌다. 캐나다 선교부의 도움으로 외국에서 세계 신학의 흐름을 파악하고 돌아온 이들은 자주적이면서도 자유로운 신학교의 필요성을 절실하게 느꼈고, 1940년에 서울 동자동에 조선신학교를 세웠다.

공교롭게도 이즈음 신사참배 문제로 평양신학교를 비롯한 여러 신학교들이 문을 닫게 되었다. 목사 훈련 기관의 필요성을 절감한 김대현

장로는 일본 경찰의 감시와 미움을 각오하면서도 신학교를 세우기 위해 자신의 모든 재산을 헌납하였다. 총독부의 허가를 받을 수 없어 처음에는 '조선신학원'이라는 이름을 썼는데 학교가 아닌 학원이어서 신사참배를 강요받지 않을 수 있었다. 용정의 은진중학교에서 후진 양성에 힘쓰던 김재준 목사는 새로운 신학 교육을 꿈꾸며 조선신학원을 맡았다. 일제 말이던 이 시기는 학생들이 평양의 군수공장으로 끌려가 집단 노동을 해야 할 정도로 상황이 어려운 때였다. 김재준 목사는 교장으로서, 교수로서, 심지어 경리이자 소사로서도 일할 정도로 여러 사람의 몫을 감당하면서 끝까지 조선신학원을 지켰다.

해방 뒤, 평양신학교에 다니던 학생들은 장로교의 유일한 신학교인 조선신학교에 공부하러 왔다. 그들은 평양에서 듣던 보수적인 강의와 사뭇 다른 김재준 목사와 캐나다 선교사인 서고도(윌리엄 스콧) 목사의 강의 내용에 충격을 받았다. 1947년 봄 조선신학교 학생 51명이 제33회 장로회 총회에 진정서를 제출하였다. "우리가 유시幼時로부터 믿어오던 신앙과 성경관이 근본적으로 뒤집어지는 것을 느꼈다"면서 "근대주의 신학 사상과 성경의 고등비판을 거부"한다고 외쳤다. 조선신학교에서는 서구에서 논의되고 있는 성서의 문자 무오설, 예수의 동정녀 탄생, 예수의 육체 부활 등을 비판적으로 해석하는 신학을 소개하였다. 그러나 학생들은 전체 맥락을 무시한 채, 그 일부 내용만을 수집해서 김재준과 서고도 목사를 이단으로 고발하였다. 김재준은 심사위원들 앞에서 자신의 소신을 밝혀야 하는, 현대판 종교재판을 받기에 이르렀다.

그즈음 문익환과 문동환 형제는 졸업을 앞둔 조선신학교 학생이었다. 이들은 분열의 현장을 한가운데서 목격하였다. 이 일에 대해 문동환은 한겨레신문에 연재한 글 "문동환-떠돌이 목자의 노래"에서 이렇게 적었다.

지혜로운 교회 정치가였던 송창근 박사는 김재준에게 완곡한 사과의 글을 쓸 것을 권하면서 이 문제를 정치적으로 수습하려고 했다. 그러나 김재준은 이를 거부하고 '편지에 대신하여'라는 글로 자신의 신학적 견해를 당당히 밝혔다. 나는 열다섯 장에 이르는 그의 변증서를 등사하는 일을 도왔다. 나는 '그처럼 한없이 부드럽고 조용한 사람에게서 어떻게 그런 힘이 나올 수 있을까?' 생각하며 마음 속 깊은 곳에서부터 그를 우러러보게 되었다. 서고도 목사는 교회사 강의를 하면서 종종 "자유라는 것이 얼마나 좋은데 이것을 문제 삼지요?"라고 말했다. 그는 스코틀랜드 출신의 영국인으로 시문학에도 능했다.

김재준 목사는 일만여 자에 이르는 성명서에서 근본주의 신학이 신앙의 양심과 학문 연구의 자유를 억압하게 되고 한국의 목사들을 학문 이전의 '성경학교 수준'에 매어 놓는다고 지적하며, 한국 개신교회도 이제 당당히 세계 신학의 본류와 교류하고 그에 동참해야 한다고 주장하였다. 그는 성서무오설은 "하나님의 구속의 경륜을 수행하신 역사적 계시"로서, 기독교인들의 "신앙의 성서무오설 본분에 대하여" 정확무오하며 계시적 권위를 갖는 것이지, 성경의 문자 하나하나를 절대 불변의 신탁 같은 문서로 받아들이는 것은 도리어 성경의 신적 계시의 권위와 절대성을 훼손시키는 것이라고 주장하였다.

이 논쟁은 6·25전쟁 와중에도 계속되었다. 조선신학교를 문제 삼은 이들의 배후에는 이북에서 내려온 보수적인 목회자와 장로들, 신사참배 문제로 한국을 떠났던 선교사들이 있었다. 선교사들은 남북의 교회 지도자들 사이에 분쟁과 갈등이 일어나면 이를 중재해야 마땅할 터인데, 오히려 저희의 위상을 강화하고 주도권을 갖기 위해 특정 지방 교회를 편파적으로 두둔하였다. 1948년, 평양에서 월남한 보수적인 목회자들이 총회신학교를 세우고 신학 교육을 재개하였다. 그들은 조선신학교의 교수 개편과 총회 직영 취소를 요구하였다. 이 싸움은 전국의 노회로 확산되었다. 1952년, 이북에서 내려온 교역자들과 선교사들에게 남부총회에서의 총대를 주기로 결정하였다. 그리하여, 1952년 4월 29일, 대구 서문교회에서 회집된 제37회 장로회 총회는 김재준 목사와 서고도 목사를 이단으로 몰아 제명 처분하고, 조선신학교의 졸업생에게는 교역자 자격을 부여할 수 없다고 못을 박았다. 이것은 종교개혁 당시 마틴 루터가 로마 가톨릭 교회에 소환되어 신앙의 양심과 신학의 지성을 포기할 것을 강요받고 교권에 굴복하도록 협박받고 회유당하던 것과 하등 다를 바가 없었다.

　동족 간의 피비린내 나는 비극이 한창이던 시기에 한국의 기독교는 두 얼굴을 보여 주었다. 그 하나가 전쟁 피난민과 고아들을 돕고 구제하는 일에 발 벗고 나선 것이다. 어려움 속에서도 기독교 정신으로 선한 싸움을 벌인 수많은 이름 없는 선교사, 목회자, 장로, 신도들이 있었다. 그러나 더 많은 사람들은 시대의 사명을 망각한 채 교리 논쟁과 교권 다툼에 골몰하였다. 각 교회에서 교인들이 서로 갈라져 몸싸움을 벌이기까지 했다. 한 예배당 안에서 같은 시간에 따로 예배를 보는 안타까운 일도 있었다. 그러나 여신도들은, 전쟁 중에 자식을 굶기지나 않을까 하는 따위의 현실 생활에 대한 걱정이 앞섰는지, 신학 논쟁이나 교권 투쟁에는 관심이 없었다. 전국연합회 회장 김필례는 "남자는 갈라져도 우리 여자들은 가만 있자"고 주장하기도 하였다.

　이런 비극적인 현실 속에서, 1953년 뒷날 한빛교회가 소속될 진보적인 교단인 한국기독교장로회가 탄생했다. 예수교장로회로부터 종교재판을 받고 새로운 교단을 형성할 수밖에 없었던 한국기독교장로회가 탄생한 데에는 어떤 의미가 있을까? 개신교의 수많은 안타까운 분열 가운데 하나일 뿐일까? 싸움과 분열 속에 숨겨진 하나님의 뜻은 과연 무엇일까?

이로부터 한참 뒤인 1970, 1980년대의 군부독재 시절에 한국 개신교가 보여 준 예언자적인 활동의 근본정신을 이해하려면, 1953년 동자동 한국신학대학 강당에서 회집한 '한국기독교장로회' 교단의 이념을 담은 선언 내용에 주목할 필요가 있다.

1. 우리는 온갖 형태의 바리새주의를 배격하고 오직 살아 계신 그리스도를 믿음으로써 구원 얻는 복음의 자유를 확보한다.
2. 우리는 전 세계 장로교회의 테두리 안에서, 건전한 교리를 수립함과 동시에 신앙 양심의 자유를 확보한다.
3. 우리는 노예적인 의존 사상을 배격하고 자립 자조의 정신을 함양한다.
4. 그러나 우리는 편협한 고립주의를 경계하고, 전 세계 성도들과 협력 병진하려는 "세계 교회" 정신에 철저하려 한다.

한국 기독교의 역사적인 맥락과 한국기독교장로회 교단이 탄생한 과정을 생각하면 이 선언서의 내용이 더욱 각별하게 다가온다. 「김재준 평전」을 쓴 김경재 교수는 그의 글에서 개신교 분열사의 의미를 이렇게 적고 있다.

프로테스탄트의 교파 분열사는 분명 바람직하지 않은 인간의 약함의 결과이다. 그러나 분열사가 꼭 부정적인 측면만을 가지고 있는 것은 아니다. 복음의 생명력이 타성과 전통의 무게에 짓눌려 숨을 자유로이 쉬지 못할 때 영적 체험과 진리 파지를 목적으로 한 새로운 물결 운동이 일어나기 마련이고, 그 운동을 종교 전통의 기득권자들이 폭력으로 내리누르고 이들을 정통 교회 울타리 밖으로 내쫓아 버릴 때 그 결과로서 새로운 종교 교파가 생겨나기 마련이다. 김재준은 자신의 비극 속에서 오히려 한국 기독교, 특히 장로교 중 한 가지를 '선한 열매'를 맺도록 남겨 두시고 따로 세워 놓으시는 하나님의 경륜을 읽었다. 이러한 이해는 1960년대 이후 기독교장로회와 한국신학대학이 배출해 낸 수많은 역사적 인물들로 확인되었다.

문재린 목사는 평양신학교에서 공부하였기 때문에 양쪽의 입장을 비교적 잘 이해하였다. 분열을 가슴 아파하며 화해를 시도하기도 하였다. 문익환 목사는 민족끼리 서로 싸우는 전쟁 중에 조선신학교가 전쟁을 반대하는 화해의 도구가 되어야 마땅한데 교권 다툼으로 싸운 것을 못내 부끄러워했다. 그 뒤 1959년에 대한예수교장로회는 통합과 합동으로 또 다시 분열되는 일을 겪었다. 기독교인으로서 민족과 사회 앞에 부끄럽지 않을 수 없었다.

기독교를 정화시킨
4월 혁명과 김창필의 희생

한빛교회가 하나님의 뜻으로 이 땅에 세워진 지 5년이 되었을 때 역사적인 4월 혁명이 일어났다. 4·19혁명은 권위주의적인 이승만 정부가 정권 연장을 꾀하여 조직적이고 광범위하게 펼친 3·15부정선거가 직접적인 계기가 되었다. 그러나 그보다 더 근원적인 원인은 1960년대 한국 사회의 정치경제적인 상황에서 찾을 수 있다. 4월 혁명은 부정선거에 대한 불만을 넘어서, 근본적으로는 해방된 지 15년, 이승만 정권 12년 동안 보수 세력과 기성세대가 자행해 온 반민주적인 행적과 부패에 대해 쌓인 불신과 불만이 마침내 폭발한 것이었다. 3·15선거에서 민주당이 내건 캐치프레이즈 "못 살겠다 갈아 보자"는 당시 국민들에게서 뜨거운 공감을 불러일으키며 사람들 사이에서 굉장한 인기를 끌었다. 그 짧은 구호 안에 국민들의 모든 불만과 원망과 염원이 다 함축되어 있었던 것이다.

김주열 열사의 죽음은 4·19혁명의 기폭제가 되었다. 3월 15일에 시위를 하던 마산상고 1학년 학생 김주열은 행방불명된 지 27일 만인 4월 11일, 마산 중앙부두 앞에서 처참한 시신으로 떠올랐다. 분노한 대학생들은 고등학생들이 시작한 시위에 결합하기 시작했다. 군대에 갔다 와서 고려대학교에 복학한 김경영은 그날을 생생하게 기억하고 있었다.

그날 아침부터 학교에 가니까 분위기가 싱숭생숭하더라고요. 4월 18일 날 교정에 2천여 명 모여서 선언문을 낭독하고 구호를 외치고 12시 조금 지나서 교문 밖으로 밀고 나갔죠. 우리는 멋모르고 있다가 같이 휩쓸려서 막 따라 나갔는데, 학생들이 한 3천여 명이 나갔을 거예요. 경찰이 미리 집회 정보를 알았는지 처음에 안암동 로터리에서 일부 뒤쪽에서 잘라내고, 또 신설동에서 잘라내고, 동대문에서 잘라내고…, 저는 종로 2가까지 가서 잘렸어요. 약 300명 정도가 국회의사당(지금의 서울시의회 의사당) 앞까지 가서 선언문을 낭독하고 구호를 외치며 돌아오는데, 종로 4가에서 이정재, 임화수 같은 정치 깡패들이 나타나 학생 11명에게 중상을 입혔죠. 고대생들이 데모하다가 깡패들한테 당했다는 소문이 전국으로 전해지면서 이튿날에 4·19가 터진 거죠. 제가 알기로는 대광고등학교 학생들 천여 명이 맨 먼저 아침 8시에 학교에서 출발했고, 고대생들이 9시쯤 나왔고, 서울대생 3, 4천 명, 연대생 5천여 명, 그렇게 대학생 고등학생 일반인들이 뒤섞여 광화문에 모인 숫자가 한 10만여 명이 되었어요. 그때 주로 외친 구호는 "부정선거 다시 하라," "일인 독재자 물러가라"였죠.

시위가 격렬해지면서 이 박사 면담하겠다고 청와대로 들어가려고 하니까 경찰이 바리케이드를 쳐 놓고 있다가 발포하기 시작한 거예요. 와아, 하고 몰려가다가 총을 쏘면 옆으로 쫙 흩어졌다가, 총소리가 그치면 다시 몰려 나가고.

고등학생들이 맨 앞에서 앞장섰죠. 고등학생 사상자들이 가장 많았어요. 그날 죽은 사람이 모두 183명이었는데, 고등학생이 40여 명, 대학생 20여 명에 일반인, 초등학생들까지도 구경 나왔다가 죽고 그랬죠.

한빛교회의 교우 가운데서도 그날 경무대(지금의 청와대) 앞에서 총에 맞아 죽은 젊은이가 있었다. 바로 청년 김창필이었다. 그는 김주열의 시신이 떠오른 4월 11일과 4·19의 중간인 4월 14일에 문익환 목사에게 의미심장한 편지를 남겼다. 자신의 진로를 고민한 글인지, 자신의 죽음을 예견한 유서인지 정확하게 알 수 없는 이 편지를 그가 직접 수유리 문익환 목사의 집 마루에 두고 갔다.

목사님께
목사님의 옆을 떠나지 않으려고 하였습니다. 그러나 어찌할 수 없는 제 개인의 사정으로 목사님의 옆을 잠시 떠나려 합니다.
그동안 저를 위하여 물심양면으로 도와주신 목사님의 옆에서 더 이상 걱정을 끼쳐 드릴 수 없습니다. 제 자신의 운명을 제 자신이 개척하여 가고자 이 길을 걸어가려 합니다.
교회와 목사님의 가정 위에 하나님께서 언제나 함께하여 주실 줄 믿습니다.
1960년 4월 14일 창필 올림

그는 김정돈 장로, 문복녀 집사의 아들로 집안 형편은 어려웠지만 주일학교 학생 지도부장과 청년회장으로 봉사하고 있었다. 김정돈 장로는 고향인 함경남도 연포에서 학교에 들어
가지 못한 아이들에게 한글을 가르치는 연
포학술학원을 운영하던 교육자였다. 그는 서
울로 내려와 여러 가지 직업에 도전하였으나
안정적인 일자리를 찾지 못해 생활고를 겪
었다. 김창필은 큰아들이었고, 두 남동생 승
필과 순필, 누이 은숙과 영자가 있었다. 가
족들이 모두 노래를 아주 잘해서 이따금 가

김창필 집사의 영정 사진.

족찬양을 맡아 부르기도 하였다.(박용길 기록, 1966)

김창필은 1934년 12월 9일 함경남도 함주군 연포면에서 태어났다.
해방 뒤 1946년에 월남하기 전, 함경도에서 흥남중학교에 다녔는데 그
때 학교 당국에서 갑자기 기독교 집안 학생인지 성분 조사를 하였다.
기독교 집안인 것이 드러나면 숙청 대상이 되기에 다들 사실을 숨기기
에 급급하였다. 그러나 김창필은 "저는 교회에 다닙니다" 하고 손을 번
쩍 들었다. 결국 그는 학교에서 쫓겨나게 되었고, 이것이 가족이 월남
하게 된 직접적인 계기가 되었다. 김창필은 이렇듯 신앙심이 투철하였
고, 또한 효성이 지극하기로도 소문이 났다. 이러한 일화가 있다. 그의
가족은 6·25전쟁이 일어났을 때 한강대교가 폭파되어서 남쪽으로 피
난하지 못하고 아현동에서 숨어서 지내야 했다. 그러던 중 아버지 김정
돈이 9월 26일 인민군에게 붙잡혀 폐에 관통상을 입었다. 열 시간 뒤
에 서울로 공격해 들어온 미 해병대에게 구출되어 인천의 인천중학교
로 옮겨져 그곳에서 치료를 받고 있었다. 그때 김창필은 열여섯 살 소
년이었는데 사흘을 굶은 몸으로 한강을 헤엄쳐 서울에서 인천으로, 인
천에서 서울로 오가면서 아버지 친구에게 아버지의 부상 사실을 알렸
다. 그의 효성어린 노력 덕분에 아버지는 인천 시립병원에 입원할 수 있

었고 무사히 치료를 마쳐 완치되었다.

그렇다면 1960년 4·19 당시 스물여섯 살이던 그가 대학생도 아닌데 시위대의 선두에 선 이유는 무엇일까? 당시 자유당은 3·15부정선거를 치르기 위해 전 공무원을 대상으로 성분 조사를 진행했다. 김창필은 국립중앙의료원에서 근무하고 있었는데 성분 조사에서 걸려 일을 그만두어야 했다. 아버지 김정돈 장로가 민주당 중구 상임위원회 의장이 었기 때문이었다. 김창필도 다가올 부정선거를 막아야 한다는 일념으로 1959년 12월에 민주당원으로 입당하였다. 민주당 선전반원으로서 서울과 경기도, 경주, 제천 등지를 다니며 신명을 다해 일했다. 그는 4월 19일 해무청 앞에서 동국대생들과 합류하여 최루탄 세례에도 아랑곳하지 않고 선봉에 서서 중앙청을 향해, 다시 경무대를 향해 수도관을 굴리며 전진하였다. 바로 이때 경무대 앞에서 경찰들이 시위대를 향해 무차별 사격을 가했고, 김창필은 심장과 복부에 관통상을 입고 쓰러졌다.

4·19 때 그 얘길 어떻게 다 할까? 조남순 전도사하고 나하고 병원에 송장 안 들여다본 데가 없어. 창필이 찾느라고. 둘이 걸어서. 그때 무슨 차가 있어? 걸어 댕겼지. 창필이가 데모하다가 죽었다는 소리도 모르고, 집에 안 돌아오니까 찾으러 다닌 거야. 병원에서마다 가마떼기(가마니) 덮어 놓은 걸 열어 보는 거야. 그땐 왜 그렇게 가마떼기를 덮어 놓았나 몰라. 그때는 밥 굶기를 떡 먹듯이 했어. 배고픈 줄도 모르고 그렇게 댕기는데, 그때 막내딸이 세 살인데 방안에다 먹을 걸 두고 문을 바깥에서 잠가 놓고 굶어가면서 댕기는데, 엄마 교회 댕기는 게 그렇게 밉더래. 어린애 혼자 두고 교회를 댕기니까.

—안인숙 인터뷰, 2013

4월 20일 오후 늦게 수도육군병원에서 이름 없는 주검들 가운데서 김창필의 시신을 찾았다. 아버지 김정돈은 서서 하나님께 조용히 기도를 드렸다. "하나님 아버지, 아들의 시체를 찾게 됨을 감사합니다. 창필아! 너는 나보다 뒤에 왔으나 먼저 갔구나! 너의 생은 짧았으나 굵게 살았다. 창필의 이름이 이 나라에 길이길이 남으리라. 살아 있는 우리들이 그 거룩한 정신을 이어 받으리라. 하나님 아버지, 창필의 영혼을 받아 주시옵소서. 아멘."

4월 22일 오전 11시 한빛교회(당시 중부교회) 문익환 목사의 사회로 장례식이 거행되었다. 그의 시신은 수도육군병원을 출발하여 그가 시위하던 거리를 거쳐 망우리 묘지에 묻혔다. 가족과도 같았던 한빛교회 교인들에게 김창필의 죽음은 커다란 충격을 안겨 주었다. 그의 희생으로 사람들이 깨어났고 독재 정권이 무너졌다. 돌이켜보면 그의 죽음은 장차 한빛교회가 역사의 전면에 나서게 될 1970년대를 예견하는 상징

4.19혁명 때 아들을 잃은 김정돈 장로와 문복녀 집사. 왼쪽은 문재린 목사.

적인 사건이었다. 한빛은 일제에 저항한 역사를 가지고 있었고, 자유당 정권에 대해 비판적이긴 했지만, 그때까지는 사회 비판의 목소리를 내지는 않았다. 어쩌면 그의 죽음은 지극히 작고 평범한 개척교회였던 중부교회(한빛교회)의 앞날을 결정짓는 중요한 사건이었을는지도 모른다.

평소에 청년 김창필을 아끼던 문익환 목사를 비롯해 한빛교회 교인들은 그의 죽음을 애통해했다. 그러나, 그를 낳고 키운 어머니 문복녀 권사의 한 맺힘에 어찌 견줄 수 있으랴. 문복녀 권사는 해마다 4월 19일이 돌아오면 하얀 소복을 입고 4·19공원에 있는 아들의 무덤 옆에 종일 앉아 있곤 하였다.

문복녀 권사는 같은 문 씨인 문재린 목사의 집을 친정처럼 드나들었다. 김신묵 권사는 아들을 잃고 슬퍼하는 문복녀 권사를 동생처럼, 딸처럼 다독이며 거두었다. 겉으로는 살가운 표현을 잘 하지 않지만 인정이 많아 남의 고통을 자신의 아픔으로 느끼던 김신묵 권사는 4월만 돌아오면 창필이를 떠올리며 가슴이 아프다고 하였다. 김창필 교우의 영결식을 집례한 문익환 목사는 훗날 "어머님의 양심"이라는 시를 썼다.

이날이 되면
창필이 경무대 앞에서 가슴에 총 맞고 쓰러진
이날이 되면
어머님은 염통이 아프다고 하셨죠
구십삼 년 버텨 온 눈물겨운 염통
칼끝으로 콕콕 쑤시듯 아프다만
나무토막같이 말라 버린 이 가슴이라도 버텨야지
별 수 있니

4월 혁명은 한국기독교장로교회에 속해 있던 한빛교회 교인들뿐 아니라 개신교 전체에 커다란 파장을 일으켰다. 그전까지 개신교는 장로인 이승만과 권사인 이기붕을 다만 그들이 기독교인이라는 이유만으로 드러내 놓고 지지해 오던 터였다.

심지어는, 당시 인기가 높던 민주당의 부통령 후보인 장면이 천주교인이기 때문에, 개신교도들은 종파 의식을 자극해 선거를 천주교회와 개신교회의 대결로 몰아가며 "120만 개신교도들의 결집"을 호소하기까지 하였다.

우리나라의 정치에 하나님의 뜻이 이루어져서 자유의 꽃이 피고 번영의 열매가 맺도록 이승만 장로와 이기붕 권사를 우리 한국 교회 백이십만 신도는 밀고 또 밀어주시기를 삼가 권고하는 바입니다.
— "전국 교회의 형제자매여!", 〈기독공보〉, 1956. 5. 14.

개신교회가 이처럼 12년 동안 장기 집권한 부패 권력인 이승만, 이기붕을 지지한 데는 몇 가지 이유가 있었다. 첫째는, 전쟁을 겪으면서 기독교인들은 공산정권으로부터 집중적인 공격을 받고 인명과 재산의 피해를 입었기 때문이었다. 그 결과 대다수의 기독교인들은 철저한 체험적 반공주의자들로 변해 있었고, 반공 사상을 통치 이념으로 삼은 이승만 정권과 이념적으로 밀착할 수밖에 없었다.

둘째는, 해방 후 이승만 정권이 집권하는 과정에 기독교계 인사들이 대거 참여했기 때문이었다. 개신교는 그 과정에서 일본이 소유하던 가옥과 땅을 무상으로 얻는 등 여러 가지 특혜를 받았다. 서울의 한복판인 광화문 네거리에 위치한 감리회관이 그런 특혜의 보기였다. 대지 확보와 건축 허가 과정에서 이기붕, 박마리아 부부의 절대적인 후원을 받왔고, 건축비는 전적으로 미국 모교회母敎會의 후원금으로 충당했다. 교회의 친미적인 사고도 이승만 정권의 그것과 맞아떨어졌다. 한국기독교장로회 또한 이승만 정권과 직접적으로 밀착되어 있었다. 함경도가 고향이자 3·1운동 때 주동 인물로 검거되어 3년간 복역한 독립운동가 함태영은 기독교장로회 목사로, 조선신학원 이사장과 해방 뒤의 한국신학대학 학장을 역임하였다. 그 뒤 정치에 입문해 무소속으로 있다가, 1952년 선거에서 이승만으로부터 부통령으로 지명되어 제3대 부통령을 지냈다. 한국신학대학 부지를 결정하는 과정에서 부통령이던 함태영 목사가 헬기를 타고 지금의 수유리 부지를 점찍어 주었다는 유명한 일화가 있다. 그는 "비록 자신의 경력과 실력으로 그 자리에까지 오르게 되었다 할지라도 이미 진보적인 기독교 지도자들마저도 이 타락한 자유당 정권에 비판을 가한다는 사실에는 관심을 기울이지 못했다."(김경재, 「김재준 평전」) 이처럼 이승만 정권과 밀착되어 있었기에 기독교계가 자유당 정권에 대한 비판적인 목소리를 내기란 쉽지 않았다.

셋째, 일제에서 해방된 개신교는 우리나라를 기독교 국가로 만드는 것을 제일의 과제로 생각하였다. 개신교 기독교 지도자들은 "심지어 소박한 기독교 신자들과 지도자들은, 로마를 기독교 국가로 만든 콘스탄티누스 황제 시대가 한국에서도 시작된 것이 아닌가 하는 시대착오적인 기대마저 갖고 있었다."(김경재, 「김재준 평전」)

4·19혁명이 한빛교회에 미친 영향은 문익환 목사가 4·19 직후에 잡지 〈기독교 사상〉에 기고한 글에서 짐작할 수 있다. 문 목사는 "사월혁명의 느낌 몇 토막"이라는 글 첫머리를 이렇게 시작하였다. "눈물겨운 일이요. 자랑스러운 일이다. 비겁하고 졸렬하고, 의기도 정열도 없고 정의감도 이상도 신념도 없이 현실과 타협해 버리는 못난 후배들을 탄식

하던 기성층이 오히려 그들 앞에서 자책감을 느끼게 되었으니 말이다.” 그는 4월 혁명의 느낌을 “우리 앞에 새 하늘과 새 땅이 열리는 듯”한 환희라고, 심지어는 “새 하늘에서 비쳐 오는 밝은 햇빛에 우리는 일종의 현기증을 느낀다”고까지 표현했다. 자신이 아닌 남을 위해서, 민족을 위해서 목숨을 바친 젊은이들을 보며 그는 “참회, 그것만이 우리의 생의 새 출발이다”라고 언명하였다.

그해 여름 문 목사는 잡지 〈새 가정〉에 “다시 찾은 인권을 어떻게 지킬까?”라는 제목의 글을 기고하였다. 그는 4월 혁명의 뜻을 “짓밟히던 기본 인권을 도로 찾으려고 전 국민이 용감한 학생들의 뒤를 따라 일어난 것”이라고 밝히고는, 힘들게 되찾은 인권을 잃은 것은 인권이 무엇인지에 대한 깊은 이해가 없기 때문이라고 하였다. “그것이 얼마나 엄숙한 것이라는 것을 생각 못하고 있었다”는 것이다. 특히 기독교인들에게 인권이 고귀한 이유는 하나님이 아무 조건 없이 우리에게 주신 선물이기 때문이라고 강조하였다. “하나님이 그같이 귀중하게 여기시는 존재이기 때문에 우리는 서로서로를 존중히 여겨야 하는 것입니다”라고 하였다. 이 글처럼 4·19는 인권이 무엇이고 왜 소중한지에 대해 깨닫게 해주는 계기가 되었다.

1960년 4월 김재준 목사는 서울시내와 교통이 두절되다시피 한 수유리 산속, 한국신학대학 캠퍼스의 학장 사택에 거주하고 있었다. 그는 4월 19일 청년들의 성난 함성이 일고, 서울시내 파출소와 수유리 지서가 불에 타며, 자유당 경찰들의 무차별 총탄에 젊은 학도들이 꽃처럼 쓰러져 간 것을 알고 큰 충격을 받았다. 학교 건물 앞 넓은 잔디밭에 나와 밤새도록 서서 깊은 생각에 잠겼다. 학생들의 선각자적인 역사 참여와 역사 변혁의 용기에 깊은 존경심이 솟아오르면서, 역사의식에 둔감했던 기독교계 지도자로서 자신을 뒤돌아보았다. 4

월 25일 '대학교수단'의 시국선언문이 나오고 학생들의 피에 보답하자는 플래카드를 든 교수들이 거리 데모 행진에 나설 때 김재준도 급히 서울시내로 들어가 데모 행진에 합류하였다.

— 김경재, 「김재준 평전」, 삼인 2001

4·19혁명 그리고 5·16쿠데타를 계기로 김재준 목사 또한 역사의식이 '이론에서 현실로,' '역사 해석의 자리에서 역사 변혁의 자리로' 옮겨갔다. 그리고 좁은 의미에서의 신학 교육과 교회라는 울타리 안에서 생각하고 활동하던 그의 삶의 반경은 이윽고 역사 현실의 한복판으로 들어가게 되었다.

민심을 제대로 읽지 못하고 부패 세력과 결탁했던 기독교계는 4·19를 겪으며 참회하였다. 하나님은 이 사건을 통해 기독교인들을 흔들어 깨우며 정화시켰다. 학생들의 희생으로 기독교인들의 눈이 다시 맑아졌다. 직접 역사에 개입해 세상을 새롭게 하시는 하나님의 임재를 기독교인들은 느꼈고 고백하였다.

동부교회와의 통합과 분리

한빛교회 역사에서 기록으로도 거의 남아 있지 않거니와 후대들이 좀처럼 이해하기 힘든 부분이 있다. 바로 2년 반 동안에 걸친 동부교회와의 통합과 분리다. 도대체 왜 동부교회와의 통합을 시도하였으며, 무슨 이유로 다시 갈라져 나오게 된 것일까? 이 과정을 이해하기 위해 당시에 함께한 교인 여러 명을 인터뷰하고, 동부교회가 보관하고 있는 당회록도 살펴보았다.

동부교회와의 통합을 주도한 것은 동부교회의 유재신 전도사와 강달현 집사였다. 강달현 집사는 통합하기 2년 전인 1960년에 문재린 목사의 맏딸 문선희와 혼인하였다. 동부교회의 강흥수 목사와 유재신 전도사는 문익환 목사의 매부인 강달현 집사에게 두 교회의 통합 추진을 부탁했다. 그러나 통합을 주선한 강달현 집사는 정작 자신은 통합을 처음부터 반대했다고 말하였다.

저는 동부교회와 중부교회가 합치는 것을 반대했습니다. 그렇지만 문익환 목사님에게 합치면 안 된다는 것을 확실하게 얘기하지는 못했습니다. 저는 두 분이 결정한 것을 순종할 뿐이었습니다. 강흥수 목사와 합치는 것을 반대한 이유는 강 목사가 목회를 해 오는 동안 교회가 여러 번 분화되었기 때문입니다. 통합하기 바로 전에도 교인의 10분의 9 정도가 나가서 다른 교회를 세웠습니다. 동부교회에는 강흥수 목사, 유재신 전도사 외에 교인이 한 대여섯 명밖에 남지 않아 헌금도 거둬지지 않았습니다. 형편이 어려워 목사님한테 월급도 몇 달째 지급하지 못했습니다. 제가 그때 회계를 봐서 잘 알지요. 그때가 마포고등학교에 있을 땐데, (통합을 부탁하라는) 전화를 하루에 세 번 정도 받은 적도 있습니다. 할 수 없이 익환 목사에게 이야기를 했지요. 하지만 "교회를 합쳐서는 안 된다"는 이야기는 못 했어요. 동부교회와 합치면 여러 가지 어려운 점이 많을 게 예상됐습니다. 그러나 익환 목사님이 저보다 연상이고, 그분이 하시겠다고 하면 제가 어떻게 말릴 수 있습니까?

강달현 집사는 강흥수 목사와 고향이 같고 가까운 친척 사이였다. 이러한 인연으로 그는 서울로 내려온 뒤 줄곧 동부교회의 회계 집사로 봉사한 까닭에 교회 사정을 누구보다도 잘 알았다. 문익환 목사와는 달리, 문재린 목사와 김신묵 권사도 두 교회의 통합에 반대하였다.

두 사람은 함경도 노회에 같이 있었던 강홍수 목사를 잘 알고 있었다. 이들이 통합을 반대한 이유는 오랜 목회 경험으로 두 교회가 서로 합친다는 것이 현실적으로 얼마나 힘든 일인지 짐작할 수 있었기 때문일 것이다. 문재린 목사 부부는 동부교회와 합친 동안에는 이 교회에 출석하지 않고 서울교회에 다녔다.

중부교회가 무리한 통합을 받아들이기로 결정한 데에는 그럴 만한 이유가 있었다. 통합에 반대하는 사람들이 더러 있었는데도 교인들이 통합을 하기로 의견을 모은 것은 예배당을 마련할 수 있다는 이유 때문이었다. 일정한 예배 처소 없이 8년 동안 다섯 번이나 옮겨 다녀야 했던 교우들은 적잖이 지쳐 있었다. 그즈음 교회는 장사동에 있었다. 교인들은 가까운 오장동에서 함흥냉면을 먹으며 향수를 달래기도 하였다. 크리스마스에는 오장동 이순신 권사의 집에서 중등부 학생들이 밤샘을 하기도 하였다. 이때 중등부 학생으로는 김승필(김정돈 장로의 아들), 김영희(이순신 권사의 딸), 홍정선(안인숙 권사의 딸), 전병선(전동림 장로의 아들), 김원철(오복림 권사의 아들) 등이 있었다. 나중에 유명 드라마 작가가 된 홍정선(필명 홍승연)은 크리스마스 선물 교환을 할 때 김원철에게 시집을 한 권 준 일로 친구들한테서 문학소녀라고 불렸다.

일 년이 멀다 하고 이사를 다니다 보니 교인들은 한곳에 정착하고 싶었다. 당시 중부교회는 교인이 80여 명이었다. 대부분이 실향민으로 매우 가난해서 교회를 건축하는 일은 엄두도 낼 수 없었다. 그런 상황에서 번듯한 교회당이 있는 동부교회에서 합치자고 제안해 온 것이었다. 교인들은 그 제안을 긍정적으로 받아들일 수밖에 없었다.

동부교회는 동대문 서울운동장 앞길 덕수중학교 건너편에 교회당을 새로 건축하였다. 그러나 그 뒤 교회가 갈라진 데에다 교인 대부분이 떠나서 재정적으로 매우 어려운 상황이었다. 통합을 적극적으로 추진

했던 유재신 전도사는 미국에서 유학하고 돌아온 젊은 목사인 문익환 목사가 설교를 한다면 교인들이 많이 모이고 교회 분위기도 새로워질 것으로 기대하였다.*

교회를 늘 민주적으로 운영해 오던 중부교회는 통합 과정에서도 교인들과 충분히 토론하며 의견을 나누었다. 통합 당시 대학생이자 성가대 지휘를 맡고 있던 문영환은 이렇게 회고하였다.

우리는 그동안 어렵게 모아 두었던 건축헌금을 다 가지고 들어갔지. 그때 내가 중부교회 성가대를 맡고 있었는데, 성가대도 합치게 되면 임원을 맡지 않기로 결정했어. 우리만 그런 게 아니라 학생회도 그렇게 결정을 했어. 우리는 들어가서 밑에서 일하지, 감투는 쓰지 말자고. 그때 중부교회 분위기가 그랬던 것 같아. 교회끼리 그렇게 약속을 한 게 아니라 우리 교회에서 각 소회(기관)들이 들어가서 밑에서 협조하자, 위에서 책임을 지지 말자, 그렇게 이야기를 했어. 우리가 숫자는 많았지만 회장 같은 건 다 동부교회 쪽에 맡기자고 했지.

상대적으로 교인이 많았던 중부교회 교인들은 위화감을 주지 않으려고 되도록 겸손한 자세로 통합을 하고자 노력하였던 것으로 보인다. 조남순 전도사의 큰딸 윤수경은 교회 통합을 두고 갈등이 없지는 않았다고 기억하였다.

---

* 동부교회는 1948년 10월 3일 강흥수 목사, 정봉조 장로와 교우들이 모여서 서울시 동대문구 신당동에 세운 교회로 함경도에서 내려온 피난민들이 주축이 된 교회였다. 1979년 동대문 지역이 재개발되면서 동부교회는 강남구 역삼동에 교회를 신축하고 이전했다. 동부교회는 한국 사회의 금융, 상업, 문화의 중심지인 강남에서 한국기독교장로회를 대표하는 교회로 자리 잡았으며, 세계를 향한 생명평화 선교를 실천하고 있다.

합치는 문제를 놓고 의견이 일치하지 않았습니다. 그래서 토론하던 중 투표를 하기로 했죠. 정확한 숫자는 기억이 안 나지만 그때 단 2표 차로 합치자는 의견이 통과되었는데, 합치지 말자고 반대하는 표를 던진 사람 중에 김신묵 권사님과 제가 있었어요. 그때 권사님이 제가 반대한 줄 알고서 저보고 똑똑하고 분별이 있다고 칭찬하시더군요. 당신 아드님이 낸 의견인데도 어머니 권사님은 결사반대하셨어요. 가족이라고 해서 치우치는 법 없이 자신의 의견을 떳떳하게 주장하는 어른의 모습에 감탄했답니다.

1962년 11월 18일 오후 2시 동부교회 목사 댁에서 제1회 당회를 가졌다. 그날의 당회록에는 두 교회가 통합에 대해 "전도의 발전과 교회의 부흥을 위하여 합동의 절실한 필요를 느껴 양 교회는 각기 당회와 공동의회에서 만장일치로 합동안을 통과"시켰다고 기록되어 있다. 그날 당회에는 동부교회 측에서는 강홍수 목사, 유재신 전도사, 이범재, 이형식, 박정형 장로가, 중부교회 측에서는 문익환 목사, 김성호, 김정돈 장로가 참여하였다. 그날 합의된 몇 가지 결정 사항은 이랬다.

동부교회와 합친 1962년 11월부터 1963년까지의 당회록 표지. (동부교회 제공)

- 당회장은 동사同事 목사의 조례에 의하여 윤차적으로 하기로 하고 문익환 목사에게 임시 당회장을 위임하기로 하다.
- 당회장의 윤차는 3개월마다 교체하기로 하다.
- 노회에 합동청원을 제출하기로 하고 원목사에는 강홍수 목사, 부목사 문익

환 목사를 하기로 하다.

■ 양 교회의 합동예배는 11월 25일 주일 동부교회에서 합동예배로 보기로 하고 순서는 두 목사에게 위임하다.

두 교회가 서로 절실히 필요해서 합동하는, 의미 있는 실험을 시작하였으나, 한 지붕 아래 두 당회장을 두고 석 달에 한 번씩 당회장 직을 번갈아 맡기로 한다는 결의 사항에는 앞으로 겪을 갈등이 내재되어 있다고 볼 수밖에 없겠다.

동부교회 60년 교회사를 집필한 연규홍 교수는 두 교회의 통합으로 인한 긍정적인 영향을 기술하면서, 동부교회는 통합을 통해 민주적인 운영과 조직 편성에서 세 가지 면에서 내실을 다지게 되었다고 평가했다.

첫째는 합리적이고 민주적인 운영 방침이 합동 교회의 원칙이 되었다. 예를 들면, 그동안 당회에서 제직회 부서를 일방적으로 구성하던 방식과 달리, '전형위원회'를 창설해 합리적인 토의를 거쳐 제직 부서를 구성하기로 하였다. 제직회는 제직회장 1명, 서기 2명, 회계 2명의 임원진으로 구성하고, 재정부, 성전관리부, 봉사부, 친교부, 문서관리부에 각각 부장 1명, 부원 6명, 고문 1명을 두었다. 이런 민주적인 운영 방침을 반영하여 제직회에서는 회계보고서 같은 서류를 되도록 한글로 표기하여 소통할 것을 건의하기도 하였다.

둘째, 이런 운영 원칙과 더불어 합동 교회는 주일학교 부서를 체계적으로 정리하고, 교회 행사와 운영을 좀 더 질서 있게 규모를 세웠다. 1962년 11월 5일 당회록을 보면 어린이부, 중등부, 고등부, 청년부, 장년부, 성년부로 나누어 부서별로 체계화시켰다. 이것은 동부교회가 중부교회와 통합한 뒤 부서별 중심의 조직 형태를 강화하고 있음을 보여준다. 이리하여 젊은 문익환 목사의 세련되고 민주적인 목회 방침과, 강홍수 목사의 내적인 신앙 성숙을 요구하는 목회 방침이 서로 융합되어 교회는 민주적이며 합리적인 영성 공동체로 성장하였다.

셋째, 진보적인 중부교회와의 통합을 통해 동부교회는 사회참여적인 역사의식에 눈을 뜨게 되었다. 1963년 6월 20일 당회록을 보면, 5·16 쿠데타로 어수선해진 한국 사회를 위해 '기독교 구국연합기도대회'를 동부교회당에서 7월 8일부터 13일 동안 실시하기로 결정하였다. 이 기도대회는 교파를 초월하여 진행되었다.

교회의 통합은 교회 공동체에 자극이 되었으며, 그로 인해 교회가 민주적으로 성장한 긍정적인 면도 있었지만 어려움도 적지 않았다. 두 교회 모두 함경도와 북간도에서 내려온 실향민들이 세웠다는 공통점이 있기는 하였으나, 인위적인 통합으로 분위기가 서먹한 것은 어쩔 수 없었다. 동부교회 교인들은 나이가 많은 편이고 중부교회 교인들은 젊어서 세대 차이도 있었다. 번갈아 가면서 설교를 하는 두 목사의 목회와 설교 방식도 차이가 많이 났다. 그런 가운데에서도 교인들은 부서 모임에서 협력하며 새로운 움직임을 만들어 나갔다. 이를테면, 유재신 전도사의 지도 아래 중고등부 생활을 한 김원철은 동부교회와 통합하면서 지역사회를 위한 의미 있는 봉사 활동을 시작하게 되었다고 증언하였다.

동부교회에서 만난 주용현과 박승찬 두 친구들과 야학을 했어요. 1965년 초 대학에 들어가자마자 야학을 시작했죠. 주변 청계천의 가난한 친구들에게 야간에 공부를 가르치는 거였어요. 토요일 밤에 야학을 열어 아이들을 가르친 뒤 교회에서 자고, 다음 날 주일에는 어린이 교회학교 반사를 했어요. 그 동네가 청계천 빈민가로 가난한 학생들이 많아, 야학은 수업료 없이 초등 과정 학생 10여 명, 중등 과정 학생 10여 명 정도를 모아 과외수업을 하는 거였어요. 우리 반사들이 수학 같은 주요 과목을 한 과목씩 맡아 가르쳤죠. 전도 차원에서 봉사한 것입니다.

동부교회의 중고등부 학생 가운데 뒷날 목사가 된 김성재가 있었다. 그는 통합된 교회에서 만난 문익환 목사와 문동환 목사 내외로부터 강렬한 인상을 받았다. 그는 문익환 목사가 성서적으로 철저하게 설교를 하였으며, 신앙적으로는 매우 청교도적이었다고 말하였다. 반면 동생인 문동환 목사는 자유롭고 인간적인 분위기를 풍겼다고 회고하였다.

특히 문혜림 사모님(문동환 목사 사모)에 대한 기억이 생생해. 큰아들 창근이를 포대기로 업고 교회에 오는 거야. 그런데 한국 여인들처럼 몸을 구부리지 않고 뻣뻣하게 서 있으니, 창근이가 포대기에 매달려 있는 꼴이었지. 그 모습이 우스우면서도 한국인처럼 살려고 노력하는 자세에 감동을 받았지. 한국 사람들과 농담을 하고 친근하게 어울리는 사모님을 교인들이 감탄하면서 좋아했어.

어린 시절 피난길에서 넘어져 다리를 다친 뒤 생사의 고비를 넘나들었던 김성재는 어려서부터 종교와 철학, 사회에 대해 깊이 사색하였다. 감수성이 예민하던 소년 김성재는 중부교회와의 만남, 더 구체적으로는 문동환 목사와의 만남을 계기로 훗날 기독교교육을 전공하였고 목사가 되었다. 그렇게 시작된 김성재 목사와 한빛교회의 인연은 뒤에 교

---

* 김성재는 1970년경 동부교회에서 야학을 했는데 그때 노동자 전태일이 왔던 것으로 기억하였다. 얼마 후 그의 분신 소식을 듣고 충격을 받았다. 전태일의 동생 전태삼과 함께 야학을 하였다. 김원철은 야학에서 검정고시를 대비해 학과 공부를 가르친 반면, 김성재는 문동환 목사 영향으로 의식화 수업을 했다. 당시 야학은 검정고시 야학과 의식화 야학으로 나뉘어 있었다.

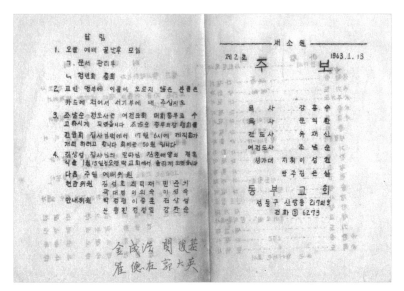

동부교회 시절 1963년 1월 13일 주보.

회가 큰 시련을 겪을 때 한빛교회 임시 당회장을 맡는 인연으로까지 이어졌다. 통합과 분리의 힘겨운 과정 속에서도 미래를 준비하고 씨앗을 심으시는 하나님의 경륜이 아닐 수 없다.

기독교교육을 전공한 문동환 목사의 지도 아래 유재신 전도사가 이끌었던 대학부와 청년부 프로그램은 서울에서 가장 모범적인 사례로 꼽혔다. 대학부 프로그램은 책자로 만들어져 널리 배포되기도 했으며, 교회에서 기독교교육학회 모임을 개최하기도 하였다.

김성재는 윤호진(안계희 장로의 아들)을 비롯한 중부교회 출신 동갑내기 친구들과 친하게 지냈는데 교회가 돌연 분리될 것이라는 소식에 큰 충격을 받았다. 활발하게 활동을 시작하던 차에 어른들 싸움으로 교회가 도로 나뉜다는 사실에 대학생들은 분개했다. 그 때문에 실망해 교회를 떠난 사람들도 적지 않았다고 김성재 목사는 기억하였다.

동부교회와 합치면서 여신도회 회계를 시작한 안인숙은 그때부터 17년 동안 여신도회 회계로 봉사하였다. 그는 뒤에 1970년대에는 여신도회 서울연합회에서 부회계를 맡아 교회 안팎에서 회계로 활약하였다. 김신묵 권사의 표현을 빌리자면, 안인숙은 "돌다리도 두드려보고 건널 사람"이었다. 전쟁 후 형편이 어려웠던 교인들은 교회 돈을 빌려 쓰고는 갚지 못하는 경우가 더러 있었다. 교회가 형편이 어려운 이들을 외면할 수 없기도 했고, 교회 공금에 대한 개념이 아직 분명하게 서 있지 않을 때이기도 했다. 한빛교회뿐 아니라 다른 교회도 사정이 비슷하였다. 그러나 안인숙은 공금은 회의를 거쳐 승인을 받아서 쓸 수 있지 혼자서 결정할 수 있는 일이 아니라면서 절대로 빌려주지 않았다.

안인숙은 당시 여신도회 인원이 70, 80명 정도였으며, 활발하게 활동을 펼치며 잘 융화했다고 회고하였다. 하나로 통합한 두 교회의 여신도들은 바자회를 여는 등 교회의 궂은일을 도맡아 하면서 서로 정을 키워 나갔다.

동부교회와 여신도끼리는 잘 뭉쳤었어. 참 재밌게 지냈어. 여자들은 융화를 잘 하는데 남자들은 제직회 할 때 싸움질을 많이 했어. 여자들은 잘 뭉쳐서 뭐든지 하자고 하면 잘 받아들였는데 남자들이 그러질 못했어.

문재린 목사의 막내아들인 문영환은 대학교 1학년이던 1956년 크리스마스 때부터 동부교회와 합치기 직전까지 6년 동안 중부교회 성가대 지휘자로 봉사하였다. 앞에서도 말했듯이 그는 두 교회가 통합한 뒤 성가대 지휘를 동부교회 이성천 지휘자에게 일임하였다. 이성천이 얼마 지나지 않아 사임하자, 문익환 목사는 후임으로 조의수 선생을 초빙하였다. 그는 서울대 음대를 졸업하고 나운영 선생의 합창단에서 부지휘자 겸 반주자로 일하고 있었다. 뒷날 한신대학교에서 교회음악을 가르치기도 했고, 숭의여고 음악 교사로 재직하였다. 음악을 사랑하는 문익환 목사는 예배에서 음악의 역할이 참으로 중요하다고 생각하였다.

조의수 씨가 크리스마스 때 "메시아" 1부를 했어. 사실 지휘자가 좋아한다고 할 수 있는 게 아닌데 그 양반이 해냈거든. 솔직히 잘하리라고 기대를 안 했지. 끝나고 나서 문익환 목사가 좋아서 조의수 씨를 끌어안고 껑충껑충 뛰었어.
— 문영환 인터뷰, 2013

통합하기 전 중부교회 시절에 문익환 목사는 예배를 인도하다가 성가대 찬양 순서가 되면 성가대석으로 내려와 함께 노래를 부르기도 했다. 그는 청소년기에 성악가를 꿈꿀 정도로 매력적인 테너였고 음악을 사랑하였다. 물론 교인 수가 절대적으로 부족한 개척교회라서 목사와 사모가 여러 가지 역할을 동시에 해내야 했다. 그러나 그렇다고 해도 문 목사가 자유분방한 예술가의 혼을 지니지 않았다면 예배 중간에 성가대석으로 내려와 함께 찬양하기란 쉽지 않았을 것이다. 중부교회는 가난했지만 문화적으로는 풍요로운 교회였다. 동부교회와 합치면서는 안정적인 공간이 확보되었고, 인원이 늘어나면서 "메시아"와 같은 큰 작품을 부를 수 있을 정도로 성가대가 성장하였던 것이다.

중부교회는 예배당을 지으려고 모아 두었던 돈 70만 원을 가지고 들어갔다. 덕분에 동부교회는 그동안 밀린 목사 월급을 지불할 수 있었다. 또 동부교회가 진행하고 있던 소송을 해결하는 데에도 도움을 주었다. 소송은 동부교회 예배당 부지에 대한 소유권 소송이었다. 교인의 절대다수가 교회를 떠나면서 교회 부지에 대한 소유권을 주장하였던 것이다. 이 문제를 해결하기 위해 중부교회 전동림 장로와 동부교회 이

범재 장로가 주도적으로 나섰다. 변호사를 고용하여 적극적으로 설득한 끝에 하마터면 넘어갈 뻔한 교회 부지를 되찾을 수 있었다.

그러나 한 교회가 두 명의 목사를 동시에 섬긴다는 것은 쉬운 일이 아니었다. 두 목사가 설교 스타일도, 교회 운영 방식도 여러 모로 달랐기 때문이었다. 교인들은 교인들대로 융화되기보다는 나뉠 수밖에 없는 구조였다. 교인 개개인의 문제가 아니라 구조적인 문제였다. 갈수록 교인들 사이는 골이 깊어졌다. 결국 문제를 해결하기 위해 강흥수, 문익환 목사가 모두 사임하고 새로운 목회자를 청빙하기로 하였다. 윤반응 목사가 임시 당회장을 맡아 당회를 진행하였다. 1964년 10월 8일 당회에서는 문익환 목사의 사임원을 받기로 결정하였다. 이어서 1965년 1월 26일 당회에서는 윤반응 목사의 사회로 강흥수 목사의 사면권을 수리하기로 결정하였고, 3월에 강 목사는 원로목사로 은퇴하였다. 그랬는데 얼마 되지 않아 강흥수 목사가 생활고를 비롯한 여러 가지 이유로 사임을 철회하였다. 이 일로 두 교회 교인들은 감정적인 대립이 더 악화되었다. 결국 강흥수 목사의 거취를 투표로 결정하기로 하였다. 이때가 4월 말이었다. 투표 결과는 두 표 차이로 강흥수 목사를 위임하는 쪽으로 결정되었다. 중부교회 교인들은 투표 과정에 석연치 않은 점이 있다면서 결과를 받아들일 수 없다고 주장하였다.(강달현 인터뷰, 2013) 결국 5월 초에 동부교회는 통합을 위한 2년 반의 노력을 뒤로 하고 다시 분리하기로 결정을 내렸다.

쉽지 않았던 동부교회와의 통합과 분리 과정에 숨겨진 하나님의 섭리는 무엇이었을까? 문익환 목사가 함께 교회를 일구던 부모님의 반대를 무릅쓰고 통합을 시도한 이유는 무엇이었을까? 다만 버젓한 예배당이 없어 고달파하던 것이 교회 통합의 유일한 이유였을까? 통합과 분리 속에 숨겨진 하나님의 뜻은 무엇이었을까?

1950년대를 지나오는 동안 문익환 목사를 무엇보다 애태운 것은 민족의 분열 그리고 교회의 분열이었다. 그에게는 교회의 분열은 민족 분열의 축소판이었다. 그는 한국기독교장로회와 대한예수교장로회의 분열을 한복판에서 겪으며 가슴 아파했다. 이러한 맥락에서 그는 동부교회와의 통합을 하나 됨을 위한 노력, 분열을 극복하는 실험으로 생각하지 않았을까 싶다. 교단이 계속해서 분열되고, 교회도 자꾸 분열되어 새로운 교회만 만들어지고 있는 현실에서 거꾸로 두 교회가 서로의 필요에 의해서 하나가 되는 의미 있는 실험을 해 보는 것, 그것을 문익환 목사는 하나님이 주신 도전으로 받아들이지 않았을까? 문익환 목사는 1968년 3월호 〈새가정〉에 기고한 "자주하는 민족"이라는 글에서 이렇게 적고 있다.

한국의 그리스도인들이 오늘 짊어진 최대의 과업은 두 동강이 난 나라를 개인의 자유를 희생시키는 것이 아니라 조장하고 융성하는 통일된 나라로 만들기 위한 분위기를 조성하고 바탕을 만들어 가는 일이 아니겠어요? 그러기 위해서는 우리들이 먼저 진정으로 하나 되는 일부터 시작해야 할 것 같습니다. 다가오는 민족 통일이라는 거대한 과업을 이룩하기 위한 연습으로라도 우리끼리 하나 되는 일을 몸으로 익혀야 하겠습니다. 교회의 통일을 가정에서 익히고, 가정의 융합을 또 내 개인의 생에서 익혀야 할 것 같군요.

서로의 이익을 접고 협동하면서 새로운 통일의 가능성을 만들어 보자는 것. 문익환은 그것이 곧 앞으로 다가올 조국 통일을 위한 연습이라고 의미를 부여하였다. 비록 그 시도는 좌절로 돌아갔지만 하나 됨을 위해 노력한 과정이 전혀 의미가 없었다고는 말할 수 없을 것이다. 이로써 1962년 11월에 시작된 두 교회의 통합은 1965년 5월에 끝났다.

1965년 12월 25일, 동부교회의 전정열 권사(김성재의 모친)는 화해와 우정의 표시로 크리스마스 케이크를 한빛교회에 보내왔다. (박용길 기록, 1965-1966)

한빛교회라는
아름다운 새 이름

중부교회 교인들은 1965년 5월 9일 동부교회에서 갈라져 나온 뒤, 5월 16일부터 신당동에 있는 원광탁아원에서 예배를 보았다. 박용길 집사가 주선하여 얻은 곳이었다. 의자는 예전에 중부교회에서 쓰던 것들을 다시 가지고 와서 썼는데 초라하기 짝이 없었다. 중부교회 출신 교인들 가운데 김성호 장로를 비롯한 몇 사람은 동부교회와의 분리를 반대하기도 했지만 대부분 다시 따라 나왔다. 동부교회 출신으로는 문선희와 결혼해 문재린 목사의 사위가 된 강달현 집사만 중부교회를 따라왔다.

두 교회 교인들은 통합과 분리의 과정에서 심정적으로 큰 타격을 입었다. 중부교회는 그동안 모아 두었던 건축기금을 통합 과정에서 다 내놓았기 때문에 재정이 더욱 어려워졌다. 다시 원점으로 돌아가 개척교회를 일구듯 맨손으로 시작해야 했다. 얼마 뒤 충무로 3가 스카라극장 뒤의 가건물 1층으로 교회를 옮겼다. 한동안은 이숙희 집사의 집에 모여서 예배를 드리기도 했다.

교인들은 새로운 마음으로 교회를 시작하면서 교회 이름도 새로이 바꾸기로 하였다. 6월 6일 주일날에 공동의회를 소집하여 교인 투표를 통해 이름을 선정하기로 하였다. 당회에서 논의된 이름들은 애린, 우애,

애신, 새싹, 등대 등이었다. 그러나 이날의 공동의회에서는 이름을 결정하지 못하였다. 여러 논의를 거쳐서 한 달 뒤인 7월 4일에 주일예배 뒤에 다시 공동의회를 열어 '일심'과 '한빛'을 놓고 최종 투표를 하였다. '한빛'이라는 이름이 교인 67명 가운데 53표를 얻었다. 한빛교회, '커다란 하나의 빛'이라는 의미의 고운 한글 이름이 탄생되는 순간이었다. 서울중앙교회, 중부교회, 동부교회라는 이름을 거친 끝에 드디어 한빛교회라는 소중한 새 이름을 얻은 것이었다.

당시에는 드문 한글 이름을 채택하게 된 것은 교회 구성원 중에 젊은이들이 많은 덕분이었다. 새 이름을 민주적인 방식으로 교인 모두가 참여해서 결정한 것도 매우 드문 일이었다. 투표에 참여했던 이들은 그날의 감동을 잊지 못했으며, '한빛'이라는 이름에 남다른 애정을 갖게 되었다. 그 뒤로 한빛교회는 그 이름에 걸맞게 겨레가 암흑 속에 있을 때 등대와도 같은 큰 빛으로서의 역할을 해냈다.

안정적인 예배 장소를 물색하던 중 장충동에 있는 모자원 건물을 만났다. 전쟁으로 남편을 잃은, 경찰 부인들이 자녀들과 함께 살던 곳이었다. 장충모자원 이귀옥 원장 소유의 건물을 15만 원에 구입하였다. 장충단공원에서 동국대로 올라가는 언덕에 위치한, 20평 남짓한 허름한 건물이었다. 주소는 중구 장충동 산 14번지였다. 한빛교회가 예배실로 쓰게 된 공간은 모자원 어머니들이 수공예를 하던 공간이었다. 볏짚을 깔고 앉아 입주 예배를 드렸다. 김경영은 모자원 언덕으로 한빛교회를 찾아가던 첫 날의 기억을 떠올렸다.

그쪽으로 올라가는 버스도 없어서 서울운동장에서 내려서 걸어 올라가는데, 동국대 뒷길로 한참 올라가다 보니까 옆에 조그만 간이 건물이 하나 보이는데 십자가가 달려 있더라고요. 아 이게 긴가 보다 하고 옆길로 내려갔지요.

동부교회에서 분리해 나온 뒤 장충동 한빛교회 시절. 맨 위 사진은 문익환 목사가 예배를 인도하는 모습. 가운데 사진은 성탄절 중고등부 행사의 한 풍경. 맨 아래 사진은 졸업예배 뒤에 찍은 기념사진. 문익환 목사, 김성호 장로, 조남순 전도사가 학생들과 함께 있다.

젊은 부인 한 분이 활짝 웃으면서 "어서 오시라"고 하더라고요. 처음 온 사람인데 그렇게 반갑게 맞아 주던 게 제일 인상에 남아 있지요. 나중에 알고 보니 안인숙 집사였지요. 그분이 웃음이 굉장히 밝지 않아요? 강찬순, 한신환, 조갑손, 이숙희, 이순신, 이렇게 젊은 여집사 일고여덟 명이 주축이 되어 교회의 모든 일들을 맡아서 했어요.

한편, 안인숙 권사는 이 시절 교회 풍경에 대하여 이런 기억의 편린을 들려주었다.

강찬순, 한신환과 나(안인숙)를 문재린 목사가 삼총사라고 그러셨어. 서로 어긋나는 일이 없었어. 삼총사만 있으면 뭐든지 잘되었지. 문재린 목사님이 우리 교회 삼총사가 없으면 한빛교회는 안 된다고 늘 그러셨어. 강찬순도 영감(김용국)은 교회 안 나왔어도 뒤에서 잘 받들었어. 강찬순은 나중에 백혈병으로 돌아갔어(1980년). 한신환은 미국으로 가는 바람에 한빛교회를 그만뒀지.

교회 안은 흙바닥 그대로였다. 뒷받침이 없는 나무 의자들이 두 줄로 놓여 있었고 앞에는 작은 강대상과 풍금이 있었다. 박용길 집사는 풍금을 치면서 동시에 소프라노 파트를 부르기도 했다. 동부교회에서 분리해 나온 뒤에도 인원이 많지는 않았지만 성가대는 꾸준히 명맥을 이어 나갔다. 1965년 7월 18일 당회에서 조의수를 성가대 지휘자로 임명하였다. 문익환의 큰아들 문호근에 이어 작은아들 문의근이 1969년부

• 강찬순은 건축헌금을 비롯한 교회 재정에 큰 도움을 주었다. 남편 김용국이 해병대 부사령관으로 형편이 비교적 넉넉해서 가능한 일이었다. 강찬순은 강신균 권사의 며느리이자 이순신과는 동서였다. 강찬순의 두 아들 김진과 김준은 교회에 잘 나오지 않았지만, 시어머니와 두 며느리는 나오미와 룻처럼 초기 한빛교회를 열정적으로 섬겼다.

1965년 5월 문익환 목사가 미국 유니언 신학대학으로 공부하러 가기 전 한빛교회 전 교우들과 함께 교회 앞에서 찍은 사진.

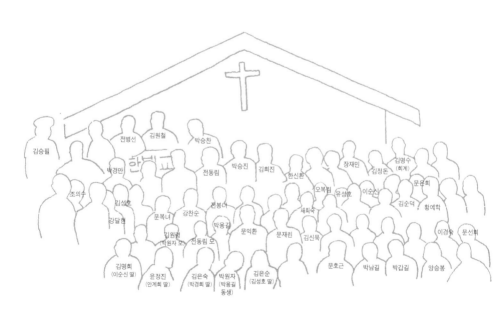

터 반주를 맡았다.

교인 수는 비록 적었지만 교회는 가족 같은 따뜻함이 넘쳤다. 예배 분위기도 정겨웠다. 예배를 마치고 나면 부서별로 또는 친한 사람들끼리 삼삼오오 모여서 오장동 냉면집에 가서 점심을 먹으며 친교하거나 회의를 하였다. 당시에는 장충동에 족발집은 없었고 일본식 다다미방이 있는 원조 함흥냉면집에 자주 갔다고 김경영은 기억하였다. 모자원 시절의 당회록을 살펴보면, 당회를 할 만한 마땅한 회의실이 없어서 여러 곳으로 옮겨 다니며 모인 사실을 알 수 있다. 김성호 장로 집, 차남빌딩 다방, 이종훈 장로 집, 초화당 다과점, 장충원 총무실, 안계희 여전도사 사택, 전동림 장로 집, 장충동 음식점, 대원다방 특별실, 퇴계로 광민장식당 별실, 충무로 다실, 장충다방, 오장동 함흥면옥 등의 다양하고 이채로운 장소에서 모였다. 함경도가 고향인 교인들이 많아서였는지 특히 함흥냉면집을 즐겨 찾았다.

이종훈 장로는 동부교회에서 분리해 나오던 1965년부터 1968년까지 장로로 봉사하였다. 이종훈 장로에 대해 강달현 집사는 이렇게 기억하였다. "이종훈 장로님은 말씀이 없는 조용한 성격이셨어요. 서울에 지하철을 처음 놓을 때 동대문과 종로역의 방수 공사를 하셨지요. 전문 기술이 있어서 그런대로 생활이 괜찮았지요. 동부교회와 갈라질 적에 중부교회를 따라 나오셔서 장로로 시무하였지요. 교회를 수리할 적에도 나와 같이 나와서 인부들을 감독하셨어요."

이 무렵부터 한국신학대학 학생들이 청년부에 참석하기 시작했고, 이들이 주축이 되어 저녁에 특별신앙집회를 열기도 했다. 김경영은 이 신앙 집회를 각별하게 기억하였다.

그때 기억나는 청년이 박상희 신학생이죠. 그이가 상당히 열심히 봉사했던 걸로 기억해요. 특별신앙집회를 할 때 기도문을 쓰는데 기도문을 아주 잘 쓰더라고요. 신앙 간증을 하러 온 조진걸 씨가 있었는데 맹인이었어요. 노래도 하면서 간증을 했지요. 그 사람은 원래는 눈이 좋았는데 운동을 하다가 사고가 나서 맹인이 되었다고 해요. 불우한 처지에서도 명랑하게 지내면서 신앙을 잘 지켜나가는 게 참 인상적이었어요. 다른 집회는 기억이 안 나는데 그 집회는 기억이 나요.

문익환 목사가 1965년 8월부터 이듬해 6월까지 열 달 동안 미국 유니언 신학대학에 유학하는 동안 문재린 목사가 임시 당회장직을 맡았다. 문익환 목사는 1965년 크리스마스 예배를 위해 자신의 설교를 녹음한 테이프를 미국에서 보내왔다. 교인들은 직접 얼굴을 보며 설교를 들을 때보다 오히려 더 깊은 감명을 받아, 테이프에 담긴 설교를 눈물을 머금으며 들었다. 문 목사는 교인들 한 사람 한 사람을 떠올리며 편지를 써 보내오기도 하였다. 안계희 전도사에게는 크리스마스 선물로 시계를 보내왔다. 안계희 전도사는 10년 만에 받는 선물이라며 매우 기뻐하였다.*

1968년 12월 22일의 당회록은 당시 교회에서 행하던 구제 사업에 관한 내용을 기록하고 있었다. 은퇴한 여교역자들을 위한 베다니집을 방문하여 위문금을 전달하였고, 여신도들은 시립윤락여성보호소에 찾아가 위문금을 전달하며 그곳 사람들을 위로하였다. 또 주일학교 명의로 시립고아원에 위문금을 전달하기도 하였으며, 남편을 잃고 힘들어하는 교회 내 여신도를 도운 기록도 있었다. 성탄축하예배 헌금의 일부분인 1만 원으로 그런 구제 활동을 하였다. 24일 성탄절 이브 축하

---

* 박용길의 기록에서 가져온 내용이다. 박용길 사모는 문익환 목사가 미국에서 지내는 동안 교회 소식을 공책에 꼼꼼히 기록해 두었다.

예배는 찬양대와 학생회가 합동으로 준비해서 풍성하게 이루어졌으며, 25일 오전에는 주일학교 어린이들이 중심이 되어 축하예배를 드렸다. 청년들은 성탄절 이브에 교인의 가정을 돌면서 캐롤을 부르느라고 밤을 지새웠다. 그들은 또 철필로 가리방*을 긁어서 주보와 회지, 문학지를 직접 프린트하기도 했다.

초기 한빛교회 여교역자들과 여성에 대한 의식

한국 교회사에서 여성의 역할은 더할 나위 없이 중요하다. 그렇건만 스스로 진보적이라고 자부하던 한국기독교장로회에서도 1974년이 되어서야 여성 목사 제도를 통과시켰고, 1977년 여성으로서는 처음으로 양정신이 목사 안수를 받았다. 그전까지 여성 교역자들은 전도사 직분에 머물러 있어야 했다. 그래도 그들은 여전도사라는 직함을 가지고 묵묵히 헌신해 왔다. 남성 목회자들과 똑같이 신학교에서 공부하고 목회자로서의 자격을 충분히 갖추었건만 여성 교역자는 강단에서 하나님의 말씀을 전할 수가 없었다. 이들은 성차별과 저임금, 열악한 환경 속에서도 오직 하나님과 이웃을 위해 봉사할 따름이었다.

여전도사들은 뜨거운 전도 열정으로 한국의 초기 교회 개척사를 찬란히 빛냈으며, 개화기에는 여성 지도자로서 선구적인 역할을 담당하였다. 민족운동에서도 애국적인 신앙을 발휘하였음은 물론이었다. 그러

---

* 가리방은 복사기가 나오기 이전에 사용되던 등사판 인쇄 방식으로, 청색 타자 원단에 철필이나 타자로 글씨를 쓰면 양초 성분의 막 위에 글씨가 새겨지는데 여기에 인쇄 잉크를 문지르면 갱지 위에 글씨가 새겨졌다. 요즘의 실크인쇄 원리와 비슷하다. 가리방은 일본말로 등사원지를 긁는 바탕 철판을 말한다.

나 이들은 교회가 제도화되어 감에 따라 점차 주변 인물로 소외되었다. 그들의 삶의 조건이나 교회 내 위치는 열악하기 이를 데 없었다. 여전도사에게 독신 신분을 요구하는 교회 내 관행 때문에 여성 교역자들은 대부분 과부이거나 미혼 여성이었다. 목회자로서의 길이 막혀 있었기 때문에 평생토록 보조자로서 교회 뒤치다꺼리에 삶의 전부를 바쳐야 했다. 자신들의 정당한 권리를 주장할 수 있는 통로도 갖지 못한 채 희생을 강요당했다.

조남순 전도사는 서울중앙교회로 시작한 1955년부터 1962년까지 7년 동안 여전도사로서 한빛교회를 섬겼다. 1·4후퇴 때 함경도에서 남으로 피난 온 그는 9·28수복 때 서울에 올라와 조선신학교에 입학하였다. 여전도사 대부분이 그랬듯이 조남순도 일찍 남편과 헤어지고 두 딸을 키우며 평생을 교역자로 살았다. 김원철은 어린 시절에 본 조남순 전도사를 이렇게 기억하고 있었다.

제가 열한 살 4학년 때 서울에 올라와서 조남순 전도사를 처음 보았어요. 중부교회 시절 을지로 4가 국도극장 앞 2층에 교회가 있을 때였지요. 교회당 옆에 작은 다다미방에 사셨어요. 사택도 없이, 그 작은 방에서 두 딸을 데리고 사셨지요. 조남순 전도사님은 인자한 할머니 같은 인상으로 아주 편안한 얼굴이었죠.

소년 김원철의 눈에 인자한 할머니로 보였던 조남순 전도사는 문익환 목사와 동갑내기로, 1955년 부임 당시 서른여덟 살이었다. 안인숙 권사도 조남순 전도사를 생생하게 기억하고 있었다.

조남순 전도사님은 참 활발했지. 남자 성격이라서 누구한테 아부할 줄 모르고, 똑똑한 사람이었어. 큰딸 수경이하고 작은딸 수정이를 혼자 키웠어. 그때는 혼자된 여자들이 전도사를 많이 했지. 안계희 장로도 그렇고 먹고 살려고 하는 거였지.

그는 1955년 한국기독교장로회 여신도회 서울연합회 총무와 1963년에서 1965년까지 한국기독교장로회 여신도회 전국연합회 총무를 역임하였다. 한빛교회를 그만둔 뒤에는 한일교회 여전도사로 봉직하였다. 그는 1966년 마흔아홉 살 되던 해에 뇌암으로 하나님의 부르심을 받았다. 큰딸인 윤수경이 어머니를 회고하였다.

어머니는 낙천적이고 동정심이 대단하셨습니다. 인내심과 친화력이 뛰어나 누구나 어머니를 좋아했고, 낙심하거나 실의에 빠진 이들이 늘 찾아오셨죠.

한국기독교장로회 여신도회 서울연합회 총무, 전국연합회 총무를 역임하는 등 교회 안팎에서 활발한 활동을 펼친 조남순 전도사.

매우 활달하셨지만 감성이 풍부하여 시를 참 좋아하셨습니다.

신앙관은 철저한 복음주의적 신앙으로 구원관이 분명했습니다. 동시에 사회적 관심이 많아서 소외되고 가난한 자, 억눌린 자에 대한 교회의 무관심에 저항적이셨습니다. 그야말로 주 안에서 자유함을 추구하셨지요. 에큐메니컬 운동에 찬성하셨고요. 이래서 문 목사님과 신앙 노선을 같이 하신 듯합니다.

한빛교회의 역사에서 그들 여성 교역자에 관해서는 부임 날짜와 사임 날짜만 기록으로 남았을 뿐, 사람에 대한 흔적은 몇몇 사람들의 기억 속에 희미하게 남아 있었다. 그러나 놀랍게도 조남순 전도사에 대한 기록을 여신도회 역사 속에서 만날 수 있었으니, 「한국기독교장로회 여신도회 60년사」는 이렇게 기록하고 있다.

이렇게 비복음적이고 불합리한 제도(여성 목사 제도 금지)에 가장 민감한 반응을 보였던 집단은 여전도사들이었다. 개별적으로 흩어져 일하던 여전도사들은 1956년에 김계성, 조정동, 조남순, 홍화숙, 김원자, 박명필, 정순원 등을 중심으로 여전도사회를 조직하고 조남순을 초대 회장에 선출하여 친목과 자기성장을 도모하기 시작하였다.

여전도사 모임의 초대 회장으로 선출되었을 만큼 조남순은 지도력이 뛰어났으며, 여성 목사를 허락하지 않는 교단의 불합리성에 대해 문제의식을 갖고 있었다. 한국기독교장로회 출범과 함께 조직된 여전도사 모임은 친목, 자기성장과 함께 차츰차츰 자신들의 열악한 지위와 처우에 주목하고 그것을 극복하려는 의지를 나타내기 시작하였다.

그렇다면 당시 중부교회에서의 여전도사에 대한 처우는 어떠했을까? 교회 내에서의 여성의 역할에 대한 인식에 남다른 점이 있었을까?

안계희 장로는 한빛교회도 여전도사에 대한 차별은 다른 교회와 다를 바 없었다고 증언하였다. 그는 그 뒤 1970년대에 민주화운동이 활발하게 일어나고 여성 신학이 논의되기 시작하면서 한빛교회의 여전도사에 대한 인식도 개선되었다고 하였다.

한빛교회도 (여전도사에 대한 차별은) 마찬가지였어. 민주화 바람이 불면서 좀 나아졌지. 남녀 차별이라는 게 똑같지. 옛날 시대나 지금 시대나 여자는 조금 받아야 하고 여자는 하시 받아도 상관없고. 교회에서 선물을 사 줄 때도 목사님 것은 큰 걸 사면서 여전도사한테는 작은 걸 사 주고 그러니까 섭섭하지. 말도 못해. 교회가 남녀 차별은 더해. 사회는 좀 개방되었는데 교회는 폐쇄적이야. 나는 그때 봉급 3천 원을 받다가 4년 동안 일을 했더니 1만 원으로 올랐지.

1968년 11월 24일 제31차 당회록을 보면, 안계희 전도사가 나이도, 부양가족의 수도 더 많고, 한빛교회에서 봉사한 기간도 더 길었는데도 안계희 전도사의 급여는 1만 원, 김연재 전도사는 1만1천 원으로 책정하였다. 물론 문익환 목사가 1968년 12월 30일부로 목회직을 사임하고 당회장 직임만 갖기로 해서, 김연재 전도사는 목회 책임자로서의 역할을 부여받기는 하였다. 그렇지만 실질적으로 교인들을 돌보며 사목을 해 온 안계희 전도사에게 목회 책임자 역할이 주어지지 않았다는 사실 자체가 당시의 한국 교회의 한계를 보여 준다. 여교역자는 아무리 오랜 기간 전도사로 봉직해도 결국 남자 목회자를 보조하는 역할에서 벗어날 수 없었던 것이다.

한빛교회 모자원 시절 안계희 전도사는 교회당 건물 옆 허름한 단

* 김연재 전도사는 캐나다로 이민하여 목회를 하고 있다.

칸방 사택에서 딸(윤정진)과 아들(윤호진)을 데리고 살았다. 남녀를 구분한 화장실은커녕 목욕 시설도 없어 모자원 원장의 창고를 빌려 목욕을 해야 했다. 그의 이야기를 좀 더 들어보자.

신학교 졸업하니까 문익환 목사님이 날 오라고 부르셔서 한빛교회로 갔어. 가니까 모자원에 사택은 방 하나인데 불이 잘 안 들어와서 바닥이 차디찼어. 어느 날 여전도사들이 모이는 소풍이 있다고 목사님에게 말했더니 가지 말라고 하시더라고. 그래서 약이 잔뜩 오른 김에 부엌 부뚜막을 두드려 부셔서 굴뚝을 제대로 만들었어. 그랬더니 불이 너무 잘 들어와. 그날부터 방이 절절 끓어. 그 후 이 사람 저 사람 나더러 방 고쳐 달래. 그래서 "내가 무슨 굴뚝쟁이야?" 하고 버럭 소리를 질렀지. 그 옆에 항아리 하나를 묻었어. 애들이 찬물로 세수를 하고 다녔는데 항아리로 뜨거운 기운이 가니까 따뜻한 물로 세수를 할 수 있었지. 아이고, 산다는 게 뭔지. 교회에 난로 피우는 것도 내가 꼭 피워야 했어. 조개탄 난로인데 새까만 연기가 말도 못하게 쏟아져 나왔지.

내가 주로 심방을 많이 다녔어. 그때는 다 가난해서 심방을 가도 먹을 거를 내놓는 집이 없어. 나는 쫄쫄 굶다가 10원짜리 호떡을 한 개 사서 물로 배를 채우고 다녔어. 한빛교회에서 참 고생 많이 했어.

안계희 전도사는 성격이 괄괄한 편이어서 뒷날 아이들 사이에서 "호랑이 장로님"이라고 불렸다.

박용길 장로가 뒤에 한빛교회의 특징을 기록한 글에 "여전도사를 당회에 참석시키는 교회"라는 기록이 있다. 이게 사실이라면 놀라운 일이 아닐 수 없다. 당회에 참석할 수 있는 권한을 가진 사람은 당회장 목사와 장로들뿐이었다. 여전도사들은 교회의 모든 실무적인 일을 담당하고 집행하면서도 교회에 대한 의결권을 가진 당회에 참석할 수 없었다.

한빛교회 여신도들이 수유리 한국신학대학 캠퍼스에 있던 목사 사택을 방문했을 때 사진들. 이 시기 교인들은 서로의 집을 자주 방문하며 친교하였다. 맨 위 사진에서 왼쪽부터 김신묵, 채희숙, 안계희, 한신환, 전봉녀, 문복녀, 안인숙, 강찬순, 박용길.

그런데 1965년에서 1969년 사이의 당회록을 살펴보면 안계희 전도사가 당회에 참석하였다는 기록이 두 번 나온다. 1969년 5월 25일의 제36차 당회록에는 "옵서버로 안계희 전도사가 참여하다"라고 기록되어 있다. 옵서버로 참여한다는 것은 회의에 참석해서 내용을 들을 수 있지만 발언권이나 의결권은 없다는 한계를 의미한다.

아무튼 당시 여전도사가 어떻게 당회에 참석하게 된 것일까? 1957년 5월 22일 여신도회 전국연합회 총회에서 여전도사회는 다음과 같은 건의안을 제출하였다.

1. 여목사제를 허락해 달라는 건의를 교단 총회에 제출해 줄 것
2. 여전도사도 당회원이 되게 해 줄 것(총회 건의)

이것을 보면, 교회에서 소외되어 있던 여전도사들이 정당한 권리 주장을 위해 피나는 노력을 해 온 흔적을 느낄 수 있다. 그 무렵 안계희 전도사는 전국여전도사회에 적극적으로 참여하고 있었다. 박용길 집사도 1957년 여신도회 전국연합회 상임총무와 청유부장을 맡고 있었다. 두 사람을 비롯해 여신도들이 여전도사의 당회 참석을 교회에 건의하였을 테고, 한빛교회 당회는 이를 받아들인 것으로 보인다.

문재린, 김신묵 부부의 막내딸로 고등학교와 대학교 시절을 한빛교회에서 보낸 문은희는 초기 한빛교회의 여성 의식에 대해 이렇게 말하였다.

여자가 음식을 준비한다든지 심부름을 하는 건 한빛교회도 마찬가지였지.

---

* 이 기록 외에 1967년 12월 24일 당회에 안계희 전도사가 참여한 것으로 기록되어 있다.

장로는 당연히 남자가 되는 거고. 한빛교회가 다른 교회와 차이가 있다면 목사 부인들이 얼마나 활발했냐 정도일 거야. 또 문익환 목사는 모든 여자들한테 친절하잖아? 예배 끝나고 나면 한 명 한 명 다 악수를 하는데…, 어떤 젊은 여자들은 그게 부끄러워 악수를 안 하려고 손을 뒤로 빼곤 했지. 정부의 부패나 한일협정에 대해 비판하는 설교는 들었어도 여성에 대한 설교는 들은 적이 없었어.

한빛교회가 여성 의식을 갖기 시작한 것은 여성신학이 서구로부터 들어와 국내에서도 활발하게 논의되기 시작한 1970년대부터라고 할 수 있다. 그때까지는 여성을 바라보는 눈이 근본적으로는 다른 교회와 다를 바가 없었다. 시대적인 한계였다. 그럼에도 불구하고 한빛교회 여성들은 자신들이 처한 위치에서 교회를 위해 헌신적으로 기도하고, 인도하고, 어려운 형편에 있는 교인들을 살폈으며, 살림살이를 주도적으로 이끌어 왔다. 조남순, 안계희, 박용길과 같은 이들은 전국여전도사회와 여신도회 전국연합회에서 활동하면서 일찍부터 교회 내 여성의 권익 문제에 대해 문제의식을 갖고 있었으며 변화를 위해 교회 안팎에서 노력하였다.

문익환 목사는 1957년 잡지 〈새가정〉 5월 호에 "구약의 여성관"이라는 글을 기고했다. 이 글을 통해, 비록 시대적인 한계는 있었지만, 그가 남성과 여성이 하나님 앞에서 동등한 인격을 가진 존재라는 남녀평등 사상을 갖고 있었음을 살펴볼 수 있다.

구약에서 여성은 남자에게 종속되어 있다는 편견이 없는 것은 아니지마는, 구약이 여자에 대한 깊은 이해를 가지고 있는 것을 우리는 알 수가 있다. 그러나 유대교의 율법주의와 함께 여자는 몹시 차별 대우를 받게 되었다. 랍비의 말 중에 이러한 말이 있다. "너희는 거리에서 여자와 말하지 마라. 심지어 너희의 아내하고도 말하지 마라." 타락한 인간이 창조의 질서를 여지없이 깨뜨려 버리고 말았다는 것을 알 수가 있다. 이렇듯 파괴된 질서를 회복하고 여성의 친구가 되시므로 여성의 지위를 본래의 자리에까지 끌어올리신 이가 하나님의 아들 예수 그리스도인 것이다.

문익환 목사의 성서 공동번역과 에큐메니컬 운동

끝도 없이 분열해 나갈 것만 같던 한국 기독교도 어느 순간 자신의 모습을 되돌아보며 반성하기 시작하였다. 기독교의 분열에 대한 깊은 자성의 시간을 가진 한국 교회는 다시 교회의 일치에 관해 고민하게 되었다. 하나님은 분열과 고난 속에서 새로운 깨달음과 희망을 심어 주셨다. 1960년대 중반부터 한국 교회에서는 에큐메니컬 운동이 신학적인 관심사로 등장하면서 교파 간 대화의 광장도 마련되었고, 더 나아가 종교 간의 대화도 시도되었다.

　일제 통치하의 한국 교회는 실로 "민주주의의 묘상錨床이요 애국자의 양성 기관이며, 자유를 위한 투사의 연성소, 미래 국가 지도자의 훈련 장소"(지동식, "전국복음화운동을 평가한다,"「전국복음화운동 보고서」, 1965)였다. 하지만 해방의 감격과 미군의 진주 그리고 기독교 자유를 현란하게 누리면서, 같은 기독교인이라는 이유만으로 이승만 독재 정권을 무조건 지지하는 오류를 범하고 말았다. 교회는 학생들의 4·19혁명에서 숙연한 경고 같은 것을 느꼈다. 이에 교회는 아프게 자성하였고 사회 현실에 참여하는 신학을 요구하게 되었다. 현실에 참여하는 선교의 신학, 또한 복잡하게 얽힌 사회 문제에 대응할 수 있는 교회의 전략은 '하나 됨,' 곧 교회의 일치라고 보기 시작하였다. 교회가 하나가 되어서 한목소리를 낼 때 사회를 변화시키고 제대로 된 방향으로 역사를 이끌어 갈 수 있다고 생각한 것이다. 교회는 하늘이 아닌 에큐메네(사람 사는 땅)에 서 있다는 것, 에큐메니컬 신학이 등장하게 되었다.

1966년 3월 8일은 한국 교회의 에큐메니컬 운동에서 중요한 날이다. 장로교의 초동교회에서 우리나라 처음으로 신·구교가 함께 모여 예배를 드린 날이기 때문이다. 나아가, 1968년 1월 8일부터 일주일 동안 한국기독교교회협의회(KNCC)가 한국 교회의 일치를 구체적으로 추진하기 위해서 특별기도주간을 마련하였는데, 대한예수교장로회, 한국기독교장로회, 성공회, 감리교, 구세군, 복음교회 및 가톨릭교회가 서로 강단과 강사를 교류하는 일까지 있었다.

그리고 1968년에 문익환 목사는 자신의 인생에 있어서 가장 의미 있는 일 가운데 하나인 성서 공동번역을 시작하였다. 문익환 목사는 에큐메니컬 운동의 일환으로 대한성서공회가 추진하는 성서 공동번역 프로젝트에서 구약 번역 책임자로 위촉되었던 것이다. 그는 아주 오래전부터 성서 번역을 꿈꾸고 있었다. 그는 한국어에 대한 무한한 애정을 가지고 있었고, 시인을 꿈꾸었으며, 구약성서를 전공한 학자로서 성서를 깊이 있게 이해하였다. 그때까지만 해도 한국의 성경은 영어 성경이나 중국어 성경을 오래전에 번역한 성경들로 고어체 언어와 어색하고 생경한 한문 투의 문장으로 가득하였다. 읽을 수는 있지만 그 내용을 쉽게 이해할 수는 없었다. 한글 성경이 한글문화와 사회 전반에 미친 영향은 실로 어마어마한 것이었다.

외솔 최현배 선생은 기독교가 한글에 끼친 공덕이 실로 상당하다고 평가하였다. 곧, 한글 성경은 한글을 민중 사이에 전파하였고, 한글 성경의 문체를 토대로 한글 맞춤법을 재정再訂하게 되었으며, 많은 사람들에게 읽힌 한글 성경은 한글에 대한 존중심을 일으키고 한글을 지키며 전용하자는 마음을 키우게까지 했다는 것이었다. 더 나아가, 한글 성서는 한자의 영향으로 중국 문화를 숭상하던 태도에서 벗어나 우리 것에 대한 애정과 주체성을 갖게 하였다. 그것은 한글 성서가 근대 한국 문화사에 비옥한 밑거름이 되었으며 민족문화가 개화 발전할 토대를 형성하였기 때문이다. 이만열 숙명여대 교수는 "성경은 그리스도인 개인의 영적 자양분이 됐을 뿐만 아니라 읽는 이들에게 애국독립운동에의 참여, 신분제 철폐, 민주 질서 확립 등 자기 시대와 사회에 대한 응답적인 삶을 살도록 독려했다"고 하였다.

한글 성경이 이미 우리 문화에 미친 영향은 지대했지만, 문익환 목사는 거기서 한 걸음 더 나아가길 원하였다. 영국이나 독일에서는 아름답게 번역된 성서가 하나의 문학으로 받아들여진다는 것을 예로 들면서 그는 한글 성경이 문학으로 인정받을 만큼 아름다운 우리말로 적혀야 한다고 설파하였다. 1960년대까지 사용되던 성경은 신약은 1906년에, 구약은 1911년에 번역된 것뿐이었다.

문 목사는 이 일을 하나님께서 주신 일생의 은혜이자 축복으로 감사히 받아들였으며 온 몸과 마음과 영혼을 다하여 성서 공동번역에 임하였다. 그는 번역의 과정에서 "세 가지 '여리고 성'이 무너지는 경험을 했다"고 하였다. "첫째, 신교와 구교의 벽이 허물어지는 경험, 둘째, 신학적인 편견이 걷히는 경험, 셋째, 히브리인들과 한국인들 사이의 벽을 허물고, 교회와 사회를 갈라놓는 말의 담을 허무는 경험"을 했다고 간증하였다.

문익환은 성서의 번역을 단순히 교회 내부의 일로 국한시켜 생각하지 않았다. 더 넓은 차원에서 "한문의 해독에서 벗어나고 일본식 문장을 털어 버리고 서양의 까다로운 논리에서 풀려난, 순하디 순한 우리말을 키워 나가는 일은 아무래도 성서가 해야 할 일인 것 같다"고 말하였다. 이를 위해서는 "한국 교회의 그 반문학적인 기풍을 씻어 버리면서 국어 정화와 국문학의 심화를 위해 이바지할 수 있는 자리로 성서를 끌어올리도록 필사의 노력을 해야 한다"고 강조하였다. 그는 더 나아가 예배의 모범, 찬송가 가사, 심지어는 설교까지 문학의 한 장르로 생각하였다. 교회에서 정화된 아름다운 한글을 사용하는 것이 얼마나 중요한지를 새삼 숙고해 보아야 할 일이다.

그리하여 공동번역 신약성서는 1971년에 먼저 출간되고, 구약성서는 1977년에 개정된 「공동번역 신약성서」와 한데 묶여 「공동번역 성서」라는 이름으로 출간되었다. 문익환 목사는 1968년에 시작하여 1976년 3·1민주구국선언문 사건으로 구속되기까지 8년 동안 성서 번역 일에 신들린 사람처럼 몰두하였다. 구속되는 바람에 그때까지 번역해 놓은 구약성서를 마지막으로 다듬는 작업을 하지 못해 못내 아쉬워했다. 그는 감옥에서도 번역된 성서를 살펴보며 꼼꼼하게 자문해 주었다. 그는 그 뒤에 대한성서공회에서 새롭게 번역하는 표준새번역 자문위원으로 위촉되어 관여하는 것으로 아쉬움을 달랠 수밖에 없었다.

문익환 목사가 번역한 「공동번역 성서」는 한글 성서 중에서 가장 현대 말에 가깝고 이해하기 쉽다는 평가를 듣는다. 그러나 천주교에서 사용하는 '하느님'이라는 표현을 썼다는 것에 개신교의 일부 교단은 반발하여 「공동번역 성서」를 사용하지 않고 있다. 천주교에서는 비교적 오랫동안 「공동번역 성서」를 사용했지만 현재는 사용하지 않고 있다. 대한성공회와 한국 정교회에서도 그 뒤 새로 번역한 성경을 사용하고 있다.

흥미로운 것은, 북한의 조선기독교도연맹이 1983년 4월에 「공동번역 성서」를 교정하여 「신구약전서」를 펴냈다는 점이다. 이를테면 '양식'을 '량식'으로 바꾸는 등 몇몇 낱말을 북한식 표기법으로 고쳐서 그대로 사용하고 있다. 북한과 남한에서 같은 성경을 읽고 있다고 생각해 보라. 참으로 감동적인 일이 아닌가? 이것은 앞으로 성서가 남북의 언어 이질화를 극복하는 데 한몫할 수 있는 가능성을 보여 주는 일이기도 하다.

문익환 목사가 성서 공동번역에 책임자로 참여했다는 것 자체는 그가 에큐메니컬 운동, 곧 교회 일치 운동을 논의하는 대화의 중심에 있었다는 것을 의미한다. 비단 가톨릭뿐 아니라 다른 종파와의 사이에서, 심지어는 다른 종교와의 사이에서도 '여리고 성'이 무너지는 경험을 한 뒤에 깨친 그의 탁 트인 신앙관은 한빛교회 교인들에게 설교를 통해 전파되었다. 구약성서의 공동번역이 한빛교회 역사와 직접적인 관계는 없을지라도, 에큐메니컬 정신과 교회에서의 우리 말과 글의 사용이라는 면에서 지대한 영향을 미쳤다 하겠다.

자기 자신과 믿음이 다른 사람들에 대한 열린 마음, 이와 같은 에큐메니컬 정신은 한빛교회의 자랑스러운 신앙 유산이다. 이제 문익환 목사가 그토록 고심하던 "순하디 순하며" 깨끗한 한글 사용을 교회 문화의 전반에서 갈고 다듬어 한빛교회의 전통으로 이어가야 할 것이다.

해마다 4월 19일이면 4·19묘역을 참배한다. 김창필의 죽음은 한빛교회가 걸어가게 될 빛나는 가시밭길의 시작점이었다.

하나님께서는 여러분에게 그리스도를 위한 특권,
즉 그리스도를 믿는 것뿐만 아니라, 또한 그리스도를 위하여
고난을 받는 특권도 주셨습니다.

빌립보서 1장 29절

제2부

고난의 시대 등불이 되다

1970년부터 1984년까지

"수난", 박갑영, 1991

새로운 시대를 열어나갈
목회자 이해동

1970년대 한빛교회 역사는 하나님이 한 작은 공동체를 통해 어떻게 역사를 움직이는지에 대한 증언이다. 한빛교회가 역사의 무대 한가운데로 성큼 걸어 들어가는 새로운 시대를 이끌어 갈 목자로 하나님은 이해동 목사를 세우셨다. 이해동 목사와 한빛교회의 인연은 교회가 개척기에서 정착기로 접어들던 1970년에 시작되었다.

1969년 문익환 목사는 한빛교회 목사직을 사임하였다. 성서 공동번역 일과 한국신학대학 교수직, 한빛교회 담임목사직을 겸임하는 것이 버거웠기 때문이었다. 1968년 12월 30일 자로 문익환은 목회자 직분을 내려놓고 당회장 직임만 갖기로 하고 목회 책임을 김연재 전도사에게 맡겼다. 1969년 3월 19일 문익환 목사는 담임목사직을 공식적으로 사임하였다. 이즈음 한국신학대학 내부 분규로 교수직도 사임하게 되었다. 그는 성서 공동번역 위원장을 맡아 오로지 구약성서를 번역하는 일에 전념하였다.

문익환 목사님이 한빛교회에서 손을 떼실 무렵 저희 어머니(조남순 전도사)에게 설교를 더 이상 하지 못하니 마음이 많이 슬프다면서 눈물을 보이셨다고 하더군요. 역시 목사는 설교를 해야 마음이 만족하시나 보다고, 집에 오셔서 제게 들려주신 기억이 지금도 생생합니다. 목사님들은 설교를 하지 못하면 병이 나나 봅니다.

— 윤수경(조남순 전도사의 큰딸, 미국 거주) 서면 인터뷰, 2014

그즈음 김연재 전도사에게 슬픈 일이 닥쳤다. 김연재 전도사의 부인이 이화여대부속병원에서 아기를 낳다가 그만 세상을 떠난 것이었다. 우미애 사모는 온화하면서도 친화력이 좋아 교인들의 사랑을 한 몸에 받았다. 배가 만삭인데도 몸을 사리지 않고 바자회 준비를 위해 재봉틀 옆에서 허드렛일을 하면서 도왔다. 예기치 못한 죽음에 교회 분위기는 잔뜩 침울했다.

아내와 아기의 죽음을 겪은 뒤에 김연재 전도사는 성북교회 전도사로 가고, 성북교회 부목사로 사역하던 나형렬 목사가 한빛교회 임시 목사로 청빙되었다. 1969년 5월 18일 공동의회를 소집하여 투표한 결과 찬성 28표, 반대 1표로 나형렬 목사를 임시 목사로 초대하기로 하였다. 그때 나형렬 목사는 미국으로 가는 이민 수속을 밟던 중이었다. 여섯 달가량 복무하고 나서 나형렬 목사는 1969년 크리스마스 예배를 마지막으로 미국으로 떠났다.[*]

교회 설립자인 문재린 원로목사가 다시 한 번 임시 당회장으로서 과도기의 교회를 맡아서 꾸렸다. 문재린 목사는 교회 건축위원장직도 맡고 교회 설립자로서 당회에 참석하면서 이해동 목사가 부임하기 전까

---

[*] 나형렬 목사는 미국 로스앤젤레스에 정착해 사회복지사로 활동했다.

지 어수선한 교회를 돌보았다.

고향이 목포인 이해동 목사는 한빛교회로 부임하기 전에 인천교회에서 사역하였다. 인천교회에 있을 때 그는 교회당을 옮기고 새 터를 닦은 경험이 있었다. 인천교회 교인들은 이해동 목사가 환경이 더 좋은 서울로 부임하기 위해 교우들의 마음을 뿌리치고 떠난다고 생각하였다. 하지만, 한빛교회의 실상은 인천교회보다 오히려 더 열악하였다. 한빛교회에 한번 방문해 보지도 않고 부임하기로 결정한 그는 처음에 장충동에 있는 한빛교회를 보고 적지 않은 충격을 받았다.

1970년 3월 초순경 나는 인천을 떠나 서울로 이사했다. 한빛교회가 수유리 한신대 앞에 방이 두 개 딸린 전셋집을 얻어 주었다. 그때까지도 나는 교회가 어디에 있는지조차 몰랐으므로 우선 교회당부터 확인해야 했다. 이사한 다음날 곧장 교회당 위치를 물어 찾아갔다. 20평 남짓한 터에 블록으로 벽을 쌓고 지붕은 루핑으로 덮어 초라하기 이를 데 없었다. 교회당을 처음 보는 순간 솔직히 나는 아찔하였다.
— 이해동·이종옥 공저, 「회고록: 둘이 걸은 한길 1」, 대한기독교서회 2014

당시 이해동 목사(37세)와 다른 한 명의 목사가 후보로 올랐다. 한빛교회는 1970년 2월 15일 주일 예배 중 전체 교인이 참여하여 임시 목사 청빙에 대해 투표를 했다. 25명 전원의 찬성으로 이해동 목사를 청빙하기로 결정하였고, 다음 달 15일에 부임예배를 드렸다. 그는 교회가 목사 가족의 의식주를 전적으로 해결해 준, 한빛교회의 첫 목사였다. 그리고 2년 뒤, 1972년 4월 23일에 소집된 공동의회는 찬성 45표, 반대 1표로 이해동 목사의 담임목사 청빙 건을 통과시켰다. 뒤이어 1972년 6월 4일에 이해동 목사는 노회에서 승인받아 담임목사로 취임하였다. 이해동 목사는 한빛교회에서의 첫 날을 생생하게 기억하였다.

나는 아내와 세 아이를 데리고 그날 아침 서둘러 버스를 타고 교회에 갔다. 목포에서 태어난 큰아들은 그때 초등학교 1학년이었고, 가운데 딸은 세 살, 막내는 겨우 백일이 되어 가던 무렵이었다. 부임예배에 참석한 분들은 스무 명 정도였으며, 예배 후 우리 가족은 교우들과 첫인사를 나누었다. 예배가 끝나자 교우들은 모두 흩어져 돌아가고 우리 다섯 식구만 달랑 교회에 남았다. 아무도 처음 부임한 목사의 가족을 배려하지 않았다. 나중에 생각해 보니, 그것도 전형적인 서울 중산층의 문화였지 싶었다. 3월이었으나 아직 날씨는 싸늘하였고, 집이 있는 수유리까지 갔다가 다시 저녁예배에 오기는 힘들었으므로 가까운 중국집에서 점심을 먹은 뒤 식구들을 데리고 다방을 옮겨 다니며 저녁예배 시간까지 기다렸다. 낯선 문화에 대한 낯가림 때문이었는지 부임 첫날의 기억을 잊지 못하겠다.

부임 첫날엔 제대로 된 환영 행사를 하지 못했지만, 다음 주일날 문익환 목사 집에서 교우들은 따뜻한 환영의 자리를 마련하였다. 이종옥 사모는 "이순신 집사님이 가져온 돼지갈비 튀김과 강찬순 집사님이 가져온 가지장아찌 등 음식을 한 가지씩 준비해 와 박용길 장로님 댁에서 환영회를 해 주었던 일이 잊히질 않는다"고 회고하였다.

이해동 목사는 큰 교회를 꿈꾸지 않았다. 그는 사회문제나 시국 문제에도 크게 관여하지 않던, 평범하면서도 신실한 목회자였다. 다만 자신이 섬기는 교회를 어떻게 가꾸어야 하는지가 관심사의 전부였다. 그가 부임한 뒤로 다행히 교회는 조금씩 자리를 잡아 갔다. 교회 신축 후 신학교 동기 목사들과 모였을 때 이 목사는 "교인들이 150명이 되면 내

미아리 한빛교회 예배당 강단에 선 이해동 목사. 1978년 8월 구속자 석방 행사 때 모습이다.

가 교회 지붕에 올라가서 춤을 추겠다"고 말하곤 하였다. 지역사회에 뿌리를 내린 건강한 교회 공동체를 만들겠다는 그의 신념은 그 뒤로도 변함이 없었다.

그랬던 그의 삶이 한빛교회와의 만남으로 전혀 예상하지 못하던 방향으로 흘러갔다. 우리 현대사에서 가장 암울하고 혹독한 시기에 하나님께서 그를 한빛교회에 보내신 것이었다. 부임할 당시에는 그는 장차 자신의 운명이 어떻게 흘러가게 될지 전혀 몰랐다.

이해동 목사에게는 '설교란 이런 것이다'라는 생각을 심어 준 스승이 있었다. 한국신학대학 신학생 시절에 한 수련회에서 김재석 목사의 설교를 들은 적이 있었다. 김재석 목사는 청중과 눈을 맞추기는커녕 원고만 보면서 설교를 했다. 그 모습이 하도 답답해, 설교가 끝난 뒤 학생들은 "목사님은 왜 설교할 때 청중을 보지 않느냐?"고 물었다. 김 목사는 이렇게 대답하였다. "첫째는 중언부언하지 않고 준비한 원고에 충실하기 위해서다. 둘째는 하나님의 말씀을 증언하지 않을 수 없어 하지만, 나도 그 말씀대로 실천하지 못하는 허물이 있다. 그렇기 때문에 부끄러워 몸을 숨길 수 있다면 숨기고 싶어서다." 이 말씀을 교훈으로 삼은 이 목사는 평생 원고에 충실한 설교를 하였다.

이해동 목사가 처음 부임할 당시 교인은 20명 안팎이었다. 안인숙, 이숙희, 강찬순, 이순신, 강신균을 비롯한 여신도들이 활발하게 활동하고 있었고, 모자원의 이귀옥 원장과 그의 양아들 우영호, 그리고 이원복 권사, 배선월, 김동숙, 김일순 등이 있었다. 주일학교에는 모자원 출신 어린이들이 많이 나왔다.

교인들의 헌신으로 세운 예배당

동부교회에서 분리되어 나온 뒤 안정적으로 예배드릴 수 있는 처소가 필요하다는 생각이 더욱 간절해졌다. 언제까지나 떠돌이 생활을 할 수만은 없었다. 그러나 장로와 교인들이 경제적으로 넉넉하지 못하였기에 어느 누구도 선뜻 교회 건축을 추진할 엄두를 내지 못하였다. 그때 여신도들이 나서서 기금을 모으기 시작하였다. 이렇게 해서 교인들이 기도와 정성을 모으는 가운데 1970년 이해동 목사가 부임하였다. 이해동 목사는 부임하면서 예배당 건축의 필요성을 절감하여 건축 기금을 모으기 시작하였고, 건축에 박차를 가하였다. 이 목사의 추진력과 교인들의 염원이 한데 모여 마침내 16년의 떠돌이 생활을 마치고 예배당 건축의 꿈을 이루어 냈다. 그 사이에 교회는 열 곳 남짓 옮겨 다녔다. 마치 이스라엘 민족이 40년 동안 사막을 떠돌며 단련된 것과도 같은 시간이었다. 이 과정에서 동부교회와 합쳤다가 분리해 나오는 아픔도 겪어야 했다. 그러나 그 아픔을 통해 결국은 스스로의 힘으로 예배당을 마련해야 한다는 귀한 깨달음을 얻었다. 교인들은 모두 하나가 되어 예배당을 짓는 일을 최우선 과제로 삼았다. 하나님의 은총이 아닐 수 없었다.

그러면 이해동 목사가 부임하기 전에 교인들이 예배당 건축을 위해 어떤 노력을 기울였는지 잠깐 살펴보자.

1969년 10월 26일, 임시 제직회를 소집해, 교회당을 성북구 삼양동으로 이전하여 개척 전도하는 건에 대해 가부를 물었다. 미아동으로 부지를 확정하기 전에는 삼양동 지역도 교회 부지 후보로 가능성을 열어 두고 있었던 것이다.

김신묵 권사는 교회 건축 기금을 마련하기 위해 여신도들이 얼마나 헌신적으로 애썼는지를 여실히 보여 주는 구술을 남겼다.

바자회를 열기로 하고 여집사들이 여름 내내 준비를 했다. 우리는 보자기, 옷, 수예품 등을 직접 만들었다. 며느리 용길이는 솜씨가 좋아 재봉틀로 물건을 만들었고, 나는 옷장을 뒤져서 옷을 내놓았다. 안인숙 집사와 최 권사는 양복, 책 등을 내놓고 안계희는 어디서 구했는지 수저 세트를 내놓았다. 이렇게 해서 열린 바자회에서 우리는 17만 원을 벌었다. 당시에는 대단한 돈이었다. 남은 물건들은 다른 곳에서 바자회가 열릴 때마다 가서 팔아 바자회에서만 40만 원 정도를 벌었다. 여전도회는 그밖에도 20만 원짜리 계를 들고 9만 원짜리 적금을 들었다. 이 정도면 땅을 사서 건축을 할 수 있겠다는 자신을 얻어 전경연 박사를 모시고 설교를 들은 다음 건축헌금을 모으기 시작했다.

교회 부지와 건축을 위한 기금을 마련하려고 여신도들은 재봉틀 앞에서 밤새도록 각종 수예품을 만들었으며, 장아찌를 담가 머리에 이고 버스를 타고 바자회가 있는 곳이면 어디든지 달려갔다. 오이, 가지, 고추 장아찌는 시장에서 물건을 사왔다. 집에서 베자루를 만들어 간장에 물, 설탕, 마늘을 넣고 다려서 붓고 세 번을 뒤집어 가며 돌로 눌렀다가 다시 간장을 끓여 부어서 장아찌를 만들었다. 그렇게 정성을 들여 만든 장아찌하고 밤새 만든 도넛은 없어서 못 팔 정도로 인기였다. 김신묵 권사는 한빛교회 예배당은 그야말로 "여신도들이 악을 써서" 지은 교회라고 표현하였다. 안인숙 권사도 여신도들이 얼마나 "악을 써서" 일했는지 생생하게 증언하였다.

여신도들은 교회 기금을 마련하기 위해 다양한 물건을 만들어서 여신도회 서울 연합회 바자회에서 내다 팔곤 했어. 바자회를 할 때면, 융으로 잠옷을 만들어 파는 장사를 하던 이숙희 집사 집에서 잠옷을 만들 때 생기는 자투리 천을 가져다가 다양한 물건을 만들었지. 그 천 조각들을 쏟아 가지고, 조각들이 구겨져 있으니까 그걸 펴야 하잖아. 발로 밟아서 펴서 모았어. 밤을 새워 가면서 그 짓을 했어. 재봉틀 할 줄 아는 사람이 나와 한신환, 박용길, 문복녀 권사님, 이렇게 넷이야. 그 조각으로 뭐 만드는 줄 알아? 밥그릇을 싸서 아랫목에 넣어 두는 보褓를 만들었어. 그건 아주 잘 팔렸어. 그거 아니면 상보. 조각보로 만들었지. 융이다 보니 먼지가 어찌나 많은지 하여튼 코를 풀면 시커매.

안인숙 권사는 교회 건축을 위해 계를 조직하기도 했다.

내가, 계 오야(계주)를 내가 했어. 돈을 모아 일 번으로 교회에 바치고, 교인들은 다 타서 가져가는데 거기서 일 할만 더 내. 더 내면 교회가 일 번으로 타

먹은 값이 나오잖아. 그렇게 할당해 가지고 교회를 짓기 시작하니까 엄두가 안 나던 교회가 지어지더라고.

여신도들은 시간과 정성을 다하여 교회 부지 마련을 위해 애썼다. 교우들은 저마다 자신들의 처지에서 최선을 다해 건축헌금을 하였다. 월남으로 파병되어 갔던 김원철 총각 집사의 이야기도 들어 보자.

제가 1969년에 월남으로 파병이 되었어요. 그해 9월에서 이듬해 9월까지 일 년 동안 백마부대에서 받은 급여를 한빛교회 문재린 목사님께 송금했어요. 제가 주일학교 다닐 때 중부교회(한빛교회의 옛 이름)에서 우리 집에 쌀도 주고 많이 도와주셔서 그에 보답한다는 마음으로 송금을 했지요. 백마부대 소총소

이해동 목사가 부임하기 전, 예배당 건축기금 마련을 위해 장충동 한빛교회에서 열렸던 여신도 바자회. 미국에서 잠시 방문한 문혜림의 친정어머니가 바자회 물건을 한보따리 샀다. 1968년 10월.

대 분대장으로 매일 치열한 전쟁터에서 경험하는 생사의 갈림길로 내일을 알 수 없는 상황이었지요. 저희 가족을 도와준 교회에 죽기 직전에 보답하는 심정이었지요.

이렇듯 절박한 기도와 마음을 모아 마침내 부지를 매입할 만한 헌금을 모았다. 그런데 여기에서 예기치 못한 암초에 부딪치고 말았다. 여신도들이 밤잠을 설쳐 가면서 만든 물품으로 바자회를 열어 번 돈 1백만 원을 한 교인에게 빌려주었다가 떼이고 만 것이었다. 그야말로 낙심천만이었다.

이 일이 있은 뒤에 이해동 목사가 부임하였다. 새로운 목사의 부임으로 힘을 얻은 교인들은 하나님이 이루어 주실 것이라는 믿음을 붙들고 다시 한 번 건축기금을 모았다. 1970년 5월 11일부터 16일까지 교회 건축 연보를 위한 특별 집회가 은혜 가운데 열렸다. 이때 모인 헌금으로 그해 연말에 미아리 부지를 구입할 수 있었다.

미아리에서 공동묘지 자리를 정리하여 집터로 만들어 분양하고 있었다. 한빛교회가 들어설 때까지 주변에 건물이 하나도 들어서지 않아서 건축을 하기에 수월하였다. 교회 부지를 지금의 터로 결정한 것은 분양가는 같았지만 골목 맨 끝에 있어서 교회 앞 골목을 마당으로 사용할 수 있는 이점 때문이었다. 안인숙 집사는 골목 안쪽으로 들어와 있는 터보다는 가파르긴 해도 땅이 더 넓고 길에서 가까운 곳을 사는 것이 좋겠다고 주장하였다. 계약한 뒤에 안인숙 집사가 점찍은, 골목 입구의 땅은 값이 많이 올랐는데 지금의 교회 자리는 안쪽에 있어 땅값이 상대적으로 덜 올라 아쉬웠노라고 안인숙은 말했다. 이해동 목사는 교회 부지를 구매하는 과정에서 있었던 웃지 못할 에피소드를 털어놓았다.

부지의 중도금까지 치러 놓고 잔금을 치르려고 하는데 그 땅이 저당 잡힌 땅이라는 것을 알게 되었다. 나는 교인들에게는 말도 못하고 매일 같이 명동에 있던 건축사무실로 출근하다시피 했다. 다행히 저당 잡힌 것을 풀 수 있었다.

1971년 7월 10일, 서울 성북구 미아 4동 136-118번지(대지 70평 3홉)에서 교회당 기공식 예배를 드렸다. 장마철이라 비가 부슬부슬 내리는 가운데 교인 20여 명이 우산을 쓰고 모였다. 이해동 목사, 김정돈 장로, 김경영 집사와 여러 젊은 여집사들이 정초식에 참석하였다. 안타깝게도 이날의 사진은 남아 있지 않다.

1971년 10월에 건축헌금을 다시 모았다. 목표 금액은 60만 원이었다. 교인들은 폐품수집관리위원회를 조직하여 폐품을 모아 건축비에 보태기도 했다. 이해동 목사 가족이 사택 전세금을 빼서 건축비에 보탠 것이 큰 도움이 되었다.

새로 부임하여 열정이 넘치던 이해동 목사는 모든 난관을 이겨 내며 교회당 건축을 추진력 있게 이끌고 나갔다. 교회를 개척하기 시작하고서 16년 동안 엄두도 내지 못하던 교회당 마련의 꿈을 이해동 목사를 중심으로 교인들이 똘똘 뭉쳐 이루어 냈다.

교회 부지는 다행히 땅 밑이 암반이라서 깊이 파지 않아도 되었다. 덕분에 비용이 크게 절감되었다. 교인들은 블록(가운데 구멍이 뚫린 시멘트 벽돌)과 건축 자재들을 리어카에 싣고서 끌고 밀고 하며 가파른 언덕을 올랐다. 설계는 문익환 목사와 명동 시절 친구였던 윤동주 시인의 동생인 윤일주 성균관대 건축학과 교수가 무상으로 해 주었다. 건축자재 회사인 중앙산업에 다니던 홍사성 집사(안인숙의 남편)는 블록을 저렴한 가격으로 제공해 주었다. 한신환 집사는 페인트를 제공하였다. 한국유리의 최태섭 사장이 유리를 기부하였다. 지붕에 합판을 붙여야 하는데 합판을 구할 여력이 없었다. 그 문제를 해결하려고 이해동 목사가 목재소에 갔다가 우연히 만난 친구가 사정을 듣더니, 문짝과 합판을 거저 주겠노라고 했다. 초동교회에서 교회당을 새로 마련하면서 처분한 의자를 이해동 목사가 구해 왔다.

이리하여 하나님의 은혜로 전혀 빚을 지지 않고 거의 인건비만 들여 교회를 지었다. 교인들은 헌금뿐 아니라 노동으로도 교회당을 쌓아 올렸다. 노동은 또 하나의 기도였다. 블록을 하나씩 쌓을 때마다 간절히 기도하였다. 기도와 땀으로 이룬 기적이었다. 비록 작고 보잘것없는 성소였지만 어떤 화려한 교회당과도 바꿀 수 없을 만큼 소중했다. 교인들은 교회 부지를 마련하고 교회당을 세우는 과정에서 하나님이 함께하심을 느꼈다. 수도 없이 암초를 만나 좌초했다가도 다시 마음을 뭉쳐 일어났다. 필요할 때마다 적절한 도움을 주는 이들이 나타났다. 사막에서 떠돌이들을 돌보시던 하나님의 손길이 느껴졌다. 하나님에게 의지하고 뜻을 합치면 이루지 못할 게 없다는 굳건한 믿음을 얻었다.

1971년 4월 4일에는 장충모자원 건물을 처분하고, 교회가 완성될 때까지 YMCA의 유니버시티 하우스를 빌려서 예배를 드렸다. 우여곡절 끝에 반 년 만에 교회를 완공하여 1971년 11월 28일 헌당예배를 드리는 교인들의 심정은 실로 가슴 벅찼다.

한빛교회에 출석하던 화가 신혜자 님이 그린 교회 전경 스케치. 한동안 주보 표지 이미지로 사용하였다.

예배당은 넓이가 서른일곱 평 남짓한 건물이었다. 그 한쪽 귀퉁이에 일곱 평쯤 되는 공간을 막아서 방 두 개짜리 사택을 마련하였다. 건축 자금이 모자라 이해동 목사 가족이 살던 전셋집을 빼서 보탰기 때문이었다. 나중에 이 사택 공간은 교회를 리모델링하면서 제단 공간으로 바뀌었다. 이 목사의 다섯 식구가 살게 될 사택에는 화단 옆 계단 위에 재래식 화장실이 있었고, 올록볼록한 플라스틱 지붕 아래로 걸어 들어가면 자그마한 부엌이 있었다. 가운데 가족이 생활하는 방이 있었고 바깥쪽에 이 목사의 서재가 있었다. 서재에는 신동아를 비롯한 잡지와 책들이 천장에까지 빼곡히 쌓여 있었다. 그 서재에서 이 목사는 앉은

뱅이책상에 앉아 설교를 준비하곤 했다. 이해동 목사의 가족은 이곳에서 1975년까지 지내다가 교회 창립 20주년을 맞아 교회에서 전세로 마련한 연립주택으로 이사하였고, 그 뒤에 권필시 집사 가족이 그 공간에 살며 사찰 집사로 봉사하였다.

교회 뒷방에 살며 오가는 이들을 따뜻하게 맞아 주던 권필시 사찰 집사. 남편 최종수와 아들 명신.

한빛교회는 장충동 시대를 마감하고 미아리 시대를 시작하였다. 모자원 어린이들은 거리가 멀어져서 교회에 나오기가 힘들어졌지만 나머지 교인들은 모두 한빛교회에 출석하였다. 오래지 않아 이웃에서 새로운 교인들이 찾아오기 시작하였다. 전동림 장로와 그 가족은 이미 1967년에 캐나다로 이민을 갔다. 이종훈 장로도 사임하였으며, 교회를 함께 개척했던 김성호 장로는 1970년에 서소문교회로 옮겼다. 남은 장

로는 김정돈 장로 한 명이었다. 서울 중심에서 멀리 떨어진 변두리, 공동묘지 터를 닦아 만든 황량한 언덕에 세워진 한빛교회. 교인들은 새로운 희망과 각오로 교회를 일구었다.

등나무 아래에서 만난 사람들

윤일주 교수가 비용도 받지 않고 설계한 교회의 외관은 아담하고 예뻤다. 그래서 한빛교회는 그 뒤로 작은 교회가 돈을 적게 들여 지을 수 있는 좋은 모델이 되기도 했다. 흰색 십자가는 건물과 자연스럽게 연결되어 위화감을 주지 않았다. 그때만 해도 주변에 건물들이 들어서지 않은 상태라 큰길에서 걸어 올라가면 교회가 한눈에 들어왔다. 교인들은 황량한 마당을 부지런히 가꾸기 시작하였다. 그 무렵 주보에는 "교회 화단에 고운 꽃들을 강찬순 집사님이 가져다 심어 놓으셨습니다"와 같은 알림 글이 곧잘 등장했다. 안인숙 집사는 자신의 종암동 집에 있는 등나무 두 그루 중 하나를 옮겨다 심었다. 뜨거운 여름 볕을 가리기 위해서였다. 청년 김순필과 김원권이 리어카에 등나무를 싣고 왔다.

종암동 우리 집에서 미아리까지 리어카를 끌고서 등나무를 김순필이 갖다 심었어. 리어카하고 삽을 방앗간에서 빌렸으니까 다시 갖다 줘야 했어. 순필이가 "걱정 마세요" 하면서 캐 가지고 끌고 왔지. 내가 순필이가 죽고 나서 등나무 꽃 피는 모습을 보면서 "등나무 너는 살았는데 순필이는 죽었구나…," 눈물이 나더라고. 그 등나무가 몇 십 년을 큰 거야.
— 안인숙 인터뷰, 2006

지금까지도 해마다 달콤한 대봉 포도가 열리는 포도나무는 사찰로 일하던 권필시 집사가 심었다. 안인숙이 그때의 풍경을 생생하게 되살리며 말하였다. "요만한 거를 얻어다가 심어 놨기에, 내가 말했지. '잘 심었다. 물 줘. 가생이 요롷게 파서 생선 먹고 난 뼈를 묻어 줘. 거름도 주고 가지치기도 해 주고 가을이 되면 껍질도 벗겨 줘야 해.' 그랬더니, 얼마 후 포도가 열리더라고."

교회 인근에 살던 이인애 집사는 꽃으로 강단을 아름답게 장식하였다. 그의 남동생 이인승 집사는 성가대 지휘자로 봉사하였다.

1970년대 중반까지 교회는 평온했어요. 강찬순, 이순신, 손인숙, 안인숙, 이숙희 집사님들이 한창 활동을 하셨는데 거의 매주 한복을 입고 오셨어요. 조그만 화단에 꽃도 많이 피었지만 주일날 예배당에 오면 어머니 같은 분들이 치마저고리를 곱게 차려 입고 있었지요. 그때만 해도 교회에 갈 때는 의복을 깨끗이 입고 갔지요. 남자들은 되도록이면 양복을 입고 넥타이까지 매고 그랬어요. 대학생들도 가능하면 단정하게 옷을 입으려고 했고요.
— 오승룡 인터뷰, 2014

꽃처럼 화사하게 차려입은 여신도들이 새로 오는 이들을 반갑게 맞이하고, 가족 같은 분위기에서 성도의 교제를 나누었다. 예배 뒤에 공동 식사는 따로 없었지만, 저마다 집에서 먹을 것이 있으면 가지고 와서 나눠 먹고, 물건도 서로 나눠 쓰고 하였다. 교회 전체가 마치 한 가족 같았다. 아마도 교인들이 서로의 가정을 방문하는 일이 많다 보니 자연스럽게 가족 같은 분위기가 형성되었지 싶다. 제직회 수련회나 환영 모임을 교인 가정에서 가진 기록이 많이 남아 있어 미루어 짐작할 수 있는 일이다.

그 시절 이해동 목사는 봄, 가을 정기 심방 때뿐만 아니라 어느 집 아이가 아프거나 입학과 졸업 등 애경사가 있으면 반드시 교인 집으로 찾아가 기도해 주곤 하였다. 안인숙 집사는 그런 이해동 목사를 따라 자주 심방을 다녔다.

거리에 공중 화장실이 없어서 고생을 했지. 자장면 먹고 금방 찬물을 들이켜서 그런지 설사가 나오더라고. 심방을 간 집에서는 잘 내놔야 고구마하고 김치야. 그러면 그걸로 점심을 때우고 다녔어. 이해동 목사님이 고생 많이 했어. 그땐 심방을 다녀도 걸어 다녔어. 버스 타고, 걸어 다니고. 다들 가난하니까 저 산꼭대기에 살아. 그때도 교인들이 다 멀리서 다녔어. 전도사도 없으니 심방만 하면 만만한 내가 불려 나갔지. 이해동 목사님은 애들 입학식 전날에도 가서 기도해 주고, 정월이면 꼭 한 바퀴 돌았어. 그게 특징이야. 참 고마웠어. 설날이면 교인들이 목사님 집에 인사하러 가는 게 아니라, 되레 목사님이 우리 집에 오시면서 계란 열 개들이를 사 오셔.

애들이 어렸을 적에는 애를 업고 다니면 허리 아프고 다리도 얼마나 아파? 내가 약질인데도 이상하게 심방을 다녀오면 다리가 안 아파. 기뻐서. 애 업고, 기저귀 가방을 들고. 마음이 흐뭇하고 좋아서 심방을 다녀오면 안 아파. 마음이 그렇게 흐뭇하고 좋아. 그 집이 어떻게 사는지, 잘사는지 못사는지가 다 파악이 되잖아. 그래서 심방을 열심히 따라다녀야 해. 심방을 많이 하면 기운도 나고 은혜롭지.

안계희 전도사는 한빛교회를 잠시 떠나 1970년 3월 말 초동교회 전도사로 부임해 갔다. 경제적인 이유 때문이었다. 당시 한빛교회에서 받던 봉급이 1만 원이었는데, 과부 처지에 서울에서 자식 둘을 키우며 살려니 여간 힘들지가 않았다. 초동교회에서 2만5천 원을 준다고 해서 옮겨 갔지만, 얼마 되지 않아 우여곡절 끝에 사직서를 내고 다시 한빛교회로 돌아왔다. 안계희 전도사는 돌아온 이유를 이렇게 말했다. "한빛교회 오니, 아이고 살 것 같아. 내 철학하고 맞으니까 왔지. 교회를 정의롭고

이영욱 지휘자와 성가대. 성가대원 맨 오른쪽은 그의 부인 이영실이다.

반듯하게 운영하고. 다른 교회에서는 목사를 신처럼 받드는데 난 그런 곳하고 맞지 않아서 못 있어." 그는 그 뒤 1972년 5월 1일 베다니집 관장으로 부임하였다.[*] 그러다가 이해동 목사가 1976년 투옥되자 그는 다시 한빛교회 명예전도사로 취임해 김정돈 장로와 함께 교인들 심방하는 일을 책임졌다.

한동안 주일 저녁예배를 찬송가를 배우는 찬송예배로 진행하기도 하였다. 1973년 3월부터 매월 첫째 주일과 셋째 주일 저녁예배는 이인승 지휘자의 지도로 새 찬송을 배우고, 찬송을 바르게 부르는 법을 익혔다. 이듬해 이인승 선생이 부득이한 사정으로 지휘자 직을 사면하자 1974년 2월부터 이영욱 선생이 지휘자로 왔다. 그는 지역 주민이었다. 이영욱 선생은 음악 교사였고 부인 이영실은 성악을 전공하였다. 그는 "고향 그리워"며 "바위 고개" 같은 노래를 작곡한 이흥렬 선생의 아들이었다. 그런 인연으로 이해동 목사가 노랫말을 쓰고 이흥렬 선생이

---

[*] 베다니집은 가족이 없는 은퇴한 여전도사들이 노후를 보내는 곳으로, 안계희가 부임할 당시에는 여전도사 네 명과 가사 도우미 한 명이 함께 살았다. 안계희는 베다니집을 알리고 운영비를 마련하기 위해 전국을 돌아다녔으며, 뒷산에 밤나무 150그루를 심고 약 주고 똥지게와 오줌지게까지 지는 등 소명감을 가지고 밤낮 없이 일하였다.

곡을 붙인 "한빛의 노래"가 만들어졌다. "한빛의 노래"는 1974년에서 1975년 사이에 만들어졌다.

"한빛의 노래"

예수님의 빛을 받아 살아갈 우리
높은 뜻 맑은 마음 주께 배우자.
더러워진 몸과 마음 주 피로 씻고
진리의 높은 봉을 따라 오르자.

예수님의 사랑받아 살아갈 우리
한 아름 그의 사랑 가슴에 품자.
상처받은 이웃들을 그 품에 안고
뜨겁게 아름답게 어울려 살자.

예수님의 말씀 따라 살아갈 우리
빛 되라 소금 되라 분부하셨다.
한빛 가족 깃발 들고 삶터로 나가
역사의 어둠 뚫고 희망을 주자

(후렴)
아 한빛교회 우리들의 요람
솟아라 달려라 햇불 되어라.

1978년 10월 21일 주보를 보니 오랫동안 반주자로 봉사한 강성애에 관한 소식이 눈에 띈다. "교회 반주를 맡아 수고하는 강성애 양은 지난 24일 서울교육대학에서 열린 전국 틴에이저 콩쿠르에서 특등의 영광을 차지하였습니다." 당시의 주보 속에서 지금과는 사뭇 다른 예배실 모습을 엿볼 수도 있어 흥미롭다. 알리는 말씀에 이렇게 적혀 있다. "바르고 정성스런 예배를 볼 수 있도록 우리 모두 협력합시다. 1) 예배 시간을 엄수합시다. 2) 앞자리부터 차례로 앉읍시다. 3) 남녀 구별 없이 가족 단위로 앉읍시다." 그때까지도 남녀가 자연스럽게 어울리지 못해 예배 볼 때 어색하게 따로 앉았던 듯하다.

1973년 3월 11일에 대학생부가 처음으로 만들어졌다. 1대 회장은 이순신 권사의 아들 김석(서울대 법대)이 맡고, 안인숙 집사의 셋째 딸 홍묘선(성신사대)이 부회장을, 김석의 사촌 형인 김재원(고려대)이 총무를 맡았다. 대학생부가 주관하는 예배를 드리기도 했으며 크리스마스에는 피아니스트를 초대해 음악회를 열기도 했다. 대학생부 책자도 발간했는데 제목이 〈개토지〉였다. '새로운 땅을 열다'라는 뜻으로, 이해동 목사가 이름을 지어 주었다. 2대 회장으로는 김재원, 3대 회장은 김순필이 맡아서 봉사하였다.

한편, 각 기관이 한 명씩 추천하여 교사, 성가대, 비둘기회, 여신도회, 청년회, 당회의 대표로 구성되는 교회위원회를 조직하였다. 교회위원회는 교인들이 함께 참가하여 교회 운영에 관한 전반적인 문제를 토의하고 건의하고 추진하는 기관이다. 대표 인선은 각 부서가 자발적으로 선임하게 하였다. 이해동 목사가 교회위원회를 꾸린 것은 교인들이 교회 운영과 선교에 적극적으로 참여하게 하려는 뜻이었다. 다시 말해, 다양한 구성원의 뜻을 모아 교회를 민주적이고도 유연하게 운영해 나가고

자 함이었다. 뒤에 독일에서 파견되어 한빛교회에 나오게 된, 독일 선교사 소혜자(도로테아 슈바이쳐Dorothea Schweitzer)는 선교사 대표로서 교회위원회에 참석하였다. 이 목사는 이밖에도 한빛교회를 지역에 뿌리내린, 생동감 넘치는 공동체로 만들기 위해 다양한 시도를 하였다.

1970년대는 해외로 이민을 떠나는 붐이 일었다. 한빛교회의 여러 교우들도 미국, 캐나다 등지로 이민을 떠났다. 많지도 않은 교인들 가운데 몇몇이 멀리 떠난다고 하니 남아 있는 교우들이 퍽 섭섭해했다. 해외로 떠난 뒤에도 교우들은 멀리서 편지와 크리스마스카드를 통해 소식을 전해 왔고 그 흔적이 주보에 남아 있다. 1973년 말, 해외에서 서울의 한빛 가족들에게 카드를 보내온 교우들은 문재린, 김신묵(캐나다),[*] 남말석(미국), 박남길(박용길 집사 언니, 미국), 안정광(미국), 이영중(미국), 김경재(미국), 김진(미국) 들이라고 주보에 기록되어 있다. 문영금(문익환 목사 딸)과, 교회 창립 때부터 주일학교 교사, 교지 편집위원, 장학위원장을 맡아 활발한 활동을 해 오던 문선희 집사(문익환 목사 여동생)와 남편 강달현 집사의 가정도 1974년 캐나다로 이민을 떠났다.

이 무렵 동네에 사는 교인들이 자연스럽게 교회에 나오기 시작하였다. 그 가운데 1975년경에 교회에 나오기 시작한 이학전 집사도 있었다. 신혼이던 이학전과 이윤경 집사 부부는 한동안 경동교회에 다녔는데, 이해동 목사의 집요한 설득으로 한빛교회에 나오게 되었다. 한빛교회의 어떤 면이 마음에 들었냐고 묻자 이학전은 이렇게 대답했다.

---

* 한빛교회를 창립한 문재린 목사와 김신묵 권사는 1971년 12월 캐나다에 있는 막내아들 영환과 살기 위해 캐나다로 이민을 갔다가, 문익환의 옥중 단식을 만류하려고 1977년 김신묵이 먼저 귀국하고 1981년 문재린 목사도 마저 귀국한 뒤 고국에서 여생을 보냈다.

마음에 들었다기보다는 일종의 개척교회 같은 기분이 들어서 개척교회에서 열심히 봉사를 해서 한 몫을 담당하고 싶은 마음이 들더라고. 교회가 좋고 나쁘고를 떠나서 봉사하고 싶은 생각이 들었지. 교회가 부족한 게 있으면 우리가 채워야지, 이런 마음이랄까?

한빛교회가 미아리로 이사하고 몇 달 되지 않아서 이우정 교수가 성북교회에서 한빛교회로 교적을 옮겼다. 이우정은 이해동 목사를 한빛교회에 부임하도록 소개시켜 준 이였다. 이우정과 이해동은 한국신학대학 동자동 캠퍼스 시절에 스승과 제자로 만났지만, 집안 항렬로 따지면 이해동 목사가 할아버지뻘이었다. 이우정은 이해동 목사를 형편이 열악한 한빛교회로 오게 해 놓고 모르는 척할 수 없었기에 한빛교회에 다니면서 돕기로 마음먹었다. 정경희 권사도 이 무렵 교회에 나오기 시

1971년 12월, 문재린 목사와 김신묵 권사가 캐나다로 이민 가기 전 교우들과 찍은 사진.

작했다. 그는 한빛교회와의 첫 만남에 대해 이렇게 말했다.

토요일에 이사를 와 가지고 그 다음날이 주일인데 시간은 급하고, 어디에 교회가 있는 줄도 모르고. 하늘을 쳐다보니 십자가가 보이길래 따라가 보니 거기가 한빛교회였어. 주변이 휑해서 교회가 잘 보였어.

정경희 권사는 결국 성령의 이끄심을 따라 한빛교회에 나오게 된 셈이었다. 그의 남편 서신용 집사는 평소에 교회에 다니지 않았는데, 교회를 다녀온 아내가 목사님이 수감자들을 위해 기도하더라는 말을 듣고서 교회에 관심을 가지게 되었다. 서신용 집사는 스스로를 드러내기 싫어하는 조용한 성품이었고 정치의식이 뚜렷하였다. 그는 교회를 다니면서 남의 눈에 잘 뜨이지 않았지만, 목요기도회와 갈릴리교회에도 열심히 참석하였다. 정경희 권사의 이야기를 좀 더 들어 보자.

교회에 처음 와 보고, "세상에 이런 교회도 있구나!" 했어요. 다른 교회하고 구별이 되더라고요. 다른 교회는 자기 자신의 행복을 위해서만 기도하지 나라와 민족을 위해 기도하는 교회는 없다고 봐요. 완전히 똘똘 뭉치더라고요. 여신도들이 굉장히 적극적이었어요.

이학전, 이윤경, 제갈저, 김근숙, 정경희, 이 다섯 명은 교회 가까이에 살면서 한빛교회의 새벽기도를 이끌어 나간 분들이다.[*] 정경희 권사는 남편의 오랜 병간호로 지쳐 있는 마음을 새벽기도를 통해 달래며 위로를 얻었다고 했다.

---

* 정경희 권사와 이학전 장로는 10년 동안 한빛교회 새벽기도를 이어간 공로로 제4회 한빛봉사상을 받았다.

새벽 종소리를 듣고 울어 보긴 처음이었어. 마음이 좋은 쪽으로 눈물이 나오더라고. 옛날에는 새벽기도 시작할 시간에 종소리가 들렸거든. 한빛교회를 다니면서 그 동네를 떠날 때까지 새벽기도를 빠지지 않고 했지. 칠십년대 한빛교회는 새벽기도고 뭐고 싸우느라고 정신이 없었어. 하루는 목요일 아침에 새벽기도를 하러 갔더니 밤새 농성을 하고서는 새벽기도를 하러 온 나한테 누군지 모른다면서 문을 안 열어 주더라고.

1976년에 이해동 목사가 감옥에 갇힌 뒤부터 평신도들이 스스로 알아서 새벽기도를 이끌어 가야 했다. 교인들은 새벽기도회에서 자신의 어려운 사정을 두고 기도하기도 하고, 함께 성경을 공부하기도 하였다. 〈다락방〉이라는 성경공부 교재를 사용하기도 하고, 시편을 읽기도 하였다. 수많은 학생들과 교우들이 독재정권에 저항하다 투옥되고 정권의 노골적인 탄압으로 교회가 초토화되는 상황에서도 흔들림 없이 신앙생활을 이어 가며 묵묵히 교회를 지킨 이들이 있었기에 한빛교회가 유지될 수 있었다.

한빛은 만주 용정과 함경도 출신의 피난민들이 중심이 되어 세운 교회였다. 열 번 넘게 처소를 옮기며 떠도는 동안, 장충동 모자원 시절을 거치면서 배선월, 이원복, 김일순, 김동숙 집사를 비롯한 새 교우들이 공동체의 일원이 되었다. 미아리에 정착한 뒤에는 지역 주민들이 하나둘 교회에 나오기 시작하였다. 교회 가까이에 사는 이들 교우들은 새벽기도와 저녁예배에도 적극적으로 참여하며 차츰 교회의 중심에 서게 되었다. 피난민들의 보금자리 역할을 하던 한빛교회는 이렇듯 교회 구성원이 바뀜에 따라 자연스럽게 바뀌어 갔다. 한빛교회는 이제 더는 함경도 출신 사람들이 모이는 교회가 아니라, 서울에 사는 평범한 서민들이 찾아오는 푸근한 교회로 자리를 잡아가기 시작했다.

한빛교회가 신앙 면에서 여느 교회와 다르지 않았다는 사실은 1973년 5월 27일 자 주보를 보면 알 수 있다. 알리는 말씀에 "빌리 그레함 전도대회: 5월 30일부터 6월 3일까지 여의도 5·16 광장에서 전도대회가 개최됩니다. 교인들의 참석을 권합니다. 그리고 5월 30일 수요일 교회 기도회는 여의도 광장에서 함께 전도대회에 참석합니다."라고 적혀 있다. 침례교 목사인 빌리 그레이엄은 미국의 세계적인 복음전도사로 복음주의 신앙관을 가졌으며 철저한 반공주의자였다. 빌리 그레이엄은 1973년과 1980년 8월에 한국에서 대규모 전도대회를 열었다. 그 시기는 공교롭게도 각각 박정희 정권이 유신을 발표한 이듬해와 전두환 정권이 1980년 5월 광주에서 수많은 사람을 학살하고 정권을 잡은 직후였다. 빌리 그레이엄은 급진적인 자유주의 사상에 동요되지 말아야 하며, 종교가 정치에 개입해서는 안 된다고 주장하였다.

1970년대를 겪으며 많은 기독교인들은 독재정권에 저항하였다. 그러나 더 많은 교회가 로마서 13장의 말씀 "사람은 누구나 위에 있는 권세에 복종해야 합니다. 모든 권세는 하나님께로부터 온 것이며, 이미 있는 권세들도 하나님께서 세워 주신 것입니다."를 근거로 세상 권세에 대한 복종을 강요하며 박정희 정권과 유착하는 모습을 보였다. 그들 교회는 교회 지도자들이 대거 참석한 가운데 진행된 대통령 조찬기도회와 설교, 성명서 등을 통해 독재정권에 대한 공개적인 지지를 표명하였다. 이 과정에서 한국 교회는 정치 현안에 대해 서로 견해를 달리하는 보수와 진보의 대립 구조가 차츰 고착화되었다. 그러니까 1973년 여의도 광장에서 있었던 빌리 그레이엄의 전도 집회에 한빛교회가 참여하였다는 것은, 그때까지는 한국 기독교가 보수와 진보로 명확하게 구분되지 않았음을 말해 준다.

한빛교회,
역사의 부름에 응답하다

그렇다면 한빛교회는 어떤 계기로 사회 부정의에 맞서게 되었을까? 이 질문에 대한 답을 얻기 위해서 먼저 5·16군사쿠데타로 집권한 박정희 정권과 기독교, 그 중에서도 한국기독교장로회와의 관계를 살펴볼 필요가 있다.

한국신학대학 학장이던 김재준 목사는 1960년 4월 19일의 학생들의 순수한 혁명에 동참하지 못했음을 가슴 아프게 반성하고 있었다. 그러던 차에 바로 그 이듬해에 박정희가 5·16군사쿠데타를 일으켰다. 정권을 잡은 박정희는 곧바로 60세 정년제를 강행하였고, 그해 9월 김재준 목사는 한국신학대학 학장직과 교수직에서 강제 퇴임을 당했다. 이런 시련 또한 하나님의 섭리였는지, 실직을 당한 김재준 목사는 오히려 사회참여 활동에 적극적으로 나섰다. 그는 다른 기독교 인사들과 함께 1963년 한일국교 정상화 및 한일협정 비준 반대 운동을 벌이기 시작하였다. 이는 이승만 정권 시절부터 오랫동안 정치와 타협해 온 교회가 모처럼 크나큰 용기를 보여 준 것이었다.

1965년 7월, 김재준, 한경직, 강원용을 비롯한 215명의 지도자들은 서울 영락교회에 모여 구국기도회를 열었다. 이를 계기로 전국 각지의 교회에서 교파를 초월한 구국기도회가 열려 굴욕적인 한일협정 비준에 반대하였다. 한빛교회도 이때 동부교회와 통합된 상태에서 구국기도회를 가졌다.

박정희 정권은 1969년 삼선개헌을 통해 정권을 또다시 연장하려고 하였다. 대통령 직을 세 번 연임할 수 있게 헌법을 개정하려고 한 것이다. 김재준, 함석헌, 박형규 등 에큐메니컬 진영의 교회 지도자들은 삼선개헌 반대 범국민투쟁위원회에 참가하였다. 김재준이 범국민투쟁위원회의 위원장을 맡았다. 이때 교계에서는 삼선개헌을 둘러싸고 찬반 논쟁이 일었고, 이것이 정교분리를 표방하는 보수 세력과 사회변혁을 주장하는 진보 세력으로 기독교계가 확연히 나뉘는 계기가 되었다.

한국기독교장로회의 영적 지도자인 김재준 목사의 사회참여는 많은 후배와 제자들에게 영향을 주었다. 이와 비슷한 시기에 박형규 목사를 중심으로 한 젊은이들이 공장과 빈민 지역에서 선교를 하기 시작하였다. 또한, 1969년에 시작된 한국기독학생총연맹(KSCF) 운동은 기독 학생들이 한국 사회의 구체적인 현장에 관심을 두는 계기가 되었다. 그들은 학생 신분을 감추고 공장과 건설 현장, 채석장 등지로 찾아가 노동자의 현실을 목격하고 체험하였다. 1960년대의 이러한 조용한 움직임들이 1970년대에 들어서면서 박정희 군사정권에 대한 비판 세력으로 결집되었다.

한빛교회가 사회참여에 뛰어든 것은 어느 날 갑자기 일어난 사건이 아니었다. 겉으로는 보이지 않았지만 땅 밑으로 흐르는 깊은 영성의 물줄기가 때를 맞아 밖으로 분출한 것이었다. 함경도와 북간도 지역의 민족해방운동에서부터 이어져 온 운동의 물줄기요, 개인의 기복과 구원보다는 예수의 삶을 따라 살고자 하는 실천적인 믿음의 물줄기였다. 샘처럼 깊은 영성과 사회참여 의지가 하나가 된 결과로 나온 행동이었다. 믿음의 선배들이 이어 오던 맑은 샘물이 1970년이 되면서 땅 속에서 터져 나온 것이었다.

한국신학대학에서 교수들로부터 "예"와 "아니오"를 분명히 할 줄 아는 기독교인이 되어야 한다는 가르침을 받은 신학생들은 현장으로 들어갔다. 그들은 그곳에서 한 청년 노동자의 죽음과 만났다. 1970년 11월 13일, 평화시장 노동자 전태일의 죽음은 기독교계를 위시하여 한국 사회 전체에 커다란 충격을 던졌다.

작업환경 개선을 위해 투쟁하던 종업원이 당국과 업주의 불성실한 태도에 반발, 분신자살했다. 13일 하오 1시 30분께, 서울 중구 청계천 6가 피복 제조상인 동화시장 종업원 전태일 씨(22세, 성북구 쌍문동 208)가 작업장 안의 시설 개선을 요구하는 농성을 벌이려다 출동한 경찰에 의해 제지당하자 온 몸에 석유를 뿌리고 분신자살을 기도, 메디칼 센터를 거쳐 성모병원에 옮겼으나 이날 밤 10시께 끝내 숨졌다.
— 한국일보, 1970. 11. 14.

전태일의 죽음을 통해 한국 사회는 금기시하던 노동문제에 관심을 기울이기 시작하였다. 대학생들도 곳곳에서 추모 집회를 열었다. 그의 죽음 앞에서 노동자와 대학생이, 그리고 일반 학생 운동과 기독 학생 운동이 함께 모였다. 그들은 비로소 자신들이 지향해야 할 곳이 '민중'임을 깨달았다. 그의 죽음에 힘입어 지식인과 언론인과 정치인이 그들의 지성과 말과 본분을 회복하였다. 1970년대를 통하여 그의 죽음은 모든 회개하는 영혼들의 양식이었다. 당시 한신대학교(한국신학대학의 새 명칭) 교수였던 이우정은 이렇게 회고하였다.

나는 한신대 교수로서 안일한 삶에 파묻혀 무슨 '탈출'이니 하는 생각은 전혀 없었다. 그런데 내게 큰 충격을 준 사건이 있으니 그것은 전태일 씨의 분신 사건이었다…그때 나는 내 가슴을 짓누르는 무게를 감당할 수가 없었다. 그 무거움은 노동자들 특히 여성 노동자들에게 '빚진 자'라는 죄책감으로 몰아갔다.

전태일의 죽음은 청년 이광일로 하여금 기독교학생운동에 뛰어들게 만들었다. 이광일은 그 뒤 유신반대 교회청년협의회 회장으로 활동하다가 민청학련 사건으로 구속되어 징역 20년, 자격정지 15년 형을 선고받았다. 3년 만에 감옥에서 풀려난 그는 자신의 진로를 바꾸었다. 한양대 공대를 그만두고 한신대학교에 들어간 것이었다. 1976년에 3·1민주구국선언문 사건으로 한빛교회 담임목사와 교인들이 대거 구속되자, 그는 걱정스러운 마음에 한빛교회로 달려왔다. 고난을 겪고 있는 한빛교회를 어떻게든 돕고 싶었기 때문이었다. 그리하여 이광일은 1976년 여름부터 한빛교회 중고등부 지도 선생, 이듬해에는 고등부 교사로 봉사하였다.* 그는 한빛교회에서 청년부를 조직하고 대학생부를 활성화시켰다. 교회가 건강하려면 젊은이들을 잘 키워야 한다는 생각으로 씨를 뿌리고 거름을 주었다. 뒤에 이광일은 한국기독교장로회 목사가 되었다.

청년 이광일이 걸어간 길은 기독교학생운동을 한 많은 젊은이들이 걸어간 길의 한 전형이었다. 전태일 열사의 죽음이 그로 하여금 기독교운동에 뛰어들게 하고 또 한빛교회에 와서 봉사하게 만들었다—그는 전태일 열사와 한빛교회를 잇는 상징적인 연결고리라 하겠다. 한 노동자의 죽음이 많은 기독교인들을 변화시켰다. 이광일의 말처럼 "그동안 살아오던 삶을 송두리째 흔들어 놓았으며, 나아가 전혀 다른 삶을 꿈꾸게 하였다." 한편, 한신대학교 총장을 역임한 채수일 목사는 전태일의 분신을 "민중신학 탄생의 직접적 계기가 된 사건"이라고 보았다. 그것은 "1960년대의 '민중을 위한 선교'에서 '민중과 함께 하는 선교'로 전환하는 분수령"이었다는 것이다. 유신 체제 아래에서 지식인들이 민중과 더불어 고난을 받으며 인권과 민주주의를 지키려고 민중과 함께

• 이때 이광일은 고등부 교사로서 총무로 임명되었다. 중등부 총무는 박창수(한신대), 어린이학교 총무는 김순필이 임명되었다.

투쟁한 소중한 체험으로부터 민중신학이 탄생한 것이다.

그렇다면, 한빛교회는 구체적으로 언제부터 역사의 부름에 응답하게 되었을까? 한빛교회 주보에 인권이나 민주화와 관련된 내용이 처음 실린 것은 1973년 8월이었다. 1973년에 주보에 "토막지식"이라는 꼭지가 생겼다. 이 난은 주로 창조주 하나님을 아버지라 부르는 이유는 무엇인가, 성서란 어떤 책인가, 그리스도의 복음이란 무엇인가와 같은, 기독교인이 알아야 할 기초 지식을 간단하게 설명하는 내용으로 꾸며졌다. 그런데 그해 9월 2일 자 주보에 실린 "토막지식"의 주제는 '자유와 인권'이었다.

토막지식

이 난은 우리의 신앙생활에 필요한 간단한 지식을 나누어 갖기 위한 것입니다. 누구나 신앙 생활 가운데 의문 나는 것이나 알고 싶은 문제가 있으면 물어 주십시오.
물음: 자유와 인권에 대한 그리스도인의 태도를 말해 주십시오.
답: 그리스도교는 개인의 해방뿐 아니라 사회조직이 개인의 자유와 인권을 보장하고 발전시키도록 노력해야 합니다. 그러나 그것이 짧은 시일에 실현되는 것이 아니므로 오래 참음으로써 세우려고 노력해야 합니다.

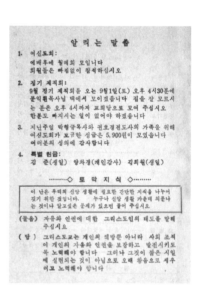

1973년 9월 2일 주보 알림 난. '자유와 인권'에 대한 토막지식이 박형규, 권호경을 위한 모금에 대한 알림과 함께 실려 있다.

이 짧은 글귀에서 드디어 한빛교회의 선한 싸움이 시작되었음을 읽을 수 있다. "짧은 시일에 실현되는 것이 아니"라는 설명은 앞으로 한빛교회에 닥칠 고난을 예견하는 듯한 비장함을 느끼게 한다.

이날 이해동 목사의 설교 제목은 "진실이 이긴다"였고 그에 관한 성서 본문은 디모데 전서 6장 11절에서부터 21절까지였다. "하나님의 사람이여, 그대는 이 악한 것들을 피하십시오. 의와 경건과 믿음과 사랑과 인내와 온유를 좇으십시오. 믿음의 선한 싸움을 싸우십시오."

같은 날 알리는 말씀에는 이런 내용이 실려 있다.

지난 주일 박형규 목사와 권호경 전도사의 가족을 위해 여신도회가 모금한 성금은 5,900원이 모였습니다. 여러분의 성의에 감사합니다.

박정희 정권은 1972년 12월 자신의 절대 권력과 장기 집권을 보장해 줄 유신헌법을 공포하였다. 대부분의 교회는 이를 암묵적으로 또는 적극적으로 지지하였다. 그로부터 몇 달 뒤, 기독교계가 유신체제에 정면으로 도전하는 신호탄이 부활절 새벽하늘을 가르며 터져 나왔다. 이른바 1973년 4월의 '남산 부활절연합예배 사건'이 그것이었다. 남산 야외음악당에서 부활절연합예배를 드릴 때 유신체제를 반대하는 전단을 배포하려던 사건이었다.

부활절연합예배는 한국기독교교회협의회(KNCC)와 대한기독교연합회가 연합하여 개최하였다. KNCC의 총무 김관석은 "예배의 주요 순서를 보수적인 기독교인들이 맡은 상황에서 우리의 목소리를 알릴 여지가 거의 없다"고, 박형규 목사에게 푸념하듯 말했다. 그 말에 박형규 목사는 기독교 신자들이 많이 모이는 자리에서 정치적인 책임을 일깨우는 목소리를 내야 되겠다고 생각했다. 이에 박형규 목사와 함께 도시산업선교회를 통해 빈민 지원 활동을 하던 권호경과 그의 젊은 동료들은 현수막과 전단을 준비하였다.

그러나 계획은 불발에 그쳤다. 현수막을 들기로 한 이들은 삼엄한 분위기가 무서워 현수막을 버리고 도망쳤으며, 전단을 배포하기로 한 한국기독학생회총연맹(KSCF) 학생들은 몇 장 나누어 주지도 못하였다. 전단이 정부 측에 압수되고, 집에 보관해 둔 현수막마저 다른 사건에 얽혀 발견되자, 보안사령부가 이 사건을 맡아 수사하게 되었다. 6월 29일 박형규, 권호경이 연행되었고, 이어서 조승혁, 김동완, 나상기, 황인석, 이상윤, 정명기, 서창석 등이 줄줄이 연행되었다. 이들은 국가내란예비음모 혐의로 구속되었다. 한빛교회 여신도회는 이들 가운데서 한국기독교장로회의 교역자인 박형규와 권호경을 위해 모금을 하였다.

남산 부활절연합예배 사건은 여러 가지 면에서 중요하다. 첫째, 유신을 반대하는 기독교계의 움직임이 시위라는 형태로 처음 드러난 사건이었다. 둘째, 박형규와 권호경은 한국기독교장로회의 교역자로서 1960년대 말부터 도시빈민 지원 운동을 하고 있었던 바, 이 사건은 1970년대 기독교계를 중심으로 이루어지던 민주화운동이 어떻게 처음 움트게 되었는지를 잘 보여 준다. 셋째, 이 사건으로 민주화운동에 인권이라는 개념이 본격적으로 사용되기 시작하였다. 한국기독교교회협의회(KNCC)는 1973년 11월에 "인권선언"을 발표했고, 이듬해 5월에는 KNCC 산하에 인권위원회가 발족되었다. 인권위원회의 초대 위원장은 한국기독교장로회의 이해영 목사였으며 한빛교회의 이우정 교수는 여성을 대표하는 인권위원으로 참여했다. 인권위원회는 노동, 학원, 여성, 언론을 포함한 사회 모든 부분에서의 인권을 옹호하였다.

여성 단체로서 가장 먼저 나선 것은 이우정이 회장으로 있던 한국교회여성연합회(이하 '한교여연')였다. 이들은 구속자들의 선처를 바란다는 탄원서를 법무부 장관에게 보냈고, 회원 교단 여성들에게도 뜻을 같이 할 것을 요구하는 공문을 발송한 뒤 구속자 가족 돕기 모금을 시작하였다. 한교여연 회원 단체인 한국기독교장로회 여신도회도 즉시 대통령과 국무총리 앞으로 탄원서를 제출하는 등 행동을 함께하였다. 한빛교회 여신도들의 모금은 한국기독교장로회 여신도회 차원에서 진행된 것이었다.

한빛교회는 기독교인의 사회참여 첫 신호탄인 남산부활절연합예배 사건 때부터 기도와 모금으로 함께하였다. 이해동 목사는 김상근 목사와 함께 목요기도회를 주도해서 이끌었으며, 이우정 집사는 KNCC 인권위원이자 한교여연의 회장으로서 구속자들의 석방과 인권을 옹호하는 일에 적극적으로 나섰다. 이종옥 사모는 목요기도회의 회계와 한국기독교장로회 여신도회의 인권부장으로 활약하며 교회 여신도들에게 인권의 소중함을 알렸다. 박형규, 권호경 목사를 위한 모금을 여신도들이 주도한 것도 주목할 만하다. 여신도들은 복잡한 논의 과정을 거칠 필요도 없이 고통받는 이들에 대한 연민으로 신속하게 십시일반으로 모금하여 가족들에게 전달하였던 것이다.

눈여겨볼 점은, 이해동 목사가 일찍부터 설교와 주보의 "토막지식" 난을 통해 전 교인에게 기독교인이 왜 사회정의와 인권에 관심을 기울여야 하는지를 설득하였다는 점이다. 이 목사의 그런 노력은 교인들이 사회문제에 눈을 뜨게 하였고 한빛교회 공동체가 다함께 역사의 부름에 동참할 수 있도록 이끌었다. 이러한 노력이 선행되었기에, 민주화운동의 과정에서 목회자와 교인들이 괴리되지 않고 하나로 뭉쳐 나아갈 수 있었던 것이다.

박정희 정권의 탄압은 갈수록 심해졌다. 그렇지만 학원가와 기독교계에서 들불처럼 번지고 있던 저항의 움직임을 막을 수는 없었다. 1973년 말에는 장준하 선생이 주축이 되어 '개헌청원 100만인 서명운동'을 벌이기 시작하였다. 이에 당황한 정부는 1974년 1월 8일 긴급조치 1호와 2호를 선포하였다. 대통령의 긴급조치는 유신헌법을 "부정, 반대, 왜곡 또는 비방"하거나, "법의 개정 또는 폐지를 주장, 발의, 제안 또는 청원"하는 모든 행위를 금하였다.

1974년 1월 17일, KNCC 총무실에서 젊은 목회자들과 전도사들이 모여 1·8 긴급조치 선포에 반대하는 시국선언 기도회를 가졌다. 이 사건으로 김진홍, 이규상, 인명진, 이해학, 김경락, 박윤수 들이 구속되었다. 이들 가운데 당시 창현교회 전도사이던 박윤수는 뒷날 한빛교회와 인연을 맺게 된다. 박윤수는 이 사건으로 동대문경찰서, 국가정보원, 남산, 서울구치소, 안양교도소, 대전교도소로 옮겨 다니면서 1년 넘게 수감 생활을 한 뒤에 이듬해 석가탄신일에 석방되었다. 감옥에서 나온 뒤 그는 다시 창현교회로 돌아갈 수가 없었다. 그런 그를 한빛교회가 받아주었다. 박윤수는 1977년 5월 8일 한빛교회 전도사로 부임하였고, 젊은 청년들과 스스럼없이 어울리며 중고등부와 대학부를 크게 활성화시켰다.

민청학련 사건과 한빛교회

놀랍게도 1970년대를 관통하고 있는 중요한 민주화운동 사건 중에 한빛교회 교인이 관련되지 않은 사건은 거의 없었다. 작고 미약한 한빛 공동체를 하나님이 역사의 도구로 크게 쓰셨다.

1974년 3월 말에 이른바 전국민주청년학생총연맹(이하 '민청학련') 사건이 발생하였다. 학생들은 4월에 민청학련의 이름으로 전국에서 동시다발로 "민중, 민족, 민주 선언"을 발표하고 연합 시위를 벌이기로 계획했다. 그런데 이 일이 사전에 정부 당국에 알려졌다. 사실 민청학련이라는 이름의 단체는 없었다. 다만 그 이름으로 선언문을 발표하기로 했을 따름이었다. 정부는 3월 말부터 학생운동 지도부를 검거하기 시작해 모두 253명을 잡아들여 군법회의에 송치했고 사형을 위시해 중형을 선고했다. 이 사건에 연루된 청년 장영달은 그 뒤에 한빛 교우가 되었다. 그 시절에 대해서 장영달은 이렇게 회고하였다.

저는 그때 창신동 동신교회 성가대에서 열심히 활동을 했지요. 국민대학교 기독학생회 회장이 되고 나서도 새벽기도를 열심히 봉헌하는 착실한 신도였어요. 회장이 된 뒤에 기독학생회총연맹(KSCF)에 가입해 신앙 훈련을 받았지요. 그때의 신앙 훈련 내용은, 사회정의의 실현이 곧 예수 그리스도의 정신이니, 하나님을 믿고 예수 그리스도의 정신을 따르겠다고 하는 우리도 십자가를 지고서 골고다 언덕을 오르던 예수를 생각하면서 독재정권과 싸워야 한다는 것이었어요. 우리는 정치 운동을 한다는 생각은 전혀 없었고, 오직 예수 그리스도의 사회운동을 한다는 생각뿐이었어요. 예수도 그때 로마 시대에 권력과 맞서 싸우다가 십자가에 못 박혀 돌아가셨잖아요.

대학의 모든 동아리 활동이 감시 속에서 꼼짝할 수 없었지만, 기독학생회는 그나마 종교 동아리여서 명맥을 유지할 수 있었다. 꽁꽁 얼어붙은 겨울공화국에서 기독교는 반정부운동의 피난처이자 방패막이였다. 기독교인들은 운동의 중심에 섰다. 신앙심으로 굳게 무장하고 있었기에 조약돌을 들고 골리앗과 싸우는 다윗처럼 용기를 낼 수 있었다. 그즈음 민청학련 사건으로 감옥에 간 청년 장영달은 서대문구치소에서 충격적인 일을 겪었다.

재판받으러 법정에 들어가던 중 활짝 웃는 장영달.

서대문구치소는 일제 때 지은 건물 그대로예요. 내가 있던 방은 9사 상층 1
방, 유관순 열사가 계셨던 방이라고 들었어요. 마주 보이는 방 36에는 인혁당
어르신이 한 분 계셨어요. 이재형이라고, 경상북도 영천 분이에요. 그때 그는
30대 후반이었지요. 새벽에 이분을 데리고 가면 밤 12시가 넘어서 와요. 내가
불러도 백짓장 펼쳐지듯이 쓰러져요. 불러도 답을 못해요. 그러다가 그 다음
날 새벽에 또 끌려가요. 하루는 조사 안 나가는 날 그쪽에서 나를 불렀어요.
교도관을 피해서 식구통(배식구)을 열어 놓고 얘기하면 간신히 얼굴을 보면서
작은 소리로 통방을 할 수 있거든요. "장 형! 나는 재판 한번 받아 보고 죽으
면 원이 없겠어요. 가족이나 변호사 면회가 일체 없어요. 항문으로 장이 튀어
나온 사람도 있어요. 그러니 우리가 어떻게 살겠어요. 죽일 작정을 하는 것 같
아요. 재판을 받게 되면 가족 얼굴이라도 볼 수 있지 않겠어요. 가족들 얼굴
한번 보고 죽으면 한이 없을 것 같아요. 나는 4·19 때 경북대 학생회장을 해

서 취직도 못하고, 과수원을 하면서 생활이 괜찮았는데 낚시하러 가다가 잡혀 왔어요. 고문당하면서 '인혁당'이라는 말을 처음 들었어요.

　인혁당 사건, 곧 인민혁명당 재건위원회(인혁당 재건위) 사건에 관련된 사람들은 대부분 4·19혁명 때 학생운동 지도자들이었다. 독재정권은 개혁적이고 진보적인 의식을 가진 사람들을 요시찰 인물로 지켜보다가 고문으로 간첩 사건을 만들곤 했다. 민청학련 사건은 비판적인 생각을 가진 학생들을 1천 명 넘게 잡아들여 '빨갱이'로 몰아세움으로써 반정부 세력을 한꺼번에 소탕하려고 한 시도였다. 그러나 학생들을 색깔로 덧칠하는 데는 한계가 있다고 판단한 당국은 민청학련 사건의 배후라는, 얼토당토않은 혐의를 씌워 인혁당 재건위 사건을 조작하였다.[*] 인혁당 재건위 관련자들이 북한의 지령을 받아 민청학련 학생들을 뒤에서 조종하였다고 각본을 짠 것이었다.

　장영달은 열 달 뒤에 형 집행정지로 풀려났다. 그러나 김지하와 함께 민청학련과 인혁당 재건위 사건의 본질에 대해 폭로하고 다니다가 다시 붙들려 갔다. 그는 재수감되어 형기 7년을 꼬박 채우고 나왔다.
　한국기독교교회협의회(KNCC) 인권위원과 한국교회여성연합회 회장으로 어느새 운동의 중심에 서게 된 '작은 거인' 이우정 집사도 이때 민청학련 사건에 연루되어 처음으로 연행되었다. 박형규 목사의 부탁으로 윤보선 전 대통령으로부터 자금을 받아 왔다는 혐의였다. 이우정은 그때의 고난과 두려움을 신앙의 힘으로 거뜬히 이겨 냈다. 그는 말했다.

---

[*] 인혁당 재건위 사건 재판은 완전히 날조된 조서를 가지고 비공개로 일사천리로 진행되었다. 1975년 4월 8일, 대법원은 관련자 중 여덟 명에게 사형을 확정 판결했고, 그 이튿날 새벽에 그들에게 사형을 집행하는 '사법 살인'을 저질렀다.

눈을 감고 '자비하신 하나님! 나는 당신 손 안에 있습니다. 이 사람들이 아무리 권세가 당당해도 당신의 뜻을 꺾지는 못할 것입니다. 나를 당신의 뜻대로 써주십시오.' 하고 기도했더니 마음이 평안해졌습니다 …하여간에 나는 그토록 무서운 가운데서도 기도할 때마다 마치 예수가 내 곁에 계신 것같이 포근하고 넉넉한 마음을 가질 수 있는 기적을 체험했습니다.

이우정은 자그마한 체구에 늘 온화한 웃음을 띠고 있었다. 투사의 이미지와는 전혀 거리가 멀어 보였다. 하나님에 대한 무조건적인 신뢰가 밑바탕이 되었기에 이처럼 "하늘이 노래지고 두 다리가 와들와들 떨리는" 상황에서도 포근하고 넉넉한 마음을 가질 수 있었던 것이다. 한빛교회의 영성은 이처럼 고난의 현장에서 더욱 맑고 깊어졌다.

> 까맣게 속이 타는 빛의 씨알들처럼
> 왜 자꾸만
> 기도가 하늘에서 쏟아질까
> 이 작은 방에

문익환 목사가 한국기독교회관 301호 한국기독교장로회 여신도회 사무실을 떠올리며 쓴 시다. 이우정 집사가 늘 머물던 곳이려니와, 기장 여신도회 임원이던 이종옥 사모, 박용길 집사 또한 문턱이 닳도록 드나들던 곳이었다. 이종옥 사모는 한국기독교장로회 여신도회의 인권위원장으로서 구속자들을 돕는 일에 발 벗고 나섰다. 여신도회의 임원이던 박용길 집사도 힘을 다해 도왔다. 그는 1976년 3·1민주구국선언문 사건 이후 본격적인 운동가가 되었다. 301호 사무실은 민청학련 군법회의 재판이 있던 날부터 구속자 가족의 사랑방이 되었다. 이 여성들은 구속자 가족들이 쏟아 내는 이야기를 열심히 듣고 기록하였고, 그 내용을 선교사들이 번역해 재빠르게 해외에 알렸다. 한빛교회 여성들은 이처럼 교회 밖에서도 어머니의 마음으로 고난을 당하는 이들을 보듬으며 민주화운동을 이끌었다.

민청학련 사건 이후 한국 기독교장로회 여신도회에서는 구속 학생들을 돕기 위한 바자회를 열었다. 이종옥 사모와 박영숙 선생이 바자회를 조직하였는데 유명한 서예가이자 국회의원인 윤재술 선생이 써 준 글씨와 그림, 각종 화분, 식료품 등을 기독교

구속 학생을 돕기 위한 바자회를 진행하고 있는 이종옥 사모. 서예 작가들의 표구와 바이올렛 화분, 도예 작품 등이 눈길을 끈다.

회관 1층을 빙 둘러서 꽉 찰 정도로 많이 준비했다. 바자회로 거액이 모였다. 덕분에 전국 곳곳에 수감된 학생들에게 영치금을 보낼 수 있었다. 부모가 서울에 있는 경우에는 부모를 통해 영치금을 전달하였다. 그러나 부모와 연락이 닿지 않는 학생들에게는 직접 찾아가 영치금을 넣어 주었다면서, 이종옥 사모가 그때의 추억 한 자락을 들려주었다.

그때 가족과 연락이 안 되는 학생들에게는 직접 찾아갔지요. 김관석 목사의 부인인 김옥실 사모님과 둘이 대전 교도소로 내려가던 날이 생각나요. 대전에 가는데 중간쯤에 갑자기 함박눈이 쏟아져서 둘이 소녀같이 좋아했죠. 대전 교도소에 학생들이 많이 수감되어 있었거든요.

이들은 어떻게 서슬 퍼런 독재정권과 맨몸으로 부딪칠 용기를 낼 수

있었을까? 순수한 신앙의 양심만으로 이토록 무거운 십자가를 짊어질 수 있었을까? 기독인으로서 사회운동에 적극적으로 참여하게 된 신학적인 배경이 무엇이었는지 생각해 보게 된다. 아마 직접적으로는 일제강점기에 독립운동에 참여했던 정신과, 한국기독교장로회의 진보적인 신학을 간직한 스승들의 가르침이 작용했을 것이다. 다른 한편으로는, 당시 세계 교회에서는 하나님의 선교 신학이 활발하게 논의되고 있었던 바, 한국기독교장로회의 사회참여 전통과 하나님의 선교 신학이 맞물리며 기독교 사회운동이 커다란 힘을 발휘할 수 있었을 것이다.

하나님의 선교(Missio Dei)란 그리스도가 제도 교회에 오신 것이 아니라 바로 이 세계, 이 역사의 한가운데에 오셨다고 믿는 신학이다. 1960년대 세계교회협의회(WCC)는 하나님의 선교 신학 위에서 교회의 사회참여를 적극적으로 강조하였다. 그전까지는 하나님은 교회 안에 계시기 때문에 사람들을 교회로 초대하여 구원을 얻게 하는 것이 선교라는 생각이 지배적이었다. 그러나 하나님의 선교 신학은 선교를 하는 이가 바로 하나님 자신이며, 그의 구원의 역사는 세상의 모든 것을 포괄한다고 믿는다. 따라서, 교회는 하나님의 도구로서 이 세상을 변화시키는 데 동참해야 한다는 것이다. 1968년 5월에 KNCC 총무로 취임한 김관석 목사는 그의 선교 신학적 기치를 분명하게 하나님의 선교로 정했으며, 그것이 1970년대 KNCC 활동의 신학적 기반이기도 하다고 증언하였다.

하나님의 선교 신학과 더불어 이 무렵의 신학자와 청년들에게 큰 영향을 미친 신학은 남미에서 시작된 해방신학*이었다. 물론 한빛교회의 당회원과 교인들이 모두 이런 진보적인 신학을 받아들이고 공유하였다고 하기에는 무리가 있다. 어찌 보면 한빛 교인들은 불의한 정권 아래 탄압받고 있는 이들의 고통에 동참하는 것이 예수의 제자들인 우리가 지켜야 할 최소한의 도리라고 생각했을 것이다. 그럼에도 불구하고 이러한 신학 사조를 살펴보는 것은 많은 젊은이들이 영향을 받았던 당시의 신학적인 배경을 이해하기 위해서다.

구속자와 함께한
목요기도회

민청학련 사건은 구속자와 함께 드리는 정기 목요기도회를 탄생시켰다. 목요기도회는 초교파적인 목회자들의 기도회로 시작되었다가 민청학련 사건의 구속자 가족들이 참여하면서 활성화되었다. 목요기도회는 언론 통제가 심하던 유신정권 시절에 구속자 가족들과 종교인들이 만나 소식을 나누며 서로를 격려하던 중요한 모임이었다. 이를테면, 목요기도회는 요즘의 인터넷이나 SNS의 역할을 한 셈이었다. 김상근 목사와 함께 목요기도회를 이끌었던 이해동 목사는 이렇게 회고하였다.

민청학련 사건이 터지자, "사람들이 저렇게 감옥에 갇혀 있는데 우리가 아무것도 안 하고 있을 수만은 없지 않느냐? 우리도 그 사람들과 같이 기도를 하자." 했어요. 그래서 본격적으로 모이기 시작했지요. '구속된 동지들과 함께

---

* 해방신학은 오랜 식민 통치와 군사독재로 국민들이 빈곤과 억압에 시달리던 라틴 아메리카의 가톨릭 교회에서 등장하였다. 해방신학은 현학적인 신학 논쟁이 아니라 사회의 구체적인 현실 속에서 신학을 해야 한다고 주장하였다. 해방신학의 핵심 과제는 민초들을 현실의 억압과 종속으로부터 해방시키는 것이었다. 한국 사회도 남미와 유사한 문제를 안고 있었기 때문에 해방신학은 한국에서 큰 공감을 얻었다. 신학생들은 빈민과 노동자들을 만나는 현장에서 해방신학을 공부하였다. 신학자들과 기독교인들은 서구 신학의 한계를 비판하며 제3세계의 '해방신학'을 한국의 현실에 접목시켰다. 이는 탄압 속에서도 굽히지 않고 사회변혁을 위해 헌신할 수 있는 동력이 되었다. 외국에서 들어온 이러한 신학은 민주화운동 과정에서 발효되어 뒷날 민중신학의 태동으로까지 이어지게 된다.

드리는 목요 정기 기도회.' 첫날은 금요일에 모였는데 목사님들이 금요일은 좋지 않다고 하여 목요일로 옮겼습니다…1974년 7월에 시작했을 겁니다.

— 이해동 녹취록, 2005

목요기도회는 자유롭고 생동감 넘치는 모임이었다. 미리 정해진 순서 없이 현장의 소리를 듣고서 기도 제목을 정하여 기도하였다. 목요기도회에 대한 소문은 입에서 입으로 전해져 민청학련 사건의 구속자 가족들이 하나둘씩 참여하기 시작했다. 언론이 통제되던 시절이었던 만큼 이곳에 오면 언론에서는 들을 수 없는 생생한 소식들을 전해 들을 수 있었다. 구속자 가족들은 목요기도회를 통해 위로와 힘을 얻었다. 자식이 빨갱이로 몰려 극형을 받은 상태에서 남몰래 가슴앓이를 해 오던 부모들은 이곳에 와서 비로소 자식들이 올바른 일을 하고 있었다는 것을 알게 되었고 당당해질 수 있었다. 목요기도회는 뒤에 민주화실천가족운동협의회의 모체가 된 구속자가족협의회를 탄생시키기도 하였다. 목요기도회에는 양심적인 기자들도 적극적으로 참여하였다.

목요기도회의 분위기는 매우 독특하고 신비로웠다. 거기에는 가진 자와 못 가진 자, 배운 자와 배우지 못한 자의 간격이 전혀 보이지 않았다. 아니 의식조차 되지 않았다. 더욱이 그리스도교 신자와 비신자의 구별도 없었다. 아픔을 지닌 사람이면 누구나 살갑게 받아 주었고 다정하게 안아 주었다. 우리는 함께 찬송을 불렀고, 하나님의 말씀 앞에서 아멘으로 응답했으며, 하늘에 사무치는 절실한 기도를 올렸다. 격하고 뜨거운 아픔을 느낄 때는 함께 울었으며, 그 아픔을 뚫고 솟아오르는 기쁨에 얼싸안고 춤을 추었다. 목요기도회는 그야말로 성령, 곧 새 술에 취한 사람들의 기도축제였다.

— 이해동 회고록

1975년 4월 10일의 목요기도회는 이해동 목사에게 잊을 수 없는 날이었다. 바로 전날 4월 9일 정부는 대법원의 판결이 난 이튿날 새벽에 인혁당 재건위 관련자 여덟 명을 사형시켰다. 이 소식을 들은 목요기도회 참석자들은 격분하였고, 기독교회관은 "살인정권 물러가라"는 함성으로 떠나갈 듯하였다. 인혁당 재건위 관련자 가족들의 피맺힌 절규는 목요기도회를 온통 울음바다로 만들었다.

이날 이해동 목사가 사회를 보았고, 문동환 목사가 설교를 했으며, 김상근 목사가 성명서를 작성했다. 문동환 목사는 그날의 설교에 대하여 이렇게 말하였다.

그날 나는 누가복음서 18장에 있는 '억울한 과부'의 이야기를 했다. 억울한 과부가 재판관에게 하도 끈질기게 매달리니 재판관이 하는 수 없이 들어주었다는 내용이었다. 그런데 매달려 보기도 전에 죄 없는 이들이 처형되었다니 어처구니가 없었다. 나는 준비한 원고는 제쳐 두었다. "오늘 정말 처형을 받아야 할 자가 누구입니까?" 그러자 누군가가 "대법원장!" 하고 소리를 질렀다. 박형규 목사의 부인 조정하 씨가 벌떡 일어나더니 "박정희!" 하고 소리를 질렀다.

무기징역을 선고받은 전창일의 부인 임인영 씨가 억울한 사연을 폭로하였다. 이날 정부 당국은 눈엣가시인 목요기도회를 중단시키려는 의도에서, 문동환, 김상근, 이해동, 그리고 "박정희!"라고 소리친 조정하, 임인영을 남산에 있는 중앙정보부로 연행하였다. 곧이어 기독교회관 쪽에서 장소를 빌려줄 수 없다고 연락해 왔다. 목요기도회는 어쩔 수 없이 인권위원회 사무실과 구속자 가족들의 집을 떠돌아다니면서 모일 수밖에 없었다. 탄압 속에서도 목요기도회는 한 번도 거르지 않고 이어졌다. 목요기도회는 거의 1년 반 동안 지하에서 유랑하다가 1976년에 3·

1민주구국선언문 사건이 일어나면서부터 모임 장소를 한빛교회로 옮겼다. 그 뒤로 1979년 10월 26일 박정희 대통령이 총탄에 맞아 숨질 때까지 한빛교회에서 '구속된 동지들과 함께 드리는 정의 자유 구현 정기 목요기도회'가 열렸다. 3·1민주구국선언문 사건으로 이해동 목사가 구속되었을 때에는 윤반웅 목사 그룹이 목요기도회를 주관하였다.

얼핏 보면 목요기도회는 한빛교회와 직접적인 관계가 없는 것 같지만, 사실은 매우 밀접하게 연결되어 있었다. 우선 이해동 목사가 목요기도회 때문에 처음 연행되었다. 한빛교회의 여러 교인들이 목요기도회에 참여하였다. 다른 무엇보다도 목요기도회가 극심한 탄압으로 장소를 구할 수 없게 되었을 때 한빛교회가 공간을 제공하였다는 점을 꼽을 수 있다. 기독교회관마저 장소를 빌려줄 수 없을 정도로 정부에게 큰 위협이 되었고 그런 만큼 가혹하게 탄압받던 목요기도회를 한빛교회는 성큼 떠안았다. 그로 인한 어떤 피해도 고스란히 감내하겠다는 의지가 없이는 불가능한 결정이었다. 한빛교회 공동체는 감히 어느 교회도 받아들일 엄두를 내지 못했던 목요기도회를 껴안았다. 그 이름처럼 어두운 세상의 큰 빛으로서 하나님이 주신 공동체의 사명을 감당한 것이다. 한빛교회 역사에서 목요기도회를 꼭 기억해야 하는 이유가 여기에 있다.

동아투위와 한빛교회

한빛교회와 떼려야 뗄 수 없는 또 하나의 사건은 바로 1970년대 중반에 일어났던 동아투위 사건이다. 동아자유언론수호투쟁위원회(이하 '동아투위')는 유신정권의 언론 탄압에 맞서기 위해 동아일보와 동아방송의 기자, 피디, 아나운서 등 언론인 160여 명이 결성한 모임이었다. 1974년 10월 23일, 동아일보는 서울대 농대 학생의 시위를 보도하였다. 이 일로 중앙정보부는 송건호 편집국장을 비롯해 기자 세 명을 연행해 갔다. 기자들은 격분하였고, 이튿날 동아일보 사옥에서 200여 명의 기자들이 '자유언론실천선언'을 발표하였다. 그 선언문은 이렇게 시작하였다.

우리는 오늘날 우리 사회가 처한 미증유의 난국을 극복할 수 있는 길이 언론의 자유로운 활동에 있음을 선언한다. 민주사회를 유지하고 자유국가를 발전시키기 위한 기본적인 사회 기능인 자유언론을 어떠한 구실로도 억압할 수 없으며 어느 누구도 간섭할 수 없는 것임을 선언한다. 우리는 교회와 대학 등 언론계 밖에서 언론의 자유 회복이 주장되고 언론인의 각성이 촉구되고 있는 현실에 대하여 뼈아픈 부끄러움을 느낀다.

이날을 기점으로 언론인들의 시위가 이어졌다. 중앙정보부는 이들을 해고하기 위한 압박 수단으로 12월 20일경부터 동아일보사의 신문, 방송, 잡지에 일체의 광고를 싣지 못하게 하는 광고 탄압을 시작하였다. 정부가 압력을 가하자 기업들은 평소에 신문사에 두고 사용하던 광고 동판을 회수해 가기 시작하였다. 이에 동아일보사 사원들은 자기 월급에서 돈을 갹출하여 빈 광고란에 광고를 내기 시작하였다. 얼마 안 있어 동아일보의 광고란은 독자들의 격려 광고로 채워지기 시작하였다. 독자들의 격려 광고는 좀처럼 꺼질 줄 몰랐다. 이 격려 광고를 통해 동아투위는 한빛교회와 인연을 깊게 맺게 되었다. 김종철 동아투위 위원장의 증언이다.

격려 광고를 시작하면서부터 한빛교회와의 관계가 시작되었지요. 광고 탄압을 하니까 종로 5가의 KNCC에서 도와주기 시작했고, 이해동 목사 부부와 이우정 교수가 앞장서서 격려 광고를 모아 왔어요. 개신교 중에서도 한국기독교장로회가 중심이 되어 동아투위를 많이 도와줬지요. 한국기독교장로회 중에서도 한빛교회가 가장 적극적으로 도와줬어요.

한빛교회 교우들은 교회의 이름으로, 그리고 개인 이름으로 동아일보에 격려 광고를 냈다. 한빛교회와 동아투위와의 인연이 남다를 수밖에 없었던 데에는 또 다른 이유가 있었다. 동아투위의 회원들 가운데 한빛교회 교인이 여럿 있었던 것이다. 조민기는 동아방송 피디였고 그의 아내 홍정선은 안인숙 집사의 딸이었다. 둘은 신혼집을 교회 근처에 얻어서 이해동 목사 부부와 자주 오가며 허물 없이 가깝게 지냈다.

동아일보사는 권력의 탄압에 굴복해 농성 중이던 언론인들을 강제로 해직시켰다. 농성을 하던 기자와 피디, 아나운서들은 1975년 3월 17일 새벽 4시에 회사가 동원한 폭력배들에게 떠밀려 회사 밖으로 쫓겨났다. 이때 이종옥 사모를 비롯하여 조민기의 장모인 안인숙 집사, 안계희 집사 등 한빛교회 여신도들은 농성 중인 동아투위 언론인들을 위하여 전기밥솥 여러 개를 동원해 지은 밥으로 손수 김밥을 말았다. 그 김밥을 이해동 목사 부부가 택시에 싣고 광화문으로 갔다. 지상에 횡단보도가 없던 때였다. 이 목사 부부는 김밥이 가득 들어 있는 라면 상자 두 개를 질질 끌면서 지하도를 건너 동아일보사 지하에서 농성하는 이들에게 전달하였다. 해직 기자들 가운데 몇몇은 오랜 단식 농성으로 탈진하여 혜화동 로터리에 있던 우석대학병원 응급실로 실려 가기도 하였다. 이종옥 사모와 박영숙 선생은 이번에는 녹두죽과 흰죽을 쑤어 큰 들통에 담아 용달차에 싣고 우석대학병원과 종로 5가 기독교회관을 오갔다.

조민기와 홍정선 부부에 이어서, 동아투위 회원인 박종만과 윤수경 부부도 멀리 화곡동에서 미아동까지 찾아와 한빛 가족이 되었다. 윤수경은 한빛교회에 나오게 된 경위를 이렇게 설명하였다.

원래 시어머니가 다니시던 동대문 감리교회에 저희 부부도 다녔지요. 하지만 동아일보에서 쫓겨나자 왠지 그 교회에 다니는 게 불편했어요. 다른 사람들도 우리를 불편해하는 것 같았고요. 그래서 새로운 교회를 찾고 있었는데, 오후 2시에 모이는 갈릴리교회 예배를 드리면서 한빛교회를 알게 되었지요. 갈릴리교회를 몇 달 다니다가 아예 한빛교회 교인이 되었지요. 남편이 감옥에 있을 때 내가 잘 버틸 수 있었던 것은 한빛교회의 힘이 절대적이었어요. 예배 드리러 오면서 받은 위로와 격려는 이루 말할 수 없었지요.

박종만은 1978년 민주인권일지 사건으로 구속되었다. 민주인권일지 사건이란 현역 언론인으로서는 기사를 쓸 수 없던 동아투위 기자들이 뉴스에 보도되지 않는 사건과 시위 기록을 정리하여 연말에 작은 책자로 만들어서 돌린 사건이었다. 박종만은 민주인권일지 사건 재판의 최후 진술에서 이렇게 말했다.

자유언론 실천 선언이 그 삭막한 죽음의 땅에서 솟아난 것은 어쩌면 기적과 같은 것이다. 우리는 부패하고 무기력했으며 무사안일에 빠져 권력의 눈치만 보아 왔던 것이다. 그러던 우리가 자유언론을 실천하기 위해 직장을 잃어 가면서 투쟁을 계속하고 있으며 4년여 동안 거리를 방황하면서도 자유언론을 실천하기 위해 투쟁하고 있다는 사실, 이것도 역시 기적이 아닐 수 없다.

이러한 기적은 참회의 과정에서 일어난 것이다. 나는 기독교 신자다. 그러면서도 지금까지 "회개하라, 그러면 구원을 받는다"는 성경 말씀의 뜻을 잘 몰랐다. 그런데 이번 사건으로 그 뜻을 깨닫게 되었다…우리가 진실로 참회하고 자유언론을 실천함으로써 이 민족, 이 민중이 구원을 받을 수 있다는 확신 때문이다.

직장에서 쫓겨나 거리로 내몰린 동아투위 사람들은 생계를 이어 가기 위해 여러 가지 방편을 찾아야만 했다. 처음 여섯 달 동안은 종로 5가의 KNCC와 가톨릭에서 모금을 해서 월급의 70퍼센트를 지원해 주었지만, 그 뒤엔 남대문시장에 작은 구멍가게를 내기도 하고, 영어 번역을 하기도 하면서 저마다 살 길을 찾아야 했다.

조민기 부부는 조그만 옷가게를 시작하였다. 딸 이름을 따서 '아라네 가게'라고 이름을 붙인 어린이옷 가게였다. 아내는 갓난아기를 돌보면서 가게를 지켰다. 조민기는 가게의 문을 닫고 여는 일, 꼭두새벽에 시장에 나가 물건을 떼 오는 일을 했다. 방송국 피디였던 조민기는 자유분방하면서도 소탈한 성격인데, 어울리지 않게 옷가게를 하려니까 힘들어했다. 나머지 시간은 동아투위 활동을 하느라 쉴 새도 없이 동분서주하였다. 그러다가 그는 결국 병을 얻고 말았다. 과로로 신장에 무리가 온 것이었다. 그런데도 쉬지 못하고 몸을 쓰다가 병이 깊어져 쓰러졌고, 끝내 일어나지 못했다.

서른넷의 젊은 나이에 세상을 떠난 그의 죽음은 동아투위 동지들에게뿐만 아니라 한 울타리에서 지내던 한빛교회 교인들에게도 큰 슬픔이었다. 그의 죽음은 단순히 병으로 인한 죽음이라고만 할 수 없었다. 과로의 심리적이고 육체적인 원인이 박정희 정권의 언론탄압이라는 것은 너무도 명백했다. 조민기 교우는 병사한 것이 아니라 독재 권력에게서 간접 살해를 당했다고 해도 지나친 말은 아니었다. 서울대학병원에

조민기, 홍정선 가족과 3·1민주구국선언문 사건으로 구속되기 직전의 문익환 목사가 교회 마당에서 찍은 사진. 왼쪽부터 홍필선, 딸 아라를 안고 있는 조민기와 홍정선 부부, 문익환 목사, 홍묘선.

서 치른 장례식에는 수많은 사람들이 모여들었다. 이해동 목사가 그의 장례를 집전하였다.

동아투위 2대 위원장으로 활동한 안종필도 잊을 수 없는 한빛 교우다. 그는 1977년 무렵부터 한빛교회에 출석하였다. 그도 박종만과 함께 민주인권일지 사건으로 옥살이를 하였다. 그는 3차 공판의 피의자 진술에서 이렇게 외쳤다. "자유언론이 보장되지 않으면 그 사회는 썩고 미치고 맙니다." 그가 법정과 옥중에서 남긴 말들은 언론인들에게 던지는 짧지만 의미심장한 메시지로 지금까지도 기억되고 있다. 그는 성동구치소에 수감되어 있는 동안, 함께 투옥된 동료들에게 미래의 새 신문은 어떠해야 하는지에 대하여 구체적인 생각을 남겼다.

새 시대가 오면 국민들이 주인이 되는 신문사를 세우는 것이 가장 바람직하다. 그렇게 되면 어느 한 사람이 신문사를 좌지우지하지 못할 테고, 편집권은 독립될 수 있다.

새 시대가 와서 우리들이 언론계에서 다시 일할 수 있게 될 때, 구체적으로 신문은 어떻게 만들고, 경영은 어떻게 해야 할까? 당장은 어렵다 하더라도 언젠가는 가로쓰기에 한글 전용을 해야 하지 않을까? 지금 신문은 너무 식자층 중심으로 제작되고 있는데 민중을 위한 진정한 신문이 되기 위해서는 누구나 쉽게 읽을 수 있게 한글 전용으로 해야 한다.

안종필이 타계한 지 8년 뒤, 1988년 5월에 창간된 한겨레신문은 국민주 공모, 편집권의 독립, 한글 가로쓰기 등등 그가 옥중에서 밑그림을 그렸던, 새 시대의 신문 모습 그대로였다. 동아투위 동지들이 주축이 되어 만든 한겨레신문은, 그러니까, 성동구치소의 차가운 담장 안에서 이미 싹을 틔우고 있었던 것이다. 그런데, 성동구치소 차가운 담장 안에서 안종필은 정작 자신의 몸에는 치명적인 병을 키우고 있었다. 함께 수감 생활을 한 김종철이 말하였다.

이 양반(안종필)이 운동을 하는데 갈수록 힘들어해. 감방 소지가 마사지를 해 주는데 간이 있는 위치를 만지면 무척 아파한다는 거야. 박정희가 죽은 뒤 12월 4일에 감옥에서 나왔는데 유난히 병색이었어. 병원에 갔더니 간암 말기 판정이 나와 버렸어. 감옥 안에는 의무병 같은 애들이 하나 있을 뿐 진료를 받을 수가 없었지. 의지할 데가 하나님밖에 없으니까 한빛교회를 더 열심히 다녔지. 이해동 목사님이 늘 심방을 가셨어. 결국 목사님한테 유언을 남겼지.

안종필 교우는 인품이 훌륭했다. 성품이 온화하고 말수가 적었으며 마음과 생각이 곧아 옳은 일을 위해서는 굽힐 줄 모르는 전형적인 지사형 인물이었다. 겉은 부드럽고 속은 단단하여 자유언론실천 투쟁의 투사이자 훌륭한 지도자였다.

그의 쾌유를 위해 한빛 가족들은 합심하여 하나님께 간절히 기도하였다. 한빛교회 1979년 12월 23일자 교우 소식란에는 "안종필 선생께서 원자력병원 301호실에 입원하셨습니다. 쾌유를 위해 간절히 기도해 주시기 바랍니다."라고 기록되어 있다. 그러나 그는 결국 1980년 2월 29일 한빛 교우와 동지들의 간절한 염원을 뒤로 하고 끝내 숨졌다. 이해동 목사는 그의 장례식에서 "고 안종필 위원장의 죽음은 병사가 아니라 타살이고, 자연사가 아니라 순직입니다."라고 말했다. 이해동 목사는 이 발언 때문에 훗날 중앙정보부의 지하 조사실에서 혹독한 고문을 당할 때 "병사가 아니고 타살이면 도대체 누가 죽였느냐"고 다그침을 당하기도 했다.

동아투위 2대 위원장이던 안종필 교우의 장례식. 1980년 2월 29일.

동아투위 회원 가운데 김인한 선생도 한빛교회에 출석하였다. 그는 동아투위 3대 위원장으로, 그 중 연장자였으며 체격이 좋은 호인이었다. 수유리에 살던 그 역시 한빛교회의 성실한 교인이 되었다. 김인한 선생은 현실 참여와 실천문학을 외치던 김병걸 교수와 함께 늘 교회 맨 뒷자리에 앉았다. 그는 나중에 교열 책임자로서 한겨레신문 창간 작업에 참여했으나, 안타깝게도 창간 한 달을 앞두고 1988년 4월 27일에 세상을 떠났다. 장례는 서울대학병원에서 유원규 목사의 집전으로 진행되었다.

참 언론을 지켜 나가기 위해 투쟁하던 동아투위와 한빛교회와의 관계는 이처럼 끈끈하게 얽혀 있었다. 동아투위의 조민기, 안종필, 박종만, 김인한이 한빛교회 교우로 함께 동고동락하였고, 한빛교회의 이해동 목사는 동아투위 명예회원으로 지금까지도 계속 모임에 참석하고 있다.

춤을 추면서 물위를 걸어가는
갈릴리교회

1976년, 유신정권에 결정적인 타격을 입힌 3·1민주구국선언문 사건이 일어났다. 유신정권은 이 사건을 시작으로 결국 3년 뒤에 몰락하였다. 우리 현대사에 엄청난 파장을 몰고 온 이 사건은 한빛교회에 예기치 못한 시련을 안겨 주었다. 담임목사인 이해동 목사를 비롯하여 문익환 목사, 이우정 집사, 안병무 교수가 모두 이 사건에 연루되어 재판을 받고 옥고를 치렀다. 이 사건 이전까지는 한빛교회가 함께 기도하고 모금하며 연대하는 수준에서 민주화운동에 참여했다면, 이때는 직접 민주화운동의 맨 앞에 섰다. 하나님이 한빛 공동체를 광야의 한복판으로 내보내신 것이었다.

그렇다면 3·1민주구국선언문은 어떻게 만들어졌으며, 한빛교회는 어떻게 그 사건의 중심에 서게 되었을까? 이 물음에 대한 답을 얻기 위해서는 먼저 한빛교회 안의 교회였던 갈릴리교회 이야기부터 살펴보아야 한다.

1975년 5월, 문동환 목사와 안병무 교수는 정치에 참여했다는 이유로 한신대학교에서 해직되었다. 같은 시기에 이문영 교수는 고려대에서, 서남동 목사는 연세대에서, 이우정 교수는 서울여대에서 각각 해직되었다. 문동환 목사는 해직 교수들이 뭉치지 않으면 뿔뿔이 흩어져 홀로 고사해 버릴 것이라고 생각하였다. 어느 날 그는 성서 공동번역 일로 학교를 떠나 있던 문익환 목사와 더불어 해직 교수들을 방학동 그의 집으로 초대했다. 집 뒷산에서 고기를 구워 먹으며 이야기하던 중 문동환 목사가 해직 교수들이 중심이 되어 새로운 교회를 만들자고 제안하였다. 그리하여 그들은 새로운 교회를 통해 민중의 아픔을 함께 나누는 진보적인 신학을 펼쳐 나가기로 하였다. 나치 치하에서 마르틴 니묄러, 디트리히 본회퍼 등이 이끈 고백교회*와 같은 교회를 만들자고 뜻을 모았다. 교회 이름은 '갈릴리교회'로 정하였다. 예수는 요한에게서 세례를 받고 마귀의 시험을 이겨 낸 뒤, 새로운 하나님 나라에 대한 꿈을 가지고 갈릴리로 갔다. 갈릴리는 예수 운동이 일어난, 가난한 민중들이 사는 땅이었다.

갈릴리교회는 1975년 7월 17일 첫 예배를 드렸다. 명동에 있는 홍

---

* 고백교회는 1934년 히틀러에 반대하여 설립한 독일의 개신교 교회다. 오직 예수 그리스도만이 복종의 대상이니 국가가 교회를 통제할 수 없다는 '바르멘 신학선언'으로 히틀러에 대한 불복종을 선언하였다.

사단 대성빌딩에서 해직 교수, 해직 기자, 구속자 가족이 서른 명쯤 모였다. 교회의 당회장은 아무도 선뜻 맡으려고 하지 않아서 한국기독교교회협의회(KNCC) 인권위원장인 한국기독교장로회의 원로 이해영 목사를 모시기로 하였다. 언제 죽음을 맞이할지 모를 정도로 병마에 시달리는 분이어서 독재정권이 함부로 하지는 못할 것이라고 생각하였다. 이해영 목사는 흔쾌히 총대를 맸다. 그날 이해영 목사는 그리스도를 따르는 사람이 지녀야 할 세 가지 자세에 대해 설교하였다. 첫째는 바른 말을 할 준비가 되어 있고, 둘째는 감옥에 갈 준비가 되어 있으며, 셋째는 억울한 누명을 쓰고 십자가를 질 준비가 되어 있어야 한다고 했다. 이해영 목사는 3·1민주구국선언문 사건이 일어난 뒤 얼마 지나지 않아 돌아가셨는데, 민주구국선언문에 자신의 이름을 올리지 않은 것에 대해 몹시 섭섭해하였다.

갈릴리교회가 첫 예배를 드린 다음 주일에 다시 예배 보러 갔을 때, 어이없게도 대성빌딩 셔터는 굳게 닫혀 있었다. 여섯 달 동안 사용하기로 계약했건만 건물주가 당국의 압박을 이기지 못해 일방적으로 계약을 해지한 것이었다. 하는 수 없어 그날은 근처의 한일관에서 점심을 먹으면서 예배를 드렸다. 문동환 목사는 그날 오후에 한빛교회로 찾아갔다. 일요일 오후에 갈릴리교회가 모일 수 있게 장소를 제공해 달라고 이해동 목사에게 부탁하였다. 이해동 목사는 기꺼이 수락하였다. 이해동 목사는 물론 제직회를 열어 갈릴리교회가 들어오는 것에 관하여 교인들과 함께 의논하였다. 그러나 혹시 무슨 일이 생길 경우에 모든 책임을 자신이 지기 위해 혼자 결정을 내린 것으로 입을 맞추었다. 이리하여 한 공간에서 두 교회의 동거가 시작되었다. 갈릴리교회는 1975년 8월부터 한빛교회에서 예배를 드리기 시작하였다.

정권이 교수들을 대학에서 쫓아낸 사건은 역설적이게도 그들이 갈릴리교회를 통하여 더 신명 나게 민주화운동을 할 수 있도록 부추긴 셈이 되었다. 해직 교수들은 이전에는 시간제 반정부 활동가였다면, 이제는 강의할 일이 없으니 전업 운동가가 된 셈이었다. 학장직에서 쫓겨난 뒤에 반정부 활동을 하게 된 김재준 목사처럼 말이다. 해직 교수들이 뜻을 모아 만든 갈릴리교회가 민중신학을 탄생시키고, 3·1민주구국선언문 사건을 도모한 것은 인간의 계획을 넘어선 하나님의 경륜이라고 고백하지 않을 수 없다. 탄압받는 무리들 가운데 하나님이 계셨다.

갈릴리교회는 설교를 이우정, 문익환, 문동환, 서남동, 안병무, 이문영, 이 여섯 사람이 돌아가면서 맡았다. 이들은 주변부에서 짓밟힌 사람들과 더불어 살면서 로마 권력과 기득권 세력에 저항하였던 예수 운동이 오늘날에 지니는 의미를 선포하였다. 서남동의 '한恨의 신학'과 안병무의 '사건의 신학'과 문동환의 '기쁨의 신학' 등은 그 뒤 한국의 독창적인 신학인 '민중신학'의 태동으로 이어졌다. 이 시대에 '하나님이 일으키는 민중 사건'에 대한 성찰의 장이었던 갈릴리교회의 설교 속에서 민중신학은 구체화되고 깊어졌다. 갈릴리교회는 제도화된 기존의 교회 틀에 얽매이지 않고 다양한 형식과 내용을 실험하는 대안 신앙공동체이기도 했다. 설교자들은 이문영을 제외하고는 모두 신학자들이었다. 문동환 목사의 기억에 따르면, 신학을 전공하지 않은 이문영의 자의적인 성서 해석에 대해 성서 신학자인 안병무는 불만을 품었다. 반면에 이우정은 이문영 교수의 색다른 설교에서 오히려 참신함을 느꼈다.

이문영 교수를 빼고는 다 신학을 했으니까 설교의 틀이 잡혀 있었는데, 이문영 교수는 성결교회 장로이기는 하지만 신학을 전공하지 않았으니까 상식적인 설교의 틀을 과감하게 깨고 기발한 설교를 했다. 많은 토론거리와 흥미를 돋워 주는 설교를 해서 그의 설교를 기대하게 되었다.

갈릴리교회 예배 모임은 의자를 둥글게 놓고 설교자가 강단에서 내려서는
것이 특징이다. 위 사진에서 왼쪽부터 서남동 목사, 성찬을 집례하는 문동
환 목사, 그 옆이 이문영 교수와 이해동 목사. 아래 사진은 예배 마지막에
손잡고 노래하는 갈릴리교회 사람들. 오른쪽부터 이우정, 슈나이스 기요
코, 허병섭, 이규상 목사, 김정돈 장로 등이 보인다. (한겨레신문 사진)

이해동 목사는 갈릴리교회 설교자들이 대부분 한신대학교 은사들이었기에 이 모임의 총무 겸 사찰 역할을 담당하였다.

나는 오전에 한빛교회 예배가 끝나면 의자를 정리하여 갈릴리교회 예배를 준비했다. 오후 두시 반이면 갈릴리교회의 예배가 시작되었는데, 이 예배는 여러모로 기존의 예배문화와는 차별되었다. 의자를 둥글게 놓고, 설교자도 강단에서 내려와 말씀을 전하였으며 때로는 설교가 대화의 형식으로 진행되기도 했다. 또 예배의 형식도 자유로웠는데 어느 날은 한때 스님이었던 고은 시인에게 기도를 부탁하기도 했다.

갈릴리교회가 유명해지면서 해외에서 세계교회협의회(WCC) 관계자나 교회 관계 인사들이 우리나라를 방문할 때면 반드시 찾곤 하는 순례 코스가 되다시피 하였다. 이렇게 외국 손님이 방문하면 한빛교회에 출석하던 소혜자 선교사를 비롯해 구애련, 구미혜, 방매륜, 고애신 등의 외국인 선교사들도 한 자리를 차지하고 앉아서 동시통역을 해 주었다.

1970년대만 해도 우리나라에서 만든 운동 가요가 별로 없었다. 그래서 시위를 할 때면 흑인 영가나 외국의 운동가를 부르곤 했다. 갈릴리교회 예배에서 즐겨 부른 노래는 "오 자유!(Oh Freedom!)"라는 흑인 영가였다. 이 노래를 "박정희는 물러가라"라고 개사해서 부르다가는 누군가 흥에 겨워 일어나 어깨춤을 추기 시작하면 모두 따라 일어나 예배가 갑자기 춤판으로 바뀌는 진풍경이 벌어지곤 했다. 1950년대 미국의 대표 흑인인권운동 가요인 "우리 승리하리라(We Shall Overcome)" 역시 예배에서나 시위 현장에서 빠지지 않았다. 찬송가로는 "어느 민족 누구에게나"가 단연 1위를 차지했다.

어느 날 호주에서 온 목사가 갈릴리교회에서 설교를 했다. 그는 예수가 물위를 걷는 기적을 본문으로 선택했다. 그는 갈릴리교회가 마치 예수가 춤을 추면서 물 위를 걸어가는 교회 같다고 하였다. 정권과 위험천만한 싸움을 하면서도 춤을 추듯 신명 나게 놀며 기적을 일으키고 있는 갈릴리교회에 대한 절묘한 표현이 아닐 수 없다.

갈릴리교회에서 행해지는 설교는 당대에 가장 뜻 깊은 설교였다. 이해동 목사는 설교를 꼬박꼬박 녹음하여 보관해 두었는데 애석하게도 라면 상자로 한 상자 가득하던 그 녹음테이프들을 잃어버리고 말았다. 독일로 가면서 한국신학연구소에 넘겨주고 갔는데 없어져 버린 것이다.

갈릴리교회가 모이기 시작한 지 8개월 만에 역사적인 3·1민주구국선언문 사건이 일어났다. 이 사건으로 이우정을 제외한 갈릴리교회의 설교자들이 다 수감되었다. 이때부터 갈릴리교회는 박용길 장로와 이종옥 사모를 비롯한 여성들이 이끌어 갔다. 두 사람은 이해동 목사가 해 오던 사찰 역할뿐 아니라 설교자 섭외, 예배 진행, 기도, 말씀을 읽는 역할까지 맡았다. 이 시기에는 설교보다는 감옥에 갇힌 구속자들의 부인과 어머니들이 모여 서로 돌아가면서 근황을 나누고 찬송하고 기도하는 것이 중심이 되었다. 설교는 윤반웅 목사 그룹이 돌아가면서 맡아 주었다. 윤반웅 목사를 비롯해 함경도 출신 원로인 김선주, 유운필, 전학석 한국기독교장로회 목사와 이두수 대한예수교장로회 목사, 이 다섯 분이 돌아가면서 말씀을 증언해 주었다. 그리고 공덕귀(윤보선 부인), 김한림(김윤 어머니), 김옥실(김관석 부인), 조정하(박형규 부인), 이종옥, 박용길이 살림살이를 함께 돌보았다. 갈릴리교회의 주일 헌금과 외국에서 방문한 손님의 헌금을 모아 감옥에 있는 이들에게 적으나마 영치금을 넣어줄 수 있었다. 주보는 주로 박용길이 만들었다. 문익환 목사가 석방되어 나와 있을 때에는 부부가 번갈아 가며 손글씨로 정성스럽

남편들이 투옥된 후 부인들이 갈릴리교회를 이끌었다. (한겨레신문 사진)

게 주보를 만들었다. 주보의 '고난의 현장 보고' 난에는 옥살이를 하는 이들의 소식이 빼곡히 실려 있었다.* 3·1민주구국선언문 사건으로 갈릴리교회가 유명해지자 다른 사건으로 수감 중인 이들의 가족도 알음알음으로 찾아오기 시작했다. 감옥에 갇혀 있는 학생, 노동자의 가족들이 주일이면 한빛교회로 모여들어 서로 사정을 이야기하고 같이 기도하며 위로를 얻었다.

---

* 박용길 장로는 갈릴리교회와 함께한 이들을 기록해 두었다: 설교를 맡아 해 준 분들은 고영근, 김상근, 김성재, 나핵집, 문재린, 문익환, 문동환, 박형규, 배태진, 서남동, 안병무, 유운필, 유원규, 이두수, 이해동, 이해영, 전학석, 정진철, 허병섭 목사, 그리고 이문영 교수, 이재정 신부, 이우정 교수 등이 있었다. 그리고 감옥에 갇혔던 학생, 노동자를 비롯해 많은 이들이 갈릴리교회에 다녀갔는데, 박용길 장로가 기억에 의존해 적은 이름만도 300여 명이 넘으며 그보다 더 많은 이들이 다녀갔을 것이다. 그 중에는 강만길, 계훈제, 고은, 권영근, 김근태, 김남주, 김대중, 김상현, 김병곤, 김영삼, 김진숙, 김종철, 김현장, 김희선, 노재열, 문국주, 문정현, 문규현, 민병두, 박계동, 박석률, 박성준, 박순경, 박종률, 백기완, 서승, 서준식, 설훈, 성내운, 송기원, 신관용, 신영복도 있었다.

손글씨로 쓴 갈릴리교회 주보. 왼쪽은 문익환 목사가 쓴 1983년 부활주일예배 주보, 오른쪽은 박용길 장로가 쓴 1984년 1월 8일 주보. 부활절 아침에 쓴 시로 명상을 여는 등 예배 형식이 자유로웠음을 볼 수 있다. 소식란은 양심수들의 소식이 빼곡하다.

갈릴리교회는 처음에는 해직 교수들이 함께 교회를 시작했지만, 1983년부터는 문익환 목사가 담임목사가 되었다. 문익환 목사가 감옥에 수감되었을 때에는 정진철, 문재린, 박형규, 이해동 목사 등 여러 목사들이 돌아가며 설교를 하였다. 문익환 목사는 그 뒤로도 감옥에 계속 들락날락하였고, 따라서 박용길 장로가 실질적으로 갈릴리교회를 책임지게 되었다. 헌금으로 들어온 돈은 모두 매주 친교를 위한 다과비나 수감자를 위한 영치금으로 써서 교회에 남아 있는 돈이라고는 없었다. 한빛교회에 유원규 목사가 부임한 1984년 이후로는 그가 설교도 하고 주보도 만드는 등 큰 도움을 주었다.

갈릴리교회의 담임목사직을 맡은 문익환 목사가 자꾸 감옥에 가는 바람에 1980년대 중반부터는 교회를 이어 가기가 점점 더 어려워졌다. 1979년 11월, 84명을 구속한 유신 말기의 악명 높은 공안 사건인 남조선민족해방전선준비위원회(이하 '남민전') 사건 관련자 가족들도 갈릴리교회에 나왔다. 민주화운동 진영에서조차 이들은 공산주의자라고 생각해 거리를 두던 터였다. 그러나 문익환 목사는 무조건 남민전 가족들을 도와야 한다며 이돈명 변호사를 찾아가 변호해 줄 것을 호소하였다. 어디를 가도 빨갱이라고 손가락질 당하던 남민전 관련자 가족들을 갈릴리교회가 품어 준 것이다. 이 사건 관련자의 마지막 구속자였던 김남주 시인이 1988년 12월에 석방되었다. 이즈음 대부분의 시국 관련 구속자들이 석방되면서 갈릴리교회에 참석하는 이들도 많이 줄어들었다.

1989년 1월부터는 갈릴리교회 예배를 한 달에 한 번씩 갖기로 결정하였다. 그러다가 1990년 4월 1일 예배를 끝으로 모임을 중단하기로 하였다. 남민전 사건으로 구속되었던 이들이 모두 석방된 것이 직접적인 계기였다. 갈릴리교회 모임은 15년 동안 감옥에 있는 이들을 위해 정성을 다해 온 노고를 자축하고, 그동안 죽음의 골짜기에서 지켜 주신 하나님의 은혜에 감사를 드리고서 문을 닫았다. 공교로운 것은 이때가 문익환 목사가 방북 후 옥중에서 건강이 크게 악화된 즈음이었다. 따라서 박용길 장로는 문익환 목사의 옥바라지에 집중해야 할 상황이기도 했다.

박용길 장로는 갇힌 자를 위로하고 보듬어 주는 교회로 십몇 년 동안 자리를 지켜 온 갈릴리교회가 흔적도 없이 역사 저편으로 사라지는 것을 매우 아쉬워했다. 갈릴리교회의 설교집은 영문과 일본어로는 출판되었으나, 아쉽게도 한글 판은 출판되지 못했다. 꼬박꼬박 녹음해서 모아 둔 테이프가 없어졌기 때문이었다. 박용길 장로가 소중하게 간직해 온 주보가 치열했던 시절의 유일한 기록으로 남아 있을 뿐이다.

한빛교회는 갈릴리교회 때문에 늘 당국의 감시를 받았고, 이로 인해 이웃으로부터도 외면을 당하였다. 교회로서는 커다란 희생을 감수해야 했지만 한빛교회 교인들은 핍박받는 이들을 너른 품으로 받아들였다. 한빛 공동체는 개 교회의 부흥에 타격을 받으면서도 진리의 편에 굳건하게 섰다. 개 교회의 발전을 생각하기보다는 하나님의 뜻에 따르는 것이 교회의 참모습이라고 믿었기 때문이었다. 갈릴리교회를 다니다가 자연스럽게 한빛교회 교인이 된 이들도 있었다. 동아투위 사건으로 옥고를 치르던 박종만의 아내 윤수경, 간첩 조작 사건으로 억울한 옥살이를 하던 차풍길의 아내 박명자, YH 사건의 권순갑, 김병걸 교수, 양관수 학생 등이 그들이다.

갈릴리교회를 통해 하나님이 이루신 또 하나의 열매는 민중신학의 태동이었다.[*] 갈릴리교회의 주축이자 3·1민주구국선언문 사건으로 옥살이를 하고 나온 이들은 민중신학을 함께 창조하였다. 민중신학은 갈릴리교회의 자유롭고 실험적인 분위기에서 싹을 틔울 수 있었다. 한빛의 교인들은 갈릴리교회를 품어 민중신학이 발아될 수 있도록 도왔다. 한빛교회는 한국의 현실에서 태동한 독창적인 민중신학의 모판인 셈이었다.

3·1민주구국선언문 사건

3·1민주구국선언문 사건은 1976년 3·1절을 맞아 명동성당에서 가톨릭과 개신교가 함께 기도회를 하고 성명서를 발표한 사건이었다. 일제 강점기 때 온 국민이 떨쳐 일어나 만세 운동을 한 3·1절의 쉰일곱 돌이기도 했다.

이 사건은 1975년 8월 17일에 일어난 장준하의 의문의 죽음으로부터 시작되었다고 할 수 있다. 문익환 목사와 동지들은 주일이던 그날 갈릴리교회 모임에서 그 소식을 들었다. 그들은 곧바로 포천 약사봉으로 달려갔다. 문동환은 장준하와 1943년 일본 신학교 유학 시절부터 알고 지내던 벗이었다. 문익환은 동생 문동환을 통해 알게 된 장준하

---

* 민중신학은 1970년대 인권운동과 민주화운동 과정에서 탄생했다. 지식인들은 노동자 전태일의 죽음을 통해 잊고 있던 '민중'의 의미를 재발견하였으며, 수감 생활을 통해 사회 밑바닥 계층과 직접 대면함으로써 '민중'에 대한 신뢰를 재확인하였다. 당시 군사독재의 혹독한 정치적 억압과 급속한 산업화 정책으로 민중의 생존권과 인권이 크게 위협받았다. 이러한 상황에서 기독인들이 민중의 현실에 눈을 뜨고 민중과 연대하여 투쟁하는 과정에서 자신들의 경험을 신학적으로 성찰하여 내놓은 것이 민중신학이었다. 서남동 교수는 민중을 신학의 중심 주제로 삼을 것을 주장하면서, 민중신학의 과제를 기독교의 민중 전통과 한민족의 민중 전통의 합류에서 찾았다. 민중신학을 신학적으로 심화시킨 안병무는 민중과 민족의 차이를 강조하였다. 민중은 민족보다 더 근원적인 존재로 민족의 실체이며, 지배계급은 민족의 이름으로 민중을 수탈해 왔고 이에 대항한 민중운동이 끊임없이 이어져 왔다는 것이다. 그는 홍경래 사건, 동학혁명, 3·1운동, 4·19혁명을 민중운동의 전형으로 들면서, 마가복음의 '오클로스'(무리, 민중) 개념을 재조명함으로써 민중을 예수 사건의 중심에 놓았다. 서구 신학이 놓친 오클로스를 예수 사건 이해의 중심에 둔 것이다. 곧, 민중이 예수와 열두 제자의 주변부가 아니라 예수 사건의 주역이며, 민중 사건은 하나님이 벌이는 선교라는 것이다. 안병무의 이러한 주장은 세계 신학계에서 주목을 받았다.

와 복음동지회 모임에서 가깝게 지내던 사이였다. 주검을 본 동지들은 박정희 정권에 의한 타살이라는 것을 직감하였다. 장준하는 김대중과 함께 박정희가 가장 두려워하던 인물이었다.

문익환 목사가 장례위원장을 맡고, 김수환 추기경이 장례식 집전을 맡았다. 장례식을 마친 후 문익환 목사는 장준하의 영정 사진을 집으로 가져와 책상 위에 두고는 사진 속의 장준하를 거울로 삼았다.

유신 시절은 1919년 일제가 지배하던 시절을 떠올릴 만큼 암울했다.

"장형, 자네가 있다면 세상이 이렇게 어둡지만은 않을 텐데…."

1976년 초 어느 날, 문익환 목사는 사진 속의 장준하를 보며 무심히 말을 건넸다. 그러자 장준하가 대답했다.

"자네는 왜 못해?"

화들짝 놀란 문 목사는 "그래, 나는 왜 못해!"라고 중얼거리며 마치 신들린 사람처럼 '민주구국선언문'의 초안을 쓰기 시작했다.

오늘로 3·1절 쉰일곱 돌을 맞으면서 1919년 3월 1일 전 세계에 울려 퍼지던 민족의 함성, 자주독립을 부르짖던 그 아우성이 쟁쟁히 울려 와서 이대로 앉아 있는 것은 구국 선열들의 피를 땅에 묻어 버리는 죄가 되는 것 같아 우리의 뜻을 모아 민주구국선언을 국내외에 선포하고자 한다.

이심전심으로 3·1절을 앞두고 김대중도 성명서를 준비하고 있었다. 김대중과 내용을 조율한 성명서에 윤보선 전 대통령을 비롯하여, 김대중, 함석헌, 정일형, 이태영, 서남동, 윤반웅, 문동환, 안병무, 이문영, 이우정이 서명하였다. 함세웅, 김승훈, 신현봉, 문정현 등은 구국선언문에 참여하고 싶었으나 주교의 승낙을 받아야 하는 천주교 규율 때문에 서명에는 참여하지 못했다. 정작 선언문의 초안을 작성한 문익환의 이름은 성서 번역을 마치기 위해 빼기로 하였다. 이들은 갈릴리교회에서 선언문을 함께 작성한 것으로 입을 맞추고 문익환을 숨기기로 하였다. 문익환은 구약성서 번역이 완성되면 그 나름대로 민주화운동에 동참하기로 하였다.

문익환의 큰아들 문호근(한빛 교우)이 행사 당일 배포할 선언문을 타자하였다. 이해동과 문익환 목사는 한빛교회에서 선언문 30부를 등사하였다. 박용길 집사는 낭독자가 펼쳐 들고 읽을 수 있도록 두루마리 종이에 붓글씨로 정성스럽게 선언문을 옮겨 썼다. 배포할 선언문은 여성이 가지고 있는 것이 안전하다고 해서 이우정이 들고 갔다. 이렇게 해서 한빛교회 담임목사와 교인들이 거사를 위한 모든 실무를 준비하였다. 뒤에 이해동 목사는 한빛교회 등사판을 사용하게 했다는 죄목으로 구속되었다. 그는 자신이 구속된 진짜 이유는 목요기도회의 주동자이기 때문이라고 추정했다.

3월 1일 6시, 명동성당에서는 20여 명의 사제가 공동으로 집전하는 미사가 거행되었다. 700여 명의 가톨릭 신자와 수십 명의 개신교 신자가 참석하였다. 미사에 이어 신·구교 합동 기도회가 열렸다. 문동환 목사가 설교를 했고, 문정현 신부가 김지하 시인의 구명을 호소하는 어머니의 편지를 낭독하였다.

문동환 목사는 설교에서 힘주어 말하였다. "이스라엘 백성을 이집트에서 데리고 나온 모세는 가나안으로 들어가기 전에 민족의 지도권을 여호수아에게 넘겨주었다. 그랬기 때문에 가장 위대한 예언자라고 찬양을 받았다. 그러므로 박정희도 이 시점에서 물러선다면 한국 역사에서 높이 평가받는 인물이 될 것이다." 박정희에게 그의 앞날을 위해 권좌에서 용퇴하라고 충고한 것이었다. 설교를 하는 문 목사도, 청중도 상당히 흥분해 분위기가 한껏 고양되었다.

뒤이어 이우정 교수가 또랑또랑한 목소리로 "민주구국선언서"를 낭독하였다. 청중들은 놀라움을 감추지 못했다. 이 모임을 김지하 석방을 위한 기도회라고만 생각했지, '긴급조치 9호'를 비판하는 성명서를 발표하는 자리인 줄은 전혀 몰랐던 것이다. 애초에 선언문을 읽기로 한 것은 윤반웅 목사였는데, 그날 오전에 전남 강진교회에서 과격한 말을 해서 연행되고 말았다. 문동환 목사가 이우정 교수에게 성명서를 대신 낭독해 줄 것을 부탁하였다. "긴급조치 9호에 의하면 불온한 유인물을 제작, 반포하는 자는 처벌하게 되어 있었다. 따라서 이런 선언문을 읽으면 반포 죄에 걸려 어김없이 연행되게 되어 있었다. 나는 좀 망설였지만 별 수 없었다." 체구 작은 여성의 몸으로 어쩌면 이토록 대담할 수 있었을까?

그날 밤 방학동 집에 경찰이 들이닥쳤을 때에도 이우정은 기지를 발휘해 친구 구미혜 선교사에게 전화를 걸어 자신의 연행 사실을 알렸다. 구미혜 선교사는 이우정에게서 부탁받은 대로 뉴욕의 미국교회여성연합회 총무 도로시 와그너에게 전화를 걸었다. 〈뉴욕 타임즈〉 3월 1일자에 3·1민주구국선언문 사건과 이우정의 체포 소식이 실렸다. 한국중앙정보부는 3월 2일 새벽부터 국제단체들로부터 항의 전화를 받았다. 중앙정보부는 물론 민주 인사들도 도대체 어떻게 이 소식이 〈뉴욕 타임즈〉에게 이렇게 빨리 전해졌는지 의아해했다.

민주구국선언문은 다음과 같은 세 가지 주장이 골간을 이루었다.

첫째, 민주주의는 대한민국의 국시이다. 국민의 자유를 억압하는 긴급조치를 철폐하고 의회정치의 회복과 사법권의 독립을 이루어야 한다.

둘째, 경제입국의 구상과 자세는 근본적으로 재검토되어야 한다.

셋째, 민족 통일은 오늘 이 겨레가 짊어질 지상의 과업이다. 민족 통일의 첩

경은 국민의 민주 역량을 기르는 일이며 겨레를 위한 최선의 제도와 정책은 국민에게서 나와야 한다.

문익환 목사의 주도로 이루어진 3·1민주구국선언문은 김대중, 윤보선 같은 정치인과 함석헌을 비롯한 신·구교 종교인들이 동참함으로써 그 파장이 국내외로 번져 나갔다. 관련 피고인 모두가 독실한 기독인이었다. 개신교 목사 여섯 명, 가톨릭 신부 다섯 명, 개신교 장로 두 명, 신학교 교수 한 명을 포함해 모두가 기독인이었다. 이 사건은 개신교와 가톨릭이 함께한 사건이었다는 의미와 더불어 김대중과 재야인사들의 유대를 밀접하게 만들어 주었다는 점에서도 뜻 깊은 사건이었다.

5월 4일부터 재판이 시작되었고, 영성과 지성을 겸비한 당대의 지사들이 한꺼번에 재판받는 이 법정은 민주주의 가치를 논리 정연하게 짚는 그들 피고인들의 해박함과 빼어난 언변으로 '민주주의의 교실'이라고 일컬어졌다.*

남편들이 재판받고 있는 동안 아내들은 법원 밖에서 싸웠다. 재판 과정을 통제하기 위해 법정에는 기관원들과 가족들만 출입하게 하였고, 한 가족에게 방청권을 다섯 장씩만 주었다. 가족들은 공개재판을 요구하였다. 이종옥, 문혜림 사모가 주동이 되어 시민들이 보는 앞에서 방청권을 불태웠다. 부인들은 통제된 재판에 들어가느니 거리에서 시위를 하며 적극적으로 홍보하는 것이 더 중요하다고 판단하였다. 부인들은 기발하고 재치 있는 아이디어를 내어 재판이 열리는 날마다 기습

---

* 12월 29일 항소심 재판에서 재판부는 윤보선, 김대중, 함석헌, 문익환에게 징역 5년 자격정지 5년, 정일형, 이태영, 이우정, 이문영, 문동환, 함세웅, 문정현, 윤반웅에게 징역 3년 자격정지 3년을, 서남동에게 징역 2년 6개월을, 이해동, 안병무, 김승훈에게 징역 2년 자격정지 2년 집행유예 3년을, 장덕필에게 징역 1년 자격 정지 1년 집행유예 2년을 각각 선고했다.

Mrs. Kim Dae Jung (left) and other wives and relatives of Korean political prisoners hold an Easter sunrise prayer meeting just outside Seoul Prison Sunday. (AP)

Wives of Park Foes Pray at Prison

SEOUL (AP) — While an estimated 300,000 Korean Christians gathered in Seoul's Yoido Plaza Sunday for predawn Easter services, a dozen women held a prayer meeting outside Seoul prison for political prisoners.

Led by Mrs. Kim Dae Jung, wife of the former opposition presidential candidate, the group sang hymns and offered prayers for their husbands and relatives detained for political reasons.

They gathered on a hillside backstreet overlooking the prison building before sunrise and conducted the prayer meeting for more than 30 minutes before a group of policemen came to disperse them.

The group also included Mrs. Yun Po Sun, wife of the only living former Korean president, Miss Lee Woo Chung, president of Korean Church Women United, and Mrs. Stephen Moon, American wife of the former theological college professor. After the meeting, police took in Mrs. Kim Dae Jung and two other women for questioning, but released them about one hour later.

Police also attempted to confiscate film from cameras of a few foreign media representatives but the newsmen refused to give in.

Kim Dae Jung and 10 other prominent citizens, mostly Protestant clergymen and Roman Catholic priests, were arrested last month after they issued an antigovernment statement urging President Park Chung Hee to resign.

위 사진은 3·1민주구국선언문 사건 재판이 열리던 날, 부인들이 보라색 한복을 맞춰 입고 "공개재판"을 요구하는 부채를 들고 덕수궁 대한문 앞에서 시위하고 있다. 왼쪽부터 이희호, 박용길, 김석중(이문영의 부인), 이종옥, 고귀손(윤반웅의 부인), 박영숙(안병무의 부인). 아래 사진은 1976년 부활주일 새벽, 민주구국선언문 사건 주역들이 구속되어 있는 서대문 구치소 담장 바깥에서 구속자 부인들이 찬송하며 시위하는 사진과 함께 그 사건을 다룬 국내의 영자 신문 기사.

시위를 했다. 입에 검은 테이프를 십자가 모양으로 붙이고 침묵시위를 벌이기도 하고, 고난을 상징하는 보라색 한복을 맞춰 입고 걸어가다가 갑자기 "민주주의 만세,""민주 회복"이라고 쓴 양산이나 "공개재판"이라고 적은 부채를 펼쳐 들기도 했다. 소품을 사용할 때마다 기관원들에게 뺏기자 한번은 보라색 원피스에 큰 십자가를 꿰매 달고는 입고 있던 겉옷을 벗는 퍼포먼스를 벌이기도 했다.

이렇게 부인들이 시위할 때마다 번번이 당황한 경찰은 부인들을 경찰차에 태워 서울 외곽의 한적한 장소에 내려놓곤 하였다. 어느덧 보라색은 3·1민주구국선언문의 상징 색이 되었다. 박용길은 심지어 집 대문을 보라색으로 칠하기도 했다. 부인들 가운데 서른여섯 살로 가장 나이가 젊은 이종옥 사모는 양산, 한복을 비롯한 온갖 소품들을 동대문시장에서 사오는 일을 도맡았다.

부인들은 이미 한빛교회, 갈릴리교회와 한국기독교장로회 여신도회를 통해 서로를 잘 알고 있었으며 동아투위 등 여러 투쟁의 과정을 함께한 경험이 있는 터였다. 남편들이 재판정과 옥중에서 싸움을 이어 가는 동안, 부인들은 넋을 놓고 슬퍼하는 대신 적극적으로 나서서 거리에서 싸웠다. 이 사건을 국내외에 널리 알림은 물론, 다양한 방법으로 시위를 벌였다. 갈릴리교회에서의 신명 넘치는 축제와도 같은 예배 분위기는 시위 현장에서도 그대로 이어졌다. 부인들이 모이는 곳에서는 노래와 웃음이 그치지 않았다. 박용길과 이종옥, 이문영의 아내인 김석중은 그들 중에서도 맹활약을 펼친 삼총사였다. 미군부대에서 사회사업가로 일하던 문혜림은 미군부대 우체국을 통해 안전하고 신속하게 한국의 소식을 해외로 알리고 또 해외로부터 소식과 지원금, 물품을 전달받는 소식통 역할을 하였다. 1976년 초에 한빛교회 교인으로 등록한 뒤로 늘 함께해 온 소혜자 선교사도 투쟁의 현장에서 지원을 아끼지

않으며 함께하였다. 그는 안병무 교수의 신학연구소에서 일했는데 설교
를 할 만큼 한국어가 능숙하였다. 이해동 목사는 그를 변함없는 한결
같은 사람이라고 기억한다.

1976년 부활절에 소혜자 선교사가 독일 선교부에 보낸 보고서가 이 무
렵의 한빛교회와 갈릴리교회 모습을 생생하고 구체적으로 증언하고 있다.

갈릴리교회는 여전히 수유리의 한빛교회에서 매주 일요일 2시 30분에 모입
니다. 수감된 교수와 목사님들이 빠지고 비밀경찰(KCIA)의 탄압으로 인해 갈
릴리교회 참가자들의 수는 소수로 줄어들었습니다. 3월 1일 이후 교회 밖의 정
보원들의 수가 교회 안에 모인 이들의 수와 비슷할 정도였습니다. 저는 경찰의
숫자를 열 명까지 세어 보았습니다. 하지만 교회 주변의 작은 골목에 몇 명이
더 숨어 있는지는 모릅니다.…수감자들의 부인들에게는 '갈릴리'가 하나님의
말씀을 함께 듣고, 함께 이야기하고, 서로 격려하면서 견디기 힘든 상황에 대
항하고 새로운 힘을 얻는 아성입니다. 이 여성들의 용기는 대단합니다. 남편들
의 역할을 이어받은 이들은 끊임없는 감시와 적대 행위로 고통받고 있습니다.
대부분은 각각 두 명의 경찰로부터 감시를 받고 있으며, 아주 상세히 보고하지
않고는 아무 일도 할 수 없습니다. 그들은 아이들의 미래가 걱정스럽고, 재정적
으로 어렵고, 무엇보다 남편의 운명에 대해 매우 불안해하지만, 대단한 용기와
확신을 갖고 있습니다. 구속된 지 두 달이 넘었지만 아직도 남편들을 면회하지
못하고 있습니다. 독방에 수감된 구속자들이 어떻게 지내는지, 언제 재판이 진
행될지, 어떤 방식으로 재판이 치러질지 아무도 모릅니다. 판사와 검사들은 양
심에 저촉되더라도 당국의 압력에 굴복하는 정부의 도구들입니다.

부활절 전날 밤 사순절 예배 후 구속자들의 부인들은 조건부로 석방된 피
고들과 함께 형무소 담장 밖으로 가서 구속자들이 부활한 예수의 소식을 들

기를 기대하면서 부활절 합창을 불렀습니다. 형무소 본부는 즉시 경찰에 이 사실을 알렸고, 경찰은 곧바로 세 명의 여성, 김대중 씨의 부인, 안병무 교수의 부인 그리고 이문영 교수의 부인을 연행했습니다. 그들을 연행한 경찰관들이 저희가 연행한 사람이 누구인지 알고는 소스라치게 놀라는 것을 보고, 작은 승리를 체험했습니다. 다행히도 그들은 곧 풀려났습니다.

제가 연초부터 교인이 된 한빛교회는 갈릴리교회에 '공간'을 기꺼이 제공함으로써 많은 고통을 경험해야 했습니다. 모든 교인들은 매주 일요일 혹은 어떤 회합이 있거나 예배가 있을 때마다 KCIA로부터 감시를 받습니다. 많은 교인들이 매우 강한 탄압을 받아서 교회를 떠나야만 합니다. 담임목사가 구속된 후 젊은 목사 부인은 경찰들이 교회를 폐쇄하거나 전체 방문자들에게 입장을 막지 못하도록 소리를 지르기도 하고 몸으로도 맞서 그들과 싸워야 합니다. 비밀경찰들은 교회와 교인들 그리고 목사관을 지속적으로 감시하려고 작은 한빛교회 건너편에 있는 집까지 세를 내어 사용하고 있습니다.

3·1민주구국선언문 사건 이후로 교회 주변에 경찰들이 진을 치고서 들어가고 나가는 사람들을 감시하였다. 교회 입구에서 대각선으로 맞은편에 있는 2층짜리 여관 건물 위에서 형사들이 카메라를 들고 사진을 찍어 댔다. 예배 시간에는 경찰이 들어와 내용을 녹음하고 기록하였다. 심지어 교회 주변에 살고 있던 형사는 자신의 어린 자녀를 어린이부에 보내 매주 주보를 챙겨 오도록 하였다. 그 아이의 고백으로 화단에 녹음기가 숨겨져 있는 것이 발견되기도 하였다. 교인들은 개인적인 피해를 감수할 신앙의 결단을 내려야만 했다. 교인으로 알고 지내던

---

* 이 보고서 내용을 한운석 집사가 찾아 내 번역해서 보내 주었다. 소혜자 선교사는 1985년 4월 15일 한국 생활 10년 만에 독일로 돌아갔다.

이들이 나중에 알고 보니 경찰 끄나풀인 경우도 있었다. 대다수의 한 빛 교인들은 초대교회 교인들이 로마교회로부터 받았던 핍박을 묵묵 히 견딘 것처럼 순교자의 심정으로 교회를 지켰다. 몇몇 사람은 견디지 못하고 교회를 떠났다.

소혜자 선교사는 한빛교회사를 위해 당시의 한빛교회 사정을 돌아 보는 글을 써 주었다. 그 글의 일부를 여기에 옮긴다.

한국도 독일처럼 불행히도 분단국가였다. 게다가 여러 사건들이 독일 교인 들로 하여금 끔찍했던 나치 독재 시대를 떠올리게 하였다. 그런 점 때문에 독 일의 교인들은 온 힘을 다하여 연대하고 행동하려 했으며 깊은 공감을 표현했 다. 그래서 독일에서 한빛교회를 위해 모금하는 것은 어렵지 않은 일이었고, 당 시 한빛교회에 긴급히 필요하던, 목사관과 교육관을 위한 성금을 보낼 수 있 었던 것이다. 그 성금은 큰 어려움을 겪고 있던 한빛교회에 큰 도움이 되었다.

소혜자 선교사는 EMS독일서남지역선교협의회와 한빛교회를 연결시 켜 주는 중요한 다리 역할을 하였다. EMS독일서남지역선교협의회에 보 내는 자세한 활동 보고서에서 그는 한국의 정치 상황과 그 속에서 저 항하는 한국 교회의 어려운 형편을 전하면서, 신앙적으로뿐만 아니라 재정적으로도 독재에 맞서 싸우는 한국의 교회들과 연대해 줄 것을 호 소하였다. 그는 안병무 교수의 한국신학연구소, 한국기독교장로회 여신 도회 일을 주로 도왔다. 1978년부터는 안병무 교수의 오랜 숙원 사업 이었던 디아코니아 자매회를 세우는 데 핵심적인 역할을 하였다. 자매 회는 목포 한산촌에서 처음으로 개원하였는데, 신학대학을 졸업한 뒤 독신으로 종교에 헌신하려는 여성들이 공동체 생활을 하는 곳이었다. 일종의 개신교 수녀원인 셈이었다. 소혜자 선교사는 자매회의 콘셉트를 개발하고 자매들을 교육했으며 EMS독일서남지역선교협의회의 재정 지원을 이끌어 냈다. 독일 교회는 한국 교회의 인권 운동과 민주화 운동에 신학적 기반을 제공하는 한편, 재정을 지원하고 정치적인 압력을 행사하였으며 남북 교회의 대화와 통일 운동을 지원하였다. 이렇듯 1970년대에 서구 교회는 한국의 민주화운동을 물심양면으로 지원하였다. 이러한 서구 교회의 지원은 주로 한국기독교교회협의회(KNCC)의 총무이던 김관석 목사를 통해 이루어졌다.

한빛교회는 또 1976년 이후 미국의 트리니티 연합교회와 자매결연을 맺기도 했다. 한신대학교 출신으로 미국으로 이민 간 김진숙 선생을 통해 두 교회가 교류하게 된 것이었다. 트리니티 교회의 콘라드 목사는 성령강림절과 크리스마스에 카드, 편지와 헌금을 보내왔다. 1978년 2월 19일의 한빛교회 주보에는 트리니티 교회의 해외 선교부장인 김진숙 선생이 한빛교회에서 함께 예배드린 일이 기록되어 있다.

여기에서 알아 두어야 할 것은, 한국 교회가 일방적으로 서구 교회의 도움과 지지를 받은 것은 아니라는 점이다. 서구 교회는 한국의 민주화운동과 기독인들의 삶을 지지하는 가운데 오히려 더 큰 영감과 은혜를 받았다. 그들은 한국 교회가 민주주의를 위해 싸우는 험난한 여정에 함께할 수 있었음을 축복으로 생각하였다. 독일의 개신교 개발지원 기관인 '세계를 위한 빵(Brot für die Welt)'에서 한국의 프로젝트 지원을 담당했던 볼프강 슈미트Wolfgang Schmidt는 김관석 목사와 긴밀하게 대화하고 협력하면서, 원조자 중심의 일방적인 관계에서 수혜자 중심의 동반자 관계로 전환하게 되었다고 말하였다. 그것은 현지의 사역자들과 운동가들을 신뢰하고 그들의 목소리에 더욱 귀 기울이는 정책으로 전환하였음을 의미한다.

목자 잃은 양떼들

사랑하는 교우들이 차디찬 감옥에 있는 상태에서 맞는 첫 수난절이었다. 1976년의 수난절은 그전과 같을 수 없었다. 개신교의 십자가에는 가시면류관을 쓰고 피를 뚝뚝 흘리는 예수의 모습이 없다. 예수가 죽음을 이겨 내고 부활하였기에 십자가는 비어 있다. 개신교에서는 십자가의 고통과 죄의식보다는 부활의 기쁨과 생의 축제를 더 강조한다. 그러나 그해에만큼은 한빛교회 교우들은 예수님이 겪었을 십자가 위에서의 고통을 뼛속까지 절절하게 느꼈다.

꽃꽂이를 맡은 이인애 집사와 이종옥 사모는 남대문의 새벽 꽃시장에 나갔다. 수난절 강단을 장식하기 위해서였다. 처음부터 가시면류관을 만들겠다는 생각을 하고 간 것은 아니었다. 그런데 시장 한쪽에 세워져 있는 날카로운 가시넝쿨이 마치 한빛교회를 위해 존재하는 것처럼 보였다. 가시넝쿨을 사서 교회로 돌아온 두 사람은 가시에 손을 찔려 가며 넝쿨을 비틀어 면류관을 만들었다. 의식과도 같은 이 행위로써 그들은 예수님의 고난에 동참하였다. 손가락에서 떨어지는 붉은 피는 옥에 갇힌 이들을 그리워하며 흘리는 눈물이었다.

한빛교회 예배당 십자가에 걸린 가시면류관. 1976년에 만들어져 지금까지 걸려 있다.

한빛교회 예배당의 십자가는 지금까지도 가시면류관을 쓰고 있다. 가시면류관을 쓴 십자가는 한빛교회의 상징이 되었다. 이를 처음 본 이들은 마치 뾰족한 가시에 찔린 듯 충격을 받기도 한다. 가시면류관은 세상의 아픔을 외면하지 않고 함께 짊어지겠다는 한빛교회의 신앙고백이다.

이종옥 사모는 중학생인 운주와 초등학생인 수연이와 욱이를 혼자 키울 생각을 하니 남편의 빈자리가 더 크게 느껴졌다. 한편으로는 그런 감상에 빠지는 것조차 사치가 아닐까 싶었다. 당장 담임목사가 없는 한빛교회를 책임져야 하는 무게가 더 힘들게 다가왔다.

다행히 한국기독교교회협의회(KNCC) 총무인 김관석 목사가 한빛교회 임시 당회장을 맡아 주기로 하였다. 1976년 3월 14일 당회에서 대리 당회장 청빙을 논의하였고, 1976년 3월 29일 김관석 목사의 주재로 당회를 가졌다. 김관석 목사가 바쁠 때에는 종종 박용길, 김경영 장로가 아침 일찍 종로 YMCA 지하 커피숍으로 나가 당회를 갖기도 하였다. 당회에서는 이해동 목사가 없더라도 모든 행사들을 예정대로 추진하기로 결정하였다. 봄철 심방과 부활주간 특별 행사, 어린이 세례가 그해 봄 흔들림 없이 진행되었다. 주보의 순서는 김관석 목사가 담당하고, 소식란은 이종옥 사모가 맡았다. 담임목사의 빈자리를 채우기 위해 장로들과 안계희 전도사, 이종옥 사모를 비롯한 교우들은 더 열심히 교회를 지켰다. 수요일과 일요일 저녁예배도 장로 세 명이 돌아가면서 진행하였다. 교인들은 스스로 한빛교회의 주인이 되어 흔들리지 않는 믿음의 자리를 굳건히 지켰다. 주체적으로 예배 순서를 진행하는 과정에서 오히려 믿음이 성장하였다.

김관석 목사가 임시 당회장을 맡긴 하였으나 워낙 바빠서 매주 설교를 하기는 힘들었다. 1976년 주보를 살펴보면 한신대 교수를 중심으로

김관석 목사와 김옥실 사모.

여러 분이 돌아가며 설교를 한 것을 확인할 수 있다. 설교자를 섭외하는 일도 이종옥 사모의 일이었다. 3월 7일 박근원 박사를 필두로 박봉랑, 허병섭, 황성규, 김용준, 이재정 신부, 주재용, 인명진, 김찬국, 장일조, 조승혁, 황규록, 소혜자 선교사가 1976년 한 해 동안 설교를 맡아 주었다. 정부의 감시의 눈초리를 감수해 가며 고난 중에 있는 한빛교회를 위해 설교를 해 준 그분들을 우리는 기억해야 할 것이다. 담임목사가 없는 암담한 상황 속에서도 여러 목사, 신부, 선교사에게서 말씀의 성찬을 들을 수 있었다는 것은 교인들에게는 어려움 가운데 축복이었다.

김관석 목사의 호는 '운산'이다. 구름 운雲 자에 뫼 산山 자를 쓴다. 김재준 목사가 이 호를 지어 주면서, "구름이 산을 가리고 있어서 산이 없는 줄 알았는데 구름이 걷히고 나니 거기 산이 우뚝 서 있더라"고 말해 주었단다. 김관석 목사는 어디에서든 표를 내는 법이 없었다. 큰소리 한번 내지 않았고 남이 하는 말을 늘 경청하였다. 그렇지만 심지는 곧고 단단하여 한번 결단을 하고 나면 흔들림이 없었다. 1970년대에 KNCC 총무를 세 번 연이어 맡을 정도로 국내의 다른 교파들과 원만하게 지냈다. 해외에서도 그를 신뢰했기에 모든 선교 지원금은 KNCC를 통해 들어왔다. 그가 있었기에 KNCC가 기독교 운동뿐만 아니라 사회운동의 중심에서 1970년대 민주화운동을 이끌어 나갈 수 있었다. 그는 온유하면서도 강단이 있었다.

김관석 목사의 설교 역시 그의 성품처럼 부드럽고 조용한 가운데 울림이 있었다. 언제나 원고를 충실하게 준비해 와서 높낮이가 없는 조용한 목소리로 또박또박 읽어 나갔다. 1976년 4월 25일 한빛교회에서 그는 "부활 이후"라는 제목으로 설교를 하였다. 3·1민주구국선언문 사건으로 목자를 잃고 두려움에 떨고 있는 양들에게 그는 두려움을 이기는 사랑에 대해 들려주었다. 깊은 울림을 주는 그의 설교가 존경하는 목사와 사랑하는 가족을 감옥에 보낸 한빛 가족들에게 큰 위로와 힘을 주었을 것임에 틀림이 없다.

율법을 이기고 사망과 죄의 권세를 이긴다는 것은 사랑으로 두려움을 내쫓는다는 것을 의미합니다. 사랑은 두려움을 내쫓지만 또한 두려움이 사랑을 내쫓습니다. 사랑이 있는 곳에 두려움이 있고, 두려움이 있는 곳에 사랑이 있습니다. 사랑이 결핍된 사회는 결국 두려움이 지배합니다.

결국 바리새인이란 사랑 대신에 법의 두려움에 사로잡힌 인간들입니다. 법 만능주의, 즉 권력을 정당화하기 위해 법을 만들어 이것으로 모든 것을 처리하겠다고 생각하여 인간을 공포로써 지배하겠다는 생각을 가진 자들입니다.…그리스도의 부활은 사랑으로써 두려움을 이기신 사건이며 복음으로써 율법을 완성한 사건입니다.

이종옥 사모는 남편의 빈자리를 지키면서 역설적으로 목회 동역자로서 거듭났다. 그렇지 않아도 이종옥 사모는 본디 적극적인 성격으로 바자회를 비롯한 한국기독교장로회 여신도회 일을 주도적으로 이끌어 왔

1976년 12월 29일 안병무 교수와 이해동 목사는 2심에서 집행유예를 선고받고 석방되었다. 위 사진은 이해동 목사를 반기는 가족. 사진 앞에 놓인 숫자 6891은 수인 번호다. 아래 사진은 석방된 이해동 목사와 안병무 교수가 수의를 입은 채 한빛교회 환영예배에 참석한 모습. 아버지 안병무의 팔에 기대어 앉은 재권이 뒤로 이종옥, 박영숙이 보인다.

다. 단순히 목사를 수동적으로 보조하는 것으로 그치지 않았다. 그렇긴 하지만 이해동 목사가 감옥에 간 뒤에 전면에 나서서 목회자의 역할을 하는 것은 그전에 해 오던 역할과는 전혀 다른 새로운 일이었다. 수요예배를 인도하고, 가정 심방을 하고, 교회의 모든 실무를 진행해야 했으니 어려움이 적지 않았을 것이다. 목자를 잃은 양떼와도 같은 한빛교회를 걱정하여 자발적으로 찾아와 교인이 된 이들도 있었다. 박영숙, 안병무, 예춘호, 심지어는 불교 승려이던 고은 선생도 종종 한빛교회에 나왔다.

교인들이 참 고마웠던 게, 3·1 사건 이후에 거의 빠지지 않고 다 교회에 나왔어요. 교회 근처 사시는 분들은 수요예배도 꼭 지키셨죠. 교인들의 기도가 하늘에 가 닿을 것처럼 절절했어요. 교회에서 대표 기도를 하는 게 쉽지 않잖아요? 수요예배에서 내가 사회를 보고 성경을 읽고 참석자들이 돌아가면서 기도를 해요. 갇힌 자들을 위한, 마음에서 우러나오는 기도를 들으면 하나님의 뜻이 바로 그 자리에서 이루어졌다고 느껴졌어요. 그렇게 김근숙, 제갈저, 정경희, 이학전 집사님들이 수요예배에 빠지지 않고 나왔어요. 나는 교인들의 순진무구한 믿음의 자세에 감동을 받았고, 본받으려고 했어요. 김정돈 장로님과 문복녀 권사님은 집이 멀었는데도 거의 안 빠지셨지요. 그때 나도 신앙적으로 굉장히 성장했어요. 내가 의지할 곳이 하나님밖에 없었으니까요.
— 이종옥 인터뷰, 2014

목회자, 어머니의 역할에 더해 투사의 아내이자 투사의 역할까지 감당해야 했던 서른여섯 살의 이종옥은 때로는 어깨에 짊어진 무게를 견디기 힘들었다.

그때는 학생들이 도시락 싸던 시절이라, 새벽에 아이들 도시락 싸 주고 나서 면회 가고 투쟁하고 이러다 보니까 어느 날 도시락이 상했던가 봐요. 운주(큰아들)가 내가 도시락 반찬으로 싸 준 계란말이를 먹고 식중독에 걸렸어요. 얼굴이 팽팽하게 부었어요. 밤에 택시를 타고 세브란스 응급실로 가서 운주를 입원시켰어요. 거기서 요만한 침대에서 아들이랑 같이 자고, 아침에 집에 와서 나머지 애들 둘을 챙겨 학교에 보내고, 남편에게 넣어 줄 속옷을 꾸려서 면회를 갔어요. 면회를 갔는데 남편이 나한테 막 화를 내는 거예요. 왜 화를 내는지 몰랐지요. 남편한테는 걱정할까 봐 애가 입원했다는 소리를 못 했거든요. 그래서 "왜 화를 내냐고, 내가 얼마나 힘든데…". 너무 분하고 남편한테 배신감마저 들었어요. 그랬더니 "정신을 어디다 팔고 다니는데 애 속옷을 넣었냐?"고 그러는 거예요. 내가 하도 정신이 없어 남편에게 운주 속옷을 넣어 준 거예요. 면회를 하면서 펑펑 울었어요. "내가 얼마나 힘든 줄 알아요? 왜 나한테 화를 내요? 운주가 입원해 있어요." 그때 남편도 놀랐지요. 남편은 가만히 앉아서 끼니때 주는 거 먹으면 되지만, 나는 서대문에서 면회하고, 운주 병원에서 같이 자고, 아침에 집에 가서 아이들 챙기고, 또 나가서 투쟁하는 생활을 했어요. 너무 서러워 면회인지 뭔지 막 퍼지르면서 울었지요. 그래서 그 짧은 면회 속에서 오해가 풀렸지요.
— 이종옥 인터뷰, 2014

당시 청년이었던 오승룡은 3·1민주구국선언문 사건 이후에 한빛 교우들이 어떻게 변화했는지 설명했다.

한빛교회 교인들은 목사님이 계시거나 안 계시거나 겉으로는 무덤덤한 편이었지요. 교인 수에 급격한 변화가 있더라도 두려워하지도 않고 그저 천연덕스러웠지요. 그런데 조용하고 곱고 양반 같던 사람들이 활발해지기 시작했어요. 목자가 순식간에 사라져 버린 양떼들이었지만 스스로 의지를 키우며 쉽게 흩어지지 않는 양들이었죠.

특이한 점은, 당시에 예배 시간보다는 광고 시간에 분위기가 활기를 띠었다는 것이다. 예배 시간에는 보이지 않던 이들도 광고 시간이 되면 들어와서 뒷좌석을 꽉 채우곤 하였다. 그것은 광고 시간이 열띤 정보 나눔의 장이었기 때문이었다. 주보 광고란에는 실리지 않은 많은 이야기가 즉석에서 생생하게 전달되곤 하였다.

김정돈 장로님이 민주당원으로 정치를 하셨던 분이라 그런지 키도 작고 깡마른 양반이 말씀을 잘하세요. 광고 시간에 안계희 전도사가 두서없이 좔좔거리면서 말을 하면 다 박수치며 동조를 하고, 이종옥 사모님은 앉은 자리에서 일어나 이래저래 했노라고 보충 설명을 하셨지요. 1976년 3·1 사건 이후에는 예배도 예배지만 그보다 더 관심이 가는 게 광고 시간이에요. 지난 한 주간 무슨 일이 있었는지, 신문에 나오지 않은 세상 이야기가 전체 광고의 삼분의 일을 차지했을 거예요. 어떤 이들은 심지어는 예배 시간에는 늦더라도 광고 시간에는 꼭 참석해서 듣기까지 했으니까요.
— 오승룡 인터뷰, 2014

비록 겉으로 두 주먹을 불끈 쥐고 외치지는 않더라도, 이 기간은 한빛 교우들에게 엄혹한 시기에 어떻게 살아야 할지에 대해 자기 다짐과 각성을 하던 시기였다. 교인들이 이처럼 밖에서 믿음의 깊이를 더해 가고 있던 때에, 목사는 독방에서 홀로 수행하는 시간을 보냈다. 그러나 그는 결코 혼자가 아니었다. 이해동 목사에게 감옥살이라는 수행이 준 깨달음은 모든 인생이 궁극적으로 의지할 분은 오직 우리 주님뿐이라는 진리였다.

(독방에서의 생활이) 결코 우리 주님으로부터 나를 떼어 놓지는 못하였다. 아니 도리어 나와 주님 사이를 더욱 밀접하게 해 주었을 따름이다. 사람들이 그러면 그럴수록 우리 주님은 더욱더 내 곁으로 가까이 와서 머물러 주셨고, 내가 홀로 있는 방안 그득히 나는 그분의 임재를 온몸으로 느낄 수 있었다.…
"오 주여!" 하고 부르는 나의 절규에는 주님에 대한 나의 깊은 신뢰와 함께 주께서 속히 이 땅에 오시기를 갈망하는 간절한 기대와 희망이 담겨 있었다.

1976년 말 이해동 목사와 안병무 교수는 10개월 동안의 옥살이를 마치고 석방되었다. 감옥은 이해동 목사와 3·1민주구국선언문 사건 관

3·1민주구국선언문 사건 석방자 환영대회. 이문영, 문익환, 문동환, 함세웅 신부 등이 강단에 앉아 있다. 1977년 12월 말 종로 5가 기독교회관에서 열린 이날 행사에 많은 국내외 취재진이 몰렸다.

련자들에게 신앙의 새 지평을 열어 주었다. 신학 교수인 안병무, 서남동, 문동환은 감옥에서 민중신학의 기초를 닦았다. 감옥에 들어가서 만난 민중 속에서 하나님을 만나고 그들이 역사의 주체임을 몸으로 깨달은 것이다. 그들은 종교의 벽, 학문의 벽, 지식인의 벽을 훌쩍 뛰어넘었다. 머리맡의 물그릇이 얼어 터지는 감옥 안에서 문익환은 '꿈을 비는 마음'이 충만한 시인으로 태어났다. 감옥은 그들 모두에게 새로운 생명을 준 태반이었다.

창립 20주년에
첫 여성 장로를 세우다

한빛교회가 미아리로 이사를 온 1971년부터 1975년까지 장로는 김정돈 한 사람뿐이었다. 당회는 이해동 목사와 김정돈 장로 두 사람에 의해 진행되었다. 1970년대 초반 내내 새로운 장로를 세워야 할 필요성이 대두되었지만 작은 교회에서 장로를 세우는 일은 녹록지 않았다. 1974년 5월 26일, 공동의회에서 장로 후보를 선출하려고 투표를 하였다. 그 결과 박용길 집사와 이우정 교수가 나란히 뽑혔다. 이우정은 이때 장로직을 거부하였다. 그는 성북교회에서 교적을 옮겨온 지 얼마 되지 않기도 했거니와 시험관이 모두 제자들이어서 그 앞에서 시험을 보는 것이 아무래도 불편했을 것이다. 하지만 뒷날 1982년에 장로가 되었다.

1955년 한빛교회 창립 때부터 회계, 서무, 주보 발간을 맡아 봉사해 왔으며, 어머니 같은 섬세함으로 교인들을 돌보아 온 박용길은 교인들로부터 전폭적인 지지를 받았다. 전체 교인의 90퍼센트가 넘는 사람이 찬성표를 던졌다. 그가 여성이고 전 목회자의 부인이라는 것은 아무런

창립 20주년 기념예배 겸 김경영, 박용길 장로 임직식. 1975년 11월 23일.

문제가 되지 않았다. 박용길의 첫인상은 조용하고 자기주장을 강하게 내세우지 않지만 사실은 당돌하다 할 만큼 겁이 없고 담대하였다. 또 타고난 '무대 체질'이었다. 어려서부터 학교 행사 때면 빠짐없이 독창, 연극, 낭송을 도맡아 했으며, 신학교를 다닐 때엔 레크리에이션을 이끄는 오락부장을 맡았다. 한국기독교장로회 여신도회 일을 할 때도 앞에 나가 흥을 돋우는 역할은 늘 그의 차지였다.

박용길은 자신이 구한말 육군 기마 장교였던 아버지 박두환의 성격을 닮았다고 하였다. 이러한 성품이 훗날 배우가 된 아들 문성근에게 대물림되었을는지도 모른다. 박용길은 조용하면서도 카리스마가 있는 지도력으로 한빛교회를 섬겨 왔다. 그런 그가 장로가 되는 것은 교인들에게 자연스러운 일이었다. 그가 경찰과 싸울 때는 총사령관 같은 위엄이 있었다. 격렬하게 싸우고 난 뒤에는 마치 전쟁터에서 단잠 자는 장수처럼 머리만 필 수 있으면 아무데서나 잠을 자는 것으로도 유명하였다. 작고 가녀린 그가 경찰들이 막고 있으면 독수리같이 날아가 주먹으로 경찰의 얼굴을 강타하여 주변을 놀라게 하였다. 그의 작은 주먹에는 뾰족한 반지가 끼워져 있었다.

한빛교회에서는 박용길이라는 여성을 장로로 세우는 것이 아주 자연스러운 일이었지만, 진보적인 한국기독교장로회라 해도 대부분의 교회에서는 매우 이례적인 일로 받아들였다. 한국기독교장로회는 예수교장로회로부터 분리된 지 세 해째 되던 1956년 제41회 총회에서 목사 자격을 규정하는 조문에는 '남' 자가 들어 있었지만, 장로와 집사의 자격에서는 '남' 자를 삭제하기로 결정하였다. 그리고 이듬해 1957년에 여장로가 처음 탄생하였지만, 개별 교회에서 여성 장로에 대한 편견의 벽을 허물고 선거를 통해 장로를 세우기란 결코 쉬운 일이 아니었다. 박용길은 1975년 11월 23일 한국기독교장로회의 스물세 번째 여성 장로로 임직되었다. 1988년에는 한국기독교장로회 여장로회 회장이 되어 여성 지도력을 키우는 데에도 공헌하였다.

한빛교회는 박용길 장로 이후로 이우정, 안계희, 윤수경, 김경숙 등 여성 장로를 꾸준히 세워 왔다. 당회에 여성 장로가 남성 장로보다 더 많은, 한국 교회에서는 보기 드문 상황이 한동안 이어지기도 했다. 안인숙의 증언에 따르면, 박용길, 이우정, 안계희 장로가 탄생한 뒤로 교회에 싸움이 없어졌다. 이들 세 여성 장로는 서로 마음도 잘 맞고 겸손하고 헌신적이어서 말다툼 한번 없이 교회를 이끌어 나갔다. 이들은 모두 신학교를 졸업하였다. 게다가 이우정은 신학 교수였다. 만일 여성 안수가 인정되었더라면 이들은 이미 목사가 되고도 남았을 이들이었다.

그렇게도 힘들다는 여장로 선출이 한빛교회에서 쉽게 이루어진 것이 단지 박용길 개인의 인품과 신앙심이 뛰어났기 때문이라고 할 수는 없다. 물론 박용길이 변함없이 교회를 섬기는 모습은 남녀를 떠나 전 교인의 모범이 될 만하였다. 그러나 한빛교회가 시대를 앞서가는 남녀평등 의식을 갖고 있지 않았다면 과연 여장로 피택이 가능했을까.

한빛교회는 남녀평등 의식이 확실히 남달랐다. 그런 배경에는 한편으로 북간도 교회의 전통이 어느 정도 작용했을 것이다. 남녀 차별이 심하지 않던 북간도에서는 일찍부터 여성들이 신앙생활에서나 민족운동에서 지도자 역할을 손색없이 해냈다. 한빛교회를 창립한 문재린 목사의 사모 김신묵 권사가 그 대표적인 보기이다. 김신묵은 북간도에서 교회 안팎에서 지도자로서 활발한 활동을 펼친 바 있고, 한빛교회에서도 여신도회 회장을 맡아 헌신적으로 봉사하였다.

다른 한편으로는, 교회 밖에서 쟁쟁한 활동을 하고 있는 여성 지도자들이 한빛교회에 많았다는 점이 영향을 미쳤다. 문익환 목사와 함께 사역했던 조남순 전도사는 여목사 제도의 필요성을 주장하며 여전도사회 회장으로 활약한 여성 지도자였다. 박용길, 이우정, 안계희, 박영숙, 이종옥은 1950년대부터 한국기독교장로회 여신도회의 임원을 두루 맡을 정도로 지도력을 인정받았다. 한빛교회는 이렇듯 시대를 앞서간 걸출한 여성 지도자들이 여럿 출석하고 있었던 것이다. 여성신학이 본격적으로 논의되기 시작한 것은 1970년대 말이지만, 한빛교회의 여성 지도자들은 그전부터 여성과 남성이 똑같이 하나님의 형상을 닮은 평등한 인간이라는 믿음을 가지고서 여성의 권익을 위해 싸워 왔다. 훌륭한 여성 지도자들이 교회에 있었기에 한빛교회에서 여성 장로가 잇따라 선출될 수 있었다.

1982년 5월 23일에 이우정, 이학전과 함께 장로로 임직된 안계희 전도사는 아이들로부터 호랑이 장로님이라는 별명을 얻을 정도로 화끈하고 솔직한 성격이었지만, 장로직을 받아들일 때만큼은 가슴이 떨렸다며 그때의 심정을 이렇게 표현했다.

　가슴이 떨리더라고. 나에게 장로 자격이 있나? 자꾸 살피게 되고. 여자들은 거의 다 못한다고 뒤로 넘어가니까. 나는 어떻게 하면 여성들을 일으켜 세울 수 있을까? 고민을 많이 했지. 어디에서든 강연회가 있다면 쫓아다니면서 듣고 와서는 나름대로 내 것으로 소화해서 한빛교회 여신도들에게 전하려고 노력했지.

　장로 직분을 받는 것이 남성이라고 해서 결코 쉬운 일은 아니었다. 특히 한빛교회처럼 가난하고 정부와 사회로부터 탄압받는 교회에서 장로가 되는 것은 십자가를 지고 골고다 언덕을 오르는 고행길에 오르는 것이나 다름없었다. 김경영은 1975년 말에 박용길과 함께 장로로 임직되었다. 그때 그의 나이는 마흔 살로, 노회에서 가장 젊은 장로였다. 그가 젊은 나이에 장로가 된 데에는 사연이 있었다. 박용길이 교인 투표에서 먼저 장로 후보로 선출되었으나 그는 혼자서는 장로가 되지 않겠다며 고사하였다. 어쩔 수 없이 다시 공동의회를 열어 투표한 결과 김경영이 90퍼센트의 높은 찬성표를 받았다.

　박용길, 김경영 장로의 임직식은 1975년 11월 23일 한빛교회 20주년 기념 예배와 함께 성대하게 치러졌다. 교회는 20주년을 기념하기 위해 일 년 동안 준비하여 여러 가지 사업을 이루어 냈다. 11월 6일에서 8일까지 특별 집회가 은혜 가운데 열렸다. 한빛교회 교인들은 재정이 부족한 상황에서도 무사히 예배당을 세웠던 것처럼, 불가능해 보이는 것도 일단 목표로 세우기만 하면 기적처럼 헌금이 모아졌다. 한빛의 20주년 계획 가운데 목사 사택을 마련하는 계획이 있었다. 교회당을 지을 때 재정이 부족해서 이해동 목사는 사택 전세금을 빼서 보탰다. 그러고는 다섯 가족이 교회당 한쪽에 마련한 좁은 공간에서 4년 동안 생활하였다. 그동안 아이들이 부쩍 자라서 좀 더 넓은 공간이 필요했다. 목사 사택을 물색하던 중 이학전 집사의 앞집이 전세 90만 원에 나와 있는 것을 알게 되었다. 교회에서 가파른 비탈길을 따라 올라간 언덕 위에 있는 집이었다. 이 집을 전세로 얻어 이해동 목사 가족이 거처를 옮길 수 있었다.

김경영이 장로가 되자마자 1976년 3·1민주구국선언문 사건이 일어났다. 그는 목회자가 없는 교회에서 뒷수습을 온전히 감당해야 했다. 박용길 장로는 감옥에 갇힌 남편 문익환 목사를 위해 다른 구속자 가족들과 함께 밖에서 활동하는 일이 많았다. 그 바람에 교회 내부의 일은 김경영 장로가 거의 도맡았다. 김정돈 장로는 이때 원로장로로 당회원이 아니었다. 바깥 활동에 시간을 많이 뺏기게 된 박용길은 김경영 장로에게 회계 일도 책임져 줄 것을 부탁하였다. 목사의 부재로 교회가 어려운 시기에 김경영 장로는 교회 안에서 필요한 여러 역할을 거의 혼자서 감당하였다. 그나마 작은 회사의 전무로 있었기에 가능한 일이었다. 그는 주일이면 저녁예배도 책임져야 해서 연희동 집에서 교회를 두 번씩 오가곤 하였다. 겸손하고 신앙이 독실한 김경영 장로는 흔들림 없이 한빛교회를 지켰고, 언제나 변함없는 그의 성실함은 교인들에게 든든한 버팀목이 되었다. 과중한 책임으로 늘 바쁜 가운데서도 김경영 장로는 교인들에게 자주 웃음을 안겨 주었다. 그는 언제 어디서고 마이크를 잡기만 하면 평소 수첩에 적어 두었던 유머를 길어 올려 무거운 분위기를 순간 마법처럼 밝게 변화시켰다.

1976년 말 이해동 목사가 감옥에서 풀려났다. 그런데 목사 사택이 전세 계약 기간이 끝나자 주인이 집을 비워 달라고 하였다. 교회는 다시

금 목사 사택을 마련해야 했다. 교인들은 이 기회에 사택으로 쓸 집을 아예 사는 것이 좋겠다고 의견을 모았다. 소혜자 선교사가 EMS독일서남지역선교협의회에 보고서를 올려 목사관 마련을 위해 100만 원을 지원받았다. 교인들이 헌금을 모았고 전세금 90만 원까지 해서 모두 250만 원을 마련하였다. 350만 원으로 숙원 사업이던 목사 사택을 마련하였다. 1977년 6월 6일 잔금을 치르고 이 목사의 가정이 새 집으로 이사하였다.

이 무렵 한빛교회에서 중고등부 교사를 하던 이광일은 한빛교회만의 독특한 면을 발견하였다. 한빛교회에는 특별히 눈에 띄는 주동자가 없었다. 교계 안팎에서 또 사회에서 내로라할 만한 이들이 많았지만 나서는 사람은 없었다. 그러다가도 교회에 필요한 일이 생기면 피하지 않고 함께 정면으로 맞섰다. 교인들 모두 경제적으로 넉넉하지 않았지만 필요하다고 결정을 하면 어떻게 해서든 돈을 만들어 냈다.

한빛교회는 창립 20주년 기념사업의 일환으로 장학위원회를 재정비해 한빛장학금을 지급하기 시작하였다. 한빛장학회가 처음 만들어진 것은 1972년이었다. 모자원 원장이었던 이귀옥 집사가 1972년 5월 25일에 소천하시기에 앞서 자신이 소유한 약수동 집을 한빛장학금으로 기증하였다. 장학회는 바로 다음 달 6월에 결성되었으며, 부동산 관리위원으로 김정돈 장로와 안인숙 집사가 선임되었다. 약수동 집은 40만 원가량에 팔렸고, 한빛장학회는 기금 36만5천 원으로 출발하였다. 장학 기금은 은행에 예치해 두었다가, 1975년 창립 20주년을 맞으면서 해마다 한 명의 학생에게 장학금을 지급하기 시작하였다. 1977년 10월 30일 당회는 장학위원회의 건의를 받아들여 해마다 2월 마지막 주일을 장학주일로 정해 지키기로 결의하였다. 1978년 2월 19일부터 장학금을 '겨자씨 장학금'이라고 부르기 시작하였다. "우리의 정성스런 헌금이 하나님의 나라를 이룩할 겨자씨들을 자라게 한다는 뜻"으로 그렇게 이름을 지었다. 겨자씨가 30배, 60배, 100배로 불어날 것을 염원하는 마음도 담겨 있었다.

1977년 한신대, 연세대 시국 사건과 한빛교회

1977년 새해를 맞는 교우들의 마음은 죽음의 골짜기에서 지켜 주신 하나님에 대한 감사와 기쁨으로 넘실거렸다. 지난해 연말에 사랑하는 이해동 목사가 석방되었기 때문이었다. 목자와 사랑하는 양떼들은 뜨겁게 재회하였다. 그러나 1977년의 암울한 기운은 연초부터 교인들을 집어삼킬 태세였다. 동아투위의 조민기 교우가 1월 19일 젊은 나이로 세상을 떠나고 말았다.

1977년에는 일일이 기록하기 힘들 정도로 많은 사건이 있었고 많은 젊은이들이 수감되었다. 5월에는 3·1민주구국선언문 사건으로 전주교도소에 수감 중이던 문익환 목사가 22일에 걸친 옥중 단식으로 생명이 위태로운 상태에 이르렀다. 한빛교회 교인들은 주일에 교회에 나가면 또 어떤 소식이 기다리고 있을지 두려울 정도였다. 숨 가쁘게 이어지는 사건과 탄압 속에서도 교인들은 교회 생활의 일상을 지키려고 몸부림을 쳤다. 어려운 때일수록 일상을 잘 지켜 나가는 것이 힘이 되고 중요하기 때문이었다. 갈수록 탄식 소리는 더 깊어져 갔고, 그럴수록 교우들은 절절한 심정으로 하나님께 매달렸다.

한신대학교 학생들은 유신체제 아래서 다시 맞는 고난주간을 그냥 지나칠 수 없었다. 4월 7일 학생회장 이영재가 예배 뒤에 단 위에 올라가 고난선언문을 낭독하였다. 낭독을 채 마치기도 전에, 이미 사전에 정보를 입수한 북부서 경찰들이 채플실에 난입하여 주모자 다섯 명을 연행해 갔다. 그 다섯 명은 이영재를 비롯하여 김하범, 김현수, 오용식, 정상시였다. 이 학생들은 반공법과 긴급조치 위반으로 2, 3년 동안 수감 생활을 하고 1979년에 만기 출감되었다. 이 가운데 김하범은 김관석 목사의 셋째 아들로 한빛교회에 다니고 있었다.

바로 다음 달 5월 11일에 김광훈 학생은 임성헌, 박창수, 진철을 설득해서 다시 한 번 시위를 벌였다. 이들은 친구들이 반공법으로 구속되자 얼어붙은 학내 분위기를 바꾸고 학생들의 사기를 높이기 위해 시위를 한 것이었다. 박창수는 한빛교회 청년부 회장이었다. 한신대 '4·7 고난선언' 사건으로 한빛교회 청년 김하범과 박창수가 구속된 이 사건은 학생들이 제적당하는 일로 이어져 후유증이 매우 컸다.

박창수 학생은 5월 11일 시위를 주도하기 전, 박윤수 전도사와 만났다. 박윤수 전도사는 바로 그 전 주 5월 8일에 한빛교회에 부임하였기 때문에 그를 잘 모르고 있었다. 광제약국 바로 앞 학다방에서 만났다.

"전도사님, 드릴 말씀이 있습니다. 행동해야 될 때라고 판단이 서면 어떻게 해야 하나요?"

박윤수 전도사는 잘 모르는 학생의 질문에 선뜻 대답하기가 어려웠다. 그는 "그런 얘기는 누구한테 물어 보고 하는 게 아니야. 그 문제를 두고 진지하게 기도하고 본인이 결단해서 행동하는 거지. 누가 대신 판단을 해 줄 수 있는 게 아니야."라고 대답하였다.

그러자 박창수는 "알겠습니다. 고맙습니다!" 하고 꾸벅 인사를 하고 밖으로 나갔다.* 그러고는 그는 두 번째 시위에 참여하였다. 감옥에 있는 동안 그는 동생 박인숙과 박혜숙을 한빛교회로 보냈다. 두 자매는

---

* 박창수 학생은 뒤에 고문 휴우증으로 고생하다가 안타깝게도 젊은 나이에 세상을 떠났다.

청년부에서 활동하는 한편 각각 중고등부 반주자와 교사로 봉사하였다. 박인숙은 훗날 박윤수 전도사와 결혼하였다.

한국기독교장로회 소속 신학생들은 한신대에서 "예"와 "아니오"를 분명히 말할 줄 아는 것이 신앙의 양심을 지키는 일이라고 배웠다. 사회와 역사에 관심을 갖고, 하나님의 나라를 이 땅에 일구는 일이 진정한 목회자가 되는 길이라고 배운 졸업생들이 1970년대 전국 각지로 흩어졌다. 이와 같은 신학으로 무장한 신학생들과 전도사들이 한빛교회로 와 젊은이들을 변화시켰다.

박윤수 전도사도 마찬가지였다. 그는 한빛교회에 부임해 중고등부와 청년부를 맡았는데, 그가 사는 단칸방은 늘 학생들로 북적거렸다. 그는 자신의 모든 것을 개방하였다. 몇 푼 안 되는 전도사 봉급으로 아이들에게 밥을 해 먹이고 밤새도록 토론을 하며 자신을 아낌없이 나눠 주었다. 아이들에게 차비를 주기도 하고, 때로는 밤새 청년들과 소주잔을 기울였다. 중고등부 학생들과 함께 연극, 음악, 야유회, 도봉산 등반, 여행과 같은 다양한 문화행사를 진행했다. 하나둘씩 나오던 중고등부 아이들은 서로 권면하며 친구들을 데리고 오기 시작하였다. 교회가 갑자기 학생들로 북적거리기 시작하였다. 신일고등학교와 정의여고 학생들이 주를 이루었다. 학생들은 언제부터인가 박윤수 전도사의 직함에서 '전' 자를 빼고 '도사님'이라고 불렀다. 박윤수 전도사는 이렇듯 학생, 청년들과 허물없이 지내며 1983년 6월까지 6년 동안 한빛교회에서 생활하였다.

한신대 학생의 4·7고난선언 사건으로 한빛교회 대학생들이 재판을 받고 있는 가운데 또 다른 학생 사건이 터졌다. 바로 10월 25일 연세대 학생들이 주도한 '77 연세 민주수호 결사투쟁 선언' 사건이었다.

연세대생 2천여 명이 '77 민주수호 결사투쟁 선언'을 발표하고, 독재

정권 타도와 세계사적 조류에 역행하는 유신헌법 철폐, 노동자 인권 및 기본권 보장, 박동선 사건 해명, 학원 자유 등을 요구하였다. 이들은 반정부 구호를 외치며 교내에서 시위하다 경찰을 피해 동문에서 다시 결집하였다. 그리고 이화여대를 통과하여 신촌역, 신촌로터리, 서강대에까지 진출하였다. 그러나 급히 출동한 무장 경관 500여 명에 의해 폭력적으로 해산되었다. 네 시간 동안 이어진 이 시위는 긴급조치 9호 이후 최대 규모의 시위였으며, 학교 당국은 26일부터 29일까지 나흘 동안 휴강하였다. 공교롭게도 이 시위의 주동자들이 한빛교회에 다니고 있었다.

긴급조치 9호가 선포되고 난 뒤 대학가는 꽁꽁 얼어붙어 있었다. 당국의 감시가 얼마나 삼엄했는지 1975년 뒤로 대학생 시위가 성공한 적이 없었다. 학교 안에는 수십 명의 사복 경찰들이 상주하면서 치밀하게 학생들을 감시하고 사찰하고 있었다. 10월 23일 밤 강성구는 한빛교회 가리방 등사기를 가지고 나와 여관에서 밤새 유인물을 만들었다. 다 쓰고 난 뒤에 등사기를 다시 한빛교회에 갖다 놓았지만 뒤에 수사 과정에서 한빛교회 이야기가 나왔다. 한빛교회가 배후 조종을 한 것이 아니냐는 조사를 받았다.

24일 오전 강성구는 대강당 4층에 올라가 채플을 마치고 학생들이 나오는 시간에 유리창을 깨고 난간에 매달려 구호를 외치기로 하였다. 그는 겁이 났다. 그 순간 인생이 끝나 버릴 것이라는 생각에 온몸이 후들후들 떨렸다. 모든 것을 하나님께 맡기겠노라 기도하였다. 마침내 의자 다리를 집어 들고 유리창을 향해 몸을 던졌다. 유리창이 "쨍그랑!" 하고 깨지는 순간 두려움도 함께 사라졌다. "독재 타도," "유신 철폐"라고 쓴 현수막이 드리워졌고, 하얀 유인물이 하늘에서 쏟아져 내렸다.

"듣는가, 학우여! 민주주의는 죽어가고 있다. 국민의 기본권이 짓밟히고 있다. 숭고한 4·19의 정신이 군화에 짓밟힌 지 어언 16년! 그동안

위 사진은 한빛교회 대학생부 사진으로, 연세대 '77 민주수호 결사투쟁 선언' 사건이 일어나기 3개월 전에 찍었다. 앞줄 오른쪽부터 박성훈, 박윤수 전도사, 강성구. 아래 사진은 그해 여름성경학교.

이 나라의 현실은 어찌되어 왔는가…"

강성구와 이상훈이 무자비하게 연행되는 것을 지켜보던 학생들이 흥분해서 스크럼을 짜고 백양로로 밀고 내려왔다. 경찰들은 교문을 열고 페퍼포그 차를 학교 안으로 진입시켜 최루탄을 마구 발사했고, 학생들과 전경들 사이의 싸움이 점점 더 격렬해졌다. 이때 공유상은 수백 명의 학생들을 이끌고서 연대 동문으로 나가 이화여대, 신촌역을 거쳐 신촌로터리로 행진하였다. 이곳에서 공유상은 연세대 정문으로 나온 학생들과 합세해 시위대를 이끌고 서강대까지 갔다.

이 사건으로 모두 일곱 명이 구속되었다. 그 중 강성구(경영 2), 공유상(경영2), 박성훈(화학공학 2)이 한빛교회에 적을 두고 있었다. 1977년을 통틀어, 더 나아가 긴급조치 9호 시대를 통틀어 국내에서 벌어진 가장 큰 시위에 한빛교회 청년 세 명이 연루된 것이었다. 한빛교회 대학생부는 이 사건으로 쑥대밭이 되었다. 한빛교회는 그야말로 극렬한 운동권의 교회가 되어 버렸다. 평범한 사람들은 감히 다가올 엄두를 낼 수 없는 곳이 되고 말았다. 교회 문턱이 점점 높아졌다.

강성구는 1년 9개월을 복역하고 1979년 7월 17일에 석방되었다. 공유상은 그 한 달 뒤인 광복절에 석방되었다. 교회는 이들을 위해 석방자 환영 예배를 열었다. 시국 사건으로 학생이나 민주 인사가 석방되면 그날 저녁에 사람들은 으레 한빛교회로 몰려들었다. 많은 사람들이 1970년대의 한빛교회를 석방자 환영 예배를 해 주던 곳으로 기억한다. 감옥에서 겪은 일을 이야기할 때는 모두가 숙연해졌다. 지식인의 화려한 수식어와 세련된 어휘보다는 오히려 노동자들이 진솔한 감정으로 말할 때 모인 사람들의 가슴은 감동으로 일렁였다.

강성구는 연세대학교 기독학생회 서클 SCA에서 활동하는 한편, 한빛교회에 출석하였다. 한빛에서 어린이부와 중고등부 교사를 하며 아

위 사진은 1977년 여름성경학교 때 강성구가 여학생들과 함께 찍은 사진.
연세대 '77 민주수호 결사투쟁 선언' 사건 뒤 서대문경찰서 형사가 집에
와서 가운데에 있던 강성구의 얼굴을 도려내 가져갔다. 아래 사진은 1978
년 8월 구속자 석방 행사에서 이해동 목사가 석방된 학생들을 소개하는
모습.

이들과 즐겁게 지냈다. 그는 친절하고 자상했으며 여학생들 사이에서 특히 인기가 많은 미남 선생이었다.

10월 25일 거사를 일으키기 한 달 전에 강성구가 주일학교 총무로 임명되었다고 당회록은 기록하고 있다. 교회는 주일학교 교사들에게 수고비 대신 버스 회수권을 한 달에 네 권씩(약 1,000원) 지급하기로 하였다. 강성구는 석방된 뒤에 집에 돌아와서 한빛교회 주일학교 아이들과 찍은 사진에서 자신의 얼굴만 칼로 도려내어져 있는 것을 발견하였다.

감옥에서의 경험을 강성구는 이렇게 표현했다.

감옥이라는 곳은 투쟁 의지를 꺾는 게 아니라 오히려 북돋아 준다. 그때는 사회과학 지식에 의해 데모를 한 것이 아니라 오로지 자유민주주의와 신앙심에 기초한 행동이었다. 감옥 안에서도 데모를 해서 징벌방에 들어갔다. 징벌방에는 성경과 찬송을 제외한 아무것도 넣어주지 않았다. 찬송가 1장부터 600장까지를 앞에서부터 불렀다가 또 뒤에서부터 불렀다가 별짓을 다했다.

공유상은 이 사건으로 구속되기 전에 다섯 달 정도 한빛교회에 다녔다. 그나마도 사회과학 공부 모임에 참석하러 나온 것이어서 예배에는 거의 참석하지 않았다. 그랬던 그를 한빛교회 여신도회에서 '내 새끼'라고 감싸 안아 주었다. 박용길 장로는 공유상이 수감된 대전교도소까지 찾아가 옷과 책을 넣어주었다. 석방되었을 때에도 "내 새끼가 돌아왔다"며 환영해 주는데 공유상은 미안한 마음을 금할 수가 없었다. 받기만 했지 갚지도 못하고 교회를 떠나야 했기 때문이었다. 환영예배에서 "앞으로 더 열심히 투쟁하겠다"고 소감을 밝힌 공유상은 곧바로 자택연금을 당해 한동안 꽁꽁 묶여 있었다.

문익환 목사의 단식 소식으로
애끓는 교우들

1977년 6월 13일 한빛교회에 출석하던 양성우 시인이 그 유명한 필화 사건으로 연행되었다. 그는 "노예수첩"이라는 시를 일본잡지 〈세카이(세계)〉에 실었다는 이유로 긴급조치 9호 위반으로 구속되어 징역 5년 자격정지 3년 형을 선고받았다. 양성우는 일찍이 고등학교 2학년 재학 중에 4·19 시위에 가담했으며 5·16군사쿠데타 직후 광주교도소에 수감되기도 했다. 그는 1975년 2월 12일 광주 YWCA에서 열린 '민청학련 관련자 석방을 위한 구국기도회'에서 유신체제를 '겨울'과 '한밤중' 으로 묘사한 시 "겨울공화국"을 낭송한 것이 문제가 되어 광주중앙여자고등학교 교사직에서 파면되었다.

> 총과 칼로 사납게 윽박지르고
> 논과 밭에 자라나는 우리들의 뜻을
> 군화발로 지근지근 짓밟아대고
> 밟아대며 조상들을 비웃어대는
> 지금은 겨울인가
> 한밤중인가
> 논과 밭이 얼어붙은 겨울 한때를
> 여보게 우리들은 우리들은
> 무엇으로 달래야 하는가
> ─ "겨울 공화국" 중에서

이 사건은 유신체제에 대한 문단의 저항을 상징하는 대표적인 필화 사건이었다. 그가 수감되어 있는 동안 그를 지지하는 문인들이 양성우의 시를 묶어 「겨울 공화국」이라는 제목으로 시집을 출판했다. 양성우는 1979년 7월 17일 제헌절에 석방되었다. 그는 부인 정정순 씨와 함께 한빛교회에 다녔으며 1982년 5월 그의 아들 양솔휘가 유아세례를 받았다.

5월 말에 문 목사의 목숨을 건 단식 소식이 들려왔다. 가족들은 물론 한빛교회 교우들도 걱정이 이만저만이 아니었다. 6월 5일의 주보에는 이렇게 적혀 있었다. "문익환 목사님께서 전주 감옥에서 지난 5월 18일부터 19일간이나 단식을 하고 계십니다. 민주 회복의 길이 열릴 때까지 죽기를 각오하고 단식하시겠다는 기막힌 결의입니다. 가족들이 면회하여 간곡히 만류하고 있지만 굽히지 않고 계십니다."

그는 필생의 사업인 구약성서 번역을 완성했으며, 자녀들도 다 커서 자신의 길을 찾아가고 있다고 했다. 여섯 달만 같이 살아도 좋겠다며 결혼한 아내와도 33년을 살았으니 아쉬움이 없다며 주변의 설득을 도무지 받아들이지 않았다. "예수님이 내 나이까지 사셨으면 일을 얼마나 많이 하셨겠어? 그러나 그는 돌아가셨거든. 죽어서 가장 큰 일을 하신 거야." 이렇게 그는 예수를 닮고자 하였다.

"노 사모님 김신묵 권사님께서 아들 문익환 목사님의 단식 소식을 들으시고 지난 6월 5일 아침에 캐나다에서 수만 리 길을 오셨습니다. 문익환 목사님께서는 어머니의 권고를 받아들여 6월 7일 마침내 22일간의 단식을 중단하셨습니다. 문 목사님의 건강을 위해 기도합시다." 6월 12일의 주보 내용이다. 어머니 김신묵 권사는 과연 아들에게 어떤 이야기를 해 주었기에 문 목사가 단식을 그쳤을까?

김신묵 권사는 아들에게 아버지 문재린 목사의 이야기를 전하였다.

문익환 목사가 석방된 날. 왼쪽부터 문의근, 김신묵, 문익환, 박용길, 며느리 정은숙.

문재린 목사가 1976년 10월에 워싱턴에 가서 시위한 이야기를 들려주었다. 문재린 목사는 부러진 다리가 채 낫지 않아 지팡이를 짚은 채 죄수복에 아들의 죄수 번호와 이름을 달고 백악관 앞에서 하루 종일 시위를 했다. 그는 시위가 끝나면 할복할 생각으로 가슴에 칼을 품고 있었다. 그런데 가만히 생각해 보니 온 세계가 "한국을 위해 함께 기도하고 있는데 내가 왜 이래? 하나님이 이루어 주실 텐데 내가 왜 이래!" 하는 데에 생각이 미쳐 할복할 생각을 그만두었다는 이야기였다. 김신묵 권사는 한마디를 덧붙였다. "아버지가 할복을 철회하신 것은 이것이 개인의 명예를 위한 것으로 생각될까 염려하신 것도 있었다."

문익환 목사는 예수님이 광야에서 기도하면서 들었던 세 번째 시험을 다시 한 번 깊이 명상하며 기도하였다. 그는 단식이 진정으로 "하나님께 영광을 돌리는 일이냐, 내 영광을 위한 것이냐, 하는 것을 냉철하게 다시 생각해" 본 끝에 반성하며 단식을 철회하였다.

그 뒤로도 주보에는 문 목사에 대한 짧은 소식이 자주 등장하였다. "문익환 목사님께서 또 다시 9월 2일부터 30일까지 기한부로 이 땅에 민주 질서가 회복되기를 염원하는 단식기도에 들어갔다는 소식입니다."(1977. 9. 4.) "문익환 목사님은 물론 그의 노모님 김신묵 권사님께서 아들과 함께 5일부터 단식기도를 드리고 계십니다."(1977. 9. 11.) 9월에는 어머니와 아들뿐 아니라 많은 이들이 단식에 함께 동조해 릴레이 단식을 이어 갔다.

감옥에서 경험한 사회의 맨 밑바닥 인생들과의 만남, 그리고 생사를 넘나드는 단식을 통해 변화된 문익환 목사를 상상해 볼 수 있다. 어머니 김신묵은 회고록에서 문익환 목사의 성격이 칼같이 날카로운 면이 있었는데 오히려 감옥살이를 하면서 많이 변했다고 말하였다. 문익환 목사는 부드러워지고 눈도 맑아졌으며 고통을 함께 나누면서 부모, 아내, 자식, 친구들과 더 가까워졌다. 그는 감옥에서 투쟁가로 단련되었고 영성은 더욱 깊어졌다.

두 아들을 감옥에 둔 어머니의 심정은 어떠했을까? 큰아들은 무기한 단식을 하고 둘째 아들은 혈압이 치솟는데도 치료조차 받지 못하고 있었다. 그야말로 창자가 끊어지는 고통 속에서도 김신묵 어머니와 문재린 아버지는 아들에게 감옥행을 만류하지 않았으며 그의 삶을 지지하고 격려하였다. 아들의 감옥살이를 부모님과 가족들이 함께한 것이다.

1977년 내내 문익환 목사는 감옥에 수감되어 있다가 12월 31일 형집행정지로 석방되었다. 석방된 뒤에 그는 종려주일인 1978년 3월 12일 "정확히 2년 1개월 만에" 한빛교회에서 설교를 하였다. 그는 그 뒤까지 모두 합하여 11년 동안 감옥살이를 했다. 감옥에 있지 않던 시기에는 한빛교회에 출석했고 뜨문뜨문 설교를 하였다. 그러므로 그의 설교를 듣는 일은 귀한 일이었다.

한빛교회 교우들도 존경하고 사랑하는 목사를 감옥에 보내 놓고 마음 편할 날이 없었다. 몇 해 전까지만 해도 평범한 작은 교회 공동체였던 한빛교회가 달라졌다. 목사와 학생들은 감옥살이를 통해 놀라운 변화를 체험하였다. 이를 바깥에서 지지하며 기도하고 옥바라지하는 동안에 교인들도 함께 변화되어 갔다. 사회와 역사 속의 교회의 역할에 대한 생각에 급격한 변화가 이루어진 것이었다. 이런 변화에 동조하지 못한 이들은 교회 생활을 힘겨워하였다.

유신정권에 대해 비판적인 시각을 갖고 있던 사람들조차도 때로는 교회에서까지 이럴 필요가 있을까 하는 생각을 가졌다. 이들은 교회가 정치 집단처럼 되는 것에 거부감을 느꼈고, 교회는 고유의 순수한 영역이 있다고 믿었다. 갑작스러운 변화를 받아들일 수 없었던 이들은 조용히 교회를 떠나갔다. 한빛교회에서 대학생회를 만들고 초대 회장을 맡았던 김석은 그때의 심정을 이렇게 회고했다.

70년대 초반 제가 활동했을 당시 대학생회는 순수한 교회 활동을 했었지요. 물론 사회에 대한 문제의식은 있었지요. 70년대 초의 대학생들 중에 친정부적인 사람이 어디 있습니까? 유신이 터지고 긴급조치가 발표되면서 주위의 친구들이 여럿 감옥에 가고 저도 동대문경찰서에 가서 며칠을 지냈지요. 그러나 교회는 교회로서 정치 중립을 지키는 게 좋다고 생각했어요. 한빛교회가 어느 순간 완전히 반정부 세력의 집합처럼 되어가는 게 내심 마땅치 않았어요. 목사님이나 다른 분들이 개인적으로 활동하는 건 좋지만 교회의 설교가 정부를 비판하는 식으로 흐르는 것은 바람직하지 않다고 느꼈지요. 일주일 내내 현실 속에서 살다가 일요일만큼은 교회에 가서 정신을 순화시키고 말씀으로 은혜를 받고 싶은데 그러지를 못했어요. 그런 게 사실 개인적으로 한빛교회와 멀어지는 원인이 된 게 아닐까 생각해요.

1977년은 교회에 생동감을 불어넣어 준 젊은 부부들의 모임인 '비둘기회' 회원들이 하나둘씩 날아가 버린 해이기도 했다. 이를 두고 사람들은 모임 이름을 잘 못 지어서 날아갔다고 씁쓸하게 말하곤 했다.

이해동 목사는 비둘기회 모임에 대해 "조금은 파격적"이면서도 2천년 전 초대교회 분위기가 이와 비슷하지 않았을까, 하고 생각할 정도로 정이 넘치는 모임이었다고 기억하였다. 비둘기회 회원들 가운데는 이해동 목사와 그의 중학교 때 친구인 김경영 장로가 가장 나이가 많았고 나머지는 젊은 30대 부부였다. 스무 쌍 정도 되는 이들은 한 달에 한 번씩 회원의 집을 돌아가며 모였다. 집 주인이 자신이 하는 일을 30분 정도 발표하며 나누는 시간과 기도 시간을 가졌다.

한빛교회는 1976년 초 비둘기 회원들 가운데 일곱 명을 남자 집사로 임명하였다. 이때 임명된 이들이 홍근영, 김의수, 최희탁, 김송일, 박철현, 이영욱, 김택정이었다. 이해동 목사가 한빛교회에 처음 부임해 왔을 때 남자 집사가 달랑 한 명이었던 것에 비하면 놀라운 발전이었다. 그런데 바로 그해 3월에 이해동 목사가 구속되었다. 이해동 목사는 '연세 드신 어른들을 비롯해 다른 교인들은 혹 나를 이해하지 못하더라도, 나와 늘 의기투합했던 비둘기회 남자 집사들만큼은 나를 이해해 주겠지'라고 든든하게 생각했다. 그러나 이 목사의 믿음과는 달리 비둘기회 회원들은 그 이듬해에 여럿이 교회를 떠나갔다.

그때는 한창 강남이 개발되던 때라서 많은 사람들이 강남으로 이사를 갔다. 그들은 거리가 멀다는 이유로 교회를 떠났다. 이해동 목사를 비롯한 남아 있는 교인들에게는 큰 아픔이요 아쉬움이었다. 그들은 모두 장래가 유망한 젊은이들이었다. 사실 한빛교회에 다닌다는 사실이 그들의 꿈을 이루는 데 장애 요인이 될 수도 있었다. 사복 경찰들이 직장까지 찾아가 이것저것 묻고 했기 때문에 견디지 못하고 떠나간 것이었다.

비록 한빛교회를 떠나기는 했어도 비둘기회 회원들은 저마다 서 있는 자리에서 교회를 잘 섬김으로써 다른 여러 교회에서 장로가 되어 봉사하고 있지만, 그들이 갑작스럽게 떠나가 버린 1977년에 이해동 목사는 "많이 외로웠고, 온갖 생각들로 시름이 깊었다."

1977년은 한빛교회의 격변기였다. 연세대 사건으로 대학생부가 크게 위축되었다. 당국의 지속적인 탄압으로 교인들이 위축되었고 조용히 떠나갔다. 이 시기에 교회를 지킨 것은 이름 없는 평범한 교인들이었다. 이해동 목사는 흔들리는 교인들을 붙잡기 위해 매주 화요일을 목회 상담일로 정하고는, 9월 4일 자 주보에 이런 글을 올렸다. "신앙상의 문제는 물론 한빛가족 여러분의 일상생활 속에 지니고 있는 고민스런 문제들을 목사와 상담해 주시기 바랍니다. 목사와 함께 의논하고, 염려하고, 기도하는 가운데 하나님의 뜻을 찾고 도움을 얻을 수 있게 될 것입니다. 여러분의 상담에 응하기 위해 이해동 목사는 매주 화요일이면 늘 목사관에 대기하고 있을 것입니다."

이 무렵 한빛교회는 외부에서 보기에는 강인하고 견고해 보였다. 의식 있는 청년들과 민주 인사들, 지성적인 기독교인들이 제 발로 찾아와 교회는 북적거렸다. 당시 주보를 보면 새로운 한빛 가족으로 등록하는 사람이 매주 두세 명씩 있을 정도였다. 이 시기에 교회에 나오기 시작한 이들은 식견이 높은 지식인이 대부분이었다. 순박하게 교회를 지켜 온 기존의 교인들과 문화적인 차이가 있었다.

　겉으로는 북적북적하는 것 같아도 사람들이 무더기로 이렇게 저렇게 나뉘어져 있었다. 이 사람들을 신도 조직으로 조직화해야 하는데 무리가 있었다. 마치 주인이 없는 교회 같았다. 사람들 마음을 추슬러야겠다고 생각했다. 남신도회의 필요성을 느끼는 계기가 되었다.
— 오승룡 인터뷰, 2014

　한빛교회는 신도회 조직을 통해 교인들을 관리하고 돌보는 데 어려움을 겪었다. 외부의 탄압에 맞서 교회를 지키는 일만으로도 사실 벅찼다. 기독교 신앙보다 민주화운동을 하려고 교회에 나오는 이들은 신앙 훈련에는 아예 관심이 없기도 했다.

　그러나 당시의 당회록과 주보에는 교회가 교인들의 신앙 지도와 조직화 문제로 고민한 흔적이 곳곳에 남아 있다. 1979년 4월 8일 자 주보에는 대학생회와 청년회가 분리하여 청년회가 새로 발족하였으며 청년들은 이 모임에 적극 참여하고 협력해 달라고 적혀 있다. 1979년의 예산을 책정하면서 당회는 "신도들을 그룹별로 교육 훈련하는 데 방점을 두기로 하고 예산 편성에 반영키로 하였다." 1980년 2월에는 수요일마다 제직회 각 분과위원들이 모여 훈련과 회의를 겸하기로 하였다. 1982년 6월 당회록에는 당회원들이 관심을 가지고 청년부, 대학생부를 지도하는 한편 매월 1회 정도 청년부를 위한 집회를 갖기로 하였으며, 전 교인을 다섯 그룹으로 나누어 장로들이 맡아 신앙 지도를 하기로 결의하였다. 1983년도 예산 지침으로 당회에서는 첫째 제직의 교육과 신앙 훈련, 둘째 교인 전체가 참여하는 간행물 발간, 셋째 신학생 양성 등에 유의하여 예산을 편성해 줄 것을 예산위원회에 요청하였다. 격변의 시기에 시국 문제에 연루되어 몸살을 앓는 가운데에서도 한빛교회는 이렇듯 신도들의 신앙 훈련과 조직을 강화하기 위해 끊임없이 노력하였다.

끝을 향해 치닫는 유신정권

격랑의 1977년이 지나갔다. 해가 바뀌었으나 상황은 좋아지지 않았다. 아니 좋아지기는커녕 밤은 더 깊어만 갔다. 주보에는 옥에 갇힌 이들을 위해 기도해 달라는 소식이 끊이지 않았다. 문익환 목사의 연행과 구속 소식이 되풀이되었다. 7월 4일에 연행되어 15일 만에 석방되었고, 10월 14일에는 형 집행정지가 취소되어 다시 구속되었다. 1979년 2월 4일에는 또다시 옥중에서 단식기도를 하고 있다는 소식이 전해졌다. 연세대생 공유상과 강성구가 징벌방에서 고생한다는 소식과, 한신대생 김하범과 박창수의 재판 이야기가 간간이 들려왔다. 1978년 11월 5일에는 안종필 교우와 박종만 집사가 종로서로 연행되었다. 이들은 뉴스에 보도되지 않는 시위와 사건 기록을 정리하여 작은 책자로 만들어서 돌려본 것 때문에 연행되었다. 이른바 '민주인권일지' 사건이었다. 보잘것없는 책자를 만들어서 돌려본 이유로 이들은 구속되어 1979년 겨울까지 옥살이를 하였다.

1979년에는 서울대생 양관수의 연행과 구속 소식이 잦았다. 3월 12일과 5월 14일 두 차례 연행되어 동대문 경찰서에서 조사를 받고 있다는 소식이 전해졌다. 그는 1977년 1월부터 한빛교회에 나오기 시작하였다. 갈릴리교회에 나오면서 자연스럽게 한빛교회 교인이 되었다. 민주청년협의회 총무를 맡았던 그는 워낙 경찰에 자주 붙들려가서 무슨 일로 잡혔는지조차 잘 기억하지 못하였지만, 3월에는 기독교회관 독재

정권 규탄 집회에 참석했다가 연행되고, 5월에는 동대문성당에서 김승훈 신부의 주재로 열린 유신독재 규탄 집회 주동자의 한 명으로 연행된 것으로 기억한다고 하였다.

1979년 2월 25일 주보에는 이렇게 적혀 있다. "오는 목요일은 3·1절입니다. 특히 금년은 기미년으로 우리의 선조들이 잔악한 일제에 항거하여 민족의 자주 독립과 자유를 위해 분연히 일어섰던 3·1절의 60주년이 되는 날입니다. 회갑을 맞은 셈입니다. 여신도회 전국연합회에서는 3월 1일부터 3일까지를 '에스더의 기도' 기간으로 설정하여 지키기로 하였습니다."

나라와 민족을 위한 기도회의 이름을 그렇게 정한 것은 성경에 나오는 에스더가 위험을 무릅쓰고 민족을 구한 것을 본받자는 의미에서였다. 이 기도회는 60세 이상의 여신도들 모임인 선교후원회가 제3차 수련회(1977년 10월 12일-14일, 수원아카데미)에서 결의한 것이었다. 일찍이 구국기도운동에 투신해 온 임춘자 전도사의 역할이 컸다. 두 아들을 감옥에 둔 김신묵 권사도 이 수련회에 참석해, 그 자리에서 에스더 기도회를 제안하였다.

1978년부터 에스더 기도회 포스터, 기도회 순서, 기도 제목을 유인물로 제작해 전국 교회에 배포하였다. 한국기독교장로회의 여신도들이 전국에서 같은 시간에 나라와 민족을 위해 기도회를 갖기로 한 것이었다. 에스더 기도회는 여신도회의 인권 운동을 가장 잘 확산시키는 통로임과 동시에 전국 회원들의 민주화 의지와 열망을 하나로 묶는 기회가 되었다. 에스더 기도회는 거의 40년이 흐른 지금까지도 이어져 오고 있다.

박정희 군부독재는 막바지를 향해 달리고 있었다. 탄압이 거세질수록 민주주의를 향한 열망은 더 뜨겁게 타올랐다. 학생들과 종교계, 노동계는 점점 더 조직적으로 탄압에 대응하며 연대하였다.

　박정희 정권에 결정타를 날린 것은 이른바 YH 사건이었다. 한빛교회와 YH사건의 연결고리는 권순갑 YH 노조 부지부장이었다. 또한, 갈릴리교회 주동자인 문동환 목사와 이문영 교수, 고은 시인이 이 사건으로 구속되었다.

　권순갑은 YH 노조의 부지부장과 언론 홍보를 맡고 있었다. YH무역 사장 김용호는 국내 최대 가발 제조 공장에서 번 돈을 미국으로 빼돌린 후 폐업 신고를 하고 미국으로 도망쳤다. 길거리로 내몰린 YH 노동자들은 자신들의 억울한 사정을 어떻게 해서든 방송이나 신문에 알리고자 했다. 그 과정에서 권순갑은 기독교회관에 왔고 인권위원회를 통해 이종옥 사모를 알게 되었다. 자연스럽게 갈릴리교회에 참석하게 되었고, 이후 한빛교회 교우가 되었다. YH 사건으로 수감되었다가 석방된 뒤에 일자리를 얻지 못하고 있을 때에는 이우정 장로가 후원을 해주기도 했다.

　YH 사건은 여성 노동자들이 회사 폐업 조치에 항의하여 야당인 신민당 당사에서 농성 시위를 벌인 사건이다. 문동환 목사, 이문영 교수, 고은 시인은 여성 노동자들이 신민당 당사에서 농성할 수 있도록 김영삼 총재를 찾아가 교섭하였는데, 이들 세 명은 이 일로 구속되어 넉 달 동안 옥살이를 하였다. 농성은 1979년 8월 9일에 시작되었다. 8월 11일 경찰이 여성 노동자들을 무자비하게 해산시키는 과정에서 여성 노동자 김경숙이 사망하였다.

　권순갑은 그때의 일을 생생하게 기억하였다.

8월 9일 오전 8시에 마포에 있는 신민당사에서 모이기로 계획하고 새벽에 면목동 기숙사에서 두세 명씩 목욕 가방을 들고 빠져나왔어요. 한 명도 빠짐

없이 128명이 모여 당사 안으로 들어가는 데에 성공했어요. "배고파서 못 살겠다," "먹을 것을 달라!" 등의 현수막을 내걸었어요. 낮에 김영삼 총재가 와서 야당 당사에 경찰이 투입된 적이 없다며 걱정하지 말라고 안심을 시켰기에 믿었지요. 우리는 안에서 죽을 각오로 회사 정상화를 주장하며 호소문과 부모님께 드리는 편지를 썼어요. 그런데, 밤 1시 10분 경, 경찰이 위에서는 밧줄을 타고 내려오고 아래선 사다리차로 치고 올라와 창문을 깨부수고 당사를 기습해 노조원 모두 끌려 나오게 되었어요. 기습당할 때 경숙이가 보초를 서고 있었는데 그 아수라장 속에서 사망한 채 발견되었어요. 당시 경찰은 경숙이가 자살했다고 주장했지만 진실화해위원회에서 타살이라고 결론지었지요.

민첩하게 외부 활동을 하던 권순갑은 긴박한 상황에서 도망쳤고, 몇 달 동안 수배 생활을 하다가 11월에 구속되었다. 8월 11일 아침에 날아든 YH 여성 노동자들에 대한 폭력적인 진압과 김경숙의 죽음은 국민들을 분노케 하였다. 정부는 이 사건의 배후에 도시산업선교회가 있다며 책임을 기독교계에 전가하였다. 교계는 이에 분노하여 각 교단마다 성명서를 발표하였다. 1977년부터 연대 투쟁을 해 온 민주화운동 세력은 'YH 문제 대책위원회'를 조직하여 재빠르게 대응하였다.

8월 15일 미아리 한빛교회에서 광복절 석방자 환영예배를 마친 양심수 가족들은 그 자리에서 항의 농성에 들어갔다. 교회 의자에서 밤을 새우고 16일 아침 목요 예배를 드린 가족들은 기독교회관 604호실로 장소를 옮겨서 "민중의 불꽃 김경숙 열사!" "YH사건 구속자를 석방하라" 같은 플래카드를 내걸고 구호를 외치며 무더위 속에서 29일간 피나는 항의 농성을 벌였다. 특히 문익환, 문동환 두 아들을 감옥에 둔 팔순 노모 김신묵의 투지와 격려는 보는 이들을 감동시켰다.

1979년 여름, 생존권에 위협을 받은 YH 여성 노동자들의 농성은 김영삼 의원 제명 파동과 10월의 부마민중항쟁, 10·26사태로 이어졌다. 나이 어린 여성 노동자들의 저항으로 시작된 YH 사건은 그 여파가 들불처럼 번져 나가, 끝내 박정희 정권이 스러지는 도화선이 되었다.

김병걸 교수 회갑 및 출판기념회. 뒷줄 왼쪽부터 박용길, 김병걸, 김병걸 부인, 문익환, 앞줄 왼쪽부터 유원규, 이우정, 양성우.

부마민중항쟁은 부산과 마산의 민중들이 "유신 철폐"를 외치며 10월 16일부터 거리로 쏟아져 나오면서 시작되었다. 학생과 시민들이 이처럼 대규모로 시위에 나선 것은 4·19혁명 뒤로 처음이었다. 18일에 부산에 계엄령이 선포되었다. 마산에서도 시위가 커져 20일에는 마산과 창원 일대에 위수령이 발동되었다.

부마항쟁 소식을 들은 박정희는 서울에서 4·19 같은 시위가 일어나면 자신이 직접 발포 명령을 내리겠다고 하였다. 옆에 있던 차지철 경호실장은 "캄보디아에서는 300만 명을 죽이고도 까딱없었는데, 우리도 데모 대원 100만, 200만 명 죽인다고 까딱 있겠습니까?"라고 큰소리쳤다. 이 말을 들은 김재규는 최악의 유혈 사태는 막아야겠다는 판단에서 '유신의 심장'을 쏘기로 결심하였다. 그리하여 10월 26일 박정희 유신 독재는 중앙정보부장 김재규의 총탄으로 막을 내렸다.

박정희가 살해된 다음 날 전국에 비상 계엄령이 내려졌다. 그로부터 한 달쯤 뒤, 11월 24일, 민주 인사들은 명동 YWCA 강당에 모여 "통일주체국민회의에 의한 대통령 선출 저지 국민선언"을 발표했다.

통일주체국민회의라는 관변 단체를 통해 간접선거를 하게 되면 민주화는 더 멀어질 것이 분명하였다. 그것을 막기 위해 민주화운동청년협의회(민청협) 소속 홍성엽을 신랑으로 내세운 결혼식으로 위장해 집회를 가졌다. 집회를 마치고 하객으로 위장한 사람들이 밀물처럼 거리로 쏟아져 나와 시위를 하였다. 시위대가 광화문에 이르자 대기하고 있던 전투경찰이 최루탄을 쏘면서 무지막지하게 이들을 진압하였다. 이날 모두 140명이 연행되었고, 그 가운데 14명이 구속되었다. 악명 높은 군보안사에 끌려간 그들은 갖은 고문을 당하였다. 보안사에는 12·12쿠데타의 주역인 신군부가 포진하고 있었다. 이들은 심지어 함석헌 선생의 수염을 잡아 뜯으며 수모를 주었다. 함 선생은 이 사건의 준비위원장으로 이름이 올라 있었으나 사실은 결혼식 하객으로 왔을 뿐 전혀 아는 바가 없었다.

한빛 교우 가운데 양관수 학생과 김병걸 교수가 이 사건으로 옥고를 치렀다. 양관수는 이 사건의 기획 단계에서부터 참여했고, 집회가 끝난 후 가두시위를 이끌기로 하였다. 그는 1981년 3월 3일에 석방되었다. 해직 교수로서 갈릴리교회에 다니다 한빛교회 교인이 된 김병걸 교수는 이때 당한 고문 후유증으로 고생하다가 소천하였다. 고문실에 들어가자마자 이들은 김 교수에게 군

박윤수 전도사(오른쪽)와 YWCA 위장 결혼식 사건으로 옥고를 치르고 석방된 양관수 학생(가운데).

복을 입히고 밧줄로 의자에 묶었다. 그리고 30분 동안 뒤에서 몽둥이로 '개 패듯이' 때렸다. 30분 정도 쉬었다가 다시 때리는데 쉬는 시간이 오히려 더 처참했다. 이렇게 이틀 사흘을 맞다 보니 그는 자신이 신발 밑에 묻은 개똥보다도 못하게 느껴졌다. 하라는 대로 자술서를 쓰고 감방으로 돌아왔다. 방안에는 파리 한 마리가 윙윙 돌아다녔다. 그는 무의식적으로 파리채를 잡고 파리를 죽이려다가 자신이 매를 맞던 생각이 떠올라 차마 그러지 못했다.

이들이 감옥에서 고문을 당하고 있을 때 신군부 세력은 쿠데타를 일으켰다. 12월 12일 보안사령관으로서 계엄사 합동수사본부장인 전두환 소장이 노태우 소장을 비롯한 하나회 군인들과 함께 쿠데타를 일으켜 육군 참모총장 겸 계엄사령관인 정승화 대장을 체포하였다. 하극상이었다. 군부를 장악한 전두환과 신군부 세력은 한동안은 권력의 전면에 나서지 않았다. 이들은 적절한 시기를 기다리고 있었다.

1979년 겨울, 크리스마스 이브를 앞두고 성가대와 젊은이들은 "성탄의 밤 축하 촛불예배"를 준비하였다. 23일 밤에는 어린이와 중고등부 학생들의 성탄 축하 행사가 있었다. 문의근이 칸타타를 지휘하였고, 오페라 연출가 문호근이 도와주었다. 문호근의 부인 프리마돈나 정은숙도 성가대에서 노래를 불렀다. 양성우 시인이 시 낭송을 하였다. 한겨울 추위를 녹이기 위해 교회 안에는 연탄난로를 피우고 촛불을 밝혔다.

아기 예수님을 기다리듯 교인들은 차디찬 감옥에서 고생하는 교우들의 석방을 애타게 기다려 왔다. 그해 크리스마스는 더욱 특별했다. 문익환 목사를 비롯하여 동아투위의 안종필 선생, 박종만 집사, YH 사건의 권순갑, 한신대 학생 박창수, 김하범, 연세대 사건의 강성구, 공유상, 박성훈, 이 모두가 석방되었기 때문이었다. 안타깝게도 안종필 교우

1979년 성탄절에 석방된 인사들과 함께. 김병걸 교수, 한승헌 변호사, 김상현, 고은 시인 등 여러 인사들이 함께했다.

는 말기 간암으로 원자력병원에 입원 중이었다.

옥살이에서 해방된 이들과 함께 성탄예배를 드리며 하나님을 찬양하였다. 권능의 손길로 원수의 손아귀에서 구해 주심을 감사드렸다. 주님의 긍휼하심과 한결같은 사랑을 고백하였다. 그리고 죄인들이 자신의 죄를 깨우치고 올바른 길로 가기를 진심으로 기도하였다.

그러나 현실은 낙관적이지 않았다. 민주주의에 대한 염원은 간절했지만 역사는 또 다른 질곡 속으로 빠져들고 있었다. 12·12쿠데타가 일어났고, 민주주의의 미래는 안개처럼 불투명한 상태였다. 아기 예수님을 기다리는 간절한 마음과 이 땅에 따뜻한 민주주의의 봄이 오기를 바라는 절절한 심정이 겹쳐졌다.

얼어붙은 저 하늘

얼어붙은 저 벌판

태양도 빛을 잃어

아 캄캄한 저 가난의 거리

어디에서 왔나

얼굴 여윈 사람들

무얼 찾아 헤매이나

저 눈, 저 메마른 손길

오 주여 이제는 여기에

오 주여 이제는 여기에

오 주여 이제는 여기에

우리와 함께 하소서*

태양도 빛을 잃은 듯 꽁꽁 얼어붙었지만, 1979년 한빛교회의 크리스마스 전야제 예배는 온 세상을 녹일 만큼 따뜻하고 성스러웠다. 마음이 가난한 이들의 모임에 아기 예수님이 찾아오셨다.

그리스도를 위해 고난받는 특권, 광주 5·18

1980년에도 봄은 어김없이 찾아왔다. 해직되었던 교수들이 복직되었고, 대학생들은 학생회 조직을 정비하기 위해 학교로 돌아갔다. 민주주

---

* "금관의 예수"는 김지하 시인의 시에 김민기가 곡을 붙인 노래로, 1970년대에 많은 교회 청년들의 애창곡이었다.

의의 연둣빛 새싹이 조심스럽게 싹을 틔우기 시작하였다. 3·1절을 맞아 이해동 목사는 결단의 기도를 써 내려갔다.

하나님,
3·1절 예순한 돌을 맞이하여 빕니다.
나라와 민족의 자주 독립을 위해
백성이 주인 노릇하는 민주의 나라를 세우기 위해
목숨을 바치고 피를 뿌린
선열들을 생각하며 간절히 빕니다.
아직도 그들의 뜻, 아직도 그들의 염원
이루지 못한 못난 후손의 부끄러움 안고,
허리가 동강난 분단의 서러움 안고
탄식하며 빕니다. 목마르게 빕니다.
이제 그만 낡은 것들 청산하게 하옵소서.
어둠속을 배회하는 악령들을 몰아내게 하옵소서.
새 뜻, 새 삶으로 밝아오는 아침을 맞이하게 하옵소서.
나의 삶이 바로 되고 나라 또한 바로 되어
이 땅 구석 구석 서리 서리 맺힌 한이 풀리게 하옵소서.
예수님 이름으로 기도 드립니다.

주옥 같은 기도문 속에서 이해동 목사는 "어둠 속을 배회하는 악령들을 몰아내게 해" 달라고 기도하였다. 그러나 하나님의 때가 이르지 않았는지 그 기도는 응답받지 못하였다. 여리디 여린 민주주의의 싹이 '악령들의 군홧발'에 참혹하게 짓밟혔다.

5월 17일 늦은 밤, 이해동 목사는 여느 토요일과 다름없이 주일 아침예배 설교를 준비하고 있었다. 11시쯤이었을까? 살기등등한 괴한 네 명이 서재로 들이닥쳤다. 이해동 목사는 "내일이 주일인데 목사가 어떻게 교회를 비울 수 있겠는가? 내일 예배를 인도하고 자진 출두하겠다"고 버텨 보았으나 통할 리가 없었다. 그들은 권총을 머리에 들이대고 "반항하면 목이라도 빼 가지고 가야 한다"며 끌고 갔다. 이종옥 사모는 사시나무 떨 듯이 온몸이 떨려 왔다. 지금까지 느껴 보지 못하던 공포가 엄습해 왔다.

그날 이후 60여 일 동안 이해동 목사의 소재와 생사 여부조차 알 수 없는, 지옥과도 같은 나날이 이어졌다. 이해동 목사는, 광주민중항쟁이 일어나기 전날 밤, 이른바 '김대중 내란음모 사건'에 연루되어 중앙정보부로 연행된 것이었다. 두 달 동안 중앙정보부의의 지하 2층에서 모진 고문을 받은 뒤 7월 14일에 서대문 서울구치소로 보내졌다. 이해동 목사뿐 아니라 문익환 목사, 예춘호, 이문영 교수, 김대중 등 많은 사람들이 연행되었다. 부인들은 남편의 생사 여부를 알기 위해 사방으로 뛰어다녔다.

5월 18일 아침, 주일 예배는 드려야 해서 설교자를 구해야 했다. 새벽에 이종옥 사모의 전화를 받은 김관석 목사는 한달음에 달려왔다. 이종옥 사모는 그날 아침의 교회 풍경을 잊을 수가 없다고 하였다.

그날 주일 예배는 실로 살벌함 가운데 드려야만 했다. 교회로 들어오는 길목은 형사들로 꽉 차 있었고, 교인들의 출입을 막았다. 박용길 장로님과 안계희 장로님은 현관 밖에서 형사들과 싸우며 교인들을 들여보냈다. 형사들이 교회당 안에 있는 교인들을 끌어내겠다고 엄포하기에 나는 현관 앞 입구에 드러누워 나를 밟고 들어가 끌어내라고 악을 썼다. 지금 생각해도 한빛교회 교인들은 참 대단했고, 고마웠다. 그런 공포감 속에서도 믿음의 길에서 일탈하지 않고 교회를 지켜 냈다.

순교자의 결단 없이는 주일아침 예배조차 볼 수 없는 시대였다. 교우들은 신앙의 양심을 목숨 걸고 지켰다.

광주에서 비상계엄 해제와 민주주의를 외치는 시민들에게 공수부대가 투입되었다. 이들의 무차별한 과잉 진압으로 끔찍한 유혈 사태가 벌어졌다. 군인들의 유혈 진압에 분노한 일반 시민들이 거리로 쏟아져 나왔다. 그들은 능동적인 민중이 되어 싸웠다. 광주는 외부로부터 완전히 차단되었지만, 광주의 소식은 위험을 무릅쓰고 빠져나온 이들에 의해 전해졌다.

광주의 소식을 들은 한빛 대학생들과 청년들은 가만히 있을 수 없었다. 언론에서는 광주 시민을 폭도로 매도하였다. 박윤수 전도사는 신일 고등학교 앞에 있는 자신의 신혼집에 집들이를 겸하여 한빛 청년들을 불러들였다. 이들은 자연스럽게 광주에 대해 이야기하였다. 이루 말할 수 없는 분노와 슬픔으로 가슴이 터질 듯했다. "광주와 우리는 둘이 아닌 하나다. 신앙의 양심을 지키기 위해 위험을 무릅쓰고 행동하고 책임을 지기로 결단하였다." 박윤수 전도사는 이날의 회합을 한빛 교회사에서의 '위대한 사건'으로 규정하였다.

대학생부는 어떻게든 광주의 진실을 알려야겠다는 절박한 심정으로 유인물을 만들어 뿌리기로 하였다. 김지용 회장이 글을 썼다. 교회는 스물네 시간 감시 상태에 있었기 때문에 교회에서는 유인물을 만들 수가 없었다. 교회에서 가리방을 가지고 나와 교회 근처에 사는, 조인영 부회장의 사촌 언니 집으로 갔다. 비밀스럽게 등사를 마친 유인물은 다음 날 대지극장 앞에서 뿌릴 계획이었다. 다음 날 약속 장소인 대지극장 제과점으로 나간 조인영은 대기하고 있던 형사들에게 연행되었다. 전날에 이미 김광수가 붙잡힌 것을 시작으로 조인영, 김지용, 박윤수 전도사가 속속 붙들려 갔다. 나중에 알고 보니 대학생부에 경찰 끄나풀이 있었다. 결국 유인물은 뿌려 보지도 못하고 말았다.

청년부에서는 좀 더 본격적으로 행동하기로 결의하였다. 이들도 광주의 진실을 알려야 한다는 일념으로 강종호의 자취 집에 모여 유인물을 만들었다. 그러나 분위기가 워낙 삼엄하여 유인물을 뿌릴 엄두조차 낼 수 없었다. 뭉치째 공중화장실에 두고 도망쳤다. 이렇게 유인물이 두 차례 만들어졌으나 모두 수포로 돌아갔다.

광주의 상황이 점점 더 심각해지자 한빛의 젊은이들은 시위를 모의하였다. 연세대학교에서 학생운동을 주도하고 있던 강성구와 박성훈은 한빛교회 청년부의 주축인 강종호, 김장주를 만나 작전을 짰다. 이때만 해도 아직 시위에 등장하지 않았던 화염병을 만들어 단성사 앞에 세워진 전경 버스를 불태우기로 계획하였다. 강성구는 죽을 수도 있다는 각오로 그 일을 할 80학번 1학년 후배 일곱 명을 특공대로 조직했다. 그러나 특공대를 맡은 학생들은 겁이 나서 도망쳤고, 시위는 불발되고 말았다. 화염병을 만들어 가방 속에 숨겨 갔던 김장주는 약속 시간이 지났는데도 아무 일이 없자 소주병에 들어 있던 시너를 화장실에 쏟아 버리고 황급히 현장을 벗어났다. 그날이 5월 24일이었다. 이틀 뒤 26일에 강성구가 붙잡혔다. 이 사건으로 강성구 외에 김장주, 강종호, 박성훈, 박광순, 이동섭이 구속되었다. YH 여성 노동자였던 권순갑은 이름 때문에 남자인 줄 알아 붙잡히지 않았다. 구속된 이들은 어딘지 알 수도 없는 어두컴컴한 지하에서 두 달 동안 모진 고문을 받고 고등군법회의 재판을 받았다.

이해동 목사가 끌려간 5월 17일로부터 60여 일이 지난 뒤 처음으로 이들의 소식이 주보에 실렸다. 7월 20일 자 주보에 이렇게 쓰여 있다.

문익환 목사님은 육군 교도소에 수감되었다는 소식을 받았습니다. 아직 영치품 차입과 면회는 허용되지 않고 있습니다.

이해동 목사님도 서울구치소에 구속되었다는 소식만 받고 면회 및 책의 차입은 허락되지 않고 있습니다. 이로써 수감되어 있는 한빛가족은 다음과 같습니다.

박윤수 전도사, 김지용 학생회장, 조인영 부회장, 강성구(연세대), 박성훈(연세대) 등이 구속이며, 조사를 받고 있는 학생은 이동섭(강원대), 강정호(서울대), 박광순(서울대), 김장주(서울대) 등입니다.

한빛가족은 오후 10시 같은 시간에 각자의 처소에서 한마음으로 나라를 위하고 목사님들과 학생들 그리고 병중에 있는 분들을 위해서 기도해 주시기 바랍니다.

한빛 교우들은 매일 밤 10시가 되면 서로 다른 장소에서 저마다 기도하였다. 두 분 목사와 전도사 그리고 여덟 명의 젊은이들이 연행된, 기가 막힌 현실과 광주 시민들의 찢어질 듯한 아픔을 함께하면서 눈물로 하나님께 아뢰었다. 이 절망적인 역사 가운데 도대체 하나님의 뜻은 어디에 있는지 묻고 또 물었다.

이해동 목사는 60일 동안 혹독한 고문을 당했다. 사나흘씩 밤잠을 못 자게 했으며 발가벗겨진 상태에서 온몸에 피멍이 들도록 맞았다. 그런 지옥 같은 밤낮을 보내면서 그는 수사관이 불러주는 대로 진술서를 써 줄 수밖에 없었다. 세상과 단절된 지하실에서의 60일은 평생을 두고 그를 자괴심에 젖게 만들었다. 서울 구치소로 넘어와 첫 가족 면회가 허락되었을 때 그는 이종옥 사모에게 한빛교회 담임목사직을 내려놓으려고 하니 사직서를 제출하라고 말하였다. 이제는 더 이상 설교를 할 자격이 없다고 느껴졌기 때문이었다.

나는 목사로서 매주일 교회의 강단에서 설교했다. 무엇보다 예수께서 말씀하신 대로 언제 어디서나 "예" 할 것은 "예" 하고, "아니오" 할 것은 "아니오" 하라고 설교했다.

이것이 이해동 목사가 늘 힘주어 말하던 바였다. 그러나 그는 모진 고문을 받는 동안 예수님의 그 말씀을 지킬 수 없었다.

체력과 정신이 극도로 쇠약해진 남편을 위해 이종옥 사모는 없는 힘까지 쥐어 짜 내야만 했다. 그 역시 하나님만을 의지하고 매달릴 수밖에 없었다. 그는 수감되어 있는 남편에게 성경 구절을 권하면서 그가 희망을 잃지 않도록 격려하였다.

이해동 목사는 감옥에서 교인들을 그리워하며 편지를 쓰던 바울과도 같은 심정이었다. 이 목사는 교인들을 향한 심정을 빌립보서 1장 3절에서 11절까지의 말씀으로 대신하고 싶다고 했다. "내가 여러분 모두를 이렇게 생각하는 것은, 나로서는 당연한 일입니다. 내가 여러분을 내 마음에 간직하고 있기 때문입니다. 여러분 모두는 내가 갇혀 있을 때나, 복음을 변호하고 입증할 때에, 내가 받은 은혜에 동참한 사람들입니다. 내가 그리스도 예수의 심정으로, 여러분 모두를 얼마나 그리워하고 있는지는, 하나님께서 증언하여 주십니다."(빌립보서 1장 7절-8절)

그는 80년 가을 추수감사주일을 맞아 교인들에게 성경 구절을 보냈다. 사도행전 5장 17절에서 42절까지와 빌립보서 1장 27절에서 30절까지의 말씀이었다. 특히 빌립보서 1장 29절의 말씀을 꼭 생각하면서 감사절을 지켜 주기를 바랐다.

하나님께서는 여러분에게 그리스도를 위한 특권, 즉 그리스도를 믿는 것뿐
만 아니라, 또한 그리스도를 위하여 고난을 받는 특권도 주셨습니다.
— 빌립보서 1장 29절

악몽 같은 한 해를 견디어 내며 한빛 교우들의 신앙은 깊어져 갔고,
예수를 위해 고난 받음을 기쁨과 감사로 받아들였다. 늘 간절하게 기
도하고, 모이기에 힘쓰며, 핍박 속에서도 믿음의 자리를 지켰다. 어떤 의
미에서는 이때가 한빛의 신앙적인 황금기이기도 했다. 뒤에 한빛교회
신앙고백으로 만들어진 신앙의 내용은 이 시기에 그 바탕이 형성되었
다고도 볼 수 있다. 생명 사랑, 인권, 평화, 평등, 타 종교에 대한 열린 자
세가 한빛교회의 정신을 더욱 풍성하고 깊이 있게 만들어 갔다.

1976년에 이어 이번에도 김관석 목사가 임시 당회장을 맡아 주었다.
그러나 김관석 목사는 기독교방송(CBS)*의 사장을 맡아 매우 바빴다.
주로 김성재 목사가 협동목사로 설교를 했다. 한두 달에 한 번은 다른
분들이 설교를 해 주었다. 성공회 이재정 신부, 해외에서 오신 알부르샷
목사, 김경영 장로, 허병섭 목사, 소혜자 선교사, 박용길 장로, 안계희
전도사, 한완상 교수, 박순금 여신도전국연합회 회장, 고민영 목사, 안희
국 교수, 문재린 목사가 귀한 말씀을 전하였다. 교우들에게는 다른 종
교나 교단에 대한 열려 있는 마음밭이 자연스럽게 일구어졌다.
담임목사와 전도사가 없었기에 수요예배는 장로와 권사를 비롯한 평
신도들이 돌아가며 인도했다. 안계희 전도사, 박용길 장로, 김신묵 권

---

* 전두환 정권의 언론 탄압 정책은 CBS가 상업광고를 싣지 못하도록 하였다. 기독교방송이 재정난으로
저절로 고사하게 만들려는 책략이었다. 기독교방송을 살리기 위해 한빛교회는 그때부터 CBS를 위한
헌금을 꾸준히 하였다.

사, 김원철 전도사, 정경희 집사가 일 년 동안 수요성경공부를 이끌었다. 성경공부를 인도하는 것이 쉽지 않았을 것이다. 그러나 교인들은 오히려 평신도들이 인도하는 성경공부를 통해 은혜를 받았다. 이종옥 사모는 옥중의 남편에게 "수요일 밤 마태복음 27장 35절에서 56절까지의 본문을 가지고 노 권사님(김신묵)이 진행한 성경 해설은 정말 감명 깊었고, 너무도 유익한 시간이었답니다"라고 말한 적이 있다. 평신도들이 주체적으로 나서면서 고난 속에서 단련되었다.

이해동 목사는 죽음의 그림자에 가까이 갈수록 생명의 소중함을 느꼈다. 그는 더 이상 모기나 파리를 때려서 잡을 수 없었다. 그를 성가시게 하는 미물도 소중한 생명체였다. 그저 손을 휘저어 날려 보냈다. 먹이를 구하러 감방에 들어온 쥐들과도 친해졌다. 밥을 남겨 두었다가 '쥐 공양'을 열심히 했다. 그는 1981년 5월 11일 석가탄신일을 맞아 석방되었다. 그래서 그는 농담 삼아 이렇게 말하곤 했다. "기독교 목사가 불교에서 하는 쥐 공양을 열심히 했더니 마침내 부처님의 은덕을 입어 감옥에서 석방되었다."

1981년 5월 17일 주보에서는, 5월 11일에 이해동, 박윤수, 강성구, 강종호, 이동섭이 석방되었으며 아직 영어의 몸으로 고난 중에 있는 문익환 목사, 박성훈, 김종분(동덕여대생), 남민전 사건의 권영근*을 위해 기도해 줄 것을 청하였다.

이해동 목사가 감옥에 있는 동안 교회를 오랫동안 섬겨 온 강찬순

---

* 남조선민족해방전선(남민전) 사건은 유신 말기의 최대 공안 사건이었다. 1979년 10월 4일부터 11월까지 84명의 조직원이 구속되었다. 이들은 박정희 정권을 무너뜨리기 위해 무장혁명을 목표로 한 급진적인 운동을 벌였다. 2006년 노무현 정권에서 이 가운데 29명이 민주화운동 관련자로 인정받았다. 한빛 교우 중에서는 권영근 집사가 남민전 사건으로 옥고를 치렀다. 그는 부인 곽선숙과 한빛교회에 다녔는데 결혼한 지 1주일 만에 구속되었다. 부인은 영어 전공자로 운동권 성명서 등을 영역하여 해외에 알리는 일을 도맡았던 일꾼이었다. 권영근 집사는 이후 농촌경제 전문가로 활동하였다.

1980년 교회창립 25주년 기념예배와 함께 김정돈 장로 20년 근속 찬하 및 문복녀, 김순덕, 김동숙, 김신묵, 안임희, 이순이 권사 취임식을 가졌다. 김정돈 장로는 그해 12월에 소천하였다. 왼쪽부터 김정돈, 문복녀, 김순덕, 김동숙, 박용길, 김신묵, 김경영.

집사(1980년 5월 28일)와 김정돈 장로(1980년 12월 16일)가 소천하였다. 이해동 목사는 특히 김정돈 장로의 죽음을 슬퍼하였다. 4·19 때 죽은, 김정돈 장로의 큰아들 김창필과 이해동 목사는 나이가 같았다. 김정돈 장로와 이해동 목사의 관계는 목사와 장로 관계를 넘어선 각별한 것이었다. 말년에 봉천동 골짜기에서 살던 김정돈 장로는 왕복 버스비가 없으면 편도 차비만 들고 교회에 왔다. 교회에 와서 다시 차비를 빌려야할지언정 교회를 빠지는 법이 없었다. 가난했지만 늘 예배당 앞자리를 지켰다. 장로직에 대한 자부심과 책임감은 교인들의 귀감이 되었다.

김정돈 장로님의 모습이 늘 눈에 밟히오. 10년을 넘게 같이 지내 오면서 속속들이 그분의 삶을 들여다본 나로서 참으로 깊은 연민의 정을 금할 길이 없군요. 고난으로 점철된 그분의 삶이었지만, 신앙으로 한결같이 꿋꿋하게 살아 왔다고 하겠고, 그 하나만으로도 결코 실패한 삶이라고 할 수는 없겠지요. 간절한 마음뿐, 가 뵙지 못하는 지금의 내 처지로서는 김 장로님의 그 짙은 병고 속에, 그러나 하나님의 크신 위로와 도우심이 함께하시기를 기도할 뿐이오.

이해동 목사가 옥중에서 아내에게 보낸 편지에서 병이 깊은 김정돈 장로를 생각하며 쓴 글이다. 김 장로에 대한 애틋한 마음이 절절한 이 편지는, 김 장로가 소천하기 한 달쯤 전인 1980년 11월 14일에 쓴 것이다.

한빛교회를 끝까지 지킨 이들에게 1980년대 초는 고난 속에서 신앙을 담금질하는 시기였다. 특히 광주는 1970년대의 민주화운동 방식을 돌아보게 하였다. 이들은 백주 대낮에 수백 명을 죽이며 권좌에 오른 정권을 과연 평화적인 방식으로 무너뜨릴 수 있을까, 하는 근본적인 질문을 하지 않을 수 없었다. 많은 젊은이들이 유신 시절에 민주화운동을 중심에서 이끌어 온 평화적인 기독교 운동에 한계를 느꼈다. 일 년 동안 옥살이를 한 강성구는 마르크스주의자가 되어서 출소했다. 마르크스주의의 유물론적 세계관과 기독교 신앙은 양립될 수 없었다. 평화적인 시위나 기독교 운동으로는 살인 정권을 무너뜨릴 수 없음이 분명해 보였다. 학생들은 조직화된 민중의 힘, 특히 노동자들의 조직적인 힘이 있어야 독재정권을 무너뜨리고 민주화를 이룰 수 있을 것이라고 생각하게 되었다. 이를 위해 지하운동을 해야 하고 본격적인 혁명가의 길을 가는 수밖에 없다고 생각하였다. 감옥에서 나온 후 강성구는 용접 기술을 배워 노동 현장으로 갔다. 노동자들을 의식화시키고 조직해서 그들의 힘으로 정권을 뒤집어야 한다고 생각한 것이었다. 교회와는 자연히 멀어질 수밖에 없었다.

김정돈 장로 1주기에 "순국자의 호소"라는 제목으로 설교를 한 문재린 목사의 자필 설교 원고.

이러한 변화는 강성구 개인만의 일이 아니었다. 대학생들은 1980년을 전후해 야학에서 노동자들을 가르치며 그들과 가까워졌다. 1980년대 초부터는 대학생들이 적어도 3천 명에서 4천 명쯤이 공장에 '위장취업'으로 들어가 가혹한 조건 속에서 노동운동을 전개하였다. 서중석이 그의 책 「사진과 그림으로 보는 한국 현대사」에서 평가하였듯이, 역사에서 보기 드문, 희생적이고 헌신적인 열정의 시대였다. 강성구가 그랬듯이 한빛의 다른 여러 젊은이들도 노동운동 또는 혁명운동에 자신의 청춘을 불사르기 위해 교회를 떠나갔다.

광주 민주화운동은 1980년대 민주화 투쟁의 정신적인 원천이 되었다. 광주의 진실을 알게 된 학생, 지식인, 시민들은 그때 함께하지 못했다는 죄책감으로 괴로워하였다. 1970년대까지 금기시되었던 반미 자주화 운동을 촉발하기도 했다. 광주 참극에 대한 미국의 명백한 책임이 드러났기 때문이었다. 미국이 5·17 군사쿠데타를 용인하고 20사단의 광주 출동을 승인했다는 것이 밝혀진 것이었다. 광주 민주화운동을 겪으며 기독교인들도 미국에 대해 객관적인 시각을 갖게 되었다. 이리하여 4·19 이후로 침체되었던 자주화와 통일 운동이 되살아나기 시작했다. 기독교 운동은 민주화운동의 주도권을 점차 학생운동과 노동운동에 넘겨주게 된다.

암울한 시대, 교회를 지키기 위한 노력

해일처럼 큰 시련이 연이어 몰려왔다. 한빛 교우들은 흩어지지 않고 몸과 마음과 영혼을 바쳐 교회를 지켜 냈다. 그 어려운 시기에 한빛 교우들은 지역사회와 소통하는 교회로 자리 잡기 위해 꼭 필요한 교육관을 마련하였다. 담임목사를 비롯해 여러 교우들이 감옥에 있었고 물가 인상으로 교인들의 살림살이도 넉넉하지 않은 가운데 이루어 낸, 실로 기적 같은 일이었다.

1979년 1월 공동의회에서 교육관을 마련하기로 결의하였다. 교육관의 필요성은 1970년대 중반부터 계속 대두되었다. 목사 사택은 마련하였으나 모임을 가질 수 있는 공간이 본당밖에 없었다. 주일학교 등 모든 행사를 본당에서 진행해야 했다. 심지어 목사의 사무 공간도 없었다. 식당이 없어서 공동식사도 할 수가 없었다. 당회도 교회 근처 교인의 집이나 외부에서 모여야 할 때가 많았다.

1979년 3월 25일 당회에서, 교육관 건축을 위한 비용은 독일 선교 기관으로부터 차관 형식으로 빌려오기로 하고 교회 주변의 집을 사서

증축하여 교육관을 마련하자고 논의하였다. 이해동 목사는 지역사회를 위한 프로그램을 꾸리려면 교육관 공간이 필요함을 설득하는 프로젝트를 작성하여 독일에 제출하였다. 10월 28일에는 서독의 WCC 총무가 내한하였다. 이 목사 부부는 그를 목사관으로 초대하여 만찬을 같이 하면서 교육관에 대해 논의하는 시간을 가졌다. 그러나 독일에서는 프로그램을 위한 기금은 줄 수 있으나 건축물 마련을 위한 기금은 줄 수 없다고 답해 왔다.

독일에 기금을 신청하는 것과 별도로 교인들은 교육관 건축을 위한 헌금을 시작하였다. 3월 25일부터 시작하여 7월 29일까지 교인들이 봉헌한 헌금이 570만 원가량에 이르렀다. 교육관 건축을 위한 모금

한국의 민주주의를 위해 헌신하였으며, 한빛 교우로서 목사 사택과 교육관을 마련하는 데 크게 기여한 소혜자 선교사.

을 하던 중, 5월 17일에 이해동 목사가 붙들려 갔다. 목사가 끌려가 생사조차 알 수 없다는 사연이 독일에 알려졌고, EMS독일서남지역선교협의회 교인들은 이에 분노하였다. 담임목사가 고초를 겪게 되자 역설적이게도 독일에서 한빛 교육관 건립을 위한 기금이 모금되었다. 이 과정에서 안병무 박사와 소혜자 선교사가 중요한 다리 역할을 해 주었다.

2년에 걸친 기도와 정성으로 1981년 11월에 교육관으로 쓸 집을 구입하였다. 이는 하나님

께서 허락하신 바요, 온 교우들의 간절한 기도와 헌신의 결과였다. 결정적으로는 이해동 목사의 희생으로 인해 EMS독일서남지역선교협의회에서 보내온 상당한 금액의 헌금(166,700마르크)이 있었다. 거기에 교인들의 정성을 보태 대지 68평에 연건평 45평인 2층 양옥(미아 3동 130-81)을 구입하였다. 구입비로 5천800만 원이 들었고 기타 경비 및 수리비가 400만 원쯤 지출되었다.

1981년 12월, 강림절 제2주에 소혜자 선교사는 EMS독일서남지역선교협의회에 보고서를 겸한 감사의 편지를 보냈다.

제가 다니는 작은 교회(한빛교회)는, 많은 어려움과 후퇴 뒤에 드디어 절실히 필요하던 교육관 건물을 구입할 수 있었습니다. 교회에서 그리 멀지 않은 곳에 있는 좀 큰 주택인데 많이 고치지 않고도 교육관으로 개조할 수 있습니다. 이제 이 집을 어떻게 활기로 채울 것인지 고민하고 있습니다. 그러나 한국인 책임자들은 이 프로그램을 수행할 아이디어나 에너지와 투지가 충분히 차고 넘칩니다. 목사님은 오랫동안 없다가(소위 '김대중 내란음모 사건'으로 구속되어), 이제 다시 우리와 함께 있습니다. 그에게는 그렇게 여러 해 동안 고초를 겪은 후 오래 품어 왔던 꿈이 실현되었다는 사실과 이 작은 '고난의 공동체(Leidensgemeinde)'가 교육관을 마련하는 데 믿기 어려운 재정적 헌금을 모을 수 있었다는 사실이 큰 용기를 주고 있습니다. 그 나머지, 더 큰 몫이 이 교회의 특수한 사정으로 인하여 '여러분의 손'에서 온 것입니다.[*]

교육관 마련은 한빛교회가 지역사회에 뿌리내리기 위한 노력이었다. 1976년 이후 한빛교회는 형사들이 진을 치고 늘 감시하고 있었다. 심

---

[*] 소혜자 선교사가 독일에 보낸 편지의 내용을 한운석 집사가 독일에서 찾아내 번역해 주었다.

지어 대학생부와 여신도회 가운데 경찰 끄나풀도 있었다. 1977년도 구역배정표에 이름이 올라 있고 여신도회 회장까지 지내며 적극적으로 교회 활동을 했던 오옥자가 몇 년 뒤에 경찰 고위직으로 표창을 받는 모습이 신문에 커다랗게 실린 일도 있었다. 이러한 일이 반복되자 교우들은 교회에 새로 오는 이들을 마음 놓고 반길 수가 없었다. 특히 아무런 연고 없이 교회로 찾아오는 이들은 일단 의심의 눈초리로 바라볼 수밖에 없는 불행한 시대였다. 한빛교회는 동네 사람들에게는 '빨갱이' 교회로 소문이 나 있었다. 이런 상황에서 교육관이 생기면 지역사회와의 단절을 극복하고 그 안에서 뿌리내리기 위한 징검다리 역할을 해줄 수 있을 것으로 기대하였다.

교육관을 운영하는 주체는 교육관운영이사회가 맡기로 했다. 교육관운영이사회는 새로 마련한 교육관을 원활하게 운영하고 활용하기 위하여 온 교우의 공동 참여를 요청하는 한편, 가장 시급하게 필요한 집기들, 곧 책상, 칠판, 방석, 담요, 가스레인지, 석유난로 등을 수집하였다.

1982년 1월 31일, 지역사회를 위한 선교 헌금을 시작하기로 결정하였다. 하나님의 예비하심으로 기적적으로 마련된 교육관 공간을 의미 있는 내용으로 채우기 위해 다 함께 간구하였다. 4월 4일 주보에는 교회 주변 지역에서 축호 전도*를 실시하는 날이라는 알림이 실렸다. 오후 2시 교육관에서 출발하여 지역의 집들을 한집 한집 방문하면서 한빛교회를 알리고 전도한다는 것이었다.

장차 1983년 가을부터는 교육관을 지역사회를 위한 도서관으로 활용하기로 결정하고 책을 모으기 시작하였다. 이에 도서관 프로그램을 진행할 이충근 선생이 교육관으로 이사하였다. 1982년 5월 23일 화창

---

* 축호 전도는 한집 한집 방문하여 복음을 전하는 것을 말한다.

위 사진은 장로 임직식 중인 이우정, 안계희, 이학전 장로(왼쪽부터). 가운데 사진은 장로 임직식에서 안수기도를 하고 있는 양경신, 문재린, 이해동, 김상근 목사. 아래 사진은 교육관 봉헌예배와 장로 임직식 뒤에 교육관에서 열린 잔치.

한 봄날, 교육관 봉헌예배를 드렸다. 그와 함께 장로 임직식이 있었는데 안계희, 이우정, 이학전 집사를 장로로 세우는 뜻깊은 날이었다. 세 분 장로는 임직 기념으로 교회에 사회대와 강단 의자 네 개, 강단 위의 카펫을 마련하였다. 지금까지 사용하고 있는 강단 의자가 이때 마련된 것이다.

쟁쟁한 두 여성 장로 사이에서 유일한 남자 장로 후보로 선출된 이학전은 자신이 과연 장로직에 적합한지 하나님 앞에서 두렵기만 했다. 그는 자신이 마흔다섯 살의 젊은 나이에 장로로 선출될 수 있었던 것은 교회가 핍박받는 시기에 남자 집사들이 다 떠나가고 없었기 때문이라고 하였다. 이학전은 장로 후보가 되기 전까지 성경을 한 번도 끝까지 읽어 본 적이 없었고, 신앙심도 밑바닥 상태였다고 고백하였다. 오히려 아내 이윤경 집사는 기도하면 하나님의 응답을 체험할 정도로 영성이 맑았다. 이윤경 집사는 어느 날 기도하는 가운데 "네 남편이 장로로 피택될 것이다"라는 하나님의 말씀을 들었다. 그래서 "돈도 없지, 믿음도 없지, 가진 것이라고는 아무것도 없는데 어떻게 장로를 합니까?" 하고 물었더니, "내가 믿음도 주고 다 이루어 주겠다"는 말씀이 들려왔다. 이윤경 집사가 그런 체험을 한 바로 다음 주일에 이학전 집사가 장로 후보로 선출되었다. 아내의 이야기를 듣고 깜짝 놀란 이학전은 하나님이 역사하신다는 말에 순종하게 되었고 그때부터 성경을 읽으며 장로고시를 준비하였다.

그런데 장로 후보로 피택된 날로부터 고시를 치르는 날이 규정보다 이틀 정도 부족하였다. 이에 대해 이해동 목사와 장로고시를 치러야 하는 이우정과 안계희는 목사가 감옥에 있어서 일정을 맞추지 못했는데 교단에서 배려해 주지 않는다고 화를 냈다. 그러나 이학전은 내심 장로고시를 한 해 더 준비할 수 있게 된 것이 그저 고마울 따름이었다.

그는 그때부터 본격적으로 성경을 읽으며 기도하였다. 그는 신앙적으로 내세울 것 없는 자신을 어떻게 하나님께서 예비하시고 선택하셨는지 참으로 놀라워하였다.

한빛 공동체는 민주화운동에 뛰어들면서 어쩔 수 없이 교회 내부를 챙기기보다는 사회참여 활동에 더 많은 에너지를 쏟을 수밖에 없었다. 젊은이들은 조용히 기도를 하는 것보다는 야학을 통해 노동자들을 가르치는 행동이 더 가치 있다고 생각하던 시절이었다. 그들은 성경을 읽기보다는 사회과학 책을 읽고 사회변혁을 고민하는 것이 곧 하나님의 선교를 이루는 것이라고 믿었다. 영성과 사회참여는 결코 충돌하거나 모순이 되는 것이 아니었는데도 많은 이들이 그렇게 생각하였다. 한빛교회는 사회참여를 하는 특수 교회가 아니었다. 다만 그리스도의 참된 교회이기 위해 몸부림치는 교회였다. 문재린, 김재준, 이우정, 문익환, 이해동과 같은 믿음의 선배들에게서는 이 두 가지가 충돌하는 법이 없었다. 신앙과 사회참여는 참된 기독교 공동체라면 꼭 갖추어야 할 두 가지 소중한 덕목이며, 이 두 가지가 조화를 이루었을 때 놀라운 힘이 발휘되는 것이다.

그렇건만, 서슬 퍼런 군부독재 시절에는, 영성을 추구하는 것이 마치 현실을 외면한, 신비주의적인 신앙인 것처럼 매도되기도 했다. 그만큼 시대적인 요구가 절박했다. 경건한 신앙을 중요하게 생각하는 사람들과 사회참여를 주장하는 사람들 사이에서 의견 차이가 있을 수밖에 없었다.

이러한 의견 차는 1970년대보다는 1980년대에 접어들면서 더 심화되었다. 특히 한빛교회가 운동권 교회라는 소문을 듣고 찾아온 청년들은 예배 시간에는 아예 들어오지 않고 외부에서 모여 세미나를 하곤 하였다. 반면에, 전형적인 교회 분위기에 익숙했던 이들은 한빛교회에서 영적인 갈급함이 채워지지 않아 힘들어했다. 교회를 통해 상처를 치유받고자 하며 성령을 갈구하던 이들은 한빛교회의 예배문화가 건조하고 삭막하다고 느꼈다. 설교에 개인의 구원과 위로에 대한 메시지도 있었지만 사회를 비판하는 메시지가 늘 포함돼 있었다. 예배를 보고 나면 위로를 받는 것이 아니라 오히려 무거운 부담감만 안고 집으로 돌아가는 경우도 있었다. 이학전 장로는 하나님에 대한 깊은 믿음이 뒷받침되지 않은 사회참여는 오래가지 못한다고 생각하였다. 그는 한빛교회 안에서 영성과 신앙을 강조하는 소수파로 있으면서 중심을 잡으려고 노력하였다.

나는 한빛교회가 부정과 불의에 항거하고 거기에 온 힘을 쏟을수록 믿음이 뒷받침되어야 하지 않나, 하는 생각이 들었어요. 그래서 데모하고 그런 쪽으로는 조금 뒤처지더라도 우리 교인들의 신앙을 보듬어 줘야겠다고 마음먹었지요. 그런 의미에서 새벽기도와 주일 오후 성경 공부 모임을 열심히 했지요.

진보적인 대학생들과 교인들 사이에 이러한 시각 차가 있었다. 그러나 한빛 당회원을 비롯한 어른들은 너른 품으로 이들을 포용하였다. 1977년 연세대학교 사건으로 구속된 공유상은 처음부터 근대사와 경제사 공부를 하자는 친구 강성구의 권유를 받고 한빛교회에 나오게 되었다. 그는 애초에 기독교 신앙에는 관심이 없었다. 대학에는 경찰이 늘 주둔하고 있었기에 모임을 할 수 있는 장소가 한빛교회를 비롯한 몇몇 진보적인 교회뿐이었다. 가톨릭과 한빛교회, 수도교회, 향린교회, 제일교회와 같은 한국기독교장로회를 중심으로 한 몇몇 교회들이 거의 최전선을 형성해 주면서 공간을 넓혀 주었고, 학생들이 그 공간으로 들어와 공부하고 조직하며 다시 그 공간을 확장해 나갔다. 한빛교회는 이런 진보적인 학생들이 모일 수 있는 피난처 역할을 했다. 공유상은 교회 앞에서 담배를 피우며 예배가 끝나기를 기다렸다가 세미나를 하러 뒷방으로 들어가곤 했다. 1970년대 후반, 이렇게 예배에 참석하지 않고 공부 모임에만 오는 청년이 스무 명에서 서른 명 정도였다. 공유상이 그 시절에 한빛 교인들을 배려하지 못한 것을 후회하며 말하였다.

한번은 이해동 목사님이 점심을 하시면서 어려움을 살짝 비친 적이 있어요. 목회자에게는 다 똑같이 소중한 신도들인데 교회 앞에서 담배를 피우는 모습을 불편해하는 사람들이 있다. 한빛교회를 우리의 공간으로 생각하고 함께 지켜 주면 좋겠다고 완곡하게 말씀하셨지요. 지금은 이해가 가지만 그때는 솔직히 받아들이지 못했어요. 젊음이 갖는 어떤 무례함 때문에 많이 힘드셨을 것 같아요.

공유상을 한빛교회로 인도했던 강성구는 당시 학생들의 심정에 대해서 이렇게 이야기했다.

학생운동을 시작하면서 기존의 것에 대한 반항이 심했고, 그걸 표현할 방법이 없어서 겨울에도 맨발에 흰 고무신을 신고 다녔어요. 폭압 정권 속에서 기성 질서에 아무도 저항하지 않는 것에 대한 울분의 표현이었고, 한빛교회도 그래서 다니게 된 것 같아요.

1981년 10월 29일의 당회록에 "청년들은 청년 집회뿐 아니라 교회 대예배에 꼭 나오도록 유도할 것과 중고등부 학생들이 대예배에 참석토록 권고할 것"이라고 적혀 있다. 1982년 9월과 10월 당회록에는 "대학생부가 당회의 방침에 불응하여 임원들이 사퇴하고 교회를 불출석하고 있는데 잠시 냉각기를 두어 수습한 뒤 다시 조직하기로 한다"고 기록되어 있다. 또한, 청년부 성경공부를 10월 중 이우정 장로의 지도 아래 다시 시작하는데 대학생부도 같이 참여시키기로 한다는 내용도 있다.

이 무렵 한빛교회에는 변함없이 교회를 지키는 순하디 순한 교인들이 있었다. 민주화운동의 물결과 무관하게 오래전부터 교회에 나오던 이들이었다. 그리고 믿음은 적으나 민주화에 대한 열망으로 함께 예배를 드리던 교인들이 있었다. 또 다른 한 무리는 기독교 신앙에는 관심이 없고 오직 민주화운동을 하려고 교회로 오는 젊은이들이었다. 이 세 무리가 한빛교회라는 우산 아래에서 절묘하게 어우러져 공동체를 이루고 있었다. 서로 물과 기름처럼 잘 섞이지는 않았지만, 서로의 다름을 인정하며 한 지붕 아래에서 공존하였다. 물론 때로는 갈등도 있었다. 결국 민주화운동의 방편으로 교회에 나오던 이들은 대부분 교회를 떠났다. 신앙에 대한 온도 차이가 있던 이들이 함께한 이 시기도 한빛교회의 역사에서 힘겹지만 아름다운 시간이었다. 이들 한 사람 한 사람이 한빛이라는 다양한 빛깔의 모자이크를 이루는 소중한 조각임을 부정할 수 없다. 머물렀던 시간의 길이가 중요한 것은 아니다. 모두가 저마다의 색깔과 모양으로 한빛 역사 속에서 빛나고 있는 것이다.

평신도 운동과 남신도회 창립

이학전 장로는 평신도 운동의 중요성을 깨닫고 한빛 남신도회를 조직하였다. 여기에는 흥미로운 계기가 있었다. 그가 어느 해 신암교회에서 남신도 연합회 모임에 한빛교회 대표로 참여하였을 때 그곳에서 비로소 남신도회가를 접했다.

우리는 주의 형제 반갑고 미더워라
뜨거운 사랑으로 하나가 되었네
그 사랑 흘러넘쳐 즐거운 낙원을
이 땅에 세우려고 부르심 받았네

우리는 주의 정병 반갑고 미더워라
드높은 큰 뜻으로 하나가 되었네
십자가 등에 지고 빛나는 천국을
이 땅에 세우려고 몸 바쳐 싸우리

우리는 주의 일꾼 반갑고 미더워라
평화의 복음으로 하나가 되었네
나누인 이 겨레가 한 마음 한 몸 되어
온 누리 땅끝까지 평화를 이루리

그런데 이 한국기독교장로회의 남신도회가를 작사한 사람이, 게다가 남신도회를 처음 조직한 사람이 바로 한빛교회를 창립한 문재린 목사라는 사실을 알게 되었다. 이 장로는 깜짝 놀랐다. 등잔 밑이 어둡다고는 하지만, 어떻게 그 역사를 전혀 모를 수가 있었단 말인가!

그때부터 그는 한빛교회 남신도들에게 남신도회의 중요성을 설파하였다. 이 장로와 함께 남신도 조직을 위해 애썼던 오승룡 집사는 당시 남신도회를 만들게 된 계기 중 하나가 외부와의 연합 활동을 위해서였다고 하였다. 연합 활동을 하려면 형식적으로라도 남신도회 조직이 필요했기 때문이었던 것이다. 오승룡 집사는 부인은 출석 교인이지만 남편은 교회에 나오지 않는 이들을 막무가내로 연락하고 찾아다니면서 남신도회 참여를 독려하였다.

한빛교회를 세운 문재린 목사는 1960년대 한국의 평신도 운동을 창시하였고, 1965년 한국기독교장로회 남신도회를 창립하였다. 그는 1961년부터 캐나다로 이민을 떠나기 전인 1971년까지 평신도 운동에 헌신하였다. 한빛교회에서는 김성호 장로가 이 운동에 적극적으로 참여하였다. 그러나 문재린 목사가 이민을 갔고, 김성호 장로마저 교회에 나오지 않게 되면서 한빛교회에서 평신도 운동의 명맥이 끊겨 버린 것이었다. 문재린 목사가 만든 평신도 운동과 남신도회에 대해 정작 한빛교회에서는 그 사실을 아는 이조차 없을 때, 이학전 장로를 비롯한 남신도들이 다시 모임을 만들어 나갔다.

그렇다면 문재린 목사가 생각하던 평신도 운동은 그 내용이 무엇이었을까?

스코틀랜드의 신학자 존 베일리John Baily는 "신앙에는 중개자 (second hand)가 없다. 자신의 신앙은 자신이 스스로 만들어 내야 한다"고 했다. 이 말처럼 평신도가 스스로 자신의 신앙을 위해 힘쓰고 책임지려고 노력하는 것이 평신도 운동이라고 문재린 목사는 일찍이 천명하였다. 평신도들은 대체로 일주일에 한 번 교회에 나가 목사의 설교를 듣는 것에 전적으로 의지한다. 그러나 그렇게 해서는 신앙이 자라지 않을 뿐 아니라 이내 힘을 잃고 만다. 평신도 스스로가 능동적으로 생각하고 질문하고 연구하는 자세로 자신의 신앙을 키우려고 노력해야 한다.

문재린 목사는 문익환 목사에게 한빛교회(당시 중부교회)를 맡기고, 1961년 목회 일선에서 물러났다. 그런 뒤 그는 여러 달 동안 기도하며 고민한 끝에 평신도 운동에 헌신하기로 결단을 내렸다. 한국의 평신도들은 좋은 목사를 모시고 많은 신도를 모아서 성대히 예배를 드리면 그것으로 충분한 줄 알았다. 구원은 행함으로써가 아니라 믿음으로만 얻는다는 복음주의의 잘못된 교리 탓이 컸다. 이렇게 분석한 문재린 목사는 한국 교회의 발전을 위해서는 평신도들이 더 적극적으로 나서야 한다고 믿었다. 그는 예수님이 공생애에서 하신 그대로 행하는 것이 기독교인의 책임이요 참 신앙인의 모습이라고 생각했다. 물론 평신도 운동이 목회자의 권위에 도전하거나 하나님이 부여하신 특수한 역할을 부정하는 것은 아니었다. 목회자와 평신도가 교회 안에서 다른 역할을 부여받았지만, 수평적인 관계를 가진 동역자로 함께해야 하며, 그래야만 개인의 신앙이 성숙되고, 교회가, 더 나아가 사회가 하나님이 보시기에 아름답게 변화할 수 있다는 것이다.

문재린 목사는 예수도 제사장 족속이 아닌 평신도로 태어나 평신도 요한에게서 세례를 받고 예수 운동을 시작했음을 강조하였다. 기독교는 본래 평신도의 종교로 태어났고 평신도의 활동으로 발전해 왔다고 할 수 있다. 그는 세 가지 점에서 평신도 운동의 중요성을 주장하였다.

첫째, 평신도 스스로의 신앙 발전을 위해 평신도 운동이 필요하다.

둘째, 평신도 운동은 교회의 발전을 위해서 필요하다. 개 교회뿐만 아니라 노회, 총회, 신학교 운영 등도 평신도의 적극적인 참여가 있어야 원활하게 운영될 수 있다.

셋째, 평신도 운동은 이 땅에 하나님의 나라를 이루는 데 꼭 필요하다.

그 무렵 캐나다에서 평신도 지도자들이 한국 교회를 시찰하러 왔다. 문재린 목사는 그들에게 자신의 평신도 운동에 대한 꿈을 이야기하였다. 문재린 목사의 이야기를 듣고서 시찰단 가운데 앨버타 주에서 백화점을 경영하는 케네스 피셔Kenneth Fisher 부부가 매월 100달러를 보내 주기로 약속하였다. 이들은 그 다음 달부터 꼬박꼬박 약속한 금액을 10년 동안 보내왔다. 하나님의 예비하심이 아닐 수 없었다. 안정적인 재원이 마련되자 문재린 목사는 평신도 운동을 더욱 활기차게 벌여 나갈 수 있었다. 1961년 10월에 한국기독교평신도전도회를 조직하였다. 평신도전도회는 한국 기독교인 스스로 영적 생활을 향상시키게 하고, 성도들이 서로 따뜻한 교제를 갖게 하고, 그리고 세상의 종으로서 성실한 봉사를 하게 하여 모든 신도가 개인 전도자가 되어 1년에 한 사람 이상을 주님께 인도함으로써 이 땅에 하늘나라를 건설하는 것을 목적으로 하였다. 회장은 박성엽 장로가 맡고 문재린 목사가 총무를 맡았다.

평신도전도회는 〈평신도〉라는 잡지를 발간하기도 하였다. 당시에 평신도 운동을 위한 전문 서적으로는 교파를 초월하여 〈평신도〉 하나뿐이었다. 〈평신도〉는 1963년 8월 창간호를 시작으로 3호까지 발간되었다. 한편 피셔 씨가 보내오는 장학금에 문재린 목사와 김신묵 권사의 뜻을 모아 '피셔-문 장학금'을 평신도 지도자 자격이 있는 대학생들에게 주었다.

1965년 8월에는 평신도 전국대회를 한국신학대학(한신대학교)에서 열었는데 이 자리에서 남신도회전국연합회를 창립하였다. 한국기독교 장로회에서도 비로소 남신도의 모임이 생긴 것이었다. 여신도회 모임은 이미 오래전부터 교회별로 또 전국 단위로 활성화되어 있었다. 따라서 문재린 목사의 평신도 운동은 남신도들을 조직화하고 이들의 모임을 활성화하는 데 초점을 두었다고 볼 수 있다.

문동환 목사는 문재린 목사의 평신도 운동을 옆에서 긴밀하게 도왔다. 그는 평신도 운동을 통해 훈련된 평신도들이 1970년대 한국기독교 장로회의 적극적인 사회참여를 이끌어 내는 견인차 역할을 했다고 평가하였다. 한국신학대학에서 사회참여적인 신앙을 교육받은 목회자들이 1960년대 후반과 1970년대 초반 목회 현장으로 들어갔다. 혁신적인 생각을 가진 목회자들과 평신도들이 의기투합해 1970년대 한국기독교장로회 전체가 하나가 되어 민주화운동에 동참하였던 것이다.

1982년 2월 14일, 한빛교회 남신도회가 창립되었다. 교회가 창립한 지 27년 만이었다. 여든이 넘은 문재린 목사를 모시고 창립예배를 드리는 남신도들의 감회는 남달랐다. 대학생부와 청년부 회원을 제외한, 한빛교회에 소속된 모든 남신도들이 회원이었다. 창립 목적은 남신도들 사이의 친교를 돈독히 하여 교회 봉사와 하나님의 선교에 크게 이바지하고자 하는 것이었다.

구체적인 조직이 만들어진 것은 그해 가을이었다. 9월 26일, 남신도회 회장으로는 서신용 집사가, 총무는 이학전 장로가 선출되었다. 이학전 장로의 인도로 한 달에 한 번씩 모여 성경공부를 하였다. 서로 서먹하던 남신도들이 등나무 아래서 성도의 교제를 나누는 은혜로운 시간이었다. 첫해만큼은 아니어도 이듬해에도 대여섯 명이 모여 꾸준히 성경공부를 이어 나갔다.

안식을 위해 영국으로 떠난
이해동 목사

1982년 5월 당회는 이해동 목사의 유학을 양해하기로 하였다. 영국의 초청에 의한 것이었다. 초청 측은 9월 말부터 열 달 동안의 유학에 드는 모든 비용을 부담하기로 하였다. 그러나 그의 유학이 성사된 것은 이듬해 9월이었다. 정부에서 여권을 발급해 주지 않아 미루어진 것이었다. 이해동 담임목사의 유학은 사실 유학이라기보다는 안식년이라는 표현이 더 적절할 것이다. 그는 김대중내란음모 사건으로 연행되어 60일 동안 모진 고문을 받았다. 목회자로서 지켜야 할 양심마저 짓밟히는 수모를 겪은 그는 심신이 쇠약해져 있었다. 1년의 옥살이를 마치고 나왔을 때 그의 몰골은 마른 장작 같았다. 김관석 목사는 "이 목사, 아무 생각 말고 어디 가서 1년 쉬어라" 하며 영국 행을 주선하여 주었다.

이때 김관석 목사는 CBS 사장으로 언론 통폐합 등 정권의 언론 탄압에 맞서 싸우느라 한빛교회를 맡을 수가 없었다. 1982년 8월 29일, 김관석 목사가 한빛교회 대리 당회장으로 추대되었지만, 김성재 목사가 노회에서 파송받아 임시 당회장을 맡았다. 김성재 목사는 1970년대 중반부터 갈릴리교회와 한빛교회를 오갔으며, 1980년에도 한 해 동안 협동목사로 교회를 돌본 경험이 있었다. 그렇기에 이미 교인들과는 익숙한 사이였다.

김 목사는 설교에서 사회를 비판하는 이야기를 하더라도 교인들을 위로하면서 힘을 북돋우는 내용을 담고자 노력하였다. 한빛교회에서 한 설교 내용이 빌미가 되어 그는 두 번이나 종암경찰서에 잡혀가 조사를 받기도 하였다. 한번은 미가서

김성재 목사 부부와 아들 동진. 김관석 목사가 한빛교회에서 집례한 동진이의 유아세례식.

에 나오는 구절을 문제 삼았다. "못된 놈들은 자고 나면 가난한 사람을 털기나 하고 올무를 걸어서 잡기나 한다"는 내용이 정부를 비판한다는 것이었다. 경찰은 그를 한신대 교수직에서 해직시키겠다고 협박하였다. 김성재 목사는 그런 압박에 굴하지 않고 담대하게 교회를 섬겼다. 한빛교회는 단지 출석 교인들만의 교회가 아니었다. 한빛교회는 이제 다 함께 지켜야 하는, 민주주의를 상징하는 교회가 되었다. 그렇기 때문에 수많은 사람이 한빛교회가 어려운 상황에 놓이면 달려와 힘을 모아 주었다. 하나님은 위기 때마다 여러 사람을 통해 도움의 손길로 교회를 지켜 주셨다.

우남일 교우는 당시의 한빛교회의 풍경을 이렇게 묘사하였다.

리얼리즘 문학론을 주창하여 현실참여의 실천문학을 외쳤던 김병걸 교수, '겨울 공화국'의 시인 양성우 씨, 팔봉 김기진의 아들로 아버지의 친일을 뉘우친다고 우리 교회 수련회에서 말씀하신 동아투위 해직기자 출신의 김인한 선생, 역시 동아투위 회원인 박종만 권사, 신소설 작가 이해조의 손녀로서 야당 투사인 이우정 장로, 뒤에 한겨레신문사 대표이사가 된 고광헌 씨, 민청학련 사건의 장영달 씨, 과거 공화당 국회의원으로서 3선개헌에 반대한 예춘호 씨, 남민련 사건의 권영근 씨, 김관석 목사의 자제인 연세대 김하수 교수 등을 주일날 먼 발치에서 뵐 수 있었다. 4·19 때 경무대 앞 시위에서 형 김창필을 먼저 보내고 지병으로 세상을 뜬 젊은 김순필 장로의 한결같은 모습을 성가대에서 나는 보았다.

이해동 목사님이 유럽에 가서서 한동안 담임목사 자리가 비게 되었는데, 교회로선 가장 어려웠던 이때가 역설적으로 내겐 행복한(?) 시절이었다. 여러 분들의 설교 말씀을 들을 수 있었기 때문이다. KNCC의 김관석 목사, 한신대의 김성재 교수, 이우정 장로, 문익환 목사, 문동환 목사 등등이 돌아가며 주일 설교를 맡았다.

김인한 집사는 영국에 유학 중인 이해동 목사에게 편지를 보냈다.

목사님께서 떠나신 이후 김성재 목사님께서 저희들을 잘 인도해 주시고, 또 황금으로도 바꿀 수 없는 귀중한 증언을 해 주실 때마다 같이 뉘우치곤 합니다.

그동안 이우정 교수님과 정태기 교수님께서 하신 증언을 듣고 크게 감명받았습니다. 특히 12월 4일 예배 때 문익환 목사님께서 "민생과 인권"이라는 제목으로 증언하실 때 마치 제가 큰 죄인 같은 기분이 들어 며칠 동안 고민하며 지냈습니다. 목사님, 마음이 어지러운 탓이겠지요. 앞으로 더욱 많은 수양이 필요하다고 느껴집니다.

1983. 12. 10.

박윤수 전도사의 후임으로 1982년 8월부터 김종수 전도사가 부임하였다. 김 전도사는 연세대학교 신과대학을 졸업하였고, 연세대학교 연합신학대학원에 다니고 있었다. 그는 1983년 9월 이해동 목사가 영국으로 떠난 뒤 교회의 실질적인 목회자 역할을 맡았다. 그가 이해동 목사에게 보낸 장문의 편지 속에는 한빛교회에서 사역하면서 갖고 있던 고민들이 솔직하게 담겨 있다. 당시의 분위기를 생생하게 기록하고 있기에 다소 길게 인용해 본다.

…목사님이 영국에 가신 후 목사님 때만큼 교회를 안정시키고 유지시키려고 저 나름대로 계획도 세워 보고 실행도 해 보았으나 뜻대로 되지 않는 것 같습니다.

많은 점에서 저 개인의 부족함을 절감하고 있습니다. 참다운 목회를 위해서

이해동 목사가 영국에 가 있는 동안 그 빈자리를 지킨 김종수 전도사.

는 무엇보다도 저 개인이 절제 있고 깊이 있는 신앙인이 되어야 한다는 생각이 듭니다. 저를 위해 기도해 주시기 바랍니다.

…오랫동안 저희 교회가 외부적으로 표방해 왔던 '사회구조에 대한 비판'이 매우 경직화되어 흐르게 될 위험성이 있다고 생각됩니다. 원래 '사회구조의 모순에 대한 비판'의 원인은 '인간성의 회복'에 있었다고 봅니다. 참다운 인간성을 가로막는 중요한 원인이 사회구조의 모순에 있다고 보고, 인간을 비인간으로 만드는 사회적, 정치적 제도를 개혁한다는 것이 매우 중요하고 필요한 것이라고 생각됩니다.

그러나 사회구조의 모순에 대한 비판과 개혁이 만일 제도 자체에 역점을 둔다면, 그것은 인간을 또 다른 제도로 획일화시키는 위험성을 안게 된다고 판단됩니다.…물론 어느 한 시대 속에서 인간의 평등과 자유를 극대화시키는 제도를 추구한다는 것은 필요불가결한 것이지만, 그 제도가 다양한 인간의 개성을 포용하고, 즉 각 인간을 인간답게 만드는 제도가 되기에는 오히려 제도 이전의 어떤 그 무엇이 있어야 된다고 생각됩니다. 저는 그것을 '신앙'이라고 말하고 싶습니다.

목사님 저의 흥분된 목소리를 용서하시기 바랍니다. 그러나 오늘의 우리 교회의 사회비판이 각 개인의 절제와 경건함, 그리고 교회에서의 적극적인 집회의 참여가 경시된 상태에서 이루어져 가고 있다면, 이는 매우 비신앙적이고,

비인간적인 것이 될 것입니다. 이러한 불행을 막기 위해서는 적극적인 방법이 마련되어야 할 것이라고 생각됩니다.

이러한 방법의 몇 가지로 집회의 수가 좀 늘었으면 하며, 메시지의 방향도 사회적, 정치적 비판과 개인의 절제와 신앙이 거의 같은 양으로 병행되어야 한다고 생각됩니다.

그는 많은 교회가 추구하는 개인의 기복 신앙과 현실에 타협하는 신앙에는 철저히 반대하였다. 그러나 사회구조에 대한 비판을 하기 이전에 신앙인으로서 갖추어야 할 절제, 경건과 성숙, 다양성의 존중에 대해서 강조하였다. 그의 이러한 견해는 더 시급한 일로서 직접적인 사회 참여를 주장하는 이들로부터 '교회주의'라고 비판받을 수 있었다. 한빛 공동체가 교회로서 세상에 어떻게 자리매김할 것인가에 대한 김종수 전도사의 깊은 고뇌가 편지에서 묻어난다. 이 시기부터 교인들 사이에서 한빛교회의 방향성에 대한 논의가 치열하게 전개되었다. 역사 속에서 예언자의 목소리를 내는 교회가 될 것인가? 교인들을 품어 주고 위로해 주며 성숙한 신앙을 키워 나가는 '교회 공동체'로서의 모습에 먼저 충실할 것인가?

김종수 전도사는 말하였다. "교회는 그것이 참된 교회라면 예수 그리스도의 엄청난 희생을 좇아 스스로 희생하는 교회가 되어야 하겠지만, 동시에 예수 그리스도의 사랑을 밝히고 전파하는 존재로서의 교회, 스스로 역사 속에서 구체적으로 살아가고 있는 교회의 모습도 못지않게 중요하다고 생각됩니다. 크리스천은 두 가지 소임, 하나는 매일 죽어가는 소임이며, 또 하나는 존재 자체가 갖고 있는 의미를 깨닫는 소임을 필연적으로 갖고 있어야 한다고 생각합니다."

영국에서 돌아온 이해동 목사는 곧바로 한빛교회 담임목사직을 사

임하였다. 안병무 박사를 통해 독일 한인교회의 목사직을 제안받은 것
이었다. 15년 동안 섬긴 한빛교회를 떠나는 마음은 무겁고 죄스러웠다.
담임목사가 돌아오기를 일 년 동안 애타게 기다리던 교인들도 갑작스
러운 이별에 섭섭함을 금할 수 없었다. 이해동 목사는 두 번의 옥고를
치르면서 심신이 소진되었다. 이종옥 사모와 운주, 수연, 욱, 세 남매 역
시 너무도 큰 시련을 견디어야만 했다. 이 목사의 가족은 쉼이 필요했
고, 치유가 필요했다. 그러기 위해서는 사랑하는 한빛교회를 떠나야 했
다. 그는 15년 동안 한빛교회를 섬겼다. 이해동 목사가 뒷날 책에서 고
백했듯이, 그 15년은 그의 인생의 큰 줄기였다.

　1983년 2월 20일 교회 창립주일 설교에서 한빛교회를 향한 이해동
목사의 애틋한 마음을 읽을 수 있다.

　…(한빛교회는) 결코 작은 것도 초라한 것도, 무의미하거나 무가치한 것도
아니다. 많은 사람들은 우리 교회를 특수한 교회로 보는 경향이 있다. 그러나
결코 우리 교회는 특수한 교회가 아니다. 다만 참된 교회이기를 바라 몸부림
치고 있을 뿐이다. 교회는 오직 그리스도의 교회 하나가 있을 뿐이다. 그리스
도가 주권을 행사하지 못하는 교회는 교회일 수가 없다. 십자가에서 죽으시고
다시 사신 예수를 그리스도로 고백함으로써 그리스도 안에서 새로운 삶을 결
단하고 영원한 부활의 생명에 이어지는 희망과 축복에 사는 사람들, 이들이
함께 모여 하나님과 그리스도를 예배하고 그리스도의 뜻을 따라 함께 살아가
는 생활 공동체가 곧 교회이다. 따라서 예수께서 사신 것처럼 오늘도 그의 몸
으로서 역사 현실에서 그리스도의 삶을 살아가는 것, 이것이 곧 교회의 사명
이다. 교회는 결코 교회 자체를 위해서 존재하지 않는다. 세상의 부패를 막는
소금으로서, 세상의 어둠을 밝히는 빛으로서 역할해야 하고, 그래서 하나님의
영광을 드높여야 하는 것이 그리스도의 교회로서의 본연의 사명이다.

이해동 목사는 1983년 영국으로 떠나기 전 고별 설교를 통해 바울이 데살로니가 교회의 교인들에게 당부한 것처럼 한빛교회 교인들에게 당부하였다.

행함이 없는 믿음은 죽은 믿음이요, 수고하지 않는 사랑은 거짓 사랑이요, 참고 인내함이 없는 희망은 더 깊은 절망을 끌어당기는 허황된 망상에 지나지 않을 것입니다.

저의 간절한 소원은 여러분이 믿음으로 행하고, 사랑으로 수고하고, 희망으로 인내하는 모범적인 신앙생활을 이룩해 주시는 것입니다. 그래서 데살로니가 교회가 그러했듯이 우리 한빛교회가 한국 교회의 모범이 되고 나아가서 우리 한빛 가족들의 믿음의 소문이 세계 각처에 두루 퍼지기를 바랍니다.

1981년 5월 11일 김대중내란음모사건으로 군산교도소에서 복역하던 중 석가탄신일 특사로 석방된 이해동 목사와 그를 반기는 가족들.

정의의 열매는,
평화를 이루는 사람들이 평화를 위하여
그 씨를 뿌려서 거두어들이는 열매입니다.

야고보서 3장 18절

제3부

민주는 민중의 부활이요,
통일은 민족의 부활이다

1985년부터 2015년까지

"생명의 부활," 박갑영, 1994

유원규 목사의 부임

한빛교회는 유신의 어두운 바다를 비추는 작은 등대였다. 칠흑 같은 바다에 표류하는 배들을 인도하였다. 1970년대 민주화운동은 기독교계가 앞장서 이끌었다. 그러나 1980년 광주 민주화운동을 겪으면서 상황이 바뀌었다. 기독교의 평화적인 운동으로는 군사정권과 싸울 수 없다는 처절한 반성이 일어났다. 이제는 학생운동과 노동자들이 연대하여 조직적으로 싸워야만 군부독재를 무너뜨릴 수 있다고 생각하였다.

많은 젊은이들이 이 시기에 한빛교회를 떠났다. 그러나 그것이 결코 상실만을 의미하는 것은 아니었다. 한빛교회가 이들을 훈련시켜 파송한 것과 다름없었다. 이들은 각지로 흩어져 하나님의 나라를 이 땅에 만들어 가는 밀알이 되었다.

조인영은 한빛교회 대학생부에서 성장하였다. 그는 출옥 후 양장학원에 다니며 미싱을 배웠다. 공장에 들어가기 위해서였다. 공장 생활을 경험한 조인영은 한국기독교장로회 선교교육원에서 신학을 공부하여 목사가 되었다. 그는 인천에서 송현샘교회라는 민중교회를 개척하였다. 그는 "육체는 부모님으로부터 받았지만 정신적으로 태어난 곳은 한빛교회"라고 말하였다. 그에게 한빛교회란 인생의 방향을 결정해 준 이정표이자 어머니였다. 한빛이라는 어머니의 젖에서 충분한 영양분을 공급받은 젊은이들이 자신을 더 필요로 하는 곳으로 흩어진 것이었다.[*]

이해동 목사가 사역하는 동안 한빛교회를 거쳐 목회자가 된 이들은 김광수, 김종수, 권오성, 박윤수, 정진우, 조인영, 이광일 목사가 있다. 이들 외에도 전도사, 주일학교 교사, 대학생부에서 활동하던 여러 젊은이들이 한빛교회를 발판 삼아 세상으로 나아갔다.

신군부의 집권으로 숨조차 제대로 쉴 수 없던 1980년대 초반이었다. 한빛교회는 1970년대와는 달라진 위상으로 교회의 역할에 대해 고민하였다. 이러한 시점에 교회는 새로운 목회자를 맞이하였다.

1984년 영국에서 안식년을 마치고 돌아온 이해동 목사는 독일 한인교회의 초빙을 받아들였다. 교회는 서둘러 새 목회자를 찾았다. 김성재 임시 당회장이 목포연동교회에서 시무하던 유원규 목사를 모시자고 제안하였다. 당회원들은 이를 흔쾌히 받아들였다. 1984년 8월 5일 공동의회에서 교인들은 유원규 목사를 담임목사로 청빙하기로 결정하였다. 유원규 목사는 곧바로 목포연동교회에 사임 의사를 밝히고 짐을 꾸려 서울로 왔다. 1980년대 초, 이 시기에 한빛교회 목회자로 오기로 결정하는 것은 그야말로 화려한 왕좌를 거부하고 십자가를 지는 삶을 살겠다는 것을 의미하였다.

목포연동교회는 일제 말기에 장로가 순교를 당한 교회였다. 6·25전쟁 중에는 이 교회의 김개수 장로가 공산군과 교전하다가 죽었다. 최명길 목사는 끝까지 피신을 하지 않고 버티다가 공산당원들에게 죽임을 당하였다. 목포연동교회는 이처럼 순교의 피가 흐르는 교회였다. 5·18

---

[*] 1988년 5월 29일 자 한빛교회 주보에는, 조인영 전도사가 개척한 인천 송현샘교회 돕기 헌금과 김광수 목사가 개척한 성남 은행골교회를 지원한 일이 기록되어 있다.

광주 민주화운동으로 구속된 교인들이 있는 고난받는 교회이기도 했다. 그런 점에서 목포연동교회는 한빛교회의 수난의 역사와 맥을 같이하고 있었다. 유원규 목사는 1981년부터 목포연동교회를 섬겨 오던 터였다.

그때 내가 서른다섯 살이었어요. 사실 경험도 미천하고 모든 것이 당황스럽고 새로운 것이었지요. 한빛교회에 와 보니 어르신도 많고 스승님도 바로 앞자리에 앉아 계시지요, 내가 무슨 철학을 가지고 하기보다는 이 길로 가면 어떨까, 저 길로 가면 어떨까, 했어요. 그렇게 매주일 줄타기를 하는 기분이었다고나 할까요? 이미 한빛교회는 도도히 흐르는 물결이었고 살아온 역사가 있어요. 그런 역사를 바꾸기보다는, 잘 흘러갈 수 있도록 물꼬를 트는 게 목회자의 역할이 아닐까요? 뚜렷한 목회 신념을 가지고 했다기보다는 한빛교회를 내가 가로막는 일은 하지 않으면 좋겠다, 이 좋은 흐름에 내가 누가 되지 않으면 좋겠다, 이런 심정이었지요. 내가 "무얼 어떻게 해 보겠다"는 내 의지를 주입시키지는 못했던 거 같아요.

30대 중반의 새내기 목사였던 그는 스승들의 존재를 부담스럽게 느끼기보다는 든든한 지원군으로 받아들였다. 그는 곧 특유의 소탈함과 겸손함으로 과도기에 있는 한빛교회를 따뜻하게 품었다. 유원규 목사는 큰 스승들을 앞에 두고 설교와 기도를 하는 것이 어렵지 않았냐는 질문에 이렇게 답했다.

어려웠던 것은 없었어요. 오히려 든든했다고 할까요? 한번은 문익환 목사님이 예배가 끝났는데 내 손을 꼭 쥐고는 등나무 안쪽으로 가서 "오늘 기도 말이야, 고백 부분이 약해." 그러시는 거예요. 그런데 이상하게도 그게 당황스럽

1985년 2월 17일 교회창립 30주년 기념예배와 더불어 유원규 목사 담임목사 취임식, 이순신과 오복림 권사 취임식을 가진 뒤. 유원규 목사(가운데), 한선희 사모와 당회원들.

기보다는 '아! 이렇게 지적을 해 주시면 되겠구나' 싶었어요. 그게 응원가처럼 들렸어요. 나를 아껴서 말씀해 주신다는 생각이 들었고요. 오히려 참 편안했다 할까요? 여기서 내가 조금 실수를 해도 되겠구나, 저렇게 집어 주시니까, 했지요. 나중에는 그마저도 믿고 안 해 주셨지만요.

유원규 목사는 1984년 9월 첫 주부터 대예배 설교를 시작했다. 이듬해 2월 17일 창립 30주년에 취임예배를 통해 당회장이 되었다. 이날 이순신과 오복림이 권사로 취임하였다. 유 목사의 취임식이 있던 날 양성우 시인이 창립 30주년을 기념하며 시를 썼다. 그 시가 당시의 교회 분위기를 생생하게 전한다.

"오오, 나무에 매달리고 창 끝에 찔렸으니"

거름이 되리라. 큰바람 회오리치는 이 척박한
땅 위에 스미는 피, 그리고 이 가슴에 치솟는
원한을 누르며 날마다 죽는
거름이 되리라.
우리 가진 것 없는 사람들을 위하여 몸으로
오신 이와 함께 혹은 매맞고 갇히고,
오오, 나무에 매달리고 창끝에 찔렸으니
이제 우리 허공에 번쩍이는 날선 칼이 되리라.
비로소 증오를 증오로 갚고, 원수를 원수로
갚은 날선 칼이 되리라.
마지막 소리치며 드디어 쓰러져 이 나라의
흙이 되고,
어스름 길가의 이름 없는 풀잎 사이 맺히는 작은
이슬 방울로
서둘러 오는 저 새벽의 지친 발끝을 적시리라.
강처럼 넘치는 눈물의 골짜기, 떼죽음 언덕 위에
우리 먹을 것 없는 사람들을 위하여 몸으로
오신 이와 함께 무덤 속에 던져졌으니,
보아라 우리 다시 살아 불이 되리라.
겹겹이 밀리는 어둠 속에서 세상을 훔치는
모든 도둑들을 모조리 쫓고, 심지어 우리의
옷자락을 붙드는 몹시 하잘것없는 두려움까지도
떨치고 사루는 큰 불이 되리라. 큰 불이 되리라.

오직 맨몸으로 우리 가진 것 없는 사람들을
위하여 오신 이와 함께 혹은 매 맞고 갇히고,
오오, 나무에 매달리고 창 끝에 찔렸으니
이제 우리 허공에 번쩍이는 칼이 되리라.
비로소 증오를 증오로 갚고, 원수를 원수로
갚는 날선 칼이 되리라.

양성우는 "옷자락을 붙드는 몹시 하잘것없는 두려움까지도 떨치고" 일어나 칼이 되자는 비장한 시로 창립 30주년을 축하했다. 아닌 게 아니라, 참으로 비장한 각오를 다지며 교회에 나와야 하던 시절이었다.

유원규 목사는 맨 먼저 목사의 오랜 부재로 뒤숭숭해진 교회 분위기를 안정시키는 데 주력하였다. 지난 몇 년 동안 반복된 투옥과 일상적인 감시를 겪은 한빛 교인들은 일종의 정신적 외상을 겪고 있는 듯했다. 교회 분위기는 냉랭했다. 교인들은 새로 찾아온 신도들에게 마음을 열지 않았다. 유 목사는 교회가 일상을 되찾아 갈 수 있는 방법을 고민하였다.

그는 먼저 교회 조직을 재정비하였다. 흩어졌던 남신도들을 독려하여 1985년 4월 21일에 남신도 조직총회를 열었다. 연이어 5월 26일에는 여신도회를 둘로 나누어 제2여신도회를 창립하였다.* 1986년 1월부터는 배태진 전도사가 부교역자가 되었다. 유 목사는 배 전도사와 파트너십을 이루어 교회에 활력을 불어넣을 여러 가지 프로그램을 기획

---

* 1985년 4월 21의 남신도회 총회에서 회장 이학전 장로, 부회장 이충근 집사, 서기 오승룡 집사, 회계 서진호 집사가 선출되었다. 제1여신도회는 회장 정경희 집사, 부회장 제갈저 집사, 서기 이윤경 집사, 회계 김옥회 집사를 선출하고, 제2여신도회는 회장 윤수경 집사, 부회장 김성심 집사, 서기 박기순 집사, 회계 김자순 집사를 세웠다.

하였다. 그리하여 주일 오후 시간에 평신도대학을 개강하고, 3월부터는 한 달에 한 주일을 전가족헌신주일로 정하였다.

유목사의 설교는 교인들에게 힘을 북돋아 주었으며 신앙생활의 길잡이 역할을 해 주었다. 그는 성경 속 이야기를 오늘 우리의 삶과 잘 연결시켜 일상을 새로운 시각으로 바라보게 해 주었다. 한운석 집사는 그의 설교에 대해 이렇게 말하였다.

유목사님 설교는 마치 기승전결이 잘 되어 있는 한 편의 문학작품 같아요. 설교에 유머가 들어가서 지루하지 않아요. 또 시국에 관한 문제들을 잘 요약해서 우리가 꼭 성찰해야 할 내용들을 잘 전달해 주었어요. 특히 목사님은 주례사도 참 잘하세요. 짧은 시간 안에 신혼부부에게 교훈적인 내용을 딱딱하지 않게 잘 전달하세요.

유원규 목사는 한빛교회를 섬기는 일에 머물지 않고 하나님의 선교지인 세상을 향해 나갔다. 1986년 11월 18일 한국기독교교회협의회(KNCC)가 주최하는 '나라와 민족을 위한 성회'에 참석한 목회자 가운데 150여 명이 민정당사를 방문하여 "민주화를 열망하는 목회자 선언"을 발표하였다. 이때 목회자 52명이 종로경찰서에 연행되었다. 유원규 목사와 감리교의 김영주 목사(뒤에 KNCC 총무가 됨)가 이 사건을 주도하여 준비하였다. 또 1987년 5월 4일부터 13일까지 한국기독교장로회 선교교육원에서 전국목회자정의평화실천협회의

2009년 한빛나들이예배를 인도하는 유원규 목사.

1985년 풀무원 농장에서 열린 중고등부 수련회에서. 오른쪽부터 한선희 사모, 오복림, 박용길, 김동숙, 오복림의 손녀 김효선, 앞줄의 어린이는 형빈, 형경 남매.

(이하 '목정평') 회원 목회자 35명이 삭발을 하고 열흘 동안 단식하였다. 유 목사도 함께 단식하며 6월항쟁의 열기를 모았다. 그 뒤 유 목사는 목정평 의장, 한국기독교장로회 총회 사회부장, KNCC 인권위원회 위원장, 정의평화위원회 위원장, 민주평통 기획특별회위원회 간사, 통일맞이 이사 등의 직책을 감당하였다. 인권운동과 통일 운동을 하는 단체에서도 활발하게 활동했다.

　한선희 사모는 따뜻하고 온화한 성품으로 교인들을 섬기며 유 목사와 함께 사역하였다. 그는 한빛교회 특유의 '우직함'을 이해하는 데 오랜 시간이 걸렸다고 털어놓았다.

교회에 부임한 지 얼마 안 되어 김옥희 집사님을 모시고 꽃꽂이 강습을 한다고 홍보를 했는데, 교인들은 아무도 안 오고 동네 사람들이 몇 명 왔지요. 이런 식으로 자꾸 실패가 누적되니까 처음에는 참 실망이 되었어요. 성경공부를 한다고 해도 안 오고요. 그러다가 차차 교회 성격을 이해하게 되었어요. 우직함, 변함없음. 아! 그래서 이 교회가 고난 속에서도 교회를 지켰구나. 이런 우직함이 장점이자 단점이지요. 목회자로서는 진이 빠지는 일이기도 했어요. 그러다가 나중에는 한빛교회의 '변함없음'을 참 사랑하게 되었지요.

이제는 시대가 달라졌기에 한빛교회라는 이름으로 깃발을 꽂고 운동을 할수는 없겠지요. 그러나 교회에서 말씀으로 선포를 하면 교인들이 흩어져서 각자 자기 분야에서 목소리를 내 주고 있는 것이 아닐까 생각해요.

여러 교역자들이 유목사와 함께 한빛을 섬겼다. 김종수 전도사가 1985년 3월 말 퇴임하였다. 혼자 동분서주하던 유원규 목사를 도와 1986년 새해 첫 주일부터는 배태진 전도사(뒷날 한국기독교장로회 총회 총무가 됨)이 사역하였다. 1989년 2월 이은우 준목(현재 성남 온누리교회 담임목사), 1992년 1월 배광진 전도사(2008년 4월 3일, 총회 해외선교부 목사로 미얀마 출장 중 급성뇌출혈로 마흔세 살에 사망), 1998년 1월 정웅용 전도사(현재 정읍에서 농사), 2000년 12월 이원표 전도사(현재 수원 영생고등학교 교목) 들이 차례로 한빛교회를 섬겼다. 홍승헌 목사는 2006년 9월에 부임하였다. 이 기간에 이수찬 목사(현재 총회 출판국 근무), 구본순 목사, 나석호 전도사, 이광철 전도사, 고수봉 전도사를 비롯하여 많은 신학생들이 한빛교회를 섬겼다.

차풍길 집사 가족이 겪은 인권 유린

정당성을 갖지 못한 군부는 공포로 세상을 통치하였다. 그들은 권력을 공고히 하기 위해 수단과 방법을 가리지 않았다. 많은 무고한 시민들이 삼청교육대와 군대로 끌려갔다. 인간으로서 누릴 수 있는 평범한 일상을 박탈당했다. 한빛 교우들 가운데에서도 국가 폭력으로 고통을 당한 이들이 많았다. 그 가운데서도 차풍길, 박명자 집사 가족이 겪은 인권 유린은 잊어서는 안 될 일이다.

차풍길은 평범한 시민이었다. 그는 동두천 미군부대 앞에서 양복점을 운영하였다. 양복점이 망하는 바람에 1981년 쌍문동으로 와서 이불집을 시작했다. 그는 올망졸망한 아이들 다섯을 둔 서른아홉 살의 가장이었다.

1982년 8월 7일 아침, 이불을 맞추러 오겠다는 전화가 걸려 왔다. 그는 대걸레질을 하며 손님들을 기다렸다. 박명자 집사는 피곤해서 누워 있었다. 검은색 승용차를 타고 온 세 명의 남자는 의정부 세무서에서 왔다고 하였다. 그들은 잠깐 세무서에 같이 가자며 차풍길을 자동차에 태웠다. 그는 반바지에 슬리퍼 차림인 채로 자동차에 탔다. 그런데 차가 의정부가 아닌 다른 방향으로 갔다. 도착지는 남산 안기부였다. 그곳에서 차풍길은 66일 동안 입에 담을 수 없는 온갖 고문을 당하였다. 그는 운동권 근처에도 가 본 적 없는 평범한 소시민이었다.

차풍길의 부친은 재일 교포였다. 그는 아버지의 초청으로 1970년대 초반에 일본에 세 번 다녀온 적이 있었다. 일본에 사는 그의 작은아버지는 어려서 일본에 간 바람에 아는 것도 별로 없고 물정에 어두웠다. 그는 조선학교가 북한 쪽 학교인 줄도 몰랐다. 자식들에게 한글을 가르치기 위해 아이들을 가까이에 있는 조선학교에 보냈다. 작은아버지는 조선학교를 통해 자신도 모르는 사이에 조총련에 가입되었다. 설사 작은아버지가 조총련으로 활동을 했다손 쳐도 차풍길은 일본에 가서 작은아버지를 만난 일이 없었다. 조총련과 관련된 그 누구도 만나지 않았다. 아버지를 만나고, 자신이 태어난 오사카를 구경했을 뿐이었다. 고문관들은 조총련계의 최씨, 김씨, 이씨, 박씨 가운데 누구를 만났냐고 윽박지르면서 그를 간첩으로 조작했다.

고문관들이 질문지를 가지고 와서 나한테 세뇌 교육을 시키는 거예요. 일본에 가서 조총련들이 어떤 생활을 하고 있다고, 금시초문이고 전혀 들어본 적도 없는 것들을 나에게 주입을 시키는 거예요. 그것을 내가 다 못 외우면 두들겨 맞는 겁니다. 얼굴이 부어서 밥도 못 먹고, 소변에서 피가 막 나오고, 아파서 가슴을 만지지도 못했어요. 다리는 팅팅 붓고, 암흑의 세계에서 내가 그런 일을 당했으니, 천하장사라도 그 사람들이 시키는 대로 안 할 수가 없지요. 그래서 다 외웠죠.
— 차풍길 인터뷰, 2015

밤과 낮을 구분할 수조차 없는 지옥에서의 66일을 살아 내고 서울구치소로 수감되었다. 감방에서 주어진 낡은 모포가 그 어떤 호텔의 침대보다 더 안락하고 편안하게 느껴졌다. 그렇게 마음이 평온할 수가 없었다. 그런데 이틀 뒤에 누군가가 면회를 왔다. 나가 보니 그를 고문했던 고문관들이었다. 그들은 그를 서대문구치소 지하 골방으로 끌고 가 또다시 두들겨 팼다. 그러고는 조서에 쓴 내용을 검사 앞에서 순순히 인정하라고 협박하였다. 차풍길은 이들을 보기만 해도 "소가 도살장에 끌려 들어가는 듯"한 심정이었다.

조서 내용은 어처구니가 없었다. 미군부대 앞에서 양복점을 하면서 미군들이 훈련하는 것을 본 것이 '군사 동향'을 살핀 것이 되었다. 박정희 대통령이 수출 100억 달러 달성 기념행사를 치렀다는 뉴스를 신문에서 본 것은 '경제 동향'을 살핀 것이 되었다. 신문에서 YH 사건을 읽은 것은 '노사 관계'를 파악한 것으로 꾸며졌다. 이렇게 살핀 국내 동향을 그가 일본에서 잠시 취업했을 때 재일 교포 아르바이트 학생에게 주어서 북한으로 전달했다는 것이었다.

차풍길, 박명자 부부와 아이들 상희, 현례, 향례, 상우. 큰아들 상희의 초등학교 졸업식 때 찍은 사진이다. 가족은 차풍길이 7년에 걸친 수감 생활을 견디게 한 힘이었다.

재판관은 차풍길을 홀로 세워 놓고 "땅, 땅, 땅!" 나무 봉을 두드리며 재판을 하였다. 그의 부인 박명자는 문을 박차고 들어가 억울하다고 울부짖었다. 다음 날 9시 '땡전' 뉴스는 재일 교포 간첩 사건을 보도하며 공포감을 조성하였다. 조간신문에 차풍길의 얼굴이 대문짝만하게 실렸다.

차풍길은 7년이라는 긴 세월을 복역한 뒤 1989년에 석방되었다. 그는 모범수였다. 그동안 어머니는 병들어 돌아가시고, 아이들은 훌쩍 커버렸다. 분단으로 인해 빚어진 재일 교포 간첩조작 사건! 그 억울함을 누가 풀어줄 수 있을까? 잃어버린 7년의 세월을 어떻게 보상할 수 있단 말인가!

오직 하나님만이 그의 호소를 들어주시고 위로해 주셨다. 하나님은 그의 결백을 아셨다. 그는 서대문구치소에서만 성경을 세 번 읽었다. 광주교도소에서는 기독인들이 모여 있는 방에서 지낼 수 있었다. 성경공부도 하고 성가대에서 찬양을 하며 하루하루를 견디었다. 뒷날 재심을 청구하여 26년 만인 2008년 7월 1일, 그는 무죄를 선고받았다.

차풍길이 억울하게 감옥에 갇혀 있는 동안 가족들이 그 고난을 어떻게 이겨 냈는지, 부인 박명자는 이렇게 회고하였다.

우리 시어머니는 특별히 아들 사랑이 많으신 분이라 맨날 저녁이면 아들 사진을 볼에다 대고 울고 앉아 계셨어. 그때 큰 아이들은 한창 사춘기에 들어설 때인데 아이들이 공부를 할 수가 없어. 저녁 8시만 되면 하루도 안 빠지고 가정예배를 꼭 드렸어. 새벽기도도 하고. 아이들한테는 학교 끝나면 꼭 이불가게로 왔다가 가라 했어. 신앙이 없었으면 못 버텼어요. 저녁 10시에 가게 문 닫고는 무서운 줄도 모르고 기도원의 무덤 같은 기도실에 혼자 들어가 밤새 울면서 기도했어요. 새벽에 차 얻어 타고 나오면 4시면 집에 와. 아이들 밥해서 먹이고, 물건 하러 시장에 가곤 했어요. 그때 한빛교회가 마음에 큰 위로가 됐지.

박명자 집사는 다른 교회에 다니고 있었다. 그러나 남편이 간첩 사건에 연루되자 교회가 자신을 부담스러워하는 것이 느껴졌다. 그는 고난받는 이들을 위한 갈릴리교회가 있다는 것을 알게 되었다. 갈릴리교회의 담임목사 문익환은 "죄가 없으면 나올 거야. 괴로운 일을 당한 후에 기쁜 일이 생긴다."며 함께 울며 위로해 주었다. 문 목사는 교회에서 만나면 껴안아 주며 다독이고 파스요법*으로 아픈 곳을 치료해 주기도 하였다. 갈릴리교회가 중단되면서 박 집사는 자연스럽게 한빛교회 식구가 되었다. 한빛

---

* 파스요법은 문익환 목사가 감옥에서 개발한 건강 요법이다. 침을 구할 수 없어 대신 파스를 경혈 자리에 붙여 치료하는 것으로 그는 출옥 후 많은 이들을 이 요법으로 치료하였다.

교회 교인들은 무심한 듯하면서도 모든 것을 다 이해하고 감싸 주었다. 차풍길이 감옥에서 보낸 7년 동안의 세월은 한빛교회 주보에 이렇게 한 줄로 남아 있다.

1990월 2월 27일 차풍길 교우 출감(7년 만에 대구교도소에서).

민주는 민중의 부활이요, 통일은 민족의 부활이다

1976년, 하나님은 문익환 목사를 3·1민주구국선언문 사건을 통해 세상으로 불러내셨다. 그로부터 10년 뒤, 하나님은 그를 민주화운동을 대표하는 단체의 지도자로 세우셨다. 1985년 3월에 결성된 민주통일민중운동연합(이하 '민통련')의 의장으로 선출된 것이었다. 청년 운동을 하던 장영달도 하나님께서 함께 세워 크게 쓰셨다. 그는 민청련(민주화운동청년연합)에서 파견한 총무국장으로 민통련에서 일하게 되었다. 민통련은 1986년 중반부터 대통령을 국민의 투표로 직접 뽑자는 "직선제 개헌"을 슬로건으로 내걸고 싸우기 시작하였다.

직선제 개헌을 외치는 투쟁에 야당이 가담하였다. 불안해진 정부는 이들을 위축시키려는 의도로 문익환 목사를 지명수배 하였다. 당국이 내세운 빌미는 1986년 인천 5·3항쟁*과 서울대, 계명대에서 한 강연이

---

* 1986년 5월 3일 신민당사 개헌추진 지부 현판식 대회가 있던 날 인천에서 일어난 대규모 시위를 인천 5·3항쟁이라고 한다. 이날 재야 및 학생 운동권 세력은 전두환 정권 퇴진, 대통령 직선제와 민중 생존권 보장을 요구하며 인천 주안 시민회관 사거리 일대에서 시위를 벌였다. 검찰은 이날의 시위를 좌경 용공 세력에 의한 체제 전복 기도로 단정하고 120명을 구속하고 60여 명을 지명수배 하였다.

선동죄에 해당된다는 것이었다. 문 목사는 대구 계명대 강연을 마치고 경찰서로 자진 출두하였다. 그는 '집회와 시위에 관한 법률'로 기소되었으나 재판을 거부하였다.

한빛 교인들은 한국기독교교회협의회(KNCC) 인권위원회 사무실에서 5월 28일에서 30일까지 사흘 동안 문익환 목사 석방을 위한 농성을 하고 성명서를 발표하였다. 장영달 교우도 5월 3일 인천에서 열린 개헌추진 경기·인천지부결성대회를 주동한 혐의로 수배 상태에 있다가 8월 21일에 구속되었다.

이들이 감옥에 있는 동안 직선제 개헌의 열기는 점점 더 뜨거워졌다. 1987년 1월 14일, 서울대 박종철 학생이 물고문으로 사망하였다. 그의 죽음에 대한 진상 규명과 독재 타도를 외치는 시민들이 거리로 나오기 시작하였다. 6월 9일, 연세대 정문에서 시위하던 이한열이 최루탄에 맞아 중태에 빠진 사건은 6월 항쟁의 기폭제가 되었다.

1987년 5월 27일 민주헌법쟁취 국민운동본부가 발기인 2,191명의 이름으로 결성되었다. 문익환 목사가 고문, 이우정 장로와 박용길 장로가 상임 공동대표, 문동환 목사가 공동대표를 맡았다. 유원규 목사, 안계희 장로를 비롯하여 김병걸, 장영달, 윤수경, 양성우, 김인한, 김혜식, 고광헌, 최미희, 교우가 발기인으로 참여하였다. 문익환 목사와 함께 옥살이를 했던 장영달의 이야기를 들어 보자.

넉 달을 도망 다니다 붙잡혀 세 번째로 구속이 되었어요. 1년 형을 받고 안양교도소로 갔더니 거기에 문익환 목사님이 계시더군요. 안양교도소는 지은 지 오래되어서 불에다가 구워 놓은 화덕 같았어요. 작은 방에서 잡범 예닐곱 명과 같이 있는데 여름에 더워서 도저히 살 수가 없어요. 거기서 문 목사님과 같이 살다가 이한열 장례식 바로 전날에 석방되었어요. 우리는 나오자마자 연세대학교로 갔어요. 학교에 사람이 꽉 찼어요. 목사님은 집에도 안 가시고 곧장 이한열의 장례식장으로 가셨지요. 목사님은 장례식에서 죽은 스물여섯 명의 열사 이름을 목이 터져라 외치셨지요.

1987년 6월 민주 항쟁으로 우리나라의 민주주의는 질적인 발전을 이루었다. 그토록 염원하던 직선제를 비롯한 제도적 민주주의가 이루어진 것이었다. 시민들의 힘으로 일구어 낸 승리였다. 그러나 한반도에는 아직도 분단의 철조망이 나라를 가르고 있었다. 통일이 되지 않는 이상 진정한 민주주의는 이루어질 수 없었다. 권력자들은 분단을 통치 수단으로 악용해 저희에게 반대하는 민주 세력을 좌익, 용공, 종북주의자로 몰아 탄압해 왔기 때문이다.

그로부터 2년 뒤, 1989년 새해 첫날, 문익환 목사는 밤을 꼬박 새워 가며 "잠꼬대 아닌 잠꼬대"라는 시를 썼다.

난 올해 안으로 평양으로 갈 거야
기어코 가고 말 거야, 이건
잠꼬대가 아니라고 농담이 아니라고
이건 진담이라고
…
난 걸어서라도 갈 테니까
임진강을 헤엄쳐서라도 갈 테니까
그러다가 총에라도 맞아죽는 날이면
그야 하는 수 없지
구름처럼 바람처럼 넋으로 가는 거지

이 시를 쓴 때로부터 석 달쯤 뒤인 부활주일 아침, 한빛 교우들은 방송을 통해 충격적인 소식을 들었다. 문익환 목사가 3월 25일에 평양에 갔다는 것이었다. 통일의 필요성을 설득하며 평양에 가겠다고 잠꼬대처럼 말해 오던 그였지만 설마 진짜 가리라고는 그 누구도 짐작하지 못하였다. 문 목사는 "잠꼬대가 아니라고, 농담이 아니라고" 분명히 말했지만 이 시를 곧이곧대로 받아들인 사람은 없었다.

그는 평양의 봉수교회에서 "저는 민주는 민중의 부활이요, 통일은 민족의 부활이라고 믿는 사람입니다"라는 말로 이야기를 시작했다.

예수의 죽음은 갈릴리 민중의 죽음이었습니다. 기다리던 구원, 자유와 해방이 예수와 함께 이루어지리라고 믿고 따르던 민중은 예수의 죽음과 함께 죽었던 겁니다. 그의 죽음이 민중의 죽음이었다면, 그의 부활은 민중의 부활밖에 없습니다. 예수와 함께 다시 살아난 민중의 모임이 교회였던 것입니다. 그래서 교회를 다시 사신 그리스도의 몸이라고 하는 것이 아닙니까?

과연 무엇이 그를 평양으로 보낸 것일까? 하나님은 왜 그를 북한으로 보내신 것일까?

바로 한 해 전, 1988년은 '분신 정국'이라고 불릴 만큼 수많은 젊은이들이 분신과 투신으로 죽어 갔다. 그는 분단과 반공의 깜깜한 절벽 앞에서 몸을 내던지는 젊은이들을 보며 이 죽음의 행렬을 멈추기 위해 자신이 목숨을 걸고 북한을 방문해야겠다고 결심하였다.

그러나 그의 통일에 대한 염원은 더 뿌리 깊은 것이었다. 가족들이 공산주의의 탄압을 피해 북간도에서 남으로 내려온 그날부터 그는 통일을 간절히 염원해 왔다. 공산주의 정권에게 재산과 땅을 빼앗기고 남쪽으로 내려온 대다수의 기독교인들은 반공주의 사상에 꽁꽁 묶여 있었다. 그러나 문익환은 반공주의에 옭매이지 않았다. 그는 인간들이 만들어 낸 불완전한 이념과 체제를 넘어선 새로운 질서를 꿈꾸었다. 그는 시간이 흐르면 흐를수록 정부가 주도하는 통일은 불가능하다는 것을 확신하게 되었다. 정부 주도의 통일 논의에 기대를 걸었다가 번번이 실망했기 때문이었다. 민중이 직접 나서서 통일을 이끌어 내야 한다고 믿게 되었다. 그리고 그 믿음에 따라 그는 예언자답게 행동하였다. 하나님이 역사를 이끄심을 믿은 것이었다.

그는 자유인이었다. 그는 회담장에 들어서자마자 두 팔을 벌려 김일성 주석을 힘껏 부둥켜안았다. 그런 그의 모습을 보고 남쪽의 언론들은 그가 '빨갱이'임이 증명이라도 된 듯 호들갑을 떨었다. 그의 어머니 김신묵 권사는 "목사니까 김일성이를 안아 주지 누가 안아 줘!" 하며 울부짖었다.

문 목사는 김일성 주석과의 담판에서 "북쪽이 주장하는 통일을 이루자면 부지하세월입니다"라고 주장했다. 고려연방제 통일안에서처럼 외교와 군사를 모두 연방정부에 귀속시키는 방안은 현실적으로 단기간에는 불가능하다는 것이었다. 그러자 김 주석은 말하였다. "좋습니다. 한꺼번에 할 수도 있고 협상을 통해서 단계적으로 할 수도 있습니다." 남쪽의 통일 방안에 북쪽이 동의해 준 것이었다. 문 목사는 다방면에 걸친 교류가 진행되면 긴장이 완화되어 민중은 통일을 향해 행진할 것이라고 믿었다. 그래서 그는 김 주석에게 힘주어 말하였다. "다방면에 걸친 회담과 교류는 정치, 군사 회담에 좋은 압력이 됩니다." 김주석은 양자를 동시에 추진하는 데 선뜻 수긍해 주었다. 이렇게 김 주석이 남쪽의 중요한 통일 방안들을 받아들인 것은 문 목사가 김일성과의 담판에서 거둔 매우 중요한 성과였다. 이것은 김일성의 1991년 신년사에도 반영이 되어 '느슨한 연방제'로 방향을 틀게 하였고, 뒷날 2000년 김대

문익환 목사를 수행해 북한에 다녀온 유원호 집사, 그 뒤에 1989년 6월 방북했던 임수경과 그의 손을 꼭 잡고 있는 문익환 목사가 앉아 있다.

중 대통령과 김정일 위원장과의 회담이 결렬 위기에서 북쪽의 낮은 단계의 연방제나 남쪽의 남북연합이 서로 통하는 데가 있으니까 그런 방향으로 노력하기로 한다는 합의에 다다를 수 있게 만들었다. 1988년 KNCC의 통일 선언인 "민족의 통일과 평화에 대한 한국기독교회 선언"이 기독교회 안에 통일 논의를 활성화시키는 계기를 만들었다면, 문 목사의 방북 사건은 통일 논의를 전 국민의 관심사로 확산하고 심화시켰다.

한빛교회 교인들은 그의 방북을 어떻게 받아들였을까? 문익환 목사의 방북으로 온 나라가 벌집을 들쑤셔 놓은 것 같았다. 보수적인 교회들은 제쳐 두더라도 진보적이라고 믿었던 한국기독교장로회 안에서도 찬성과 반대 의견이 분분하였다. 운동권에서도 그의 방북으로 공안 정국이 만들어졌다며 그의 방법론을 비난하였다. 그러나 한빛교회 교인들 가운데에서는 단 한 명도 이견을 말하는 사람이 없었다. "문 목사님이 하셨으면 필요한 일이어서 하셨을 것이다. 그가 한 일이라면 옳은 일이다." 교인들은 전적으로 문 목사를 믿었다. 한빛교회는 방북 사건 이후 지역과 사회로부터 빨갱이 교회로 낙인찍히게 되었지만 어느 누구도 문 목사를 비판하거나 원망하지 않았다. 유원규 목사는 그때의 상황을 이렇게 회고했다.

저에게는 굉장히 감동적이었어요. 한빛교회는 결정적인 순간에는 흩어지는 게 아니라 하나로 모여요. 그것을 내가 정말 눈으로 확인했던 게 문 목사님 방북 사건이에요. 문익환 목사가 방북한 이후에 흩어진 사람이 한 명도 없었어요.

1989년 4월 13일, 방북을 마치고 돌아온 문익환 목사는 비행기 안에서 "민족적 치욕을 흠뻑 뒤집어쓰며 무자비하게" 끌려가 다섯 번째 옥고를 치렀다. 19개월의 옥고가 그에게 유난히 힘들었던 것은 비단 일흔두 살이라는 나이 때문만은 아니었다. 그가 죽음을 무릅쓰고 감행한 방북에 대한 오해와 비난이 그를 괴롭혔다. 그는 방북을 통해 남과 북의 관계가 개선되기를 바랐으나 도리어 악화된 것 때문에 몹시 괴로워했고 병을 얻었다. 한빛 교인들은 기도와 단식과 농성으로 그와 함께했다.

그가 서울에 도착한 4월 13일(목)부터 15일(토)까지 60시간 동안 교인들은 릴레이 기도를 이어 갔다. 4월 18일부터 27일까지 전국목회자정의평화실천협의회가 주관한 통일과 민주를 염원하는 단식 기도회에 유원규 목사가 참여하였다. 6월 1일에는 문익환 목사의 71회 생신을 맞아 한빛 가족들과 재야 인사 50여 명이 안양교도소를 찾아가 정문 앞에서 큰 소리로 생신축하예배를 드렸다. 권사회에서는 6월 19일에 문익환 석방을 위한 철야 기도회를 가졌으며, 그 자리에서 매월 둘째 월요일마다 나라와 민족을 위한 철야 기도회를 계속 갖기로 결정하였다.

날씨가 점점 추워지자 문익환 목사는 건강이 악화되었다. KNCC 인권위원회 사무실에서 문 목사의 병원 치료를 요구하는 가족들의 농성이 43일 동안 계속되었다. 그리하여 문익환 목사는 1990년 1월 16일 진찰을 위해 서울대학병원에 입원하였다.

1990년 4월 1일 한빛교회 예배에서 한빛 가족과 문익환 목사 가족 이름으로 "문익환 목사 방북 1주년을 맞으며"라는 제목의 성명서를 발표하였다.* 그리고 7월 29일 한빛교회 당회는 문익환 목사가 석방될 때까지 한빛 가족들은 각자의 처소에서 매일 밤 11시에 기도하는 시간을 갖기로 하고, 9월 한 달 동안은 주일 아침마다 금식하기로 정하였다. 9월 한 달 동안 온 교인이 오전 10시 40분에 교회에 모여 문 목사의 건강과 민족의 앞날을 위해 뜨겁게 기도했다.

사랑하는 한빛 교우들에게

…그동안도 한빛교회 식구들이 끊임없이 저를 위해서 기도해 주시는 걸 제가 어찌 잊을 수가 있겠습니까? 더군다나 9월 한 달, 주일날마다 온 교인들이 아침을 굶으며 저를 위해서 기도해 주신다니, 뭐라고 고맙다고 말을 할 길이 없습니다.

기도해 주세요. 뜨겁게, 뜨겁게 기도해 주세요. 그런데 저에게는 그렇게 많은 기도가 필요한 게 아닙니다. 여러분의 기도 말고도 전국에서 또 세계 각국에서 올리는 많은 기도가 저 위에 쏟아지고 있습니다. 저는 그 기도들을 이 나

---

* 성명서 원문은 이 책의 부록(436쪽)에 실려 있다.

라와 겨레에게 돌려 달라고 하느님께 빕니다. 제가 빌기 전에 여러분의 기도는 본래부터 나라와 겨레를 위한 기도입니다.

저는 얼마 동안 김병곤이라는 젊은 동지 하나만을 위해서 기도해 왔습니다.…그 하나에 초점을 맞추어 드리는 기도가 우리 전체를 위한 기도라는 걸 깨달았습니다. 하나 사랑이 전체 사랑이 된다는 걸 깨달은 것입니다. 하나를 진정 사랑하지 않으면서 나라와 겨레, 더 나아가서 인류를 사랑한다는 것은 거짓말입니다. 아흔아홉 마리 양을 들에 두고 길 잃은 양 한 마리를 찾아 나서는 목자의 심정을 비로소 알 수 있었습니다….

저는 영원한 죄인입니다. 제 목숨을 다 바쳐서 갚아도 억만 분의 일도 갚을 수 없는 사랑의 빚을 하느님께 빚진 죄인입니다. 게다가 여러분의 기도의 빚까지 지게 되었습니다.

문익환 목사는 수유리 통일의 집에 다녀가는 친지들이 골목을 빠져나갈 때까지 손을 흔들며 배웅하곤 했다. 이 사진은 돌아가시던 날 저녁의 마지막 모습을 박용수 선생이 찍은 것이다.

그러나 감사한 것은 '사랑의 빚'만은 지라는 성경 말씀이 있다는 사실입니다. 감사하고 또 감사합니다.

다시 뵈올 날을 기다리면서.

1990. 8. 9. 문익환 드림

문익환 목사의 죽음과
박용길 장로의 방북

그로부터 5년의 세월이 흘렀다. 1994년 1월 18일, 문익환 목사는 갑작스런 심근경색으로 하나님 곁으로 갔다. 한빛 교우뿐만 아니라 그를 믿고 의지하던 남과 북의 민중들은 큰 슬픔에 빠졌다. 신앙의 푯대와도 같던 선배이자 존경하는 목자를 잃은 무리들이 장례식장으로 몰려들었다.

그는 더 이상 한빛교회만의 문익환 목사가 아니었다. 그는 노동자, 농민들과 소외된 모든 민중들의 목자였다. 한빛 교우들은 그를 교회에서 자주 보기 힘들었다—그가 자주 감옥에 들어가 있었기 때문이었다. 그가 때론 너무 크게 느껴져 다가가기 어려웠다. 그러나 문 목사는 가끔씩 교회에 오면 한없이 너른 품으로 교인들을 한 명씩 뜨겁게 안아 주었다. 아픈 이의 손과 발을 어루만지며 기를 넣어 주고 파스를 붙여 주었다. 그런 모습에서 사람들은 소탈한 '예수쟁이'의 향기를 느꼈다. 그를 더 존경하고 사랑하게 되었다.

공교롭게도 같은 해 1994년 7월 8일, 북한의 김일성 주석이 사망하였다. 7월 25일 김영삼 대통령과의 50년 만의 역사적인 정상회담을 불과 17일 남겨 두고 갑작스레 세상을 떠난 것이었다. 우리 정부는 조문

사절을 보내지 않았다. 통일을 약속하며 함께 만났던 문 목사와 김 주석이 불과 여섯 달 사이로 세상을 떴다. 통일 논의는 당분간 주춤할 수밖에 없었다.

김 주석은 문 목사의 장례에 조문을 보내온 터였다. 박용길 장로는 김일성 주석 1주기 추모 행사에 참석하여 그에 답례하고자 했다. 그는 남편의 부재로 통일 논의가 중단되고 있는 것이 무척 안타까웠다. 어떻게든 그 불씨를 되살리고자 하는 마음에 고령의 나이를 무릅쓰고 북

1995년 8월 31일, 의연한 모습으로 판문점을 넘어오는 박용길 장로.

한을 방문하기로 결단하였다. 박용길 장로는 "갔다 오면 징역살이 할 것을 각오해야 하는데," 그는 "남편의 11년 3개월에 걸친 옥살이를 체험하고 싶었기 때문에" 마음을 다지면서 방북을 결심하였다. 하나님은 그에게 참으로 담대함을 선물로 주셨다. 그리하여 그는 1995년 6월 28일부터 7월 31일까지 북녘에서 한 달 남짓 머물며 의미 있는 시간을 보냈다. 박용길 장로는 만세를 부르며 당당하게 휴전선을 넘어왔다. 김영삼 정권은 휴전선을 넘어온 일흔여섯 살 할머니를 그 자리에서 구속하였다.

당회는 곧바로 교인들의 이름으로 장로이기도 한 김영삼 대통령에게 보내는 탄원서*를 발표하였다. 김순필 장로가 초안을 작성하였다.

---

* 이 책의 부록(437쪽)에 그해 8월 15일에 발표된 성명서 전문이 실려 있다.

박용길 장로는 교인들의 생일 때나 교회 창립기념일 때는 손수 정성스레 천을 잘라, 성경 구절을 붓글씨로 곱게 적어, 책갈피로 쓰라며 선물로 주기도 하며, 언제나 밝은 낯으로 교우들을 맞이하며, 교인들의 신앙에 큰 위로와 힘이 되었습니다.

작년 문익환 목사의 갑작스런 별세로 박용길 장로는 남편 없는 빈 방에 큰 사진을 걸어 두고 24시간 촛불을 켜 두며, 민족의 화해와 하나 됨을 위해 외로움을 달래며 열심히 살아왔습니다.

그가 허혈성 심장 질환을 앓는다는 소식에 놀라지 않을 수 없었습니다. 어디서도 쉽게 잠자며 무슨 음식이든지 잘 소화해 내던, 그렇게도 건강하던 분이 어찌 이런 상태가 되었을까요? 저희는 허혈성 심장 질환이 바로 문익환 목사의 사망 원인이었음을 기억하기에 걱정과 우려가 앞섭니다. 76세의 생일을 교도소에서 맞이하고 병까지 얻어 고생한다고 생각하니 가슴이 미어집니다.

10월 6일부터 가족과 민가협, 한빛 교우들은 건강이 악화된 박용길 장로의 석방을 위한 농성에 돌입하였다. 결국 박 장로는 10월 20일에 구속 정지로 삼성의료원에 입원 후 재수감 되었다가, 1995년 11월 30일, 선고 공판에서 집행유예 3년을 선고받고 석방되었다. 그는 자신의 희생과 행동으로 남북 관계가 풀리기를 간절히 기도하였다. 어떻게든 통일 운동의 불꽃이 꺼지지 않고 있다는 것을 보여 주어야 했다. 그는 다만 몇 달만이라도 남편이 겪은 옥살이에 동참해 볼 수 있었던 것에 대해 하나님께 나지막이 감사의 기도를 올렸다.

박용길 장로가 생일을 맞은 교우들을 위해 손수 글씨를 써서 만든 성경 책갈피.

문익환 목사가 예언자처럼 홀연히 일어나 외쳤던 주장들은 십 여 년이 지난 뒤에야 비로소 이해되기 시작하였다. 김일성과의 회담 직후 문익환과 허담의 이름으로 4·2공동성명을 발표하였다. 그때로부터 11년이 지난 2000년, 김대중 대통령과 김정일 국방위원장의 역사적인 남북정상회담이 이루어졌다. 그 정상회담에서 발표된 6·15선언은, 4·2공동성명을 기반으로 완성되었다고 해도 과언이 아닐 정도로 두 문서는 역사적인 맥락이 닮아 있었다. 4·2공동성명은 문익환 목사로 상징되는 시민사회가 전면에 나서서 만들어 낸 남북 합의문이었다. 시민사회의 통일 구상이 남과 북의 당국을 움직여 결국 6·15선언을 이끌어 낸 셈이었다.

4·2공동성명에서 천명한 '공존과 점진성'의 원칙은 비록 남에서는 일시적으로 거부되긴 했지만, 김대중 정부의 등장과 더불어 남한 정부 통일 정책의 기본 기조가 되었다. 사람들은 그제야 뒤늦게 "문익환 목사가 통일의 물꼬를 튼 것이었구나!"하며 깨달았다.

유원규 목사는 2000년 3월 25일에 평양을 방문하였다. 이 방문은 조선그리스도교 연맹과 한국기독교교회협의회(KNCC) 사이의 선교 협력 차원에서 이루어진 것으로, 조선그리스도교 연맹이 문 목사의 방북 11주년에 맞춰 초청한 것이었다. KNCC에서는 평화통일위원회 부위원장인 노정선 교수와 한국기독교장로회와 대한예수교장로회(통합)의 평화통일위원회 서기 이렇게 세 명이 방북하였다. 유 목사는 한국기독교장로회 측 대표였다. 박용길 장로는 출발 전 유 목사에게 넥타이를 건넸다. 바로 문익환 목사가 평양에서 매고 다니던 넥타이였다. 유 목사는 북한에 머무는 동안 내내 이 넥타이를 매고 다녔다.

북쪽 사람들을 만나면서 그는 문익환 목사의 방북이 북한에 어떤 영

2000년 3월 26일 평양 봉수교회에서. 왼쪽부터 노정선 교수, 강승복 목사(봉수교회 부목사), 유원규 목사, 조정해 목사(예장 통일위원회 서기), 리태균 목사(봉수교회 원로목사). 유원규 목사가 맨 넥타이는 문익환 목사가 방북 때 매고 있던 넥타이다.

향을 미쳤는지를 실감할 수 있었다. 문익환 목사의 방북으로 북한에서 성경이 편찬되어 보급되었다. 더구나 그 성경은 문익환 목사가 번역한 공동번역 성서와 내용과 표현이 거의 같았다. 몇 가지 어휘와 표기법만 다를 뿐이었다. 성경이 보급되었다고 하는 것은 북한 선교에서 주목할 만한 사건이 아닐 수 없으니, 문익환 목사의 방북으로 북한 안에서 기독교 전반에 대한 이미지가 긍정적으로 바뀌었음을 알 수 있다.

평양뿐 아니라 촌구석에 있는 사람까지도 문익환 목사님을 알고 있어요. 문익환 목사님의 부활절 메시지를 전 인민에게 동영상으로 보여 주었대요. 이 동영상을 학습 자료로 삼아 전 인민이 보고 토론하게 시킨 것이죠. 존경하는 어버이 주석과 대등한 입장에서 포옹하고 대화를 하는 분이 존재한다는 것도 특이할 뿐 아니라 주석이 두 번씩이나 숙소를 찾아 방문하는 대우를 받은 사람이 지금까지 없었다는 거지요. 당시 북한에서는 굉장한 사건이었던 것은 분명해요. 나는 앞으로 북한 선교를 하기 위해서는 기독교계에서 문 목사님의 방북 사건을 정확하게 평가하고, 그의 통일 정신과 신학을 공부하고 교회사적 의미를 연구해야 한다고 생각해요.

— 유원규 인터뷰, 2015

통일을 위한 노력

문익환 목사의 방북 사건은 한빛교회의 정체성에 큰 영향을 미쳤다. 그 뒤로 한빛교회는 문익환 목사의 교회 또는 통일 운동을 하는 교회로 인식되었다. 2009년에 제정된 "한빛교회 신앙고백문" 마지막 부분은 이렇게 고백한다.

> 우리는
> 겨레의 평화 통일이 하나님이 우리 민족에게 주신
> 축복의 기회임을 믿습니다.
> 차별과 편견 없이 사랑으로 하나 됨을 위해 우리의 삶을 바칩니다.
> 아멘.

'통일 운동을 하는 교회'라는 정체성은 문익환 목사를 통해 부여되었지만, 한빛 교우들은 그것을 한빛 공동체의 사명이자 축복의 기회로 적극적으로 떠안았다. 교인들은 주체적인 의지를 가지고 여러 가지 프로그램과 실천을 통해 민족의 평화 통일을 앞당기기 위해 노력하였다.

문익환 목사의 방북과 감옥 생활을 전후로 향린교회와 성남 주민교회 교인들이 이심전심으로 모이게 되었다. 그 첫 계기는 1991년 10월 한 달 동안 매일 밤 10시에 세 교회 교인들이 감옥에 있는 문익환 목사, 홍근수 목사, 이해학 목사와 양심수, 그리고 민족통일을 위한 기도를 드린 것이었다. 10월 27일에는 세 교회가 공동으로 기도회를 열었다. 목회자가 감옥에 가 있다는 공통점을 가진 세 교회 사이에 쉽게 공감대가 만들어졌고 자연스럽게 모임이 이어졌다.

한빛 남신도들은 통일 운동에 참여하고 싶었지만, 한빛교회 단독으로 프로그램을 진행하기에는 역부족이라고 느꼈다. 작은 교회 안에 갇혀 있는 것에서 벗어나 연대 활동을 통해 활동의 폭을 넓혀갈 수 있을 것이라고 판단했다고, 박갑영 장로는 회고하였다. 성향이 비슷한 향린교회와 성남 주민교회 남신도들과의 연대를 통해 서로 의기투합이 되었다. 연대 모임에 활발하게 참여했던 남신도는 김진오, 안창도, 오승룡, 박갑영, 박종선, 박성수, 송영관, 이규훈 등이었다.

1994년 발행된 남신도회 소식지 〈한빛마당〉*에는 세 교회의 합동수련회 개최에 대한 안내가 나온다. 곧, 이 합동수련회가 "한국기독교장로회 교단 내에서 가장 기독교장로회다움을 유지하면서도 새로운 교회 공동체를 향하여 끊임없이 자기 갱신을 추구하는 한빛, 향린, 주민교회 청장년회가 지난 3월 27일 한빛교회에서의 '문익환 추모 합동기도회' 이후 갖는 두 번째 연대 모임"이라고 언급하였다.

성남 주민교회 수양관에서 6월 5일과 6일 이틀에 걸쳐 수련회가 진행되었다. 이해학 목사가 "연대에 관하여"라는 제목으로 말씀을 하였다. 2부 주제토론에서는 "1. 통일에 관하여"를 향린교회가, "2. 신앙과

---

* 1994년에 남신도 월례회를 위해 준비된 소식지 〈한빛마당〉은 회장 박성수와 총무 안창도가 책임지고 만들었다. 1999년에는 〈한울타리〉라는 이름의 한빛 소식지가 발간되기도 하였다.

교회에 관하여"를 한빛교회가, "3. 지역 연대에 관하여"를 주민교회가 각각 발제를 맡았다.

주보에 소개된 행사만으로도 1991년부터 2001년까지 십여 년에 걸쳐 세 교회의 연대 모임이 꾸준하고도 다채롭게 이루어져 왔음을 알 수 있다.

1995. 6. 11.	세 교회 연대 농촌 일손 돕기 행사.
1996. 1. 21.	세 교회가 한빛 본당에서 늦봄 문익환 목사 2주기 추모예배를 드림. (추모 말씀 유원규, 강연 이해학, 박용길 방북 비디오 상영.)
1996. 3. 22.	향린교회에서 저녁 7시부터 방북 7주년 기념 강연회. "문익환 목사 방북의 신학적 의미"_김경재 교수
1996. 7. 7.	명동성당에서 외국인노동자보호법 제정과 김해성 목사 석방 촉구를 위한 기도회.
1996. 10. 13	신반포중학교 운동장에서 체육대회.
1996. 11. 24.	향린교회 향우실에서 "탈이데올로기 시대의 통일운동" 주제로 통일 세미나.
1997. 11. 16.	"북녘을 만났습니다"라는 주제로 향린교회에서 오후 3시에 세 교회 연대 모임.
1998. 1. 18.	오후 3시 마석 모란공원의 문익환 묘소 참배 행사를 세 교회 청장년 연대 모임이 주관.
1998. 10. 25.	향린교회에서 세 교회 연대모임, "평신도와 연합운동"이라는 주제로 세미나 개최.
1999. 11. 7.	향린교회에서 국가보안법 폐지를 위한 특별기도회를 가진 뒤 거리 행진.
2001. 10. 28.	종교개혁주일을 맞아 강남향린, 새민족, 성남주민, 한빛, 향린 다섯 교회가 강단 교류.
2001. 11. 18.	네 교회* 청장년 연대모임에서 "국가보안법과 민족통일-기독인의 역할"이란 제목으로 향린교회에서 통일 강연회.

* 향린교회에서 강남향린이 분리되어 나온 뒤로 세 교회 모임은 네 교회 모임으로 이어졌다.

1998년 10월 24일 향린교회 홍근수 목사와 함께 세 교회 남신도회가 북한산 산행에서 찍은 사진들. 아래 사진 앞줄 가운데가 홍근수 목사.

이들은 몇 년 동안 문익환 목사의 추모제를 공동으로 주관하였다. 한빛교회 주관으로 북한산 산행을 다녀오기도 하였다. 교우들 기억에 가장 크게 남은 활동은 당일 또는 1박2일로 다녀온 농촌 봉사 활동이었다. 친환경 농사를 짓는 양평의 양수리와 조안면에서 모심기도 하고 김도 매면서 흥겨운 시간을 가졌다. 이들은 친교를 통해 개 교회를 벗어나 여러 교회가 하나가 되는 경험을 하였다. 기독인으로서 연대함으로써 사회에 관심을 가지고 더 큰 목소리를 낼 수 있었다. 1990년대는 이처럼 남신도들의 연합 활동이 활발하게 일어난 시기였다.

문익환 목사의 통일 정신을 이어가는 교회로서 좀 더 구체적으로 통일을 준비하자는 뜻에서 한운석 집사가 '통일 세미나'를 제안하였다. 그는 1970년대 후반부터 한빛교회에 다니며 성가대 봉사를 하다가 독일로 유학을 떠났다. 역사를 전공한 그는 유학 중에 독일의 통일을 목격하였다. 그 일로 뒤늦게 통일 문제에 관심을 갖게 된 그는 12년 만에 귀국하여 다시 한빛교회를 찾았다. 그는 고춘식 집사 등과 함께 통일 세미나를 기획하고 진행하였다.

한빛교회에 좋은 인재들이 많으니 스스로 참여해서 통일을 준비하는 활동이 필요하다고 생각했다. 꼭 전문 학자들끼리 하는 게 아니고 일반인들도 관심 있는 주제에 대해 공부해서 자기가 잘 아는 분야, 예를 들어 미술 교사는 북한 미술, 국어 교사는 북한의 문학에 대해 발표하면 좋지 않을까 생각했다. 북한 사람들은 어떻게 살아가는지, 북한의 문화가 어떤지를 알지도 못하고 통일을 하게 된다면 과연 사회적 통합, 문화적 통합이 제대로 되겠는가? 이런 의미에서 북한바로알기를 제안하고 진행하게 되었다.
— 한운석 인터뷰, 2014

2004년부터 2008년 사이에 통일 세미나는 다양한 주제를 가지고 진행되었다. 처음에는 자체적으로 하다가 한계를 느껴 전문가를 초청하여 강의를 듣는 형식으로 바꾸었다. 역사, 교육, 주체사상, 여성, 군사, 문화, 종교, 북한영화 상영 등 삶의 모든 분야를 아우르는 수준 높은 강연이 스무 차례 넘게 이루어졌다.

2004년

한반도 평화와 통일을 위한 기본과제 _ 강정구 교수 (4. 25.)

북한의 역사 _ 한운석 집사 (5. 23.)

기독교에서 본 주체사상 _ 이원표 전도사 (6. 27.)

'송환' 영화 상영 (7. 25.)

고구려 역사 문제와 통일 _ 고춘식 집사 (8. 22.)

중국의 역사왜곡 어떻게 대처할 것인가 _ 한운석 집사 (10. 31.)

통일운동 어떻게 참여할 것인가? _ 김연식 선생 (11. 28.)

2005년

문익환 목사 11주기 추모 통일 세미나 _ 한운석 집사 (1. 16.)

북핵문제의 본질과 전망 _ 김창수 (2. 27.)

통일비용과 분단비용 _ 고춘식 집사 (3. 27.)

통일의 집 견학과 박용길 장로님과의 대화 (4. 24.)

6·15. 5주년 행사와 그 의의 _ 박용길, 임홍기 목사 (6. 26.)

북한의 문화와 학교교육에 대한 영상물 관람 _ 고춘식 집사 (7. 24.)

독일 통일의 역사 _ 한운석 집사 (8. 28.)

북한의 종교와 통일 _ 법타 스님 (10. 2.)

최근 북한의 경제개혁과 여성의 역할 _ 박현선 교수 (11. 27.)

북한 영화 관람 (11. 27.)

2006년
문익환 목사와 통일 _ 고은 시인 (1. 15.)
북한의 역사와 역사 교육 _ 한운석 집사 (8. 20.)
21세기 외교 안보 전략 _ 정상돈 박사 (12. 17.)

2007년
한반도의 화해와 평화 _ 이재정 통일부 장관 (5. 27.)

2008년
사람의 통일, 북한 여성의 이해와 남북공동체의 길 _ 김귀옥 교수 (2. 17.)

통일 세미나는 뒤에 한빛역사강좌 또는 신앙강좌로 바뀌었다. 건강, 신앙, 여행, 문화, 시사 등 폭넓은 주제로 내부 또는 외부 강사의 이야기를 청해 들었다. 또한 2011년부터는 정원 집사의 주도로 한빛독서모임이 만들어져 지금까지 50회를 넘기며 이어져 오고 있다. 정원, 정대식, 최인성, 원현철, 이선영 등이 참여하고 있다. 2012년 10월 28일에는 함경도 회령에서 남한으로 내려온 새터민 김현희 씨를 초청하여 토크 콘서트를 열기도 하였다. 그는 한빛교회를 창립한 김신묵 권사의 오빠인 김진묵 선생의 손녀이다. 북한을 이탈한 주민들은 북한을 이해하고 통일을 준비하는 데에서 중요한 열쇠를 쥐고 있는 이들이다. 한빛교회가 통일을 준비하고자 한다면 우리의 이웃인 북한 이탈 주민들에게 관심을 기울이는 것도 통일을 준비하는 한 방법일 것이다.

그밖에도 한빛교회는 수해를 입고 굶주리고 있는 북녘 동포들을 위해 헌금한 것을 비롯하여 다양한 북한 돕기 활동을 벌여 왔다. 1989년 3월에는 문익환 목사가 다녀온 평양 봉수교회에 통일의 종 보내기 헌금을 하였고, 1994년에는 북한에 성경 보내기 운동에 동참하였다. 1995년 대홍수로 수백만 명의 북녘 주민들이 굶어죽어 간다는 소식이 들려왔다. 한빛교우들은 이들의 고통을 보고 있을 수만은 없어, 1996년에 북한동포돕기 헌금 236만2천 원을 모금하여 전달하였다. 1997년에도 '평화를 만드는 여성회'를 통해 약 400만 원을 북에 전달하였다. 2000년도에는 봉수교회를 위한 헌금을 모아 유원규 목사가 방북하는 길에 전했다. 다시 2002년에 북한 식량 지원을 위한 헌금을 하였다. 1997년부터는 문익환 목사 기념사업회가 주관하는 늦봄통일상 시상금을 한빛교회가 담당하기로 하였다. 제1회부터 교회의 경상비 예산으로 늦봄통일상을 집행하였다. 처음에 200만 원으로 시작한 통일상은 뒤에 500만 원으로 상금을 올렸다. 아래의 표는 민족화해와 통일을 위한 늦봄통일상을 수상한 개인 또는 단체의 이름이다.

제1회 (1996년)   고 윤이상 재독 음악가, 민주화실천가족협의회
제2회 (1997년)   CBS "통일로 가는 길" 제작팀
제3회 (1998년)   문규현 신부, 한겨레신문 북한동포돕기캠페인팀
제4회 (1999년)   고 리영희 교수
제5회 (2000년)   송두율 교수, (사)어린이의약품지원본부
제6회 (2001년)   정경모 선생 (일본 '씨알의 힘' 대표)
제7회 (2002년)   고 신창균 선생 (조국통일범민족연합 명예고문)
제8회 (2003년)   고 김대중 전 대통령
제9회 (2004년)   고 이우정 선생
제10회 (2005년)   고은 시인

제11회 (2006년)	백낙청 교수	
제12회 (2007년)	윤재철 선생 (대한민국상이군경회 고문)	
제13회 (2008년)	평화를 만드는 여성회	
제14회 (2009년)	박순경 박사	
제15회 (2010년)	이시우 사진작가	
제16회 (2011년)	민족21	
제17회 (2012년)	강정마을회 (대표 강봉균)	
제18회 (2013년)	윤미향 상임대표 (한국정신대문제대책협의회)	
제19회 (2014년)	충북대 통일잡으리팀 (대학생통일아이디어공모전 대상팀)	

2006년 5월 27일에는 한빛 제직회 사회부 주관으로 통일 기행을 기획하여, 도라산 전망대와 민통선 안의 마을인 통일촌에 다녀왔다. 분단의 철책을 사진으로 담는 작업을 한 이시우 사진작가가 40명의 한빛 교우들을 인솔하였다. 2008년에는 한빛교회의 뿌리 찾기 기행으로, 교우 21명이 북간도 일대를 다녀왔다. 그들은 먼저 문익환, 문동환 형제가 태어나고 윤동주와 함께 뛰어놀던 명동촌을 다녀오고, 한빛교회의 모 교회이자 문재린, 김신묵이 시무하던 용정중앙교회가 있던 용정을 둘러보았다. 2009년에는 통일맞이에서 주관하는 통일 기행에 교우 23명이 참석하였다. 강화도 평화 전망대와 용흥궁, 고려궁지, 북문, 연미정 등 10킬로미터에 걸쳐 이어진 둘레길을 통일을 염원하며 걷는 기행이었다.

2006년 문익환 목사의 정신을 잇고자 하는 대안학교인 늦봄 문익환 학교가 전라남도 강진에 세워졌다. 한빛교회와 직접적인 관련은 없지만 문익환 목사의 뜻을 새기며 자라나는 청소년들이 있다는 것은 참으로 뜻깊은 일이 아닐 수 없다. 한빛교회는 늦봄 문익환 학교의 청소년들과

2009년 강화도 통일 기행 중에. 왼쪽에서 세 번째에 있는, 수염 기른 이가 이날 기행을 맡았던 이시우 사진작가.

교류하며 친목을 도모하고 있다. 늦봄학교 신입생들과 학부모들은 해마다 문익환 목사의 기일인 1월 18일이면 마석 모란공원에 있는 묘소에 참배하고 통일의 집을 방문하고 있다. 그럴 때마다 이들은 한빛교회 교육관에서 묵었다. 바울회 회원들은 탕수육과 자장면 같은 요리를 대접하여 학생들로부터 뜨거운 반응을 얻었다. 급기야는 바울회 회원들이 전남 강진에 있는 늦봄학교를 직접 방문하기에 이르렀다. 늦봄학교 도서관을 위해 책을 모아 기증하기도 하고, 회원들이 각자의 전문 분야를 살린 강좌를 준비해 학생들과 만나기도 하였다. 박갑영 장로의 "우리 미술의 맛있는 역사," 고춘식 권사의 "시조로 삶는 삶의 향기," 이규훈 집사의 "민족 정체성을 지켜낸 시인 백석" 등의 수준 높은 강의가 이어졌다. 그러나 아마도 가장 인기를 끌었던 강좌는 나석호 전도사의

"춤을 통한 소통, 소통을 위한 춤"이 아니었을까 싶다. 문익환 목사를 아는 사람들이 점점 줄어들고 있는 시대에 문익환 목사의 뜻을 공부하며 이어 가고자 하는 젊은이들을 육성하는 학교가 있다는 일은 참 감사한 일이다.

비전향 장기수와의 만남

분단된 조국에서 태어나 생각이 다르다는 이유로 감옥에서 몇십 년의 세월을 보내야 하는 이들이 있었다. 이들은 자신의 사상을 포기하는 각서만 쓰면 자유를 얻을 수 있었으나 신념을 지켰다. 그들의 이름은 비전향 장기수. 분단된 조국의 피해자들이다. '비전향 장기수'라는 이름처럼 분단된 조국의 비극을 가장 잘 보여 주는 것은 없다. 그렇건만 우리 대부분은 몇십 년 동안 그들의 존재조차 모른 채로 살아왔다.

　장기수 돕기를 시작한 이웃사랑실천위원회가 조직된 것은 1989년 8월 6일이었다. 이 조직이 만들어지게 된 계기는 서항룡 교우가 그해 봄 이웃사랑 실천을 위한 명목으로 100만 원씩 여러 차례 헌금을 한 것이었다. 서항룡 교우는 서종식 집사의 친척으로 여의도에서 식당을 운영하였다. 그는 자신의 헌금이 장기수들을 돕는 데에 사용되기를 원하였다. 귀한 헌금을 이웃사랑을 위해 적절하게 사용하기 위해 위원회를 구성하였다. 위원으로는 유원규 목사, 안계희 장로, 정경희 권사, 임익근 집사, 이양자 집사, 윤수경 집사와 서항룡 교우가 선정되었다. 서항룡 교우가 선뜻 내놓은 이웃사랑을 위한 헌금이 겨자씨처럼 퍼져 외로운 이들에게 그리스도의 사랑을 나누는 아름다운 결실을 맺었다.

　그해 12월, 이웃사랑실천위원회는 장기수들의 겨울 준비를 돕는 것으로 활동을 시작하였다. 처음에는 사회안전법 폐지로 인하여 보호감호소에서 출소한, 연고자 없는 고령의 출소자들을 돕는 일을 하기로 하였다.

비전향 장기수들과 연결이 된 것은 1993년 KNCC 인권위원회의 요청에 의한 것이었다. 공산주의 사상을 그대로 지키고 있는 이들을 도우려고 하는 교회를 찾기란 결코 쉬운 일이 아니었다. 열린 신앙을 가진 한빛교회이기에 할 수 있는 사랑의 실천이었다. 한빛 교인들이라면 사상을 뛰어넘어 인권의 차원에서 교류하고 도울 수 있을 것이라고 생각해 부탁해 온 것이었다.

1995년 7월부터는 장기수 돕기를 KNCC를 통하지 않고 직접 하기로 하였다. 그리고 12월 10일부터 장기수와 양심수 돕기를 위한, 천 원 미만의 작은 돈 헌금을 시작하였다. 한빛교회는 지원하는 장기수를 세 명에서 일곱 명으로 차츰 늘려 나갔다. 매월 영치금과 영치품, 문안 편지를 나누었다. 1998년 2월 27일과 28일에는 대전교도소와 광주교도소를 다녀왔다. 이때 대전교도소의 안영기, 홍경선, 그리고 광주교도소의 이재룡, 이공순, 양희철, 이경찬 선생을 면회하였다. 교회 쪽에서는 유원규 목사, 송영관, 안창도, 최용철, 박성수 집사가 이들을 찾았다. 방문이 원활하게 진행될 수 있도록 협조해 준 것은 새정치국민회의 국회의원이던 장영달 의원과 사무실 직원들이었다.

대전교도소의 안영기 선생은 예순네 살로, 34년째 복역 중이었으며 북에 아내와 자녀가 있었다. 안 선생은 마르다회에서 후원하였다. 홍경선 선생은 예순아홉 살로, 무기형을 받고 29년째 복역 중이었고 역시 북에 아내와 자녀가 있었다. 나오미회에서 후원하였다. 광주교도소의 양희철 선생은 예순다섯 살로, 36년째 복역 중이었으며 미혼이었다. 에스더회와 연결되어 있었다. 이경찬 선생은 예순한 살로, 31년째 복역 중이었다. 그 또한 북에 아내와 자녀가 있었고, 청년3부에서 후원하였다. 그는 특히 한지에 직접 그린 그림을 우편봉투에 넣어 한빛 교우들에게 보내왔다. 이공순 선생은 예순다섯 살인데 31년 동안 수형 생활을 하였다. 이재룡 선생은 쉰다섯 살로 28년 동안 구금되어 있었다. 이들은 모두 고문과 장기간 수형 생활로 위장병, 관절염, 신경통 같은 만성질환을 앓고 있었다.

비전향 장기수를 돕는 일은 처음에는 이웃사랑실천위원회가 주관하다가 나중에는 제직회 사회부가 중심이 되었다. 나오미회, 에스더회, 마르다회, 남신도회, 청년회, 어린이부 등 각 부서가 영치금과 영치품, 문안편지를 나누면서 2000년 9월 초 장기수들이 북으로 송환될 때까지 계속 교류하였다.

가장 먼저 움직인 곳은 에스더회였다. 에스더회는 양희철 선생과 편지를 주고받으며 손뜨개로 만든 양말과 조끼를 보내 주었다. 이것이 그 뒤로 수백 통에 이르는 편지와 그림과 사진이 오고 가는 교류의 시발점이었다. 1995년 3월 5일, 에스더회의 정금자 집사가 양희철 선생과 편지를 주고받은 내용을 교우들에게 소개하였다. 이에 감명을 받은 다른 부서에서도 장기수를 돕는 활동에 적극적으로 동참하였다. 정금자 집사의 조끼를 받은 양희철 선생이 크리스마스 편지를 보내왔다.

어떻게 아셨을까요. 저 같은 사람을….

정에 굶주리고 정서 메마른 장기수인 저의 심금을 울리게 해주셨습니다.

생면부지인데도 한 올 한 올 정으로 사랑으로 떠서 만드신 털조끼. 이 털조끼를 손에 들고 보는 것만으로 따스함에 싸입니다. 세 번째 맞는 이 겨울은 벌써 사라졌습니다. 시린 무릎을 양 가슴에 안 듯 양손으로 부여잡고 새우잠을 자야 하던 지난날들의 배고픈 추위도 그 험한 기억들도 이제 한갓되이 추억으로 남게 했습니다. 정 집사님께서 주신 이 조끼가….

— 양희철 편지, "1995년 새해를 희망으로 맞으며," 광주교도소, 1995

당시 어린이부 총무를 맡고 있던 문영미는 정금자 집사의 교도소 '펜팔' 사연을 듣고 교회학교 어린이들과 함께 편지를 썼다. 아이들한테서 편지를 받은 장기수들의 반응은 폭발적이었다. 아이들 편지를 받고서 이경찬 선생은 곧이어 답장을 보내왔다. "이곳 큰 담 안에는 대인만 살기 때문에 애들을 보면 귀엽지요. 제가 남으로 올 때 네 살 난 딸애가 유치원에 가서 말과 노래를 배우던 모습이 생각되는군요. 지금은 딸애가 성인이 되어

장기수 할아버지들과 편지를 주고받았던 당시 주일학교 아이들. 크리스마스에 공연할 그림자인형극을 준비하는 김은혜(위)와 서민영(아래).

애 어미가 되었겠지요. 서른다섯 살인데 내 꿈에 아련히 나타나 네 살 때 모습으로 보입니다."

아무런 편견 없이 이들을 할아버지로 대하는 순수한 아이들의 편지와 그림, 사진을 받은 이들이 느꼈을 기쁨과 위로를 어떻게 말로 다 표현할 수 있을까? 양희철 선생의 경우는 결혼도 하지 않은 총각의 몸으로 감옥에 들어갔기 때문에, 아이들이 할아버지라고 부르는 것이 처음

에는 낯설었다고 했다. 그럼에도 불구하고 아이들의 편지는 바싹 말라 갈라진 땅에 한 줄기 비처럼 반갑고 신선하였다. 그는 아이들 사진을 벽에 붙여 놓고 매일 들여다보며 이름과 얼굴을 외웠다.

할아버지 안녕하세요?
저는 한빛교회에 다니는 4학년 서민영이에요. 서울화계초등학교 4학년 5반 여자 부반장이에요. 저는 시를 잘 짓는다고 칭찬을 많이 받았어요. 그럼 제 시 솜씨 한번 보실래요? 제목은 '슬픈 이유'라고 할게요.

"슬픈 이유"

단지 생각이 다르다는
이유로,
감옥에 갇혀 버린
슬픈 이유

이 슬픈 이유는
현실인데 어찌할꼬?

오직 생각이 자신과
같지 않다는 이유로
감옥에 갇히고 만 슬픈 이유

이 슬픈 이유는
현실인데 어떻할꼬?

어때요? 잘 지었죠?

그럼 할아버지 이제 그만 쓸게요.

꼭 답장해 주세요. 그럼 안녕히 계세요.

1996년 6월 9일 일요일

민영 올림

어린이부에서는 매월 한 번씩 할아버지들에게 편지를 썼다. 장기수 할아버지들이 보내온 답장을 받아보는 재미가 쏠쏠했다. 연말에 이경찬 할아버지가 보내준 호랑이 그림을 받아든 아이들의 얼굴에는 큰 웃음이 번졌다.

이경찬 선생이 그려서 보내 준 호랑이 그림.

안기림에게

이것이 제일 궁금해요.

질문으로 던져준 기림이의 궁금함,

재미가 있어서 옆에 있는 사람들도 하하대며 웃었어요.

"밥은 돈 내고 먹나요? 공짜로 먹나요?"

나의 귀여운 안기림!

우리 귀여운 기림이의 두 번째 질문,

"밖으로 나갈 수 있나요?"

마음대로 나갈 수 있다면 얼마나 좋을까. 기림이와 함께 재미있는 이야기도 하고, 가고 싶은 곳도 가 보고, 한빛교회 주일학교에서 공부하는 어린이들과 같이 춤도 추고 노래도 할 수 있을 텐데….

— 양희철 편지, "안기림에게," 광주 교도소, 1996

북한에 두고 온 어린 딸을 그리워하는 평범한 할아버지를 만났다. 이분들을 무서운 '간첩'이 아니라 우리와 같은 인간이었다. 한빛 교우들은 합심하여 그들의 석방을 위해 하나님께 간절히 기도하였다. "세상 사람들 모두 행여 교도소의 우중충한, 에둘러 높이 처진 담장이나 망대가 자신의 시야에 들어올까 봐, 오던 길도 비껴 지나는 그런 곳입니다. 악의 소굴, 불의의 집합지, 현세에서 외면당한 살아 있는 지옥이라고들 하는 곳"(양희철 편지)에 살고 있는 외로운 '사람'을 만난 것이었다.

이들은 1998년에 출소되었다. 믿기지 않았다. 분단의 벽, 이데올로기의 벽이 너무 높았기에 과연 이들이 석방될 수 있을지, 기도를 하면서도 때로 회의가 들었다. 그렇지만 기도밖에는 달리 할 수 있는 것이 없었기에 간절히 기도하였다. 결국 하나님은 교우들이 마음을 다해 드린 기도에 응답해 주셨다. 한빛 교우들은 진심으로 기도할 때 하나님이 이

위 사진은 장기수 선생들이 보내준 그림과 편지로 한빛교회에서 연 전시
회에서 전시물을 둘러보고 있는 박용길 장로와 장기수 선생들. 아래 사진
은 통일의 집을 방문하여 이야기를 나누고 있는 장기수 선생들과 박성수,
유원규, 박용길(왼쪽부터).

루어 주신다는 확신을 체험하였다.

1999년 3월 14일, 분단의 감옥에서 석방된 장기수들을 초청하여 환영예배를 드렸다. 교회가 여러 해 동안 지원해 온 일곱 명의 장기수 ―안영기, 양희철, 이경찬, 이공순, 이재룡, 홍경선, 홍명기가 3·1절 특사로 출소하자 그들을 초대하여 함께 예배를 드렸다. 그동안 장기수들과 주고받았던 편지와 그림을 모아 교육관 지하에서 작은 전시회를 열기도 하였다.

그 뒤 이들이 머물게 된 서울 갈현동 만남의 집, 낙성대 만남의 집, 광주 사랑의 집, 서울 관악구의 우리 탕제원(지금은 '양지 탕제원'), 과천 삼백의 집 등을 여러 번 찾아갔다. 김진오, 박성수, 송영관, 안창도, 최용철 등 남신도들이 바깥 세상에 새롭게 적응해야 하는 이들을 살뜰히 챙겼다. 이들 가운데 네 명은 수유리 근처에 집을 얻어 공동체 생활을 하기도 했다. 2000년 여름 원하는 분들은 북한으로 돌아갈 수 있는 길이 열렸다.

한빛교회에서는 사회부 주관으로 대북 송환을 앞두고 있는 이들을 초대하여 함께 예배를 드리며 북녘에서 새롭게 시작할 삶과 건강을 기원하였다. 유원규 목사는 "신앙과 사회주의가 무엇인가? 우리 중에 예수를 믿는다고 독방에 가둔다면 끝까지 신앙생활을 할 사람이 몇이나 될까? 이분들은 신념을 지키신 대단한 분들이다. 이분들을 존경해야 한다."는 내용으로 설교를 하였다.

장기수들과의 교류와 후원은 1990년대 후반 한빛교회에서 이루어졌던 이웃사랑 실천 활동 가운데 참으로 의미 있고 값진 경험이었다. 존재마저 잊힌, 역사의 희생양인 그들에게 한빛 교우들이 손을 내밀었다. 연로하신 권사들에서부터 주일학교 아이들에 이르기까지 편지를 쓰면서 서로 정을 나누었다. 마음과 마음이 만났다. 벽을 허무는 경험이었다.

교회의 사회봉사 활동이 일회성으로 끝나기 쉽지만, 한빛교회의 봉사 활동은 여러 해에 걸쳐 계속되었다. 자칫 잘못해 교회가 일방적으로 후원하는 것으로 끝날 수도 있었다. 그러나 장기수 어른들의 꿋꿋하고 순수한 모습에서 오히려 교인들이 큰 은혜를 받았다. 통일 운동이 자칫 공허한 구호로 끝날 수 있는데, 장기수들과의 만남을 통해 구체화될 수 있었으니 각별한 경험이었다. 바로 이 자리에서 어떻게 통일을 예비해 나가야 하는지 배울 수 있을 것이다.

한빛교회는 1989년 문익환 목사의 방북 이후로 다양한 방법으로 그의 평화 통일 정신을 이어가고자 노력하였다. 세 교회 연대 모임을 통해 세상을 향해 힘차게 목소리를 냈다. 비전향 장기수들과의 교류를 통해 마음의 벽을 허무는 경험을 하였다. 통일 세미나를 통해 북한을 바로 알기 위한 공부를 했으며, 여러 차례 헌금을 모아 어려운 북녘 동포들에게 보냈다. 무엇보다도 함께 마음을 모아 평화 통일을 위해 기도하였다. 통일 문제는 남북한뿐 아니라 우리를 둘러싼 강대국들의 정세에 따라 흔들리기에 때로는 좌절감과 무기력감에 빠졌던 것도 사실이다. 통일이라는 거대 담론 앞에서 때로는 작은 한빛교회가 무슨 역할을 할 수 있을지 버겁기도 하였다. 장기수와 교류한 경험은 그런 의미에서 소중한 길잡이가 될 수 있을 것이다.

문익환 목사 방북의 교회사적인 의미를 밝히는 것은 앞으로 반드시 해결해야 할 과제다. 한빛교회다운 방식으로 평화 통일과 북한 선교를 준비하는 것도 우리의 과제다. 이를 위해 실현 가능한 목표를 세우고 한걸음씩 나아가야 한다.

1990년대 뒤로는 1970년대, 1980년대처럼 직접 감옥에 가거나 한두 명의 지도자가 눈에 띄는 활동을 보인 시기는 아니다. 오히려 평신도들의 노력이 꾸준히 축적된 시기라고 할 수 있다. 예전처럼 외부의 주목을 받지는 못했지만, 평신도들의 꾸준한 기도와 헌신으로 값진 성과를 이루어 냈다. 한빛교회의 '우직함'과 '변함없음'이 때로는 아무 움직임이 없는 것으로 보이기도 했다. 그러나 통일을 위한 기도와 실천이 릴레이 경기를 하듯 이어졌다. 한빛 교인들이 자부심을 갖고서 그동안의 통일을 위한 활동을 평가하고 발전시켜 나가기를 소망한다.

여신도들의 활동

1970년대의 한빛교회 여신도 활동은 세 가지로 요약될 수 있을 것이다. 하나는 이우정, 박용길, 안계희, 이종옥, 박영숙 등의 여성들이 교회 밖에서 이루어 낸 기독교여성운동이다. 기독교여성운동은 교회 내 성차별 문제와 사회문제에 적극적으로 대응했다. 둘째는 3·1민주구국선언문 사건을 비롯한 수많은 시국 사건에서 때로는 가족으로, 때로는 교인으로 민주화운동에 기여했다. 셋째는 교회 안에서 마리아와 마르다의 역할을 맡아서 어려운 시기에 교회를 지켜 냈다. 하나님은 여성들에게 막중한 사명을 주셨고 여신도들은 그에 응답했다. 여성들은 긍휼의 마음으로 시대의 어둠을 밝혔다.

1980년대에는 교회 안팎의 여성운동이 봇물 터지듯 터져 나왔다. 여성신학 이론이 활발하게 논의되기 시작했으며 이는 여신도들의 활동에 힘을 불어넣어 주었다. 1970년대에 소수 여성 지도자들의 활약이 두드러졌다면, 1980년대 이후로는 평신도 여성들의 의식이 높아짐에 따라 활동의 범위가 넓어졌다.

한빛 교인들은 박용길, 이우정, 안계희 장로에 이어 윤수경, 김경숙 여성 장로를 선출하였다. 장로 투표가 있을 때마다 여성 장로를 세우

한빛 교우들에게 신앙인의 참 모습을 삶으로 보여 준 이우정, 안계희, 박용길 장로(왼쪽부터).

기 위해 여신도들은 조직적으로 움직였다. 윤수경 장로는 1994년 4월 3일 문의근, 김순필과 함께 장로로 피택 되었다. 윤수경은 1970년대 KNCC 인권위원회 간사로서 김관석 총무를 보필하여 인권운동에서 중요한 일익을 담당하였다. 그는 전두환 정권 시절에 골방에 숨어 김창완 목사와 함께 1970년대 저항 운동의 모든 자료를 모아 「1970년대 한국민주화운동」을 4년에 걸쳐 집필하였다. 윤수경은 한신대학교 대학원을 마치고 준목 인허를 받은 뒤 목사 임직을 하려던 차에 장로로 선출되었다. 그 후 국회의원이 된 이우정 장로의 보좌관과 사회복지공동모금회 사무총장 등을 역임하였다. 교회 안에서는 개혁 교회의 전통에 따라 한빛교회가 새로워질 수 있는 방안을 늘 고민하였다.

2003년 김순필 장로가 지병으로 소천한 후, 남편의 뒤를 이어 부인 김경숙이 2006년 2월 19일 장로로 피택 되었다. 이때 박갑영 집사도 함께 장로로 피택 되었다. 교사였던 김경숙은 김순필과 1984년 1월 21일 한빛교회당에서 결혼예식을 올리면서 교인이 되었다. 교회 분위기가 전에 다니던 대한예수교장로회 교회와 너무 달라서 처음에는 잘 적응하지 못했다. 그 후로도 10여 년간은 교회에 정을 붙이지 못하고 다니는 둥 마는 둥 했다. 그러던 그가 전교조 활동에 가담하게 되었다. 전교조 활동을 통해 사회의식에 눈을 뜨게 되었고 진보적인 신앙관을 갖게 되었다. 그리고 서서히 한빛교회와 동화되어 갔다. 그는 장로가 되기 전부터 교회의 회계를 맡아 지금까지 십여 년 넘게 교회 살림살이를 책임지고 있다. 늘 부족한 교회 재정을 담당하면서 노심초사가 이만저만하지 않을 텐데도 굳건한 믿음으로 교회를 지키고 있다.

1980년에는 한국여신학자협회가 출범되었다. 이들은 여성신학을 체계적으로 논의하기 시작했다. 이우정 장로가 그 중심에 있었다. 여신학자들은 그동안 교회 내에서 여성 억압의 근거로 사용되어 오던 성서를 새롭게 해석하는 일부터 시작하였다. 이를테면 창조의 순서, 돕는 배필론, 이브의 원죄론 등을 재해석하였다.

오늘의 가부장제는 창조의 질서가 아니라 타락의 결과라는 것이 성서 연구의 골간이었다. 인격적이고 동반적 남녀 관계만이 본래적 창조 질서라는 새로운 해석이 참가자들을 사로잡았다. 성차별주의로부터의 결별이 구원의 필수 과제임을 명백히 밝히고 있어 참가자들은 인간적 해방감과 함께 일방적으로 주입받은 맹목적 신앙에 대한 비판적 의식을 가질 수 있는 기회였다. 이러한 여성신학적 성서연구는 80년대 전반에 걸쳐 기초교육처럼 행해졌다.
— 이현숙, 「한국교회여성연합회 25년사」, 한국교회여성연합회, 1992

여성 차별의 근거로 사용되어 오던 성서 구절의 새로운 해석과 더불어, 성서에 등장하는 여성들도 새롭게 조명되었다. 신학 교리와 교회사, 교회 예식과 상징, 교회와 사회에서의 여성 차별, 교회제도 개선 등이 폭넓게 논의되었다. 모성적인 하나님을 찾아가며 기도를 할 적에 늘 입에 붙어 있는 "하나님 아버지" 대신에 "하나님 어머니"라는 표현을 의도적으로 사용하기도 하였다.

성서 속 여성 인물 연구는 연극으로 장을 넓혀 대중화하였다. 한빛교회 여신도들은 아브라함과 사라, 하갈, 나오미와 룻, 마리아의 이야기를 차례로 연극으로 올렸다. 아브라함과 사라, 여종 하갈을 주제로 한 연극을 1999년 7월 24일에서 25일 사이에 도봉산 다락원에서 가진 전 교우 나들이예배에서 발표했다. 마르다회와 에스더회가 함께 난타 공연을 보고 나서 준비한 창작 뮤지컬 "부엌 난타"에서는 북 대신 솥뚜껑, 냄비 뚜껑을 두드렸다. 2001년 6월 안성엄마목장에서 가진 전 교우 나들이 예배에서 공연한 것이었다. 나오미와 룻의 이야기는 2008년 7월 양평 칠읍산 펜션에서 가진 전 교우 여름수련회에서 공연되었다. 당시 에스더회 회장이었던 원혜진 권사는 활달한 성격으로 연극을 통해 여신도들의 화합을 이끌어 냈다. 그가 그때의 추억 한 자락을 들려주었다.

나오미와 룻 연극을 연습할 때는 틀리고 잘 안 되어 속을 태웠다. 본 공연 클라이맥스에 음악이 안 나오면서 상황이 더 뒤죽박죽 재밌게 되어 웃음바다가 되었던 기억이 있다. 전광희 목사님이 "내 생전 그렇게 재미있는 연극은 처음 봤다"고 했다.

동정녀 마리아와 기지촌 여성의 이야기를 교차시킨 여성주의적 성극 "마리아를 찾아서"라는 연극은 청년부가 1991년 크리스마스에 무대에 올렸다.

전 교우 여름수련회에서 룻과 나오미 연극을 공연한 뒤에 한 자리에 모인 여신도회. 2010년 7월 칠읍산 펜션.

그동안 성서 속의 남성 인물들에 가려져 빛을 보지 못하던 여성 인물들을 무대 위에 올려 스포트라이트를 비추는 이러한 연극 작업은 여성들이 성서 속의 여성을 신앙의 롤 모델로 삼게 해 주었다. 지금까지 여성은 교회에서도 가정에서도 수동적인 역할을 강요당했지만 이제는 남성과 평등한 관계를 만들어 가야 함을, 그리고 그것이 하나님의 창조 질서를 회복하는 길임을 비로소 깨닫게 해 주었다.

한빛교회 여신도들은 한국기독교장로회 여신도회에서 운영하는 여신도 교육에 적극적으로 참여하였다. 이는 비단 여성신학뿐 아니라 신학 전반에 대해 깊이 있게 공부할 수 있는 기회였다. 2년 과정으로 매주 월요일 한신대학교 대학원에서 진행되는 여신도교육 과정에 박혜경, 문영금, 정경희, 윤옥경, 김경희, 김용경, 김진영, 김혜현, 권혜경, 조정연, 신현미, 남시남, 이인실, 원혜진(참여한 순서 순) 등 많은 여신도들이 참여했다. 교회 장학위원회에서 장학금이 지급됐다. 최고령자로 교육에 참여했던 정경희 권사는 그때를 회고하며 행복한 표정을 지었다.

나는 7회 졸업생이었어. 나돌아 다니면서 공부할 수 있다는 게 너무 기뻤고. 살림이고 뭐고 다 잊고 공부에 몰두할 수 있으니까. 젊은 학생들이랑 어울려 노는 재미였지. 목사님께 수요예배에서 신약 성서를 좀 배우다가 그곳에 가서 성경을 제대로 배웠지. 그때 내 나이 70대였어.

원혜진 권사는 여신도지도자교육 과정을 통해 진보적인 신앙과 여성신학을 체계적으로 배울 수 있었다고 증언하였다.

이인실 권사와 여신도지도자교육과정에 참여한 20기, 우리 교회에서는 마지막 기수였다. 원래 보수적인 신앙 속에서 자랐다. 그런데 교수님들의 강의를 들으면서 체계적으로 역사적 예수에 대해 공부할 수 있었다. 진보적 신앙에 대해 깨우침을 얻었고, 진정한 공부는 이렇게 하는 거구나, 사람의 의식을 변화시킬 수 있구나라는 것을 느꼈다.

여신도 교육은 서울북지구회와 전국연합회의 다양한 조직 활동으로 자연스럽게 연결되기도 하였다. 윤옥경, 김경희는 풍물패 시김새에서 활동하였다. 여신도들이 연합회 활동을 통해 더 넓게 세상을 볼 수 있었다. 여러 여신도들이 가사와 직장 일을 하는 가운데서도 시간을 쪼개 연합회 활동을 하였다. 교회와 연합회를 잇는 다리 역할을 맡은 것이다. 박봉순과 김혜현 집사의 이야기를 들어 보자.

나서는 것을 싫어하는데 마르다 회원일 때 연합회 활동에 10년쯤 쫓아다녔어요. 그때는 은성이가 어릴 때라 데리고 다니기도 했는데 왜 그렇게 열심히 했는지… 목사님에게 조금이라도 힘이 될까 싶어 그냥 쫓아다녔어요.
—박봉순

연합회 소속으로 개성을 두 번 갔다 왔어요. 북한에 연탄 배달하면서 우리 한국기독교장로회가 살아 있다는 것을 느껴 기뻤어요. 이렇게 연합회 활동에 참여하면서 다른 여신도들도 같이 하면 좋겠다, 한빛교회가 정체성을 고민하는데 이야기만 하지 말고 외부 활동에 다녀와서 거기서 모티브를 잡아서 하면 되지 않을까 생각했어요. 지금 한빛교회는 너무 안에 갇혀 있어요. 연합회 차원에서 활동하다 보면 좀 넓게 바라볼 수 있게 되지요.
—김혜현

한빛교회에서는 이인실, 원혜진 권사 이후 여신도교육 과정 지원자가 나오지 않고 있다. 여성이 육아와 직장 생활을 병행하다 보니 연합회 활동에도 시간을 내기가 점점 힘들어지고 있다.

1990년대 초반 마르다는 회원인 이문숙 집사(뒤에 목사 안수 받음)와 함께 여성신학을 체계적으로 학습하기도 하였다. 여성의식을 갖게 된 여신도들은 교회와 가정 생활에서 이를 실천하고자 했다. 다른 교회와 비교하면 상대적으로 젠더gender 의식이 높은 한빛교회 남신도였지만 때로 거부감을 표시하기도 했다. 이에 대해 원혜진 권사는 말했다.

한빛교회에서 한 번 좌절한 기억이 있다. 에스더회 회장으로 있을 때 수련회에서 양성평등에 대해 얘기한 적이 있다. 의외로 남신도들의 반발이 많았다. 어떤 남편들은 수련회에 가지 말라고 하기도 했다. 우리 교회 수준이 이 정도

밖에 안 되나 하는 생각에 실망했다.

남신도들이 자연스럽게 설거지를 함께 하고, 남신도 요리대회를 하는 등 의식에 큰 변화가 생기기는 했으나, 아직도 여신도들이 교회 내에서 보조적인 역할을 하는 것은 사실이다.

여신도들은 남녀평등이라는 문제의식에서 출발하였지만 여성의 권익 향상에만 머무르지 않았다. 사회적인 약자이자 어머니로 생명을 잉태하고 돌보는 역할을 담당해 온 여신도들은 한 걸음 더 나아가 탐욕과 경쟁으로 치닫고 있는 이 세상을 어떻게 보듬어 안아야 할지 고민하였다. 한국기독교장로회 여신도회에서는 1980년대 초반부터 생명문화 창조 운동을 시작하였다. 여신도회 교육위원장이었던 박영숙은, 오늘의 생태학적 위기 상황에 대해서 언급하면서, "물량적인 발전과 팽창주의에 급급하는 남성 위주의 문화는 인류를 멸망 직전까지 몰고 왔으며 여성들은 그것에 맹종했다"고 비판하고 "이제는 생명을 낳고 보존하는 힘인 모성의 발휘가 필요하다"고 역설하였다. 1970년대를 거치며 사회와 역사의식에 눈을 뜬 여신도들은 정치적 전환기에 대한 책임의식, 교육, 환경, 통일 문제를 폭넓게 고민하였으며 실천하였다.

여신도들은 다소 추상적일 수 있는 생명문화 창조 운동을 생활 속에서 다양한 방법으로 실험하고 실천하였다. 이를 위한 행동 강령은 놀라우리만치 광범위하면서도 구체적이었다. 우리 삶의 전 분야에 걸쳐 가정, 교회, 사회생활, 자연과 더불어 살기, 교육 분야를 살피며 의식의 변화와 일상생활에서의 실천을 이끌어 냈다. 몇 가지 항목을 살펴보자.

교회
권위의식의 지도자보다는 섬기는 지도자 되기

교회 예산의 30%를 사회복지 선교비로 세우기

교회비품 간소화와 대교회주의 지양하기

꽃꽂이 간소화

사회생활

최저생활로 만족하는 운동

옷 가짓수 줄이고 보석 안 갖기

안 쓰는 것 나눠 쓰고 에너지 절약하기

혼수감 줄이기

자연과 더불어 살기 운동

깨끗한 물 보존하기(세제 안 쓰기)

공기 살리기(배기가스와 담배 줄이기, 나무 심기)

농토 보존하기(화학비료, 농약 안 쓰기)

공해 방지 운동

새시대 창조 운동

일류병에서 벗어나는 풍토 만들기

학력에 따라 사람을 평가하지 않는 사회 조성하기

기득권 포기 운동(재산의 사회 환원)

인권운동

 위의 내용들은 30여 년이 지난 지금도 여전히 유용하다. 어쩌면 더 절실하게 필요할지도 모른다. 우리로 하여금 옷매무새를 가다듬고 다시 한 번 삶을 돌아보게 만든다. 여신도들은 전국 단위에서 매우 구체적인 방법으로 생명문화 실천운동을 전개해 나갔다. 한빛교회 에스더회에서 1998년 6월 14일에 폐식용유를 모아 비누를 만들었다. 에스더회 회원들이 몇 년째 판매해 온 유기농 야채류를 재배하는 양평에 가서 농촌 봉사 활동을 했다. 1989년 12월 2일 주보에는 강대상 꽃꽂이를 환경보호 차원에서 화분으로 바꾸기로 한다는 내용이 실려 있다. 교인들은 재활용품 바자회를 여러 차례 열기도 했다. 2001년에는 풀무원 창립자인 원경선 선생을 초대해 생명과 바른 농사에 대한 이야기를 들었다.

1980년대, 1990년대는 여신도들이 여성신학에 눈을 뜨면서 교회와 가정, 사회에서 남녀평등을 쟁취하기 위해 싸운 시기다. 한빛의 여신도들은 한국기독교장로회 여신도회 여신도교육과 연합 활동을 통해 더 넓은 세상과 만났다. 어머니의 마음으로 생명과 평화를 일구기 위해 스스로 변화되었다. 선배 여신도들이 일상 속에서 실천했던 생명 사랑이 오늘 우리의 모습을 되돌아보게 한다.

기지촌 여성 선교센터 두레방과 한빛교회

예수께서 다시 말씀 하셨다. "하나님 나라를 무엇에다가 비길까? 그것은 누룩의 다음 경우와 같다. 어떤 여자가 누룩을 가져다가, 가루 서 말 속에 섞어 넣었더니, 마침내 온 통 부풀어 올랐다."
— 누가복음 13장 20-21절

1970년대를 겪으며 여성 민중에 대한 기독교인의 시각이 바뀌었다. 그 전에는 선교란 교회가 불쌍한 여성들에게 시혜를 베푸는 것이라고 생각하였다. 그러나 이제는 그들을 역사의 주체로 인식하고 함께 연대하고자 했다.

여성 노동자, 농민, 빈민을 포함한 여성 민중에 대한 관심은 1980년대 중반에 이르러 기지촌 여성의 삶을 돌아보게 했다. 미군부대 주변에 형성된 기지촌은 한국 사회로부터 철저히 단절되어 있었다. 미군을 상대하며 살아온 여성들에 대한 편견의 벽은 남북을 가로막고 있는 휴전선만큼이나 견고하였다. 예수는 간음한 여성이나 밑바닥 여성들을 정죄하지 않았다. 오히려 그들을 친구로 삼았다. 그런데 기독교인들은 성매매 여성들을 죄인으로 낙인찍고 피하였다.

또 1980년 광주항쟁을 겪으며 미국에 대한 인식이 달라졌다. 학생들은 미군 철수를 외쳤다. 자주적인 통일운동이 새롭게 일고 있었다. 진보적인 기독교인들은 미국을 통일의 걸림돌로 바라보기 시작했다. 기독교 복음을 전파해 주었으며 공산주의로부터 우리를 지켜 준 영원한 우방이라고 믿었던 미국에 대한 인식의 대전환이 아닐 수 없었다.

한빛교회의 문혜림(Harriett Faye Pinchbeck) 집사는 미국 코네티컷주 출신이었다. 사회복지사인 그는 우연한 기회에 미군부대에서 알콜/마약 중독자들을 상담하는 일을 하게 되었다. 미군들을 상담하면서 그들과 사귀고 있거나 결혼한 한국 여성들을 만나게 되었다. 존재조차 알지 못했던 이 여성들이 눈에 들어왔다. 그는 사회복지의 사각지대에 내팽개쳐져 있는 이 여성들을 돕는 일이 하나님이 그에게 주신 사명임을 깨달았다. 문혜림은 두레방을 세우기 위해 미국 장로교회에 기금을 신청했다. 그 기금으로 한국기독교장로회 여신도회 산하의 기지촌 여성 선교센터를 세웠다. 상담을 전공한 문혜림과 신학을 전공한 유복님을 여신도회에서 파견하는 형식이었다. 유복님 역시 한빛교회에서 교회학교 교사와 성대가로 봉사하였다.

의정부에 문을 연 두레방 앞에서 유복님(왼쪽)과 문혜림(오른쪽). 'My Sister's Place'는 '두레방'의 영어 명칭이다.

여성들이 모여 서로 돕자는 의미의 '두레방'이라는 예쁜 이름을 지었다. 두레방은 1986년 3월 17일 한빛 교우들과 여러 사람의 축복 속에 의정부시(가능1동 722-6)에 작은 사무실을 열었다.

두레방은 처음에 상담과 교육을 통해 여성들에게 다가갔다. 미군과 결혼한 여성들과 클럽에서 일하고 있는 여성들이 자신의 권익을 지키며 미군들과 소통할 수 있도록 영어 교실을 열었다. 더러 있는 한글을 모르는 여성들을 위해 한국어 교실도 열었다. 매주 의무적으로 이루어지는 성병 검진에서 통과하지 못한 여성들을 수용하는 낙검자 수용소를 찾아가기도 했다.[*]

---

[*] 국가에 의해 매주 의무적으로 성병 검진이 있었다는 것은 기지촌 여성들이 국가에 의해 관리되고 유지되었다는 것을 증명한다. 통과되지 못할 경우 여성들은 감옥 같은 수용소에 갇히는 인권 침해를 당했

두레방을 시작한 문혜림과 유복님이 한빛교회 교인이라는 인연으로 유원규 목사를 비롯한 교인들은 두레방 선교를 물심양면으로 지원하였다. 열린 신앙의 자세를 가진 한빛교우들이었기에 기지촌 여성 선교에 선뜻 마음을 열 수 있었다. 교인들은 개인 또는 부서별로 두레방을 후원하였다. 여성들이 구운 두레방 빵을 함께 나누면서 마음속에 자리 잡고 있었던 성매매 여성들에 대한 도덕적 잣대를 내려놓는 경험을 하게 되었다. 내 안의 편견을 깨뜨려 울타리 밖으로 내몰린 이들과 하나 될 수 있는 열린 마음이야말로 한빛교회의 가장 소중한 자산이다. 설립자인 문혜림 집사는 기지촌 여성들과의 만남을 이렇게 고백하였다.

나는 기지촌에 와서 여성 예수를 만났다. 빌리 어머니는 나에게 예수였다. 예수는 으리으리하게 지어진 교회나 그럴듯한 목사님의 설교 속에 있지 않았다. 교육도 제대로 받지 못한 가난한 기지촌의 여성이 예수의 사랑을 하루하루 실천하면서 살아가고 있었다.

두레방 활동은 대학가를 통해 확산되었으며 미군부대가 주둔해 있는 다른 제3세계 여성들과도 연대하기 시작하였다. 성매매로부터 벗어나고자 하는 여성들을 위한 자활 사업으로 두레방 빵을 만들어 판매하기도 하였다. 의정부의 척박한 땅에서 시작된 두레방 운동은 한국인 남성들을 대상으로 하는 성매매 전체에 대한 반대 운동으로 확산되었다. 2004년에는 성을 매수한 남성을 처벌하고, 성매매 여성들은 자활을 돕는 것을 기본으로 하는 성매매특별법이 제정되었다.

다. 이를 근거로 두레방은 기지촌여성인권연대와 함께 기지촌 미군위안부 국가배상청구소송을 벌였고, 2017년 1월 20일 법원은 "기지촌 여성 불법 격리수용을 인정하고 국가가 위자료를 줘야 한다"는 판결을 내렸다.

현재 기지촌의 성매매 여성은 가난한 삶에서 벗어나려고 한국으로 온 필리핀 여성이 대다수를 차지하고 있다. 브로커들이 한국에 가서 가수를 하자고 속여서 이들을 데리고 온다. 두레방은 지금 필리핀과 인도네시아에 지부를 두고 현지 성매매 여성들과 이들의 자녀를 돕는 일을 하고 있다. 기지촌 성매매 여성의 문제는 이제 한국에 국한된 문제가 아니다. 아시아 여성과 아이들의 인권과 연결된 국제적인 문제가 되었다. 두레방은 지금도 여성들과 함께 살아가며 의료, 상담, 법률 지원을 하고 있다.

기지촌 성매매 여성들은 일본군 위안부 할머니들과 다를 바 없다. 이들은 남북한 분단과 미군의 피해자이다. 박정희 정권은 미군을 유지하고 달러를 벌어들이기 위해 기지촌을 양성하고 관리하였다. 이는 분단과 군사주의가 극복되지 않으면 해결되지 않을 문제이다. 통일을 위해 기도하는 한빛교회의 사명과도 무관하지 않다.

1984년 한국기독교장로회 여신도회의 생명문화 창조를 위한 노래와 기도시 공모에서 당선된 이현숙의 작품을 인용하며 여신도들의 활동에 대한 장을 마치고자 한다.

…
지금까지
역사의 변두리에 방치되었던
저희 여성들을 흔들어 깨우시고
이제 당신은
막중한 사명을 맡기시나이다.
인간과 대지가 포옹하게 하며
인간의 이웃들이 우정 어린 삶을 나누게 하고

무엇보다도

인간들을 당신과 화해케 하는 일을 저희에게 맡기시나이다.

…

당신의 사랑과 영을 선포하여

새로운 생명문화를 창조하는 일에 헌신할 것입니다.

주여!

저희 여인들에게 축복을 내려 주소서.

아멘.

교육 민주화를 위한 싸움

1987년 6월 민중항쟁은 사람들의 인식을 뒤바꾸어 놓았다. 사회의 모든 영역에서 민주주의에 대한 요구가 봇물처럼 터져 나왔다. 교육도 예외는 아니었다. 뜻있는 교사들은 교육의 자주화, 인간화 교육, 민주민중교육을 위한 전국교직원노동조합(이하 '전교조')을 결성하였다. 교육 민주화를 위한 싸움에 한빛교회는 적극적으로 함께했다. 작은 교회지만 교사가 유난히 많았기 때문이었다.

1989년 전교조가 결성되자 한빛교회 소속 교사들도 각 학교에서 분회를 창립하였다. 송영관 장로는 상명고 분회를 결성하려고 하였다. 그러나 학교에서 호락호락하게 허락하지 않았다. 그래서 1999년 10월 13일 북부 사립학교 최초로 교문 밖에서 분회 결성식을 갖게 되었다. 이후 2000년 2월, 재단 측은 송영관 선생을 상명공고로 강제 전보시키려고 하였다. 다시 한 번 교문 앞에서 분회장 강제 전보 철회를 요구하는 농성에 들어갔다. 이때 많은 한빛 교우들이 농성장을 방문해 격려하였다.

영신여고 전교조 분회장 김용섭(국어 교사) 집사는 1998년 8월에 학교로부터 해직 통보를 받았다. 부인 장진숙 집사(당시 정의여중 교사)가 그때를 회상했다.

.남편이 재단 비리와 관련해 성명서를 내고 항의를 했다는 이유로 학교로부터 파면을 당했어요. 학교 앞 은행 사거리에 모여 해고 철회 시위를 하고 있을 때 한빛교회 집사님들이 와 주셨어요. 남편은 그때 단식을 하고 있었어요. 그 일을 잊을 수가 없지요. 한빛교회가 굉장히 큰 힘이 되었지요. 오히려 가까운 가족들께는 알리지 못했지만 한빛 교우들에게는 기도를 부탁드릴 수 있었어요. 직접 찾아와 주기도 하셨고, 마음으로 동조해 주고, 응원해 주시는 한마디가 지금껏 버틸 수 있는 큰 힘이 되었어요.

2016년 3월 전교조가 법외노조라는 대법원 판결이 내려졌다. 이 판결에 따라 전교조 상근자로 근무하던 김용섭 집사는 학교로 복직해야 했다. 그러나 그는 전교조 상근자로 남기로 결단함으로써 다시금 해직된 상태이다.

당시 한빛교회 교인들 중 전교조 소속 교사는 송영관 장로 외에 고춘식(정의여고), 김경숙(염광여상), 김순필(동화고), 김영란(풍납중), 김용섭(영신여고), 김혜식(고양중), 박갑영(정의여고), 우남일(숭의여고), 이규훈(배재고), 이선영(이화외고), 이윤(홍대부고), 이인실(영파여고), 장진숙(정의여중), 홍성실(성남초), 홍진기(이화외고) 등 열 명이 넘었다. 유원규 목사가 "전교조 한빛분회를 구성해도 되겠다"고 농담을 할 정도였다.

한빛교회는 1987년 전국교사협의회 구성 이후 1989년 전교조가 창립되기까지 서울 동북부 지역 교사들에게 교회를 집회 및 회의 장소로

전교조 상명고 분회장인 송영관 선생의 강제 전보에 항의하는 교문 앞 집회. 2000년 2월 21일.

빌려주었다. 어렵고 힘든 시절에 전교조 교사들을 물심양면으로 돕고 격려하였다. 이 땅에 하나님의 나라를 세워 나가기 위해서는 아이들을 올바르게 키워야 한다는 믿음으로 교육 민주화를 위해 기도하였다.

교육관 겨자씨의 집

예수께서 또 말씀하셨다. "우리가 하나님의 나라를 어떻게 비길까? 또는 무슨 비유로 그것을 나타낼까? 겨자씨와 같으니, 그것은 땅에 심을 때에는 세상에 있는 어떤 씨보다도 더 작다. 그러나 심고 나면 자라서, 어떤 풀보다 더 큰 가지들을 뻗어, 공중의 새들이 그 그늘에 깃들일 수 있게 된다."
— 마가복음 4장 30-32절

EMS독일서남지역선교협의회에서 보내 준 지원금과 교인들의 헌금으로 교육관을 마련한 때가 1982년 5월이었다. 그 뒤로 교육관은 주중에는 지역 청소년들을 위한 독서실과 도서실로 운영되었다. 이충근 집사가 교육관에 거주하며 관리했다. 그렇지만 아무래도 교육관이 교회와 떨어져 있다 보니 활용도가 떨어졌다.

유원규 목사는 부임한 뒤에 교육관에서 지역 주부들을 위한 꽃꽂이 강좌를 개설하였다. 지역 주민들의 참여는 저조했다. 언제부터인가 한빛교회는 지역 주민들이 선뜻 들어오기에는 너무나 큰 용기가 필요한 교회가 되어 버렸다. 유원규 목사와 교인들은 지역사회에 뿌리를 내리기 위해 여러 가지 시도를 하며 애썼다. 그러나 지역사회로부터의 외면은 한빛교회가 어쩔 수 없이 감내해야만 했다. 문익환 목사의 방북 이후 4월 9일에 열린 임시 당회록에는 "문익환 목사 귀국에 따른 여러 가지 일로 인하여 지역을 위한 특별 프로그램을 무기 연기"한다고 기록되어 있다.

1970년대 중반까지만 해도 이웃에 사는 교인들이 꽤 있었다. 그러나 이들은 하나둘 아파트로 이사를 가면서 지역을 떠나갔다. 이제 지역 주민인 교인은 손에 꼽을 정도가 되었다. 교인들이 먼 곳에 살다 보니 새벽기도회나 수요 예배 등 주중 프로그램의 운영은 점점 어려워졌다.

이러한 현실적인 제약이 있었지만, 한빛교회는 지역사회와 가까워지기 위한 노력을 포기하지 않았다. 때로는 우리의 능력이 부족해 활동의 결과물들이 지극히 미미하고 부족해 보였다. 겨자씨처럼 보잘것없는 작디작은 씨앗이라도 하나님의 구원 목적의 일부라는 것, 또한 그 씨앗이 앞으로 겨자씨 나무처럼 성장할 수 있으리라는 믿음을 가져야 할 것이다. 지금까지 기울여 온 노력을 되돌아보며 그 한계와 가능성을 생각해 볼 필요가 있다.

1985년 당회는 거리가 떨어져 있던 교육관을 처분하고 교회 가까이에 있는 집을 찾아보기로 하였다. 1987년 12월 지금의 교육관 자리에 있는 집(미아4동 136-112)을 구입해 이전하였다.

1987년 5월에는 건축특별위원회를 구성하여 '한빛교회당' 청사진을 마련하도록 제직회에 안건을 제출하였다. 옛 교육관을 처분하고 새 교육관을 구입하는 과정에서 돈이 일부 남았다. 그러나 두 채를 사기에는 부족하였다. 교인들은 교회의 장기적인 계획을 고민하면서 건축헌금을 시작하였다. 처음에는 새 교육관 옆집을 추가로 구입하려고 했다. 그러나 그것이 여의치 않자 좁지만 그 자리에 교육관을 신축하는 방향으로 결정하였다.

1993년 5월 2일 교육관 신축을 위한 첫 삽을 떴다. 그해 11월 30일 완공되어 교육관 봉헌예배를 드렸다. 그곳에 '겨자씨의 집'이라는 현관을 달았다. 당시 초등학생이었던 정소담 어린이가 "겨자씨가 누구야? 겨자씨의 집이라는데 겨자씨는 왜 교회에 안 와?"라고 물었다는 잊지 못할 에피소드가 남아 있다. 새 교육관은 규모가 대지 45.3평에 총 건평 87평이다.

처음에는 허병섭 목사님이 일용 노동자들과 함께 만든 건축공동체에 건축을 맡겼지요. 그런데 허병섭 목사가 사정이 어려워져 송경용 신부에게 우리 건축을 맡겼어요. 여기도 역시 일용 노동자 중심으로 만들어진 단체였고 현장감독은 재소자 출신이었어요. 이분들에게 건축을 맡긴다는 게 뜻깊은 일이긴 했지만, 큰 건물을 건축해 본 경험이 부족하였기 때문에 기일도 길어지고 경비도 예상보다 많이 나오게 되었어요. 설계에 큰 의미를 부여하거나 신학적인 의미를 담지는 못했어요. 가장 아쉬운 점은 그때 주차장을 만들지 못했던 것이죠.
— 유원규 인터뷰, 2015

교인들의 헌신과 노력으로 부족했던 공간 문제가 해결되었다. 교회학교를 위한 교육 공간, 공동식사를 위한 식당과 취사 공간, 목회자들의 사무 공간, 회의 공간이 마련되었다. 이때부터 예배 후 공동식사가 가능해졌다. 부서별로 돌아가며 설거지를 하였는데 남신도들도 똑같이 돌아가면서 설거지를 하는 전통은 그때부터 만들어진 것이다. '겨자씨의 집'이라는 이름에 담긴 바람처럼 많은 이들이 와서 깃들기 시작하였다.

마련된 공간을 늘 관리하고 돌보는 손길들이 있어 왔다. 한빛교회를 가장 오랫동안 돌본 분은 권필시 집사이다. 1970년대 초부터 교회 관리를 맡아 왔다. 1976년 이해동 목사 가족이 새로 마련된 사택으로 옮긴 후 권필시 집사 부부와 아들 명신이 교회 뒤의 작은 방으로 들어왔다. 이때부터 교회를 24시간 돌볼 수 있게 되었다. 권 집사는 새벽기도를 하러 들어오는 교인들을 늘 밝은 얼굴로 맞으며 문을 열어 주었다. 1970년대에는 운동권 학생들과 손님들이 늘 교회를 제집 드나들듯이 들락거렸다. 교회에서 철야 농성이 있거나 집회가 있으면 권 집사는 쉴 수가 없었다. 그는 투덜거리면서도 푸근하게 이들을 맞았다. 권필시 집사는 1995년 4월까지 20년이 넘는 세월을 교회를 위해 헌신하였다.

그 뒤 김진영, 정대식 집사 부부가 교회에 입주해 관리 집사로 봉사하였다. 김진영 집사는 당시 5개월 된 다움이를 등에 업고 공동식사를 준비하는 등 많은 어려움을 겪었다. 둘째 소담이를 임신하면서 이듬해 1996년 5월에 사직하였다.

이예복 집사는 1996년 6월부터 2003년 11월까지 8년간 입주하여 교회 관리와 식사를 맡았다. 딸 햇살이와 교육관 작은 방에서 살면서 여신도회 활동에도 적극적으로 참여하며 교인들과 화목하게 지냈다.

교육관 봉헌 예배를 드린 후 옥상에서 공동 식사를 하는 교우들. 왼쪽부터 안진웅, 임익근, 정두철, 홍은현, 경민호, 이안나, 김민범, 홍진기, 정대식.

2003년 12월부터 약 6개월간은 새로운 관리 집사를 구하지 못하였다. 이 기간 동안 김명희 집사의 관리 아래 여신도들이 돌아가며 식사 준비를 하였다. 공동식사 준비의 어려움을 교우들이 몸소 경험하는 시간이 되었고, 평소에 시도하지 못하던 잔치국수 등 다양한 메뉴를 시도해 본 귀한 시간이었지만, 이러한 방식을 장기간 지속할 수는 없었다.

2004년 6월부터 입주하지 않고 주말에 출퇴근하는 방식으로 김서자 선생이 근무하기 시작하였다. 그는 기독교 신앙을 가지고 있지 않았지만 언제나 서글서글한 표정으로 교인들을 반겨 주었다. 김서자 선생은 맛깔스러운 음식 솜씨로 단순한 콩나물 요리도 남달리 맛있게 만드는 재주가 있었다. 10년 동안 함께 지내며 정이 들었던 그가 2014년 갑작스러운 병환으로 세상을 떴다. 한빛 교우들은 그의 빈자리를 무척

이나 아쉬워하였다.

2014년 9월부터 지역 주민이기도 한 노춘자 집사가 그 역할을 사랑으로 감당해 오고 있다. 그는 신선하고 저렴한 식재료를 구하기 위해 토요일 오후면 직접 시장에 다녀온다. 손이 가더라도 좀 더 색다른 반찬을 한 가지라도 더 만들어 교인들에게 기쁨을 주고 있다.

이렇듯 한빛 공동체는 눈에 잘 보이지 않는 정성어린 손길과 마음을 담은 헌신으로 이어져 왔다. 관리 집사의 역할은 시어머니를 여럿 둔 며느리처럼 어려운 자리이다. 밥이 질면 너무 질다고, 되면 너무 되다고 잔소리를 들어야 했다. 여기저기서 들려오는 말들을 웃어넘길 수 있는 무던한 성품과 변함없는 성실함이 없다면 견디기 힘든 자리이다. 이들의 숨은 노고와 마음 씀씀이를 두고두고 기억해야 할 것이다.

이밖에도 한빛 공동체를 따뜻하게 가꾸어 온 이들은 수없이 많다. 1991년 제1회 한빛봉사상을 받은 손인숙 권사는 침술로 교인들의 건강을 돌보았다. 한의사인 배성인 집사도 1999년부터 매월 마지막 주 공동식사 후 한방 진료를 베푸는 일로 여러 해 동안 봉사하였다. 김옥희, 이윤경, 이규천, 김성심 집사는 꽃꽂이를 통해 하나님을 찬미하였으며, 2009년 성탄절부터 플로리스트 정미영 집사가 꽃꽂이를 담당하고 있다. 그의 손길로 한빛교회 꽃꽂이가 예술의 경지에 올랐다. 한빛교회의 '맥가이버'인 박종선 권사는 결코 가볍지 않은 몸으로 지붕에 올라가 기와를 고치는 등 노후한 교회 건물을 꼼꼼하게 살피고 수리해 오고 있다. 교회를 섬기는 마음 없이는 결코 할 수 없는 일이다.

'늘푸른야학'과 한빛어린이공부방

새 교육관을 구입한 이듬해부터 지역의 노동자를 위한 야학을 시작했다. 1987년 8월 덕성여대의 '젊은 새 이웃'이라는 동아리에서 야학 장소로 교회를 사용할 수 있는지를 문의해 왔다. 그때는 새 교육관을 구입하기 전이어서 요청을 보류했다가 새 교육관으로 이전한 뒤에 사용을 허락하였다. 1988년 5월 1일에 한빛의 '늘푸른야학'이 첫 입학식을 가졌다.

1987년 유월항쟁은 7월, 8월 노동자의 대투쟁으로 이어졌다. 노동자들은 그동안 억눌려 있던 권리를 외치며 노동조합을 만들었다. 노동자들을 위한 생활야학도 곳곳에 우후죽순처럼 생겨났다. 한빛 늘푸른야학은 노조를 만들어 세상을 바꾸자는 거창한 취지보다는 노동자로서 자부심과 자기의식을 갖게 하는 것, 쉽게 말하면 '의식화' 교육을 하는 것이 목적이었다.

직접 운영하는 것은 아니었지만, 한빛교회는 야학에 필요한 장소와 비용을 지원하였다. 4개월씩 진행되는 한 학기 지원금이 50만 원 정도였다. 물론 야학의 내용에 대해서는 일체 간섭하지 않았다. 야학의 운영 주체인 '젊은 새 이웃'은 교사가 부족하니 교회 청년 가운데에서 할 수 있는 사람을 추천해 달라 부탁했다. 그리하여 최인성과 이성욱이 교사로 합류해 2년 동안 봉사하였다. 이성욱은 경제와 사회 과목을 가르치고, 대학 국문과에 다니던 최인성은 국어 과목을 맡았다. 최인성은 수업에서 소설을 읽고 토론하게 하거나 자기소개서, 독후감을 쓰는 글쓰기를 훈련시켰다. 학생이 한 반에 일고여덟 명이었다.

그때는 교회 주변에 옷감을 짜고 자그마한 헝겊 완구를 만드는 봉제공장들이 많았어요. 대부분 국민학교를 졸업하고 시골에서 막 상경한 청소년들이었어요. 월급으로 10만 원 정도 받았지요. 그 중 고향 집에 8, 9만 원 보내고 혼자서 2만 원으로 기숙사 생활을 하는 열다섯, 열여섯 살 여공들이 많았어요. 나는 노동자들이 적어도 고등학교는 졸업한 줄 알았는데 국졸인 여공들이 많아서 깜짝 놀랐죠. 한 사오 년을 그렇게 생활하고 있었으니 그 친구들이 얼마나 세상이 답답했겠어요. 세상을 바꿔 보고 싶고, 뭔가 해 보고 싶다는 갈망이 많았겠죠. 그래서 야학에 온 거죠.

최인성 집사는 어린 노동자들을 가르치면서 큰 보람을 느꼈다. 그는 이들을 통해 더 넓은 세계를 볼 수 있었다고 말하였다.

어린 노동자들과 얘기하면서 세상을 바꿀 수 있겠다는 생각을 했어요. 그 전까지 봤던 세상과 사람들은 보수적이고 답답했어요. 대학 때 만난 운동권들은 관념적이고 극좌적이었지요. 그런데 이들은 부드럽고, 새로운 것을 잘 받아들였어요. 변화에 대한 갈급함도 컸어요. 이런 사람들이 많다면 세상이 변할 수 있겠다고 생각했어요. 내가 세상의 변화에 동참한다는 생각이 들어 굉장히 뿌듯하기도 했고요. 노동자들 덕분에 실제로 세상이 많이 바뀐 게 아닐까요? 그 친구들의 노력과 나의 조그마한 노력이 있었기에 세상이 변한 게 아닐까 싶어요.

1988년 11월 6일, 한빛 늘푸른야학 1회 졸업식이 있었다. 해마다 본당에서 입학식과 졸업식을 조촐하게 열었다. 그런데 안타깝게도 1990년 11월 연말 당회에서는 야학에 모이는 학생이 적으니 하한선을 두어 10명이 안 되면 지속하지 않는 것으로 결정하였다. 야학에 대한 수요가 줄어들면서 한빛 늘푸른야학은 자연스레 수명을 다했다. 세 해 동안 지역 노동자들과 함께했다. 비록 짧은 시간이었지만, 이들을 가르친 교사와 배움을 얻은 어린 노동자들에게는 평생 기억에 남을 시간일 것이다.

이러한 작은 시도들을 실패하였다거나 의미가 없다고 치부해 버릴 것은 아니다. 눈에 잘 띄지 않는 이러한 작은 노력이 축적되어 세상은 서서히 변화해 가는 것일는지도 모른다.

1994년 3월에는 한빛어린이공부방을 개원하였다. 지역사회에 다가가기 위한 노력의 일환이었다. 방과후 프로그램으로 운영되는 공부방은 문영금 집사와 유아교육을 전공한 신현미 집사가 맡았다. 그밖에도 다른 많은 교우들이 공부방을

한빛어린이공부방에서 펴낸 문집과 전단.

도왔다. 박갑영 집사는 풍물을, 안창도 집사는 연극과 글쓰기를, 임지하는 미술을, 박지연과 박문철은 수영을 가르쳤다. 정두철 집사는 야외에 나갈 때와 어린이 문집을 만들 때 도와주었다. 하나님의 선교를 위해 그야말로 온 교우들이 달란트를 보탰다.

학기 중에는 주 1회 특별활동을 하였다. 하루는 요리하는 날로 정해 함께 맛난 음식을 나누었다. 평소에는 부족한 학교 수업을 도와주었다. 문영금 집사는 캐나다에서 아이들을 키운 경험을 살려 당시로서는 꽤 색다른 프로그램을 시도하였다. 방학 중에는 캠프를 열어 수목원 견학, 야외 활동, 스케이트 타기, 수영, 눈썰매 타기를 하며 신나는 시간을 보냈다.

간식은 유기농 재료만 사용하였으며 엄마가 해 주는 것처럼 고구마

공부방 어린이들에게 풍물을 가르치는 박갑영 집사.

와 감자를 구워 주거나 주먹밥을 만들어 주었다. 교회에서는 월 50만 원 정도 보조를 받았다. 동네 아이들이 몇 명 있었고, 교회에서는 박문숙, 최보라 어린이가 다녔다. 공부방 교육은 수준이 매우 높았다. 그런데도 학생들을 모집하기가 쉽지 않았다. 생활 형편이 괜찮은 이들은 아이들을 학원으로 보내기 때문이었다. 전단을 나누어 주며 알리느라고 애썼지만 학생들이 모이지 않았다.

1년이 지나자 교회는 공부방의 재정 자립을 바랐다. 그렇지만 형편이 어려운 집 아이들에게서 교육비를 많이 받기는 곤란하였다. 아무런 지원도 받지 못한 상태에서 재정적으로 자립하는 것은 무리였다. 결국 교회는 더 이상 보조를 할 수 없다고 했다.

재정 문제 외에도 또 다른 어려움이 있었다. 지역 아이들과 한빛교회 어린이들 사이의 이질감이었다. 한빛교회 어린이부에서도 오랫동안 비슷한 문제가 있어 왔다. 대부분의 교우 자녀들은 엄마, 아빠와 함께 자동차를 타고 11시 예배에 맞춰 교회에 왔지만, 동네 아이들은 일찍부터 모여 예배를 드렸다. 지역 어린이들은 교회 어른들을 잘 몰랐기에 낯설어했고, 어른들 또한 동네 아이들을 몰라서 살갑게 반기지 못하였다. 자연히 동네 아이들은 상대적으로 소외감을 느꼈다. 교우의 자녀들은 언제나 당당했으나, 동네 아이들은 마치 불청객 같았다. 한빛교회 어린이부에 나오는 동네 어린이가 차츰 줄어들었다. 언제부터인가 동네 어린이는 한 명도 없이 어린이부가 교우의 자녀들로만 채워졌다. 공부방을 운영하던 문영금 집사는 이렇게 말했다.

사실 지역 사회와 융화하기 위해 어린이공부방을 만들었는데 그게 말처럼 쉽지 않다는 것을 느꼈다. 한국의 교육 상황에 비추어 색다른 시도를 해서 교육적으로는 의미가 있었지만, 하나의 시도로 끝났고 말았다. 교회에서 좀 더 지속적으로 지원을 했거나 지역사회와 연계가 되었다면 좋았을 텐데 아쉽다.

한빛어린이공부방은 결국 1년 만에 문을 닫았다. 어떠한 사업을 시작하든 장기적인 계획을 세우고 적어도 3, 4년은 지속적으로 지원하는 것이 바람직할 터이다. 그로부터 십여 년이 흐른 뒤 방과후 프로그램이 다시 시작되었다. 비록 외부 단체에 공간을 빌려주는 형태이긴 하지만 말이다.

2006년 가을부터 교육관을 '꾸러기 공부방'에 빌려주고 있다. 꾸러기 공부방은 처음에는 몇몇 뜻있는 분들이 모여 만들었다. 회원제로 운영되었으며 한때 후원회원이 150명에 이르렀다. 그러다가 2011년부터는 지역아동센터로 등록하여 중앙정부와 서울시로부터 지원을 받아 좀 더 안정적으로 운영되고 있다. 현재 학생들은 20여 명이며 상근 교사 두 명과 강사들이 아이들 공부를 맡고 있다. 아이들은 주중에 비어 있는 교회에 생기를 불어넣어 주고 있다. 교육 내용은 50퍼센트는 부족한 학교 교육을 숙제, 복습, 예습으로 돕는 것이고, 나머지 50퍼센트는 공예, 문예, 합창 등 다양한 정서 교육을 하고 있다.

한빛어린이공부방이 겪었던 학생 모집의 어려움은 학교와의 연계를 통해 해결하고 있다. 학교가 기초생활수급자 가정을 우선으로 해서 형편이 어려운 가정의 어린이들을 공부방과 연결시켜 준다. 꾸러기 공부방에 나오는 학생들 가운데 한 부모 가정의 어린이가 절반에 이르고 있다. 곽은아 선생은 교회 근처에 한 부모 가정과 홀로 사는 노인도 많다고 말했다.

앞으로도 한빛 공동체는 지역사회와 관계 맺기를 꾸준히 시도해 나가야 할 터이다. 아무리 한빛교회가 독특한 역사와 사명을 가진 교회라 해도 지역사회에 뿌리를 내리지 않는다면 건강한 나무로 자라날 수 없기 때문이다. 교회는 삶에 지친 이들이 쉬었다 가는 예수님의 품이다.

한빛 영성수련원 마련

2005년 3월, 한빛교회는 문익환 목사 가족이 살던 유택 바로 뒤에 위치한 북한산 기슭 땅을 매입하였다. 교회가 수유리에 부지를 구입하게 된 데에는 사연이 있다.

교회는 1993년에 교육관 '겨자씨의 집'을 마련하였다. 그러나 1971년에 지은 본당 건물이 너무 낡고 비좁았다. 또한, 주차장이 없다 보니 교인들이 자동차를 골목에 주차하면서 지역 주민들에게 민폐를 끼치고 갈등을 빚는 일이 자주 생겼다. 그러다 보니 여러 가지 노력을 기울였는데도 한빛교회는 좀처럼 지역사회와의 간극을 좁히지 못하고 있었다.

한빛교회는 미아리에 남는 것이 좋을지, 아니면 다른 곳으로 이전해 새로운 시대를 열어가는 것이 좋을지를 놓고 깊이 고민하지 않을 수 없었다. 1970년대, 1980년대의 민주화운동의 성지와도 같은 지금의 교회당은 그 자체로서 큰 의미를 지닌 만큼 보존되어야 할 것이다. 그러나 이 지역은 재개발될 가능성이 있다. 목사 사택 주변은 이미 재개발조합이 결성되어 철거와 아파트 신축을 앞두고 있다.

이런 와중에 나오미 회원들이 건축헌금을 시작하였다. 어떠한 방향으로 결정을 내리더라도 건축을 위한 기금을 얼마쯤 조성할 필요가 있다는 데에 공감하였기 때문이었다. 안계희 장로가 베다니집 원장직에서 퇴임할 때 받은 금반지를 건축헌금 종잣돈으로 내놓았다.

교회는 장기적인 건축헌금 조성을 계획하고 동시에 건축연구위원회를 조직하기로 하였다. 1998년에 결성된 건축위원회에 이학전 위원장, 배장호 서기, 김기봉, 김순필, 김영란, 박성수, 박혜경, 송영관, 안인숙 위원이 참여하였다. 건축위원회의 기도와 열심을 다한 활동으로 2002년부터 건축헌금을 작정하였다. 한빛 가족들의 넉넉하지 않은 형편을 생각해 염려가 많았으나 하나님의 은혜로 작정했던 것보다 더 넘치게 기금이 모였다.

교회의 건축을 위해 기도하던 중 염두에 두고 있었던 통일의 집(당시 박용길 장로가 살고 있었다) 뒤쪽의 땅이 2005년 1월 경매에 나왔다는 소식이 들려왔다. 그 전에도 주인과 만나 이야기를 나눈 적이 있었으나 한빛교회가 마련하기에는 턱없이 비싼 땅값에 포기하고 있던 터였다. 그런데 그 땅이 경매에 나온 것이었다. 이 정보는 당시 건축설계사무소에 다니던 배장호 집사가 우연히 알게 되었다. 한빛교회는 경매에 참여했고 2005년 2월 14일 극적으로 강북구 수유리 산 87-1의 임야 1,339평을 6억1,109만1,700원에 법원으로부터 낙찰을 받았다.

이는 한빛교회 역사에서 새로운 꿈을 그릴 수 있는 의미 있는 사건이었다. 이 일로 며칠 뒤에 맞이한 2월 20일의 교회 창립 50주년 기념일은 그야말로 잔칫날이었다. 송영관 장로와 김진오 집사는 그들의 집을 담보로 은행에서 일부 융자를 받아 그동안의 헌금과 기금에 보태었다. 교인들은 각 부서별로 건축을 위한 의견을 모아 공청회를 진행하였다. 그 땅에 있던 허름한 건물을 개조하여 한빛영성수련원이라고 이름지었다. 그곳에서 어린이부 여름성경학교를 비롯한 갖가지 행사와 기도모임을 갖고 있다.

이곳은 북한산의 기운을 받고 있는 도심 속의 숲이다. 교회를 설립한 문재린, 김신묵, 문익환, 박용길의 기운이 서려 있는 곳이다. 그렇지만

한빛영성수련원에 꽃을 심고 있는 아이들.

이 땅은 몇 가지 현실적인 문제들을 안고 있다. 건축을 하려면 꼭 필요한 통로가 없는 맹지라는 것이 가장 큰 문제였다. 또한 임야로 묶여 있어서 건축을 하려면 용도를 대지로 바꾸어야 한다. 더구나 땅의 일부는 서울시에 의해 생태 보존 지역을 뜻하는 비오톱biotop으로 지정되어 있다. 2005년 7월에 박용길 장로는 집 앞마당인 대지 15평(수유리 527-57)을 수련원의 통로로 사용할 수 있도록 교회에 헌납하였다.

2011년 박용길 장로가 하나님 곁으로 가신 뒤 통일의 집은 비어 있다. 가족들은 통일의 집을 박물관으로 재개관해 시민들을 위한 교육의 장으로 활용하는 방안을 고민하고 있다. 한빛교회는 앞으로 어떤 꿈과 비전을 가지고 교회의 위치와 건축에 대한 청사진을 그려 나갈 것인가? 지금 교회가 자리 잡고 있는 미아리 지역의 재개발 논의도 사실상 중단되었다고 한다. 우리의 나아갈 길을 밝혀 줄 하늘의 뜻을 찾기 위해 기도하고 대화하며 의견을 모아 나가야 할 것이다. 하나님을 믿고 따라가면 길이 보이리라. 이 과정을 통해 한빛 교우들의 믿음이 더욱 굳건해지고, 공동체가 새롭게 도약하는 계기가 될 터이다.

늘 푸르른 한빛 성가대

한빛교회는 규모는 작지만 문화의 향기가 흐르는 교회다. 60년이라는 짧지 않은 세월 동안 교회 형편이나 지휘자에 따라 기복이 있긴 했으나, 한빛 성가대는 은혜로운 찬양으로 하나님을 찬미하였다. 큰 교회 성가대 못지않은 아름다운 찬양으로 교인들에게 은혜와 위로를 덧입히고 있다. 역대 한빛교회 성가대 지휘자로 문영환, 조의수, 문호근, 이인승, 이영욱, 문의근, 김태균, 박현민, 정현아, 송유진, 이현관과 임정현 들

1982년 성가대 야유회. 오른쪽부터 문의근 지휘자, 김성심, 김순필, 왼쪽 끝 김원철 목사. 앞줄에 앉은 사람 중에 박혜경과 그의 아들 한결이와 딸 고은이가 보인다.

이 거쳐 갔다.

문영환은 교회 창립 한 해 뒤인 1956년부터 동부교회와 통합한 1962년까지 성가대를 지휘하였다. 문재린 목사의 아들인 그는 음악, 연극, 영화 등 문화의 다방면에 재능을 가진 자유로운 영혼의 소유자였다. 동부교회와 통합했을 때에는 동부교회의 이성천 지휘자에게 지휘봉을 넘겼다. 얼마 후 음악을 전공한 조의수 선생이 성가대를 맡았다. 그 후에는 문익환 목사의 큰아들 문호근이 바통을 이어받았다. 그는 음악을 전공하였고, 훗날 오페라 연출가로 활약하였다. 문호근은 한국의 프리마돈나 정은숙과 결혼을 하였고 그의 존재만으로도 한빛 성가대는 빛났다.

미아리로 교회를 이전하면서 지역 주민인 이인승 선생과 이영욱 선생이 성가대를 이끌어 나갔다. 이영욱 선생은 음악 교사이자 작곡가 이흥렬의 아들이었다. 이 인연으로 이흥렬 선생이 '한빛의 노래'를 작곡해 주었다. 이영욱 선생의 부인 이영실 역시 성악가로, 부부가 힘을 합쳐 조화로운 화음을 만들어 냈다.

1978년 후반부터 성가대를 맡은 문의근은 문익환 목사의 둘째 아들로 음악을 전공하지는 않았지만 피아노 연주 실력이 뛰어났으며 카리스마와 성실함으로 성가대를 이끌어 갔다. 그 역시 성악가인 김성심과 결혼하였기 때문에, 언제부터인가 성악가 부인을 아내로 둔 지휘자를 모시는 게 한빛교회의 '전통 아닌 전통'이 되었다. 김성심 집사는 노래뿐 아니라 음식 솜씨도 뛰어났다. 그는 종종 성가대원들을 집으로 초대하여 손수 준비한 음식을 나누며 살뜰하게 챙겼다. 부부는 특히 한빛교회가 부침이 심하던 1970년대 말부터 1980년대에 성가대를 지켜 냈다.

문의근이 지휘를 하는 동안 반주자로는 박현주, 고경희, 장혜련, 정은희, 정효가 봉사를 했다. 1997년 1월 문의근 장로 부부가 미국으로 이민을 간 뒤로는 김원일 집사와 원현철 집사가 잠시 지휘봉을 잡았다. 그리고 운동권 노래패 출신인 김태균 선생이 뒤를 이었다. 반주는 정효, 전혜림, 함은아, 이혜란이 했다.

문익환 목사가 1975년 중앙신학교 교회음악 강습회에서 한 "마리아의 찬가"라는 설교는 그의 교회음악관이 어떤지를 잘 보여 준다.

거만하게 으스대는 것들을 쫓아 버리시며
세도를 부리는 것들을 그 권좌에서 내리치시고
천덕구니들을 높여 주십니다.
굶주린 사람들을 배불리 먹여 주시고
부자들을 빈손으로 쫓아내십니다.

마리아의 입에서 이런 노래가 흘러나오다니! 놀랄 일 아닙니까?…마리아를 거의 신으로 숭앙하는 가톨릭을 비롯해서 모든 교회의 찬송들을 조사해 보십시오. 마리아의 찬가처럼 사회정의를 노래한 찬송이 과연 몇이나 됩니까?…교회에서 부르는 찬송과 찬양은 너무 아름답기만 합니다. 사람을 길들이기에 꼭 알맞습니다.…사람들을 길들여 불평 없이 묵묵히 순종하게 만드는 일을 교회의 찬송, 찬양이 해 온 것 아닙니까?…교회음악이 교인들의 마음을 마취시켜 온 것이 아닙니까?

이제 우리의 찬양은…좀 거칠어질 필요가 있는 것 같습니다. 모세의 노래에서 마리아의 찬가에 이르는 이스라엘 시인들의 억센 전통을 되살려야 할 것 같습니다.…교회음악도 이제 서구 음악에서 탈피해서 우리의 것을 힘차게 불러야 할 때가 되지 않았습니까?

— 문익환, 「문익환 전집 12권, 설교편」, 사계절 1999

문익환 목사의 이 같은 교회음악관에서 영향을 받았는지, 한빛의 교회음악은 변화하기 시작하였다. 1970년대 이전까지는 서구 기독교 음악을 무비판적으로 받아들였다. 그러나 이 무렵부터는 기독교 문화의 토착화를 고민하기 시작하였다. 서구 문화를 무조건 받아들이는 것에서 벗어나 우리의 전통과 기독교가 어우러진 새로운 문화를 만들어 내야 할 때가 된 것이었다.

전태일의 죽음을 목도하며 번져 나간 변혁 운동과 함께 1970년대에는 저항 문화가 들불처럼 퍼져 나갔고, 이른바 '운동권 노래'라고 하는 노래들이 쏟아져 나왔다. 그즈음 한빛교회에서는 찬송가뿐 아니라 다소 거칠게 느껴지는 운동 가요들도 많이 불렸다. 당시 암울한 분위기 속에서 찬송가는 문익환 목사의 말대로 "설레고 뒤틀리는 가슴을 마취시켜 고요히 잠재우는"것처럼 느껴졌다. 운동 가요가 오히려 더 은

위 사진은 정현아 지휘자 시절에 자체 제작한 CD 앨범에 들어간 사진으로, 2011년 9월의 일이다. 아래 사진은 2014년 12월 14일 예수맞이 찬양예배에서 헨델의 "메시아"를 부르는 한빛 성가대와 지휘자 이현관.

혜롭게 느껴졌고, 공동체를 하나로 묶어 주는 힘을 느끼게 하였다. 그런 시절이었다.

이 같은 한빛의 변화가 바탕이 되어, 1997년에 노래패 출신의 지휘자가 한빛교회에 오게 된 것이었다. 그 뒤로는 클래식 음악을 전공한 박현빈, 정현아, 송유진 선생이 지휘를 하였다. 한빛교회의 특수한 문화 때문에 사실 적합한 지휘자를 모시기가 쉽지는 않았다. 음악적 전문성을 갖춤과 더불어 진보적인 신앙에 공감할 수 있어야 했다. 그런 점에서 지금 성가대를 맡고 있는 이현관, 임정현 지휘자 팀은 그 두 요소를 골고루 갖춘 적임자라고 할 수 있다.[*] 이들은 교회 절기에 맞출 뿐 아니라 시대 상황과도 들어맞는 절묘한 선곡으로 교인들의 영혼을 촉촉이 적셔 주고 있다.

성가대의 역사를 말하면서 1996년부터 20년 동안 반주자로 봉사해 오고 있는 정효 집사를 빠뜨릴 수 없다. 주일이면 어김없이 피아노 벤치를 지키는 그는 상록수처럼 늘 푸르다. 정효 집사와 함께 성가대를 오랫동안 섬기고 있는 이들은 경민호, 김원권, 김현미, 김혜현, 박갑영, 신현미, 이현자, 장진숙, 정두철, 최옥희, 최진숙, 홍진기 집사 등이 있다.

우리 문화로 하나님 찬미하기

앞에서 말했듯이 1970년대, 1980년대의 저항 운동은 우리 문화에 대한 관심을 불러일으켰다. 그리하여 일제강점기와 전쟁, 산업화의 과정

---

[*] 이현관은 "한라에서 백두로"를 비롯한 여러 운동 가요와 가극 "금강"을 작곡했다. 임정현은 테너이자 이소선 합창단의 지휘자이다. 이현관 집사가 미국에 있는 가족과 지내기 위해 잠시 자리를 비울 때면 임정현이 지휘를 맡는다.

추수감사주일을 맞아 본당에서 풍물 공연을 하는 남신도들.

에서 맥이 끊기다시피 한 탈춤, 풍물, 판소리와 같은 우리 문화에서 그 안에 담긴 민중성과 예술성을 새롭게 발견하기 시작하였다. 우리 전통문화에 대한 사회적인 관심은 기독교 문화에도 영향을 주었고, 이는 기독교 신앙의 토착화 논쟁으로 이어졌다. 비록 기독교가 서구에서 들어왔지만, 우리 정서에 맞게 우리 언어로 예수를 찬양하자는 주장이 대두되었다.

이런 시대 분위기 속에서 한빛교회도 전통문화에 관심을 갖게 되었다. 1999년 3월 21일에는 남사당놀이패(남사당놀이는 중요 무형 문화재 3호)의 남기수 명인을 모시고 풍물강습회를 열었다. 2001년 1월 21일에는 김대벽 장로를 강사로 '우리 문화 바로 보기'라는 강좌를 마련했다. 같은 해 5월에 한빛풍물단이 구성되어, 29명이 모여 첫 연습을 했다. 풍물에 능숙한 고춘식, 박갑영 집사를 중심으로 최옥희, 이인실, 김원권, 김진오, 오승룡 등이 적극적으로 참여했다.

교회에서 풍물을 친다는 것이 처음에는 파격으로 보였다. 그러나 한빛교회는 악기 구입비를 지원해 주는 등 적극적으로 후원하였다. 처음에는 교육관 지하 식당에서 연습하였다. 그런데 이웃에서 시끄럽다고 항의가 들어오는 바람에 신일고등학교 앞 지하에 있는 풍물 연습실을 빌렸다. 일요일 오후 한두 시간씩 모여 풍물을 연습하였다. 강사를 초청해 한 일 년 동안 본격적으로 배웠다. 한빛풍물단은 교회 행사뿐 아니라 연합 행사에서도 공연을 하였다. 풍물패 활동에 참여했던 고춘식 권사의 이야기를 들어 보자.

기독교의 토착화라는 면에서 풍물이 의미가 있다고 봐요. 저는 한빛교회에서도 가끔 국악 찬송가를 부르면 어떨까도 생각해요. 풍물패 활동이 계속 이어지지 못해서 아쉽지만 우리 문화가 예배 속으로 들어올 수 있으면 좋겠어요. 또한 풍물이라는 것이 어떻게 보면 남북 공통으로 가지고 있는 문화잖아요? 통일을 위한 언어로 풍물이 가능하다고 봐요.

언어와 문화가 점점 이질화되어 가고 있는 남과 북이 하나가 될 수 있는 언어로서의 풍물. 이런 의미에서 풍물은 통일을 준비하고자 하는 한빛교회에 참 잘 어울린다. 함께 땀 흘리며 장단을 맞추다 보면 공동체 구성원들은 하나 됨을 맛볼 수 있었다. 연습할 때 옆에서 지켜보던 어린이와 청소년들도 풍물을 배우기 시작하였다. 이렇게 한빛에 한동안 풍물 바람이 불었다. 한빛교회에서는 지금도 예배 시작 전에 징 울림으로 예배를 시작하고 있다. 하나님은 깊은 역사적인 전통과 얼이 배어 있는 다양한 언어로 드리는 예배를 기쁘게 받으신다.

우리말과 글에 대한 사랑은 한빛교회의 또 다른 자랑이다. 문익환 목사는 아름답고 순수한 우리말로 성서를 번역하였고, 시와 찬송가 가사로 하나님을 찬미하였다. 1970년대에는 양성우, 1980년대에는 고광헌 시인이 시대정신이 살아 있는 날카로운 비수 같은 시를 썼다. 최근에는 이규훈 권사가 시를 통해 예수의 제자로 사는 것이 무엇인지를 우리에게 묻고 있다.

"4·16 아침에 전화가 울린다 1"

문학 수업을 하다가
바다를 그렸다

선을 쭈욱 긋고
배를 띄워야 하는데
밑에 거꾸로 처박힌 배를 그리고
그리고
하늘에 별을 몇 개 그렸다

저 별이 우리를 비추고 있다고
차마 말을 못하고
고개 돌려 숙인다

뒤처진 아이
함께 가자고 만든 보충수업
이제는 능력대로
배우고 가르치라는 방과 후 수업이 있다

선으로 바다를 그리고

별을 그리고

가라앉은 배에 실린

눈물과 양심과 역사를

어눅하게 그린 늙은 문학교사에게

두 명의 아이가 방과 후 수업을

신청했다

전화가 계속 울린다

2015년 4·16아침에

진도 앞 바다

바다 그리고

별만 몇 개 그리고

무간지옥에 빠진

눈마저 짓물린

전화가

아비규환처럼 울린다

    2000년대 들어서서는 고춘식 권사가 전통 시조를 소개하였다. 국어 교사였던 고춘식 권사는 시조로 일기 쓰기를 시작해 일상을 시조로 표현하는 운동을 벌이고 있다. 그는 한빛교회 여름 수련회에서 시조 쓰기를 강의하였다. 그때 시조를 배운 '수제자' 김경영 장로는 지금까지 날마다 시조를 한 편씩 쓴다. 다음은 김경영 장로의 "길"이라는 시조다.

"길"

드넓은 이 세상엔
수많은 길이 있네

모두들 제길 따라
온몸으로 가는 중에

나만이 건너갈 수 있는
외진 길이 하나 있네

2015. 12. 19.

빛과 색으로 신앙을 고백하다

한빛교회에는 미술을 전공하였거나 취미로 즐기는 분들이 있다. 이들은 미술, 서예, 사진, 도예라는 향기로운 도구로 신앙을 고백하였다. 이과정은 매우 은밀하고 사적인 것이다. 그러나 이 재능을 공동체와 함께 나눔으로써 개인의 재능이 공동체의 신앙고백으로 모아졌다.

　1995년, 한빛교회 40주년을 기념하며 뜻깊은 전시회가 열렸다. 박갑영 집사의 기획으로 한빛가족 작품전이 교육관 지하에서 열린 것이다. 박갑영 집사는 그동안 공들여 제작한 주보 판화를 전시하였다. 박용길 장로는 문익환 목사의 시를 붓글씨로 쓴 작품을 내놓았다. 임지하 교우는 동양화를 선보였다.

1984년 유원규 목사가 부임하기 직전 문익환 목사가 집례한 마지막 유아세례식 뒤에. 맨 앞줄 오른쪽부터 김인숙과 나종남 부부. 서정란, 이충근의 부인. 뒷줄 오른쪽부터 오승룡과 아들 석주, 문익환 목사, 남민전 사건으로 옥고를 치른 권영근과 그의 부인(맨 뒤).

　　나종남 집사[*]의 부인인 김인숙 집사는 미용실을 운영하며 틈틈이 풍경화를 그렸는데 아마추어를 넘어선 솜씨였다.

　　정승언 집사는 미술을 전공해 판화를 주로 제작했는데, 안타깝게도 뇌출혈로 쓰러져 마음껏 그림을 그릴 수 없게 되었다. 그래도 그림에

---

* 나종남 집사는 서대문구치소 교도관으로 1974년부터 근무하였다. 당시 교도관들은 양심수들과 자연스럽게 교류하면서 공무원으로서 자신의 안위를 아랑곳 않고 양심수들을 도왔다. "김지하 시인의 양심선언서 반출 사건"이나 "박종철 고문 사건의 진술서 반출 사건"들은 교도관들의 도움이 없었다면 불가능했다. 이들은 감옥에서 알게 된 양심수가 이후 수배를 당했을 때 집에 숨겨주기까지 하였다. 나종남 집사는 문익환 목사가 단식을 위해 부탁한 생쌀을 한 움큼 가져다주었다는 이유로 파면된 뒤, 이돈명 변호사 사무실에서 일했으며 문익환, 이해동 목사와의 인연으로 한빛교회에 나왔다. 그는 뒤늦게 민주화운동 관련자로 인정받았다.(민주화운동 관련자 명예회복 및 보상심의위원회에 제출한 나종남의 진술서[2000. 11.] 참조.)

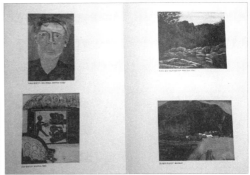

한빛가족 전시회 팸플릿.

대한 열정만큼은 사그라지지 않았다. 한동안 교회 사무실에 걸려 있던 그의 자화상과 빨간 장미 그림은 많은 이들에게 강렬한 인상을 남겼다. 어린아이 같이 천진한 그는 등나무 아래 벤치에 앉아서 오가는 교인들에게 농을 걸곤 하였다. 그즈음 교회에서 볼 수 있는 정겨운 풍경이었다. 거동이 불편해진 그를 김명희 권사가 지극정성으로 돌보았다. 송영관 장로 부부는 수년간 그가 편히 교회에 다닐 수 있도록 차를 태워 주었다. 말년에 그는 더 어린아이 같아져서 드라이브를 하며 맛있는 것 먹기를 즐겼다. 불편한 몸으로 우리에게 돌봄을 통해 하나님의 나라를 맛볼 수 있는 귀한 선물을 주던 정승언 집사는 2000년 하나님의 부르심을 받았다.

박갑영 장로는 1990년 2월 18일부터 1995년까지 주보 표지에 들어가는 판화를 그려 왔다. 그는 한국기독교장로회 신앙에 어울리는, 소박하면서도 힘 있는 주보 그림을 그리고 싶어 했다. 이를 위해 판화가 가장 잘 어울릴 것 같았다. 교회 절기에 맞춰 바꾸는 것을 기본으로 하였고, 1996년부터는 상황에 맞게 통일, 인권, 생명 등의 주제를 신앙의 눈

1998년 2월 15일 이양자, 김근숙, 정승연(앉은이 왼쪽부터) 권사 취임식.

으로 풀어 낸 작품을 그렸다. 그는 6년 동안 50여 작품을 찍어 냈다. 주보 판화를 그리는 작업이 그에게 어떤 의미였는지, 그의 말을 들어 보자.

주보 목판화를 하면서 세상을 신앙의 눈으로 바라보는 시선이 좀 달라졌다고 할까요? 그전에는 뉴스를 봐도 건성건성 넘어갔다면 이제는 더 자세히 들여다보고 깊이 생각하게 되었지요. 어렵고 복잡한 역사적 사건을 단순하게 표현하면서도 어떻게 의미를 담을 수 있는지를 생각하게 되었어요. 저에게는 큰 도움이 되었습니다.

그는 목판화라는 매개체로 신앙고백을 하였으며, 앞으로도 주보 표지 작업을 계속 이어 나갈 것이라고 덧붙였다. 이 책에 실린 판화들도 그의 작품이다.

보통 개인적인 고백은 기도나 묵상으로 하는 건데 주보의 그림을 그린다는 것은 개인의 고백을 객관적으로 드러내 보이는 것이지요. 그러다 보니 개인적인 고백이 되는 동시에 공동체의 고백이 되는 거지요. 내 개인적인 입장만을 표현할 수도 없고, 내 개인적인 시각과 한빛의 전체적인 시각을 잘 맞춰야 하는 거죠.

그밖에도 2000년 9월 24일 장로로 임직된 송영관은 교회 행사 때마다 사진을 찍어 방대한 양의 사진 기록을 남겼다. 이 책에 실린 꽤 많은 사진도 그가 포착한 것이다. 그는 학교에서 정년 퇴임을 한 뒤에 전국 각지를 다니며 삼천리 강산의 아름다운 풍경을 기록하고 있다. 그의 눈부신 풍경 사진들이 지금도 교육관 식당을 환하게 밝히고 있다.

향기로운 예배와 기도 모임

봄이 오면 한빛교회 마당에는 꽃들이 앞다투어 피기 시작한다. 이른 봄 가장 먼저 올라오는 수선화와 튤립을 비롯해 철쭉, 피처럼 붉은 명자나무, 매발톱, 금낭화가 일요일 아침 멀리서 찾아오는 교인들을 반갑게 맞이한다.* 갖가지 꽃 중에서도 부활주일 전후로 흐드러지게 피었다

---

* 한빛교회의 비좁은 화단에는 여러 교우들이 심어 놓은 식물들이 살고 있다. 등나무는 1970년대 중반에 안인숙 집사가 자신의 집에서 가져와 심은 것이고, 포도나무는 1970년대 사찰집사로 봉사한 권필시 집사가, 모란은 김신묵 권사가, 명자나무는 정경희 권사가, 철쭉, 옥잠화, 자주 달개비 등 다년생 화초는 문영미 집사가, 더덕은 이복희 집사가, 장미와 앵두나무는 이미경 권사가, 매실은 정두철 집사가 심은 것이다.

가 지는 꽃이 있으니 바로 등나무 꽃이다. 보라색 꽃잎이 교회로 들어가는 길목을 양탄자처럼 가득 덮으면 실로 장관을 이룬다. 이 무렵이면 사람들은 연보라색 꽃잎을 밟고 지나가기가 왠지 조심스러워 발뒤꿈치를 들고 살금살금 걷곤 한다.

본당의 가시면류관을 쓴 십자가와 더불어 등나무 꽃은 한빛교회의 상징이다. 가시면류관은 예수의 고통을 드러내 보임으로써 예수를 따르는 것이 고난의 길임을 일깨운다. 등나무 꽃의 보라색은 기독교 전통에서는 예수의 고난과 부활을 상징한다. 1976년 3·1민주구국선언문 사건 때 구속자 가족들이 보라색 한복, 원피스, 우산, 숄 등을 맞춰 입고 시위를 한 것은 바로 그런 뜻에서였다. 그때 박용길 장로는 자신의 집 대문까지 보라색으로 칠하였다.

등나무 꽃을 자세히 들여다보면 한 개의 큰 꽃이 아니라 작고 수수한 꽃들이 무리지어 있다. 따로 떼어놓고 보면 특별할 것 없지만 그 작은 꽃들이 모여 놀랄 만큼 짙은 향기를 뿜어낸다. 이 무렵이면 온 동네가 등나무 꽃 향으로 진동한다. 그 등나무 향기를 닮은 한빛은 어린아이부터 나이든 권사에 이르기까지 평범하지만 특별한 사람들이 모여 그리스도의 향기를 퍼뜨려 왔다. 한빛 교우들은 40년 넘게 이 등나무 아래에서 성도의 교제를 나누었다. 봄 햇살처럼 따사로운 성도의 교제가 있는 교회인 것이다.

온 가족이 함께 드리는 예배

한빛교회에는 몇 가지 특별한 문화가 있다. 그 중 하나가 매월 둘째 주 일요일에 봉헌되는 '온 가족이 함께 드리는 예배'다. 이 특별한 전통은 어린이들이 대예배에 함께 참여함으로써 예배의 경건한 분위기를 몸소 체험하고 배우도록 하자는 취지로 시작되었다. 어린이들은 예배 순서에 성경 봉독과 기도로 참여한다. 교회학교 교사 또는 전도사가 어린이들을 대상으로 짧은 설교를 한다. 어린이 설교는 아이들뿐 아니라 어른들에게도 종종 웃음과 큰 은혜를 주곤 한다. 다 함께 드리는 예배를 통하여 한빛 가족은 한 식구라는 공동체 의식을 느낄 수 있고, 아이들은 어른들의 기도와 찬양 분위기 속에서 진정한 기독인의 모습과 한빛다움을 체득하게 된다. 어린이들은 어린이 설교를 듣고 난 뒤에 교육관으로 이동하여 성경공부를 한다.

온 가족이 함께 드리는 예배의 전통은 어떻게 비롯되었을까? 1994년 6월, 당시 어린이부 총무였던 문영미는 기독교교육을 전공한 문동환 목사를 초빙하여 어린이부 교사들을 대상으로 한 특강을 마련하였다. 이때 교사들은 어린이 예배가 산만하다며 이를 개선할 수 있는 방법을 물었다. 그러자 문동환 목사는 미국 교회에서 볼 수 있는, 다함께 드리는 예배를 제안하였다. 그 제안이 연말 정책 당회에서 받아들여졌다. 그리하여 이듬해인 1995년 2월 5일에 아이들의 졸업과 진급을 축하하는 예배를 교회학교 학생들과 어른들이 함께 드리는 예배로 보았다. 이 예배에 대한 교인들의 반응이 매우 좋아서, 그 뒤로 한 달에 한 번씩 드리게 되었다. 그러다가 1999년 말부터 '온 가족이 함께 드리는 예배'라는 명칭을 썼다. 그전에 유원규 목사가 부임하면서 1986년 3월부터 한 달에 한 주일을 전가족헌신주일로 정하였는데, 전가족헌신주일 예배와 교회학교와 함께 드리는 예배의 형식이 합쳐져서 '온 가족이 함께 드리는 예배'로 자리를 잡게 된 것이다.

고난주간 연속 기도회

또 하나는 고난주간에 이루어지는 '고난주간 연속 기도회'다. 한빛 교인들은 대부분 멀리서 교회를 다니기 때문에 평소에 새벽기도에 참

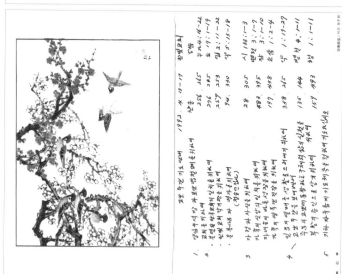

1992년 4월 14과 15일 이틀간에 걸쳐, 옥중에 있는 문익환 목사에게 박용길 장로가 써 보낸 엽서. 고난주간 연속기도회의 풍경이 생생하게 묘사되어 있다. 검열을 의식해 나종남, 김인숙 부부를 조카와 조카며느리로 지칭하였다.

석하지 못하고 있다. 그래서 바쁜 일상 중에서 자신과 하나님의 관계를 되돌아볼 수 있는 시간이 매우 부족할 수밖에 없다. 다들 흩어져 살기에 구역예배를 갖기도 쉽지 않다. 이에 교인들은 기도의 갈급함을 달래며 일 년에 한 번 종려주일부터 성금요일 저녁까지 릴레이 기도를 이어간다. 낮 시간은 주로 여신도나 나이 든 어른들이 맡고, 밤 시간은 직장에서 퇴근한 남신도들이 맡는다. 한 사람이 두 시간씩 맡아 기도와 찬송으로 이어 간다.

부활절이 있는 3월, 4월이면 교회 밖은 봄기운이 완연하지만 교회 안에 앉아 있으면 꽤 서늘하다. 그래서 계절은 봄이지만 난로를 켜고 담요를 덮고 앉아 촛불을 밝히고 기도한다. 특별히 정해진 순서 없이 성경을 읽고, 찬송을 부르고, 기도한다. 성령이 이끄는 대로 맡기다 보면 언제 지나갈까 싶던 두 시간이 금방 지나가 버렸음을, 다음 순번을 맡은 분이 와서 기다리고 있음을 보고 알게 된다.

고난주간 연속 기도회의 역사를 거슬러 올라가 보면 그 가운데도 하나님의 섭리가 작용하였음을 발견할 수 있다. 1985년에는 고난주간에 매일 새벽 5시에 특별 새벽기도회를 드렸다. 이듬해인 1986년에는 매일 저녁 7시 30분에 특별 저녁예배를 드렸다. 성금요일 예배를 드리고 난 다음 날은 예수님이 무덤에 계심을 묵상하며 침묵의 날로 지켰다. 지금과 같은 연속 기도회를 처음 시작한 것은 1989년이다. 그해 3월 20일 월요일 12시부터 성금요일 저녁 7시까지 통일과 민주화, 여러 사회문제, 고난당하는 이웃, 교회와 각 가정을 위한 연속 기도회가 이루어졌다. 그리고 토요일은 침묵의 날로 지켰다. 이때 모두 51명이 참여하였다.

공교롭게도 1989년 부활절은 문익환 목사가 북한에 간 해였다. 그가 평양에 도착했다는 소식을 들었던 것이 바로 부활주일 아침이었다. 문 목사가 평양으로 가는 여정에 한빛 교우들이 기도로 함께하고 있었던 것이다. 아무도 가지 않은 그 길을 가는 그의 심정에 어찌 두려움과 주저함이 없었겠는가. 그 번민의 시간에 한빛 교우들이 잠자지 않고 깨어 기도하고 있었던 것이다. 이처럼 연속 기도회를 처음 시작했던 해와 문익환 목사의 방북이 겹치는 것에서 하나님의 오묘한 섭리를 발견하게 된다. 고난주간 연속 기도회는 나와 내 가족과 내 교회뿐만 아니라, 고난 받는 이웃들, 더 나아가 민족의 통일을 위해 기도하는 시간임을 한빛의 역사를 통해 깨닫는다.

한빛 가족을 위한 기도 모임

한빛교회에는 깊은 영성의 전통이 강물처럼 흘러내려 온다. 민초들의 실질적인 삶의 문제를 고민했던 동학과 일제하 민족해방운동의 물줄기가 캐나다 선교를 통해 들어온 진보적이고 열린 기독교 신앙이라는 물줄기와 만나 한국기독교장로회라는 거대한 강물을 만들어 냈다. 그 깊은 영성의 물줄기가 지금 우리에게까지 이어져 내려오고 있는 것이다.

그 물줄기는 때로 땅속으로 흘러 표면으로는 드러나지 않는다. 그 물줄기가 드러나지 않을 때 한빛의 영성은 얼핏 무미건조해 보인다. 그래서 많은 이들은 한빛교회에서 영성과 성령 체험의 갈급함을 채우지 못해 떠나갔다. 역사 참여 신앙이 영성과 대립되는 것이 결코 아니건만, 이 두 가지를 마치 양립할 수 없는 다른 축으로 받아들이는 경향이 있어 왔다. 과연 하나님에게 의지하지 않은 채로, 하나님과 함께하고 있다는 확신도 없이 문익환 목사가 방북을 감행할 수 있었을까? 또 십여 년의 세월을 감옥에서 흘려보내며 감사의 기도를 멈추지 않을 수 있었을까? 믿음의 선배들은 우물처럼 깊은 영성이 있었기에 변함없이 한 길을 갈 수 있었던 것이다.

그렇지만 현실과 역사에 참여해야 한다는 당위성이 앞서다 보니 영성이나 성령 체험에 대해 부정적인 생각을 갖게 된 것도 부분적으로는 사실이다. 그런데도 한빛교회가 지탱될 수 있었던 것은 교우들의 기도 때문이라는 것을 기억해야 할 것이다. 보이지 않는 곳에서 교인들은 다양한 기도 모임을 이어 왔다. 1996년 2월부터 장로들을 중심으로 일요 아침 기도회를 가졌다. 일요일 오전 10시부터 약 40분간 기도하며 각 가정을 위한 기도 카드를 작성하여 중보기도를 하였다. 한 장로가 한 달을 맡아서 인도하였다. 김순필 장로는 순서지까지 프린트하여 성실하게 임했으며, 이학전 장로는 성경공부와 중보기도를 이끌었다. 처음에는 겨자씨의 집 3층에서 모이다가 뒤에 나오미회실로 옮겼다. 그 뒤로 김경영, 안계희, 이학전 장로가 기도 모임을 이끌었다. 이 기도 모임은 지금까지 20년 동안 변함없이 조용히 이루어지고 있다. 지금까지는 나이 든 어른들이 중심이 되어 기도회를 이어 왔으니 이제는 젊은 세대가 그 전통을 이어 가야 할 것이다.

이학전 장로는 한빛교회의 부족한 영성을 채워 가는 것을 하나님한테서 부여받은 자신의 사명으로 받아들였다. 그는 1982년부터 원로장로로 은퇴하던 2009년까지 약 27년 동안 홀로 새벽기도를 지켜 왔다. 2008년부터 그는 관상기도觀想祈禱에 관심을 갖게 되었다. 한빛교회와 잘 어울리는 침묵 기도인 관상기도 모임을 지금까지 한 달에 한 차례씩 해 오고 있다. 이학전 장로는 관상기도를 "침묵 속에서 하나님의 임재를 느끼며 그 안에서 쉬는 기도"라고 정의하였다. 흔히 기도라고 하면 우리의 간절한 바람을 하나님께 간곡히 아뢰는 것으로 생각하기 쉽다. 관상기도는 우리 속에 있는 영이 하나님의 영과 만나는 기도다. 우리는 아무것도 모른다는 무지 속에서 침묵 가운데 하나님을 만나, 주시는 말씀에 귀 기울이는 것이다.

웃음이 넘치는 사랑의 공동체

그리고 날마다 한 마음으로 성전에 열심히 모이고, 집집이 돌아가면서 빵을 떼며, 순전한 마음으로 기쁘게 음식을 먹고, 하나님을 찬양하였다.
—사도행전 2장 46절

한빛교회는 나오미회 권사들을 모시고 여러 차례 효도 여행을 다녀왔다. 대형 교회에 비하면 횟수도 적고 여행 방법도 소박하지만, 인원이 적은 덕분에 가족 여행 같은 오붓한 분위기가 나서인지 여행을 다녀온 어른들은 이만저만 즐거워하지 않는다. 나오미회 권사들을 모시는 효도 여행은 주로 남신도회가 주관하였다.

남신도들은 1995년 전후부터 여의 나루, 평화의 댐 등으로 권사들을 모시고 여행을 다녀왔다. 초창기에는 김진오, 김학천, 박성수, 최용철 집사가 주로 동행하였다. 2002년 5월 19일에는 정두철과 유용우 집사의 안내를 받아 1박2일 일정으로 영월, 정선, 동해안을 다녀왔다. 이때 함께하신 분들은 안계희, 이우정, 제갈저, 안인숙, 정경희, 김정숙, 김명희 권사였다. 그 뒤로는 주로 김진오, 유용우, 정두철, 이제훈, 박종선 집사 등이 아들 또는 사위 역할을 도맡았다. 더러 김혜현 집사도 같이 갔다. 2005년에는 태안반도와 천리포 수목원, 2006년에는 강원도 정선과 연천의 '메주와 첼리스트' 마을, 2007년에는 충청도 청풍 리조트, 2008년에는 양평, 2009년에는 괴산 풀무원 연수원, 2010년에는 연천 로하스파크, 2011년에는 대천 해수욕장, 2012년에는 제천, 2013년에는 서천의 서울시 연수원으로 다녀왔다.

권사들은 일요일에 교회에 나오는 것만 해도 큰 낙으로 여기는데, 몇십 년 동안 함께 신앙생활을 해 온 친구들과 여행을 앞두고는 설레어 잠을 이루지 못할 정도로 이 효도 여행을 반기고 좋아하였다. 안타

나오미회 효도 여행으로 연천 '메주와 첼리스트' 마을을 방문한 날.

까운 것은 이제 이분들 가운데 여러 분이 돌아가셨고, 또 남아 있는 분들은 연로해서 여행을 다니기가 힘들다는 것이다.

한국 사회는 고령화 사회로 접어들고 있다. 교회의 평균 연령도 올라가고 있다. 우리는 흔히 노령화를 부정적으로 바라본다. 그러니까 해결해야 할 문제로 보는 것이다. 이는 우리 사회가 나이 듦 자체를 부정적으로 보기 때문이다. 그러나 어른들의 삶의 경험은 우리의 삶과 신앙을 훨씬 더 풍요롭게 해 준다. 어떤 공동체든 공동체 속에서 노인의 소중함을 인식하고 세대 간의 벽을 허무는 노력이 필요하다. 한빛교회는 이제 어떠한 철학과 방향성을 가지고 노령화 사회에 대비할 것인지 논의를 시작해야 할 것이다.

자칫 한빛교회의 분위기가 역사의 무게를 짊어진 듯 무겁고 진지할 것이라고 생각하는 이들이 있다. 그러나 알고 보면 한빛교회는 웃음이 넘치는 공동체다.

2011년부터 한운석 집사의 제안으로 남신도 요리대회를 전격적으로 개최하였다. 2012년에는 파리에서 유학하며 요리 실력을 갈고 닦은 정원 집사가 대상을 거머쥐었다. 그는 2천 년 전에 예수님이 드셨을 수도 있는 이색적인 중동 요리 '꾸스꾸스'를 만들었다. 심사위원으로 나선 여신도들은 사뭇 엄정하고 공정하게 평가하였다. 독일 유학파이자 남신도 요리대회를 제안한 장본인인 한운석 집사는 요리 기구를 집에 두고 오는 바람에 늦어져 아쉽게도 수상하지 못하였다. 2013년에는 국내파 이광철 집사가 중국 요리 풍의 버섯 요리를 만들어 최고 요리사로 등극하였다. 요리대회에서 대상을 받은 후 요리에 대한 자신감을 얻은 그는 이규훈 권사와 팀을 이루어 늦봄학교 학생들이 한빛교회를 방문할 때 탕수육을 비롯한 중국요리를 만들어 대접하고 있다.

한빛 교우들은 크리스마스 문화제나 나들이예배 때의 찬양, 노래, 연극, 율동, 밴드, 풍물에서도 톡톡 튀는 재능을 선보였다. 한동안 한빛교회에서는 개그 콘서트 같은 코미디 프로그램을 따라한 풍자극으로 웃음을 선사했다. 수많은 명장면 가운데서도 특히 기억에 남는 장면은 정대식 집사가 '달인' 코너의 제자로 분해 얼굴에 커다란 검은 점과 털을 붙이고 파란색 추리닝을 입고 열연하던 모습이다.

정대식 집사는 컴퓨터 프로그램 전문가로서 한빛교회의 홈페이지를 처음 구축하였다. 홈페이지가 만들어지기 이전에 한빛교회는 한빛네티라는 커뮤니티에 사진과 글을 올리고 있었다. 여기에 올린 자료들은 일정 기간이 지나면 삭제되었다. 자료들을 영구히 보존하고 설교와 찬양 동영상도 올릴 수 있는 교회 공식 홈페이지가 필요했다. 정대식 집사는

2012년 남신도 요리대회. 왼쪽부터 고춘식, 정대식, 정두철, 오승룡, 한운석, 정원 집사.

홈페이지 제작뿐 아니라 젊은 부부 모임,* 한빛교회 고백문 제정, 교회사 편집위원회, 독서 모임 등 다양한 모임에 적극적으로 참여하였다. 늘 진취적인 자세로 한빛교회가 개혁적인 방향으로 갈 수 있도록 자신의 목소리를 냈다. 정대식 집사는 2015년 9월 23일 암 투병 끝에 하나님

---

* 젊은 부부 모임은 1990년대에 활발하게 활동했던 모임이다. 김민상-김원일, 김진영-정대식, 김현미-임윤규, 신현미-정두철, 이안나-최인성, 장정원-홍성필, 정혜란-배장호, 차성례-전희철, 홍성실-이규훈 등의 부부가 아이들과 함께 친목을 도모하는 모임이었다. 이 모임은 2013년에 기관을 개편하면서 바나바회라는 이름으로 새로 결성되었다. 부부 중 한명이 마흔 살 이하이면 해당된다. 2013년 11월 고은지(회장), 손인용(총무), 김진희(회계)를 첫 임원으로 세우고 '교회 공동체 활성화의 디딤돌,' '회원간 친목 도모'를 기조로 활동을 시작했다. 첫해엔 조직을 정착시키기 위해 월례회 활성화에 초점을 두었다. 바나바회 밴드를 만들어 월례회 내용 공지 및 전 회원의 일상적인 의견 공유를 꾀했고, 홍승헌 목사와 5분 성경공부를 진행했다. 두 달에 한 번씩 회원 집을 방문하여 친목을 다지고 강화도(2014), 양평(2016) 등에서 수련회를 가지면서 한층 더 가까워졌다. 바나바회 결성 이후 전에 없던 출산 붐이 일면서 교회에 새로운 활력을 주고 있다.

의 품에 안겼다.

매월 첫째 주에 진행되는 생일축하 시간도 작은 축제다. 생일축하가 시작된 것은 박성수 집사가 친교부장을 맡았을 때부터였다. 그는 장모인 박용길 장로에게 온 교우를 위해 헝겊에 붓글씨로 성경 구절과 생일을 맞은 이의 이름을 쓴 성경 책갈피를 만들어 줄 것을 부탁하였다. 이렇게 해서 만들어진 책갈피를 매월 생일 잔치를 할 때 교우들에게 선물하였다. 자신의 이름이 적힌, 세상에 단 하나밖에 없는 성경 책갈피였다. 그 뒤로 친교부는 매월 첫째 주에 생일축하 시간을 가지고 있다.

2013년 9월 우리 곁을 떠난 이복희 집사는 초콜릿이나 수제 비누 같은 작은 선물과 시 한 편을 준비해 감성 넘치는 생일잔치를 연출했다. 레크리에이션 강사였던 이복희 집사는 교회 행사 때마다 통통 튀는 진행

재치있는 입담으로 우리에게 큰 웃음을 주었던 이복희 집사.

으로 우리에게 웃음을 주었다. 암 투병으로 통증이 점점 심해졌지만 매월 첫째 주에는 빠뜨리지 않고 특별한 생일축하를 준비했던 이복희 집사, 그는 한빛교회가 좀 더 활기차고 생동감 넘치는 공동체가 되기를 소망했다. 예배만 끝나면 뿔뿔이 흩어져 버리는 교회가 아니라 함께 모이면 행복하고 즐거운, 살아 움직이는 교회가 되기를 간절히 원했다.

잊을 수 없는 얼굴들

2003년은 교회에 큰 시련이 닥친 해였다. 6월 8일 가평 허수아비 마을로 온 교우가 나들이를 다녀오던 길에 교통사고로 강영희 집사가 하나님의 부르심을 받았다. 교회의 튼실한 살림꾼이자 여신도회의 버팀목이었던 그의 갑작스러운 죽음은 교인들에게 큰 슬픔을 안겨 주었다. 더구나 교회 행사를 마치고 돌아오던 길에 난 사고여서 그를 그토록 일찍 데려가신 하나님의 뜻을 헤아리기가 쉽지 않았다. 그는 구역장으로 또 여신도회 회원으로 남다른 헌신성을 보여 주었다. 동글동글한 얼굴에서는 늘 웃음이 넘쳤고 어떤 상황에서든 재미있는 농담으로 즐겁게 해 주던 분위기 메이커였다. 방학동을 포함한 북부 지역의 구역장이었던 그는 세 가지 죽을 손수 만들어 나눌 정도로 교우들을 사랑하고 섬김을 몸으로 실천하였다. 김혜현 집사는 강영희 집사와의 일을 이렇게 회상하였다. "그분한테서 교회에서의 친교가 어떤 것인지를 배웠어요. 부부 커피 잔을 가지고 우리 집으로 찾아오셔서 에스더회에 나오라고 적극적으로 권하시더라고요. 음식도 자주 만들어 나눠 주셨어요." 강영희 집사를 기억할 때 우리는 나눔, 친교, 성도의 교제를 떠올린다. 친교를 나눌 여유마저 잃어버린 시대를 살아가는 우리에게 그는 진정한 기독인의 모습은 어때야 하는지를 생각하게 만든다.

　같은 해 7월 17일에 안창도, 조정연 집사의 아들 안기림이 갑작스럽게 우리 곁을 떠나갔다. 오토바이 사고였다. 새벽에 그의 부음을 들은 교인들은 황망한 마음으로 장례식장으로 달려갔다. 그는 한빛교회 어린이부에서 김은총, 김은성, 장종화와 더불어 4총사로 불리며 성장했다. 장난꾸러기였지만, 타고난 성품은 여리고 말수가 적었다. 김은총은 "기림이랑은 동네도 가까워 서로 집을 오가며 자기도 했어요. 기림이는

위 사진은 교회의 살림꾼이자 여신도회의 든든한 버팀목이던 강영희 집
사 사진. 왼쪽부터 원혜진, 이윤경, 정금자, 강영희, 오문신. 아래 사진은
1995년 2월 19일 교회 창립 40주년에 있었던 김순필, 윤수경, 문의근 장
로 임직식.

중학교 때부터 교회에 안 나오고 저는 계속 다녔어요. 동네에서도 가끔 봤는데 한번 찾아가 볼 걸…, 하는 아쉬움이 많이 남아요."라고 말했다. 교우들은 안기림의 죽음에 함께 눈물을 흘리며 마음 아파했다. 강영희 집사에 이어 인간의 생각으로는 좀처럼 받아들이기 힘든 청소년의 죽음 앞에서 함께 기도하며 서로를 위로했다.

그해 여름은 참으로 잔인했다. 8월 24일 교우들의 존경과 사랑을 한 몸에 받던 김순필 장로가 지병인 간경화가 악화되어 소천하였다. 그는 한빛교회에서 성장하였으며 1994년 문의근, 윤수경과 함께 장로로 피택 되었다. 김순필은 김정돈 장로, 문복녀 권사의 아들로 어려서부터 성실하고 순종적이었다. 그는 그야말로 "법 없이도 살 사람"이었다. 그가 돈암동의 안인숙 집사의 집에서 등나무를 캐서 리어카에 싣고 미아리까지 끌고 와 심은 일화는 교회에 전설처럼 전해 온다. 조용하고 섬세한 성격으로 자신의 속마음을 잘 표현하지 못해서였는지 간에 병이 점점 깊어졌다. 성가대는 그가 떠나기 며칠 전 병실에서 찬송을 불러 주었다. 아내 김경숙은 2006년 장로로 피택 되어 남편의 뒤를 이어 헌신하고 있다.

그해 여름, 한빛 교우들은 세 번의 장례를 치르면서 고통의 시간을 인내했다. 유원규 목사의 얼굴은 반쪽이 되었다. 교인들은 슬픔을 슬기롭게 다독여 나갔지만, 상처가 아물기까지는 많은 세월이 흘러야 했다. 가족들은 교회에 오면 사랑하는 이의 얼굴이 떠올라 오히려 힘들어했다. 한빛과 같은 작은 교회가 한꺼번에 겪은 이 세 사람의 죽음은 공동체에 큰 타격을 입혔다.

한빛교회 장학금

한빛교회에는 겨자씨 장학금, 문재린-김신묵 장학금, 이순신 장학금, 장영달-김혜식 장학금이 있다. 각각의 장학금은 나름의 의미와 사연을 갖고 있다. 단순히 교회 예산의 일부를 떼어내서 주는 형식적인 장학금이 아니라, 기꺼이 장학기금을 내놓은 분들의 삶과 뜻을 담고 있는 소중한 장학금이다.

겨자씨 장학금은, 앞에서도 말했듯이, 장충동 시절 교인이었던 이귀옥 집사가 자신이 소유한 집을 장학기금으로 헌납한 것에서 시작되었다. 홀몸이던 이귀옥 집사는 1973년 소천하면서 집을 교회에 기증하였다. 1973년 3월 25일 당회장 이해동 목사의 집에서 '겨자씨 장학위원회'가 결성되었고 그 뒤 해마다 교회 창립주일에 특별헌금으로 '겨자씨 헌금'을 해 운영되고 있다. KNCC 총무를 역임한 권오성 목사를 비롯하여 약 40년 동안 60여 명의 겨자씨 장학생을 배출하였다. 여신도지도자과정에 참여하는 여신도도 지원했다.

문재린-김신묵 장학금은 1999년 두 분의 뜻을 기리는 의미에서 자손들이 해마다 200만 원의 장학금을 헌금하여 이를 장학위원회에서 집행하고 있다. 한빛교회를 설립한 문재린 목사와 김신묵 권사의 평소의 삶과 신념을 따라 "여성운동, 통일, 민주화"를 위해 헌신하는 이에게 주는 장학금이다. 외부 관련 단체의 추천을 받거나 교회 내부 대상자에게 지급하고 있다. 첫 대상은 재일 교포 3세로 한빛교회에서 봉사한 적 있는 허백기 목사였다. 그 뒤 통일맞이의 추천으로 한동안 운영되어 오다가 2011년부터는 전남 강진의 대안학교인 '늦봄 문익환 학교' 학생들에게 수여되고 있다.

이순신 장학금은 2006년에 소천한 이순신 권사의 유족이 고인이 평

한빛교회를 충성스럽게 섬기던 이순신 권사의 뜻을 기려 자녀들이 기탁한 장학 기금으로 '이순신 장학금'이 운영된다. 이순신 권사의 생전 모습이 담긴 사진. 왼쪽에서부터 이우정, 이순신, 안계희, 정경희.

소에 교회를 섬기던 마음을 기리고자 장학기금 1억 원을 기탁한 것에서 시작되었다. 이를 통해 발생한 이자 수입으로 2008년부터 장학금을 지급하기 시작하였다. 장학생 선발 기준은 겨자씨 장학금과 비슷한데, 겨자씨 장학금이 주로 고등학생을 대상으로 하는 것과 달리, 이순신 장학금은 대학생을 대상으로 지급해 왔다. 해마다 11월 마지막 주에는 이순신 권사의 자녀들이 한빛교회 예배에 함께 참여하여 어머니의 뜻을 기리고 있다.

한빛교회를 누구보다 더 사랑했던 이순신 권사는 한빛교회 초기부터 출석해 온 교우였다. 여러 번 이사를 다니면서도 끝까지 한빛교회를 지켰다. 그는 시어머니 강신균 집사의 권유로 교회를 다니기 시작했는데, 한빛교회의 나오미와 룻이라고 불릴 정도로 시어머니와 사이가 좋왔다. 그가 시어머니와 함께 처음 간 교회는 성북구 안암동에 있는 신암교회였다. 6·25전쟁 전이었다. 당시 그곳 목회자가 한빛교회를 창립한 문재린 목사였다. 그의 시어머니 강신균 집사는 북간도의 용정중앙교회에 다니던 분이라 문재린 목사와 인연이 깊었다. 그 뒤 전쟁으로 피난을 갔다가 다시 서울로 올라오면서 자연스럽게 문재린 목사가 세운 한빛교회(당시 명칭은 '서울중앙교회')에 시어머니와 함께 나오기 시작하였다. 장충동 시절에는 남편 김용복은 물론 큰 시숙(김용진), 큰집 동서, 작은집 동서(강찬순 집사)와 자녀들이 모두 교회에 열심히 다녔다. 이순신 권사의 자녀들 김영희, 김혁, 김석, 김혜온은 성가대원과 교사로 봉사하였다.

1974년 남편이 빚만 남기고 세상을 떠났다. 이순신 권사는 2남 2녀인 자녀들을 키우기 위해 수유리에서 작은 가방 가게를 하며 힘든 시절을 보냈다. 그래도 교회에서 만나는 그의 얼굴은 늘 인자한 웃음을 머금고 있었다. 그는 가끔 이렇게 말하곤 했다. "애들 아버지가 오랫동안 아프다 보니까 집안 사정이 안 좋아 집도 처분하게 되면서 자연히 하나님을 찾게 됐습니다. 어려움을 통하여 시련을 주시고 축복이 오는 것을 확실하게 깨달았죠." 둘째 아들 김석은 어머니가 늘 자식들을 사랑으로 감쌌으며 한 번도 야단을 맞은 기억이 없다고 했다.

2006년 11월 26일, 이순신 권사가 세상을 떠났다. 가족들은 조의금으로 들어온 금액에다 정성을 좀 더 보태어 1억 원을 이순신 장학금으로 교회에 헌금하였다. 한빛교회를 너무나 사랑해 아무리 멀리 이사해도 한 번도 교회를 떠난 적이 없는 어머니의 신앙심이 길이길이 기억되기를 바라는 마음에서였다. 이순신 권사의 한빛 사랑과 룻과 같은 신앙심이 그의 장학금을 받는 젊은이들을 통해 이어져 가기를 간절히 염원한다.

2012년 7월에는 장영달, 김혜식 권사 부부가 겨자씨 장학금에 보태 달라며 3천만 원을 헌금하였다. 장영달 권사는 민청학련 사건으로 6년 10개월 옥살이를 하였다. 2009년 9월 재심에서 그는 무죄를 선고받았다. 그때 정부에서 받은 보상금을 여러 의미 있는 단체에 기부하면서 한빛교회에도 일부 헌금하였다. 장영달 권사가 민주주의를 위해 온몸을 바친 시간이 오롯이 담긴 뜻깊은 장학금이기에 이를 기억할 수 있도록 '장영달-김혜식 장학금'이라는 이름으로 2015년부터 수여하고 있다.

이처럼 한빛의 장학금에는 순수한 마음으로 한빛교회를 사랑했던 이귀옥 집사, 이순신 권사, 그리고 통일, 민주주의, 여성의 인권을 위해 밤낮으로 기도하던 문재린 목사와 김신묵 권사, 이 땅의 민주화를 위해 젊음을 바친 장영달 권사 부부의 고귀한 삶과 뜻이 담겨 있다.

한빛교회 신앙고백문을 만들다

2009년에는 한빛의 신념과 믿음을 우리의 언어로 표현한 한빛교회 신앙고백문을 만들기로 하였다. 연초에 당회에서 제안하여 홍승헌 목사가 초안을 만들었다. 당회는 그해 8월에 한빛교회 신앙고백문의 초안을 작성할 위원으로 홍승헌, 박갑영, 권혜경, 정대식, 문영미를 선정하였다. 이미 우리에게는 교회의 전통으로 내려오는 사도신조가 있는데 왜 새로운 신앙고백문을 만들어야 하는지 의아해하는 이들도 있었다. 그러나 사도신조를 부정하는 것이 아니라 우리의 시대와 정서에 맞는 신앙고백문을 만드는 것은 우리의 신앙을 되돌아보며 점검할 수 있다는 점에서 자못 의미 있는 일이 될 터였다.

홍승헌 목사는 기독교에서 가장 많이 쓰는 '믿는다'는 낱말은 히브리어 원어로 '심장을 드린다'라는 뜻인 것에 견주어 우리말의 '믿는다'는 '머리로 믿는다'는 느낌이 강하다고 하였다. 그래서 좀 더 실천적인 의미를 담고 있는 '우리의 삶을 바친다'는 표현을 신앙고백문에 되풀이하여 썼다. 그는 한 해 동안 교인들과 함께 머리를 맞대고 신앙고백문을 작성하던 시간이 목회자로서 더없이 소중한 경험이었노라고 말하였다. 그 과정은 한빛교회의 과거를 돌아보고, 지금 선 자리에서 결단하고, 미래를 감사와 기대로 준비하던 시간이었다.

2009년 한 해 동안 한빛교회 신앙고백을 함께 읽으며 여러 차례 수정을 거쳤다. 2009년 12월 13일 공동의회에서 단어를 일부 수정하여 공식문서로 채택하였다. 전통적인 신앙고백에서는 찾아볼 수 없는 '겨레의 평화통일'과 생명 존중에 대한 고백이 포함되어 있는 것을 볼 수 있다.

"한빛교회 신앙고백문"

우리는
세상을 창조하시고 언제나 새롭게 변혁하시는
하나님을 믿습니다.
창조의 보전과 완성을 위해 우리의 삶을 바칩니다.

우리는
우리를 해방시켜 새사람으로 살게 해주신
예수 그리스도를 믿습니다.
인간의 생명과 존엄을 지키기 위해 우리의 삶을 바칩니다.

우리는

교회가 예수 그리스도의 십자가와 부활에 동참하는

신앙공동체임을 믿습니다.

지금 여기,

하나님 나라를 세워가기 위해 우리의 삶을 바칩니다.

우리는 겨레의 평화통일이 하나님이 우리 민족에게 주신

축복의 기회임을 믿습니다.

차별과 편견 없이 사랑으로 하나됨을 위해 우리의 삶을 바칩니다.

아멘.

한편 같은 날 공동의회에서 장로 임기제 시행 여부를 묻는 투표가 있었다. 장로 임기제 제안자 중 한명이었던 윤수경 장로는 현 장로제 (65세에 자원 은퇴 가능, 70세 은퇴)로는 은퇴할 때까지 특별한 사유가 없는 한 계속 임직하게 되어, 교회의 최고 의결기관인 당회가 활성화되지 못하고 있다고 하였다. 교회의 부흥을 위해 젊은 장로들이 임기를 두고 돌아가면서 봉사하는 장로 임기제를 제안하였다.

장로 임기제를 반대하는 측에서는, 소천하기 직전까지 교회에 헌신적으로 봉사하던 김정돈 장로를 비롯한 선배 장로들의 신앙을 본받아 하나님이 주신 장로의 직분에 충실해야 한다고 강조하였다. 장로 임기제가 뜻은 좋지만 한빛교회처럼 교인의 수가 적은 경우는 장로를 한번 선출하는 것도 어려운데, 장로 임기제를 시행하면 장로를 선출하기가 더 어려워질 것이라는 현실적인 문제도 제기되었다.

장로 임기제에 대한 찬성과 반대의 입장이 팽팽한 가운데 투표가 진행되었고 장로 임기제는 부결되었다.

아픔이 있는 곳에 계신 하나님

1990년대 이후 한국 사회는 신자유주의와 세계화로 자본이 모든 것을 지배하는 세상이 되었다. 양극화로 인한 빈부 격차는 나날이 더 심해졌다. 인간의 탐욕으로 생태계는 파괴되고 하나님이 창조한 피조물들이 신음하고 있다.

사회적 약자들은 삶의 터전과 일자리에서 밀려났다. 한빛 교우들은 고통 중에 있는 이들을 찾아갔다. 이는 물질만능주의와 이기주의에 물들어 있는 우리 자신의 모습을 참회하는 것이기도 했다.

용산참사

2009년 1월 20일 새벽, 경찰은 철거민이 생존권을 위해 농성하던 용산 남일당 건물 옥상에 특공대를 투입하였다. 무리한 진압 과정에서 화재가 발생해 농성을 하던 시민 다섯 명과 경찰 한 명이 사망하고 스물세 명이 부상을 입었다. 철거민들은 자본에 맞선 약자들의 권리를 지키기 위해 망루에 올라갔다가 하루 만에 어이없는 죽음을 맞이하였다. 이명박 정권 아래서 벌어진 참극이었다.

2009년 10월 15일, 한빛 교회 교인들은 용산참사 현장에서 홍승헌 목사의 사회로 유가족위로예배를 드렸다. 교우들은 아파하는 이들과 함께 울었다. 유원규 목사는 "인간의 소통, 하늘의 복"이라는 제목의 말씀을

용산참사 현장에서 유가족 위로예배에 함께한 한빛 교우들. 2009년 10월 15일.

나누었다. 고춘식 권사는 시 "야만의 시간, 역사의 땅"을 낭송하였다.

쌍용자동차 해고노동자들과 함께

2009년 4월, 평택의 쌍용자동차는 경영 정상화를 이유로 2천646명의 노동자를 해고하였다. 경찰은 특공대를 투입하여 공장 안에서 77일간 농성을 하던 노동자들을 무자비하게 해산시켰다. 방패와 쇠 파이프로 마구 내려치는 과정에서 많은 부상자가 생겨났다. 처절하게 저항하는 노동자들에게 경찰은 헬기를 띄워 공중에서 물대포와 최루액을 뿌려 댔다.

이후 5년 동안 쌍용자동차 노동자와 가족들 중 무려 스물여섯 명이나 스스로 목숨을 끊는 불행한 일이 벌어졌다. 돌아가신 분들의 넋을 위로하고 정리해고의 부당함을 호소하는 분향소가 덕수궁 대한문 앞에 차려졌다.

한빛교회는 2013년 1월에 분향소를 방문하여 기도회를 갖고 위로금을 전달하였다. 그러나 최근까지도 쌍용자동차 문제가 해결되지 않자, 해고 노동자 김정욱과 이창근은 평택 공장 높이 70미터의 굴뚝에 올랐다. 한빛교회 교인들은 2015년 2월 15일 현장을 방문하여 추위와 고립감에 떨고 있는 두 해고 노동자와 함께 예배를 드리고 성가대 합창으로 격려하였다. 이날은 한빛교회 창립 60주년 기념주일이었다. 교우들은 무한 경쟁 사회에서 살아가고 있는 자신의 모습을 되돌아보았다. 교회가 이 세상에 존재해야만 하는 이유를 되짚어 본 소중한 시간이었다.

굴뚝에 올라 농성하는 쌍용 자동차 노동자들을 격려하기 위해 현장에 방문한 한빛 교우들. 2015년 2월 15일.

강을 흐르게 하라

이명박 정부는 한강, 낙동강, 금강, 영산강 지역에 홍수방지 및 수질개선, 천변개발을 한답시고, 흐르는 강물을 막아 16개의 보를 건설하였다. 이는 강바닥을 평균 6미터 깊이로 파내고 4대강 주변을 정비하는 대규모 토건사업이었다.

파괴되어 가는 4대강 현장을 직접 돌아보고 있는 한빛 교우들. 2010년 11월 13일.

대대수 국민의 반대에도 불구하고 정부는 국민의 혈세에서 나온 22조 원이라는 막대한 예산을 투입하여 4대강 사업을 밀어붙였다. 결과는 불을 보듯 뻔했다. 생태계의 대재앙이었다. 강을 젖줄로 살아가는 하나님의 피조물이 죽어가고 있다.

한빛교회 교우들은 다른 환경 단체 회원들과 함께 파괴되어 가는 4대강 현장을 돌아보았다. 버스를 타고 남한강, 섬강 주변과 낙동강 지천인 내성천과 회룡포 그리고 상주 경천대를 직접 둘러본 교우들은 한빛교회 신앙고백문을 떠올렸다.

> 우리는 세상을 창조하시고 언제나 새롭게 변혁하시는
> 하나님을 믿습니다.
> 창조의 보전과 완성을 위해 우리의 삶을 바칩니다.

한빛교회의 신앙고백처럼 하나님이 창조하신 세계를 보전하기 위해 우리는 우리의 삶을 온전히 바쳐야 할 것이다.

세월호 유가족과 함께하다

아직도 한빛교회 곳곳에는 빛바랜 노란 리본이 묶여 있다. 2014년 4월 16일 오전 8시 50분 인천을 출발하여 제주도로 가던 세월호가 진도군 앞바다에 침몰하였다. 이 사고로 295명이 사망하고 9명이 실종되었다.

세월호를 생각하면 마음이 참 아파요. 배가 가라앉는 것을 보면서 당연히 아이들이 다 구조될 줄 알았어요. 의심하지 않았어요. 그런데 당연했던 것들이 무너져 버리고 아이들이 서서히 죽어가는 것을 지켜보고 있을 수밖에 없었어요. 그 순간 이 아이들이 '단지 내 아이가 아닐 뿐이구나'라는 생각이 들었어요. 그 엄마 아빠들뿐만 아니라 우리 국민 모두에게 씻을 수 없는 아픔으로 남은 사건이었어요. 대처하지 못한 정부에 대한 원망과 배신감이 컸고 이것들을 바로잡기 위해서는 내가 나서야겠다는 생각을 했어요. 그게 시간이 지나면서 희미해지는 게 한편으로는 괴로웠어요. 지금도 실은 괴로워요.

— 이현자 인터뷰, 2016

한빛교회는 2014년 5월 22일 저녁 광화문에서 "잊지 않겠습니다. 행동하겠습니다."라는 현수막을 걸고 '세월호 참사 촛불예배'를 드렸다. 교인들은 세월호 진상규명과 신속한 실종자 수색과 유가족 참여 진상조사위원회를 꾸릴 것을 강력하게

세월호 사건 한 달 뒤, 2014년 5월 22일, 한빛교회는 청계광장에서 세월호참사 촛불예배를 주관하였다.

촉구하였다. 2015년 부활주일을 앞둔 성금요일에 실종자 허다윤 학생의 부모 허흥환, 박은미 님을 모시고 예배를 드리며 함께 눈물을 흘렸다. 기독인 연합기도회에 참여하였으며, 거리에서 홍보 활동을 벌이기도 하였다. 한빛교회 성가대의 솔리스트 이현자 집사는 이소선 합창단원으로 활약하고 있는데, 틈만 나면 교인들에게 세월호 리본, 팔찌, 스카프, 양말을 내놓고 팔았다. 그의 말을 들어 보자.

이소선 합창단 활동을 하다 보니 쌍용자동차라든지 여러 사건들에 대해 좀더 자세히 알게 되었어요. '아! 내가 생각했던 것보다 그분들의 고통이 크구나. 이런 사회 문제들이 그들만의 문제가 아니라 우리 모두의 문제구나' 라는 것을 절실하게 느꼈어요.

어려움에 처한 이웃들과 내가 하나라는 긍휼의 마음이 바로 예수님의 마음이다. 가장 연약한 생명과 약자들과 함께 하신 예수 그리스도의 정신이다. 예수 그리스도의 제자로 살기를 원하는 우리는 이웃의 아픔을 외면하지 않으려고 꾸준히 노력해 왔다.

교회의 미래를 함께 꿈꾸다

한빛은 작은 공동체다. 한빛은 가난한 공동체다. 우리는 때로 큰 교회를 부러워하였다. 교회당이 작아 노회 모임을 가질 수 없을 때 그랬으며, 교인의 결혼식을 다른 교회에서 치러야 할 때도 그랬다. 그럴 때마다 적잖이 자존심이 상하기도 했다. 60주년을 맞이하며 우리가 서 있는 자리를 다시 돌아본다. 이제 작은 교회임을 부끄러워할 것이 아니라, 오히려 작은 교회로서의 자긍심과 정체성을 더 두터이 해야 할 것이다. 다시 사회의 빛과 소금이 되려고 한다. 창립 61주년 기념예배에서 유원규 목사는 이렇게 말했다.

우리 한빛 가족이 좀 더 많아지고, 교회의 외적인 환경이 조금만 더 갖춰졌더라면 하는 아쉬움이 있었던 것도 사실이다. 그런데 오히려 그런 아쉬움 때문에 우리 교회가 교만해지지 않고, 진심에서 우러나오는 시대적 봉사를 '제대로 할 수 있었지 않았나?'라는 생각이 들어 스스로를 위로해 본다.

2016년 5월 29일 한빛교회 32년 목회를 마무리하는 유원규 목사는 "주님의 은혜였습니다"라는 고별 설교를 통해 한빛 가족에게 이렇게 당부하였다.

우리 시대가 안고 있는 세월호 문제, 역사 교과서 문제, 일본군 위안부 문제 등 역사적으로 짚고 넘어가야 할 심각한 문제들이 많습니다. 그런 시대적 과제들을 강단에서 언급하지 못하고 그냥 지나치는 것이 한국 교회의 현실입니다. 그러나 한빛 강단은 이 역사 앞에 비교적 자유롭게 열려 있었습니다. 이것이 한빛교회 목사에게는 얼마나 큰 자부심이요 행복이었는지 모릅니다. 앞으로도 한빛교회가 그 모습을 계속 보여 주시기를 바랍니다. 제단에 십자가와 가시면류관을 겹쳐서 걸어 놓고 우리가 지켜 내려고 했던 것이 무엇입니까? 역사를 유물이나 박제로 만들지 않고, 이어 받아서 살려 내고 더 의미 있게 만들어 가야 할 것입니다.

새로운 60년을 내딛는 이때 하나님은 우리에게 새로운 기도 제목들을 주셨다. 영성수련원 부지와 교회당 재건축 문제가 그 중 하나다. 또 다른 기도 제목은 교회의 활성화다. 한빛교회 60주년을 준비하는 모임*에 따르면, 대다수의 교인들은 성경공부, 구역예배, 제직 교육, 새 신자 교육, 새벽기도회, 직장인 모임 등의 소그룹이 활성화되기를 바라고 있었다. 서로 신앙을 나누며 영적으로 도전받기를 원하고 있었다. 또한, 서로의 어려움과 기도 제목을 나눌 수 있는 교회가 되기를 바랐다.

한편으로는 교인들이 갖고 있는 영적인 달란트를 십분 활용하는 교회가 되어야 할 것이다. 교인의 감소에 따른 재정 문제도 심각하다. 원활한 소통과 민주적인 운영도 중요한 과제이다. 예를 들면 의결과 실행기구로서의 제직회가 활성화되어야 할 것이다. 한빛교회는 한국 기독교가 직면하고 있는 여러 가지 문제들도 함께 안고 있다. 젊은이들이 교회를 떠나가고 있으며 교회는 노령화되어가고 있다.

유원규 목사의 뒤를 이어 담임목사로 부임한 홍승헌 목사는 "한빛교회는 매우 작은 교회지만, 교인 수에 안절부절못하기보다는 한빛교회 구성원들의 가치관이 흔들리거나 신앙이 변질되지 않도록 세심하게 신경 쓰고, 언제 어디서나 더 당당하고 따뜻하고 의미 있게 살아가도록 응원"하는 목회를 하겠다는 다짐을 밝혔다.

신앙은 가르치는 것이 아니라, 공동체와 함께 살아가면서 형성된다고 배웠습니다. 성경 지식과 교리를 아무리 많이 전달하고 주입한다고 해도, 그 자체가 신앙이 되는 것은 아니듯이 외우고, 적고, 이해하는 머리만 크게 길러 내는 신앙 교육보다는 더불어 만지고, 듣고, 땀 흘려 만나는 가슴 따뜻한 신앙인을 길러 내는 신앙 교육을 실현해 보려고 합니다. 그래서 서로의 삶을 나누고, 서로를 위해 기도하고, 성경의 메시지가 각자의 생활 속으로 옮겨질 수 있도록

---

* 홍승헌 목사와 기관장 대표들이 2016년 2월, 3월 사이에 세 차례에 걸쳐 한빛교회 60년을 준비하는 모임을 가졌다.

응원하고 격려하는 한빛교회로 만들어 갑시다.

한빛교회는 빛나는 가시밭길을 걸어왔다. 하나님은 연약한 한빛 공동체를 역사의 도구로 크게 사용하셨다. 오직 하나님만을 의지하며 서로의 손을 붙잡고 묵묵히 걸어왔다. 그 길에서 우리는 약자들의 편에 서시는 하나님을 만났다. 하나님 나라의 사귐을 맛보았다. 우리의 힘은 미약하지만, 하나님이 우리를 크게 쓰실 것이다.

해마다 4월이면 한빛 교우들은 4·19혁명에서 목숨을 잃은 김창필 님의 묘소를 참배한다.
2013년 4월에 참배를 마친 뒤 묘소에서.

도도하게 흐르는 물줄기

한빛교회사를 쓰는 것은 한빛의 뿌리와 영성을 찾아가는 여행이었다. 결코 짧지 않은 60년의 세월을 거슬러 올라가는 여정에서 도도하게 흐르는 물줄기를 만날 수 있었다. 그 물줄기가 때로는 폭포수처럼 격정적으로 쏟아지기도 하고 때로는 땅을 감싸 안으며 잔잔하게 흐르기도 했다. 여정의 끝자락에서 하나님이 한빛 공동체에 주신 선물 또는 영성이 무엇이었는지를 생각해 보았다.

평화와 통일을 염원하는 마음

한빛교회를 개척했던 이들은 대부분 이념의 대립을 피해 북쪽에서 내려온 이들이었다. 그랬기에 한빛교회는 태생부터 평화와 통일을 염원하는 마음을 갖고 있었다. 놀라운 것은 한빛 교우들에게서는 재산과 권력을 빼앗기고 월남한 다른 많은 기독교인들이 가지고 있던 미움과 원망을 찾아볼 수가 없다는 것이었다. 월남한 기독교인들 가운데 일부는 극단적인 반공주의에 빠져 좌익을 척결해야 할 대상으로 보고 탄압하기도 하였다. 그러나 한빛교회는 그리스도의 사랑으로 반공주의를 완전히 극복하고 겨레의 반쪽을 온몸으로 껴안았다.

문익환 목사의 방북은 우리 마음속에 세웠던 장벽을 허무는 혁명적인 사건이었다. 그의 방북에 대한 기억이 희미해지는 요즘 우리는 어떻게 그의 정신을 후대에 알리고 계승할 것인가? 한빛이라는 작은 공동체가 어떻게 통일이라는 커다란 과제를 안고 갈 것인가?

한빛교회 신앙고백문처럼 "겨레의 평화통일이 하나님이 우리 민족에게 주신 축복의 기회"라고 믿고 "차별과 편견 없이 사랑으로 하나 됨을 위해 우리의 삶을" 바칠 것을 다짐해 본다.

하나님의 나라를 이 땅에 이루어 가기 위한 노력

한빛교회가 사회 정의를 위해 어떤 역할을 했는지는 더 강조할 필요가 없을 것이다. 1970, 1980년대에 한빛 공동체는 이 땅에서 민주주의를 이루기 위해 기꺼이 십자가를 졌다. 그 뒤에도 비전향 장기수와의 교류, 전국교직원노조 투쟁 지원, 용산 철거민과 함께한 예배, 4대강 반대 시국선언 기도회 발표, 쌍용자동차 농성 지원, 세월호 진상규명 활동 등 시대의 아픔에 기도와 행동으로 함께해 왔다.

한빛교회 강단에서는 사회와 정치를 비판하는 내용의 설교를 쉽게 들을 수 있다. 그렇지만 하나님의 나라를 이루어 가기 위한 몸짓에서 예전만큼의 열정은 느껴지지 않는다. 최근 한빛의 사회참여 활동은 사회적으로 큰 파장을 일으킨 이슈에 선언적으로 참여하는 수준에 그치거나 의무감과 죄의식, 때로는 피곤함으로 교인들에게 다가오는 면도 없지 않다. 그것은 교인들의 일상과 거리가 먼, 지나치게 큰 담론들을 다루고 있기 때문은 아닐까? 조심스럽게 진단해 본다. 한빛교회의 울타리를 넘어 뜻을 함께하는 진보적인 교회들과 연대하고자 시도했지만 그 열정이 미약했음을 고백하지 않을 수 없다.

커다란 담론들에 쉽게 다가갈 수 있도록 일상 속에서 실천할 수 있는 다양한 연결고리를 찾아보자. 더불어 민주주의와 인권을 위한 우리의 행동이 중앙 정치뿐 아니라 지역에서도 시도되기를 바란다. 이를 위해 한빛 공동체가 지역사회의 목소리에 열심히 귀를 기울이는, 활짝 열려 있는 교회로 거듭나기를 소망한다.

조용하고 겸손한 영성공동체

한빛교회에서는 통성기도를 들을 수가 없다. 뜨거운 부흥회도 없으며, 교인들의 기도는 대체로 투박하고 진솔하다. 한빛교회의 영성은 조용하고 겸손하다. 겉으로 잘 드러나지 않는다고 해서 한빛의 영성이 뜨겁지 않다거나 부족하다고 말할 수는 없을 것이다.

신앙의 양심을 지키기 위해 권력자들의 탄압을 견디어야 했던 시절, 교인들의 기도는 하늘에 가 닿을 듯 절절했다. 한빛 공동체는 말씀을 묵상하고 기도하며 교회를 지켰다. 시련을 통해 하나님께 모든 것을 맡기고 의지하는 믿음을 키워 왔으며, 억눌린 자들과 함께하시는 성령의 임재를 체험했다. 수년간 새벽기도를 놓치지 않고 이어 온 교인들이 있었으며, 조용히 성경 읽기와 쓰기를 이어 온 이들도 있었다. 매주일 교인들을 위한 중보기도가 끊이지 않았으며, 수요성서공부와 관상기도회도 계속되었다.

1970, 1980년대 한빛교회는 일종의 비상 상황을 겪고 있었다. 교회 조직을 통해 기도와 신앙 훈련을 체계적으로 진행할 여력조차 없었다. 그랬기에 뜨거운 신앙 체험을 통해 위로받고자 하는 이들의 갈급함을 채워 주지 못한 것도 사실이다. 변화된 시대에 우리는 어떻게 한빛의 성숙하고 열린 신앙의 전통을 이어 가야 할 것인가? 영성과 사회참여를 어떻게 조화롭게 가지고 갈 것인가? 기도와 말씀 묵상을 통해 더욱 깊어지고 넓어지는 한빛 공동체를 꿈꿔 본다.

여성의 지도력과 평등사상

한빛의 자랑스러운 전통 가운데 하나는 여성의 지도력과 평등사상이다. 한빛교회는 일찍부터 남성과 여성이 모두 하나님 형상으로 빚어진 소중한 피조물임을 고백하였다. 따라서 교회 안에서의 성 역할에 대한 고정관념이 상대적으로 덜했다. 이와 같은 평등사상은 여성이 지도력을 충분히 발휘할 수 있는 토양을 만들어 주었다. 한국기독교장로회에서 여장로제가 통과된 것은 1956년이었다. 한빛교회에서는 1975년에 박용길이 처음 여장로로 피택 되었다. 이후 이우정, 안계희, 윤수경, 김경숙과 같은 출중한 여장로들이 선출되었다.

진보라고 자처하는 한국기독교장로회에서 여성 목사 제도를 통과시킨 것은 1974년이었다. 그전까지 여성은 신학교에서 남학생들과 나란히 공부하였어도 목사가 될 수 없었다. 이들은 여전도사라는 이름으로 저임금과 차별 속에서 일방적인 희생을 강요당했다. 한빛교회에는 조남순과 안계희 여전도사가 있었다. 한빛교회의 또 다른 특징은 사모들이 남편인 목사의 동역자로 목회 활동에 적극적으로 함께해 왔다는 점이다. 여신도들은 교회의 궂은일을 도맡아 하며 마리아와 마르다의 소임을 다했다.

이제는 많은 여성들이 직업을 갖고 사회 활동을 하기에 예전처럼 교회 일에 많은 시간을 내지 못하는 시대가 되었다. 그렇다면 우리는 자랑스러운 한빛교회의 남녀평등 전통을 어떻게 이어 나갈 것인지, 더 나아가 외국인, 장애인, 성 소수자와 같은 사회적 약자를 어떻게 바라보고 보듬을 것인지에 대한 논의의 장이 마련되기를 바란다.

우리 문화의 향기가 흐르는 교회

우리는 기독교를 받아들이는 과정에서 한때 한국의 전통문화를 부정하고 서구 문화를 무비판적으로 받아들였다. 1960년대에 들어서면서 한국의 토양에 맞는 기독교 문화를 묻는 기독교 토착화 논쟁이 시작되었다. 하나님은 서구 문화를 넘어선 다양한 언어와 문화로 온 인류에게 자신의 모습을 드러내 보이신다.

한빛교회는 아름다운 우리말로 구약성서를 번역한 문익환 목사의 영향으로 우리 말과 글의 소중함에 대해 일찍부터 눈을 떴다. 1970년대에 대학가를 중심으로 시작된 탈춤과 판소리 등 우리 문화 부흥 운동은 한빛교회에도 적지 않은 영향을 미쳤다. 1980년대를 전후해서 활발하게 일어난 저항 문화는 성가대와 교회음악에 큰 변화를 가져왔다. 이는 운동 가요와 풍물 가락이 예배의 한 부분으로 자연스럽게 들어오는 계기가 되었다. 이후 한빛에서는 평신도들을 중심으로 풍물 배우기, 주보의 판화 그림, 시조 쓰기 같은 활동이 활발하게 일어났다. 한빛 공동체는 기독교와 우리 전통, 그리고 저항 문화가 어우러진, 역동적이고 열린 문화로 하나님을 찬미하였다. 앞으로도 우리가 소박하고 진솔한 몸짓으로 부활의 기쁨을 나누고, 여러 이웃들의 아픔을 어루만져 줄 수 있기를 소망한다.

열린 마음과 에큐메니컬 정신

그리스어로 집을 뜻하는 오이쿠메네oikoumene에 어원을 두고 있는 에큐메니즘은 온 세계를 하나의 집으로 삼는다는 뜻이다. 이는 세계의 교회들이 각각 다양한 전통과 신학을 가지고 있지만 결국 그 뿌리는 예수 그리스도에 있다는 교회연합 운동이다.

한빛교회는 처음부터 에큐메니컬 정신을 바탕에 두고 시작된 교회라 할 수 있다. 한국기독교장로회와 깊은 인연을 맺고 있는 캐나다 교회는 20세기 초, 분열되었던 교단이 연합하여 캐나다연합교회라는 단일 교단을 만드는 데에 성공했다. 문재린 목사는 이에 깊은 영향을 받았다. 가톨릭과 함께한 성서 공동번역은 문익환 목사의 평생의 숙원이었다. 이해동 목사가 감옥에 가 있는 동안 한빛교회에는 가톨릭, 성공회, 대한예수교장로회 등 다양한 교단과 교파의 목사와 신부들이 강단에 섰다. 이 과정에서 에큐메니컬 정신이 교인들에게 자연스럽게 스며들었다. 그동안 한빛교회는 세계 교회들로부터 정신적으로나 물질적으로 많은 지원을 받았다. 이제 우리는 지구촌 다른 지역에서 일어나는 문제들에도 관심을 갖고, 우리가 할 수 있는, 작지만 의미 있는 일을 찾아야 할 것이다.

민주화운동은 우리에게 기독교가 아닌 다른 종교에 대해 열린 마음을 갖게 해 주었다. 불교 승려의 강연이나, 이슬람의 이해를 돕는 강의를 듣기도 하였다. 사회주의 사상을 가진 이들과 이념을 넘어선 만남도 한빛교회이기에 가능했다. 우리가 이웃 종교를 존중한다는 것은 다른 종교에도 구원이 있을 수 있다는 가능성을 열어 둔다는 의미이다. 이처럼 우리와 다른 신념을 가진 이들에 대한 '열린 마음'은 민주화운동의 과정 속에서 하나님이 우리에게 덤으로 주신 커다란 축복이 아닐 수 없다.

민주주의를 만들어 가는 평신도 운동

한빛교회의 역사 가운데 가장 알려지지 않은 게 아마도 평신도 운동일 것이다. 문재린 목사는 은퇴 후 평신도 운동에 헌신하였다. 그의 문제의식은, 교인들이 신앙생활을 하는 데에서 지나치게 목사의 설교에만 의지한다는 것이었다. 그는 기독교인이라면 누구나 하나님과 직접 만나야 하며, 주체적으로 자신의 신앙을 다져 가야 한다고 믿었다. 물론 평신도 운동이 목회자의 권위에 도전하거나 하나님이 부여하신 특수한 역할을 부정하는 것은 아니었다. 다만 평신도들이 신앙생활과 교회 생활에 주인의식을 가지고 참여해야 한다는 것이었다. 그래야만 개인의 신앙이 성숙되고 교회가, 더 나아가 사회가 하나님이 보시기에 아름답게 변화할 수 있다는 것이다. 문재린 목사가 1960년대에 시작한 기독교 장로회의 평신도 운동은 이후 남신도회 결성으로 다시 이어졌다.

한빛교회라는 명칭을 교인들의 투표로 결정했던 일, 동부교회와의 통합과 분리 과정에서 서로 다른 의견을 가진 사람들이 토론을 통해 합의를 이루어 나간 과정은 교회가 민주주의 교육의 장이 될 수 있음을 잘 보여 준다. 한빛의 교역자와 장로들은 권위적이기보다는 겸손하고 소탈하여 교인들과 늘 격의 없이 지내 왔다. 이 또한 한빛의 자랑이 아닐 수 없다.

이렇듯 한빛교회는 평신도 운동과 교회 내 민주주의라는 전통을 가지고 있다. 그럼에도 불구하고 사회 민주주의에 열정을 쏟는 과정에서 교인들의 모임과 조직은 약화될 수밖에 없었고, 따라서 교회 내에서 민주주의를 훈련할 기회도 상대적으로 부족해졌다.

루터의 만인사제직이란 모든 평신도가 세례를 통해 하나님의 사제가 되었다는 의미이다. 평신도들도 다양한 달란트로 교회와 사회에 기여할 수 있는 하나님의 사제이자 예수님의 제자라는 것이다. 성도 한 사람 한 사람이 하나님이 주신 특별한 재능을 교회를 위해 십분 발휘한다면 교회는 신명과 열정으로 넘쳐날 것이다.

축제로 기억하는 역사

빛나는 가시밭길을 걸어온 한빛교회.

지나온 발자취를 돌아보며 우리는 한빛 공동체의 앞날을 함께 꿈꿔 볼 수 있을 것이다.

그러나 다른 한편으로는 우리가 화려했던 과거의 그림자에 짓눌려 있는 것은 아닐까? 이런 생각을 지울 수 없었다. 선배들에 비해 아무것도 하지 못하고 있다는 자책과 무거움을 이제는 과감히 버리고, 새로운 시대에 맞게 경쾌하고 발랄하게 한빛의 미래를 열어 나가야 할 것이다.

오, 알 수 없는 사랑님! 당신의 놀라운 일들이 모두 지나간 일이요, 우리가 할 수 있는 일은 오래된 경전을 베끼고 거기 적혀 있는 당신의 말을 인용하는 것밖에 없다고 생각하는 경향이 우리에게 있습니다. 우리는 당신의 무진장한 행위가 끊임없이 새로운 생각, 새로운 고통, 새로운 행동을 낳고, 그리하여 남의 인생과 저술들을 베낄 필요도 없이 다만 당신의 계획 앞에 온전히 자신을 포기하면서 살아가는 새로운 지도자들, 새로운 예언자들, 새로운 성인들을 배출하고 있음을 보지 못합니다. 그저 끊임없이 '옛날에 있었던 일'과 '성인들의 시대'에 대한 이야기만 듣고 있지요. 무슨 그런 대화법이 다 있습니까? 모든 시대, 모든 사건들이 순간순간 그것들을 채우고 성결하게 하는 당신 은총의 산물 아닌가요? 당신의 성스런 행위는 이 세상이 끝나는 날까지, 당신 섭리 앞에서 자기를 온전히 포기하는 영혼들 위에 그 빛을 비출 것입니다.
— 장 피에르 드 코사드의 기도문

역사를 기억하는 행위가 축제가 되기를 바란다. 무거움을 벗어던지고 노래와 음식과 예식으로 한빛의 전통을 배우고 나누자. 유대인들이 이집트에서 탈출한 역사를 이야기와 음식으로 기억하는 것처럼 말이다. 축제를 통해 우리의 자랑스러운 역사를 오랫동안 기억하고 다음 세대로 이어지는 모습을 상상해 본다. 하나님의 은총이 우리와 늘 함께 하기를!

---

* 이 기도문을 쓴 프랑스 신부 장 피에르 코사드Jean-Pierre de Caussade(1675-1751)는 예수회 소속 신부로서 프랑스 전역에서 예수회를 지도하였다. 그가 죽은 지 200년 뒤에 그의 어록이 『신성한 섭리를 향한 자기 포기』라는 제목으로 출간되었는데, 세계의 위대한 영적 고전 가운데 하나로 꼽힌다.

후기

한빛 공동체를 비추는 거울이 되기를 기도하며

한빛교회사 집필 요청을 받은 것이 벌써 사오 년 전의 일이다. 사실 나는 그보다 훨씬 오래 전부터 한빛교회사를 쓰게 될 것만 같다는 예감(?)에 시달려 왔다. 교회사와 관련된 자료를 보면 무조건 수집했고 이민을 떠나시는 연로하신 권사님의 이야기를 기록해 두어야만 할 것만 같아 찾아가 이야기를 들었다.

한빛교회와 나와의 인연은 초등학교 4학년 때로 거슬러 올라간다 ─교회를 창립한 문재린 목사, 김신묵 사모가 내 조부모이기에 훨씬 더 어려서부터 교회에 가곤 했을 테지만 그전 기억은 잘 나지 않는다. 1976년 3월 1일, 민주구국선언문 사건으로 문익환, 이해동 목사, 그리고 내 아버지 문동환 목사가 감옥에 갔다. 그때부터 나는 한빛/갈릴리 교회에 자주 드나들었다. 아버지들을 감옥에 보낸 아이들은 동병상련인지라 사이가 도타웠다. 이해동 목사의 자녀인 운주, 수연, 욱이를 비롯해 우리는 저마다 아버지가 받은 형량에 따라 금메달, 은메달, 동메달을 받았다고 자랑하며 장난을 쳤다.

그때 처음으로 본당에 걸려 있는, 가시면류관을 두른 십자가를 보았다. 날카로운 가시면류관을 쓰고 있는 가엾은 십자가. 그 십자가가 내 마음속에 또렷하게 각인되었다.

대학생이 되어 한빛교회로 돌아왔다. 그때부터 30여 년 동안 나는 성가대원, 주일학교 교사, 목사 후보생, 그리고 평신도로서 한빛교회를 섬겼다. 아이를 낳아 키웠고, 주일학교에서 내가 가르친 아이들이 결혼하고 부모가 되어 가는 모습을 지켜보았다. 많은 사람들이 떠나갔고, 아기들이 태어났다. 그 모든 것들을 지켜본 한 여성 평신도의 눈으로 이야기를 기록했다.

과거에 있었던 일들을 긴 시간 붙잡고 있다 보니 나 홀로 타임머신을 타고 과거로 돌아간 느낌이었다. 야곱이 밤새 하나님과 싸웠듯 원고를 붙잡고 씨름했다. 역사를 기록하는 일은 참으로 고독한 일이다. 노부모를 모시고 직장생활을 하는 가운데 시간을 쪼개 틈틈이 쓸 수밖에 없었다. 집중해서 작업하지 못하다 보니 예상보다 훨씬 오래 걸렸다.

결코 쉽지 않았던 집필 과정을 무사히 통과할 수 있었던 것은 교회 사출간위원회의 박갑영 장로를 비롯한 고은지, 김경영, 나석호, 송영관, 원현철, 최인성, 한운석 위원들이 함께 해 주셨기 때문이다. 이해동, 유원규, 홍승헌 세 목사님의 이해와 조언으로 방향을 잡아 갈 수 있었다. 무엇보다도 한빛 교우들의 격려와 기도가 나를 지탱해 주었다. 그 외에도 보이지 않는 손길로, 마음으로, 기도로 함께 해 주었던 모든 분들에게 깊은 감사를 드린다. 60년 방대한 역사를 정리한 데에 부족함이 있더라도 너그러움 마음으로 이해해 주기를 부탁드린다. 교회사 집필이라는 이 긴 영적 여정에서 주님이 나를 감싸고 돌보심을 느꼈다.

이 글이 한빛 공동체를 비추는 거울이 되기를 기도하며,

2017년 1월
글쓴이 문영미

부록

사진과 자료

3.1. 민주구국선언문 사건의
가족들이 한자리에 모였다.

청계천에서 철거되어 뚝방촌으로 이주된 철거민들의 교회인 사랑방교회(목사 이규상)와 갈
릴리교회가 자매결연을 맺던 날. 가운데 흰 목도리를 두른 이가 함석헌 선생이다.

1970년 중반 베다니집 관장을 맡은 안계희 전도사를 방문하러 간 날. 뒷줄 왼쪽부터 최명
신, 권필시, 한 명 건너 이순신, 손인숙, 오복림, 박순덕, 이양자. 앞줄 왼쪽부터 문복녀, 제갈
저, 이종옥, 김근숙, 정경희, 안인숙, 김동숙, 안계희.

1977년, '생활의 길잡이가 되는 성경'이라는 주제로 열린 어린이 여름성경학교에서 강성구, 박성훈 등의 대학생들이 율동을 하고 있다.

1977년, 같은 해 여름성경 학교에서 교사를 맡은 청년 김원권, 앞줄 오른쪽 두 번째가 이욱(이해동 목사 막내아들).

송암교회 중고등부와 연합 체육대회를 하던 날. 1978년.

1980년대 초. 제직 수련회에서 여신도들과 환담을 나누는 이해동 목사.

1983년 푸르른 오월의 어버이주일에 한신대에서 나들이예배를 가졌다. 위 사진은 나들이예배 뒤에 온 교우가 모여 찍은 기념사진. 아래 사진은 중고등부 학생들의 모습. 이학전, 이수연, 배장호, 이성욱, 최인성, 이욱 등이 보인다.

위 사진은 1984년 8월 15일에서 18일까지 진행된 여름성경학교에서 익살스러운 표정을 짓는 동네 아이들. 아래 사진은 여름성경학교에 참여한 어린이들과 함께 한 계곡 물놀이.

1984년 11월 김옥희 집사를 강사로 지역 여성들을 위해 마련한 꽃꽂이 강좌.

1985년 2월 17일 유원규 목
사, 이순신, 오복림 권사 취
임식.

1987년 6월 항쟁 이후 석
방된 문익환, 장영달의 석방
행사.

1987년 2월 12일, 민주교육법 마련을 위한 서명 운동을 벌이는 장영달(가운데), 임익근(오른
쪽), 김민범 교우(왼쪽).

1989년 여름 춘천의 어느 교회로 떠났던 중고등부 여름수련회.

1989년경 어린이부 학생들과 교사들. 임우선(맨 뒤 오른쪽) 선생과 유형빈, 유형경, 박문칠, 문바우 등이 보인다.

1991년 부활절 성가를 부르는 성가대. 이복희 청년이 북을 치고 있다.

1990년대 초 어린이여름성경학교 골목 풍물 홍보를 하는 박갑영, 송준민, 김은총.

1996년 김명희, 김옥희, 정금자 권사 취임식.

1997년경 의정부 근교로 떠난 권사 나들이. 왼쪽에서부터 윤점순, 김효순, 이우정, 제갈저, 이순신, 정경희, 오복림 권사, 앉은이는 안계희 장로. 윤점순은 빨치산 토벌 당시 두 눈을 잃고 살아오다가 1980년 간첩으로 조작되어 억울하게 옥살이를 한 정종희 선생의 부인이다.

1998년 6월 14일, 젊은 부부 모임에서 주관한 아나바다 장터.

통일의 집을 방문하여 문익환 목사의 생애에 대해 배우고 있는 어린이들과 주일학교 교사들. 1998년경.

여신도주일을 맞아 한복을 곱게 차려입은 여신도들. 1999년 1월.

문동환 목사를 강사로 모신, 부서장 및 제직회 수련회. 1999년 1월.

2001년 6월 안성엄마목장에서 열린 한빛 나들이.

2007년 12월 20일 태안반도 기름 제거 작업에 참여한 한빛 교우들. 왼쪽부터 유원규, 송영관, 원혜진, 김이수, 이인실, 권혜경.

2008년 8월 '한빛뿌리찾기' 기행 중 백두산에 오른 한빛 교우들.

민주주의 회복과 남북의 화해와 통일을 위한 한빛시국기도회에서 노래하는 남신도회.
2009년 7월 19일.

2009년 2월 15일 교회 창립 54주년 기념예배 및 이학전 원로장로 추대식에서 당회원들과.

남신도회에서 나오미회, 베드로회 어른을 모시고 떠난 효도여행. 2013년 5월 대천해수욕장에서.

한평생 한빛교회를 섬긴 안인숙 권사가 계신 미리내 실버타운을 방문한 이해동, 유원규, 홍승헌 목사와 이종옥 사모.

2016년 5월 29일 유원규 목사의 퇴임식 후 베드로회 회원들과 함께.
앞줄 왼쪽부터, 김경영, 유원규, 이학전, 임송남, 뒷줄 왼쪽부터, 송영관, 차풍길, 정호신, 박종만, 이윤.

2016년 5월, 팽목항을 방문하여 세월호 가족 위로문화제에 참석한 박갑영, 이제훈, 고춘식, 이규훈, 송영관(왼쪽에서 부터).

한빛의 미래를 가꾸어 갈 바나바회원들과 아이들. 2016년 5월 14일.

2016년 크리스마스 축하 행
사에서 율동하는 어린이들.

위 사진은 2016년 청평에서 가진 청년부 수련회. 아래 사진은 2016년 1월 푸른이부 겨울수
련회. 설악 워터피아에서 즐거운 물놀이 중에.

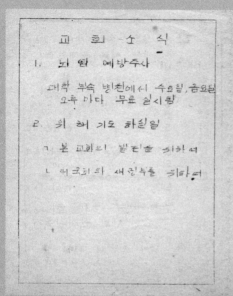
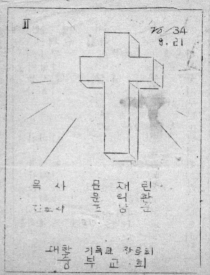

1960년경 8월 21일의 중부교회 주보.

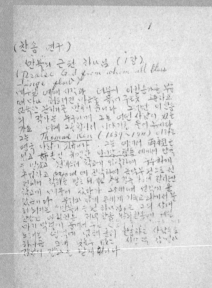
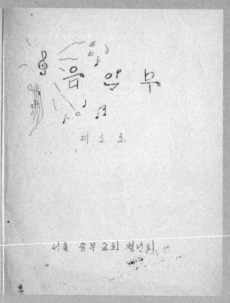

1960년대 청년부에서 만든 '음악부' 팸플릿. 교회음악에 대한 내용을 담고 있다.

1963년도 재정 결산 보고서
4월 - 12월 22일 까지 동부교역 재정부

수 입 부		지 출 부
전월조월금	20.711	교역자 비…
주정 헌금	149.111	집 급사…
주일 헌금	28.768	종교교육비
감사 헌금	18.200	구 제 비
부활절 헌금	8.330	접 대 비
여전도회 보조	16.000	수 리 비
파변도 수입	14.224	표 름 바…
잡 수 입	100.912	전등 전화…
대 출 금 입	82.500	신 탄 비
추수 감사 헌금	41.240	도 서 비
통지 예금 인출	40.000	잡 비
정기 예금 인출	20.000	노회 부담…
성금절 헌금	7.521	가수 반납…
특별 연보	3.525	능호 교회…
		신학교…
		수재민 여…
		대기 과체…
		대출금…
합계	551.087	풍금 연보 미…
		헌…
		은행 예금…
		합 계…

1964년도 재정 예산 보고서
1월 - 12월 동부교회 재정부

수 입 부		지 출 부		
조월금 연도	607	봉급	강 11.000X13	143.000
은행 예금	720		문 6.000X13	78.000
금반거 (1짐)	1.900		유 5.000X13	65.000
대출금 (미서)	50.000	급료	사찰 3000X13	39.000
파변도 수입 (금성/성도)	49.000		서금사 2000X13	26.000
			지휘자 2500X12	30.000
주정 헌금 2.200X12	264.000		반주자 1.000X12	12.000
주일 헌금 3.500X12	42.000	종교교육비		
감사 헌금 3.000X12	36.000	어린이 주일 500X12		6.000
부활절 헌금	20.000	성가대 1.300X12		15.600
추수 감사 헌금	120.000	청년회		4.000
성탄절 헌금	15.000	학생회		4.000
여전도회 보조금 2000X12	24.000	하기학교		3.000
		파변도 봉급 미봉금		26.000
잡 수 입	20.000	신 탄 비		10.000
특별 헌금	15.000	접 대 비		8.000
		구제비		15.000
		수리비		25.000
		전등 전화 수도		12.000
		도서 인쇄비 (뿐로선)		12.000
		교통비		6.000
		후상보조금		3.000
		상회 부담금		6.600
		가수 미불금 (선신본서)		70.000
		정돼비		15.000
계	658.227	예비비		8.227
		계		658.227

1963년 재정결산보고서. 동부교회와
합쳤을 때이다.

1964년 동부교회 시절 재정예산보고서.

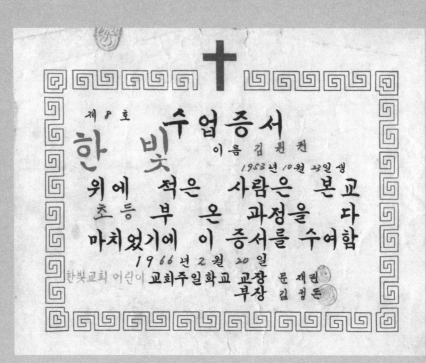

김원권 어린이의 한빛교회 어린이교회학교 졸업장. 1966년.

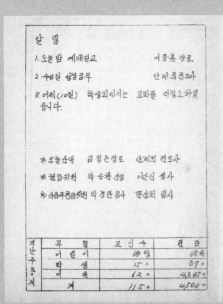
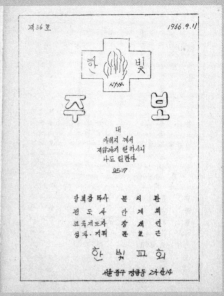

알 림

1. 오늘 밤 예배설교   이종훈 장로

2. 수요일 성경공부   안계희 전도사

3. 어제(10일) 학생회에서는 교회를 대청소하였습니다.

※ 오늘안내   김정돈장로   안계희 전도사

※ 헌금위천   박승춘 선생   이춘선 집사

※ 다음주헌금위천 박경란 집사   문선희 집사

지난주통계	부별	모인수	헌금
	어린이	28명	68원
	학생	15〃	87〃
	어른	62〃	4345〃
	계	115〃	4500〃

제36호   1966.9.11

한빛 주보

내
아버지 계셔
저를하게 원하시니
나도 믿는다
요5:17

당회장목사   문 익 환
전 도 사   안 계 희
교육지도자   장 세 연
성가·지휘   문 호 근

한 빛 교 회
서울 중구 장충동 2가 산14

1966년 9월 11일 장충동 한빛교회에서 펴낸 주보.

알리는말씀

1. 오늘 예배 끝난후에 제직회가 있습니다.

2. 오늘 주간은 가정주간 입니다. "대화하는 가정" 이란 주제 아래 가정문제를 생각합시다.

3. 전동림 장로 여기서 교우들에게 문안 편지가 왔습니다.

4. 수도교회 에서 5월11일 오전 11시 월남 빈민구호를 위한 바자회가 열립니다.

× 오늘 헌금 위원: 김영락, 이순신 집사

다음주 헌금 위원: 정찬원, 문봉녀 집사

전난주 보임   헌금

남 20 명   구월헌금   350 원
여 32 명   주정〃   4600원
제 52 명   월정〃   2000 원
            제 6950원

제17호   1968.5.5

주보

목 사   문 익 환
전 도 사   안 계 희
        김 선 재

한 빛 교 회
한국기독교 장로회

1968년 5월 5일 주보.

1973년 3월 25일 한빛장학위원회 창립 총회 이후 2002년까지 한빛장학위원회의 역사를 기록해 놓은 회의록 표지와 내용.

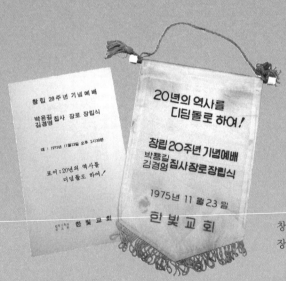

창립 20주년 및 박용길, 김경영
장로 장립식의 순서지와 페넌트.

성 경 공 부

교인번호 :　　　번　이름 :

(읽을 성경) 마태복음 17장 ― 22장

1. 예수께서 세 제자를 데리시고 변화산에 오르셨을때 거기서 만난 사람은 누구 누구며 또 그 세 제자는 누구 누구 입니까?

   변화산에서 만난 사람은 ( )( )와 ( )( )( )이고 데리고 간 세 제자 의 이름은 ( )( )( )와 ( )( )( )와 ( )( )이다.

2. 하늘 나라에서는 누가 가장 위대한가?

   ( )( )( )와 같이 자기를 ( )( )는 사람은 하늘나라에서 가장 위대함.

3. 예수께서는 어떤 곳에 함께하시는가?

   ( )( ) 사람이 내 ( )( )으로 ( )( )는 곳에는 내가 함께 있다.

4. "주님, 형제가 제게 죄를 지을 때에 몇 번이나 용서하여 합니까?일곱번 까지 용서 해야 합니까?"여기 대한 예수님의 답변은

   "일곱 번만이 아니라 일곱 번을 ( )( )( )까지라도 하라."

5. 영원한 생명을 얻으려는 젊은 이에게 예수께서 지시하신 것은?

   "내가 완전하게 되려거든 가서 내 ( )( )를 ( )아 ( )( )( ) 사람 들에게 주라.그리하면 내가 하늘에서 ( )( )를 가지게 될 것이다.그리고 와서 나를 ( )( )라."

6. 다음 말의 뒤를 이으시오. "인자는 섬김을 받으러 온 것이 아니라……

   ( )( )( )않고 많은 사람을 위하여 ( )( )( )로 자기 ( )( )을 니주려 왔다."

7. 맞는 답에 (O)표를 하시오. 예수께서 예루살렘에 들어가실 때

   말을 타고 가셨다.( )　걸어서 가셨다( )　나귀를 타고 가셨다( )

8. 성전은 무엇하는 곳인데 예수님 당시 성전은 어떤 모양이 되어 있었나?
   "내 집은 ( )( )하는 집이라 부를 것이다" "그런데 너희는 그것을 ( )( )의 ( )( )로 만들었다."

9. 율법 중의 어느 계명이 가장 큰가?

   "네 ( )( )을 다하고 ( )( )을 다하고 ( )을 다하여 주 여의 하나님 을 ( )( )하라 이것이 가장 크고 으뜸되는 계명이요 둘째는 이것이다. ( )( )을 네 ( )과 같이 ( )( )하라."

10. 가이사의 것은 가이사에게, 하나님의 것은 어디에? ( )( )( )께 바치라.

1977년에 발간된, 교인들을 위한 '성경공부'.

구 역 배 정 표

제 1 구역   구역장 : 안인숙 집사
김의수 안계희 이병쾌 안인숙 홍정선 홍근웅 김맥정 박종만
이순이 이영옥

제 2 구역   구역장 : 김동숙 권사
김경영 김동숙 김병수 임온규 김경완 김원수 이광일 소해자
지 희 강찬순 고봉순 이순신

제 3 구역   구역장 : 전봉여 권사
김세안 김순덕 김용진 손용현 문호근 이희영 이원복 곽정인
이병준 전봉여 채희박

제 4 구역   구역장 : 이숙자 집사
손인숙 주웅일 배선월 박순덕 김일순 박성수 이후손 길소복
박병환 조점희

제 5 구역   구역장 : 제갈제 집사
김관석 제갈제 김근숙 신연철 정경희 노모원 민순희 백상옥
김옥희 최종수

제 6 구역   구역장 : 이순이 집사
김정돈 박용길 이우정 안임희 박영숙 김송일 박원자 이옥순
손진용 오옥자 김숭필

각구역 당회 지도위원 : 김경영 장로(1, 2구역) 김정돈 장로(3, 4구역)
                      박용길 장로(5, 6구역)

1977년으로 추정되는 구역배정표. 나중에 경찰 끄나풀로 밝혀진 오옥자가 제6구역에 포함
돼 있다.

1977년 가을 대심방 일정표

10월 10일 (월)
문호근 안계희 김택청 김의수 이창식 임은규 이영옥 이순이

10월 11일 (화)
안인숙 홍필선 김명수 강찬순 이순신 고봉춘 박종만 홍근용
이병팔

10월 13일 (목)
김순덕 김세암 손용현 김용전 이희영 곽정인 김일순 이원복

10월 14일 (금)
소혜자 지 희 전봉여 채희탁 김경영 김원수 김동숙 김경완

10월 17일 (월)
주용일 손인숙 안종필 홍정선 김정실 박순덕 박승찬 배선월

10월 18일 (화)
박용길 김정돈 김승필 이옥순 안임희 이우정 오옥자 박영숙
박창수 손진용

10월 20일 (목)
길소복 서정숙 조점희 백상흠 제감저 김근숙 박원자 노보원 민순이

10월 21일 (금)
김옥희 김송일 이학전 김옥실 이음천 김복순 서신용 이경자
최종수

1977년 가을 대심방 일정표.

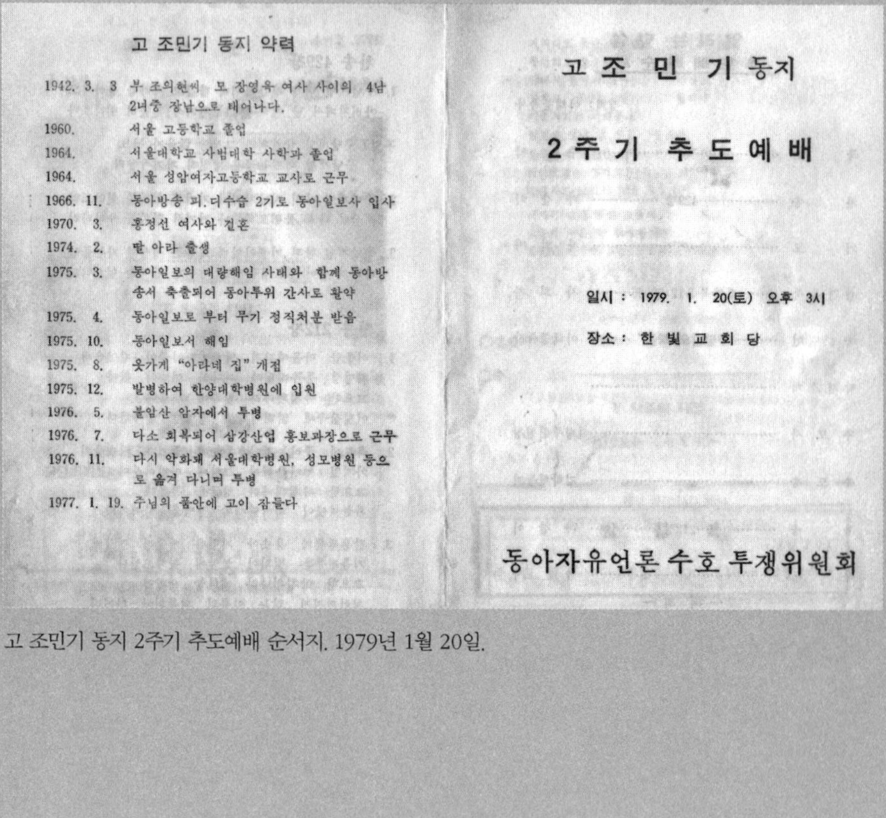

고 조민기 동지 약력

1942. 3. 3	부 조의현씨 모 장영옥 여사 사이의 4남 2녀중 장남으로 태어나다.
1960.	서울 고등학교 졸업
1964.	서울대학교 사범대학 사학과 졸업
1964.	서울 성암여자고등학교 교사로 근무
1966. 11.	동아방송 피.디수습 2기로 동아일보사 입사
1970. 3.	홍정선 여사와 결혼
1974. 2.	딸 아라 출생
1975. 3.	동아일보의 대량해임 사태와 함께 동아방송서 축출되어 동아투위 간사로 활약
1975. 4.	동아일보로 부터 무기 정직처분 받음
1975. 10.	동아일보서 해임
1975. 8.	옷가게 "아라네 집" 개점
1975. 12.	발병하여 한양대학병원에 입원
1976. 5.	불암산 암자에서 투병
1976. 7.	다소 회복되어 삼강산업 홍보과장으로 근무
1976. 11.	다시 악화돼 서울대학병원, 성모병원 등으로 옮겨 다니며 투병
1977. 1. 19.	주님의 품안에 고이 잠들다

고 조 민 기 동지

2 주 기 추 도 예 배

일시 : 1979. 1. 20(토) 오후 3시

장소 : 한 빛 교 회 당

동아자유언론수호투쟁위원회

고 조민기 동지 2주기 추도예배 순서지. 1979년 1월 20일.

Evangelisches Missionswerk · Diemershaldenstr. 48, D-7000 Stuttgart 1

Referat Gesellschaftsbezogene Dienste
Desk for Service in Society

Rev. Park Jae-Bong
General Secretary
Presbyterian Church in the Republic
of Korea
P.O. Box 147
Kwanghwa-Moon

SEOUL / KOREA

Stuttgart, February 24, 1981
NHK/wo

Re: Community Development Program of Hanbit-Community

Dear Rev. Park,

It is after discussion with Rev. Glüer that I am writing this letter to you. Sometime ago, our committee resolved to support certain programs in relation to the Hanbit-Community. While correspondence in relation to this project is normally to be addressed to Elder Kim Kyung-Young, on the suggestion of Rev. Glüer we/now transferring   /are DM 166.700 to the account of the Presbyterian Church in the Republic of Korea and we would like to ask you to forward these funds for the programs for which they have been designated. Recently, we had also a letter from Rev. Kim Kwan-Suk, who is now serving as Interim Pastor of Hanbit Church. It is therefore that we share a copy of this letter also with him.

We beg your understanding for this procedure which we have taken after consultation with Rev. Glüer.

With all good wishes for your service,
Sincerely yours,

Norbert Hans Klein

cc: Rev. Kim Kwan-Suk
    Mr. Kim Kyung-Young
    Rev. W. Glüer

EMS독일서남지역선교협의회 한빛교회의 지역공동체 개발을 위한 명목으로 166.700마르크를 한국기독교장로회 총회를 통해 보낸다는 편지로, 임시 당회장이었던 김관석 목사와 회계 김경영 장로를 참조인으로 명시하고 있다. 이 후원금으로 교육관을 구입하였다.

장로임직 및 교육관봉헌예배

임직받는 분 : 이 우 정
안 계 희
이 학 전

때 : 1982. 5. 23 오후 2 : 30

한국기독교
장로회 한 빛 교 회

1982년 5월 23일 장로 임직 및 교육관 봉헌예배 순서지.

임 직 자 약 력

이우정장로

1) 1940년 18세시 기독교에 입문하여 1941년 종교교회(감리
    교)에서 변홍규 목사에게 세례를 받았다.

2) 1951년 한국신학대학 본과를 졸업하고 이내 카나다 유학을
    거처 1953년부터 1970년까지 한국신학대학에서 교수로 재직
    하였고 1974년부터 1976년까지 서울여대 교수로 재직 하였
    다.

3) 1972년 성북교회에서 본 한빛교회로 전입하여 1973년 집사
    로 임명받다.

안계희장로

1) 1936년에 기독교에 입문하여 1973년 종교교회(감리교)에서
    신공숙목사에게 세례를 받았으며 1951년 대천 장로교회에
    서 집사로 임명받다.

2) 1961년 한국신학대학 선과를 졸업하였고 1954년부터 1972년
    까지 여러 교회에서 전도사로 봉직하였다(1966—1970 본 한
    빛교회시무). 현재는 베다니집 관장으로 재직하고 있다.

3) 1973년 한빛교회 집사로 임명받다.

이학전장로

1) 1939년 함남 풍산군 풍산읍 장로교회(조부 이진두장로 설립)
    에서 장경규목사에게 애기세례를 받았으며 1956년 경동교회
    에서 김재준 목사에게 견신례를 받았다.

2) 1961년 홍익대학을 졸업하였고 중·고등학교 교사, 삼성 출
    판사 영업부장을 거쳐 현재는 출판업을 경영하고 있다.

3) 1972년 경동교회에서 본 한빛교회로 전입하였으며 1977년
    본교회 집사로 선출되었다.

이우정, 안계희, 이학전 임직자의 약력.

교육관(겨자씨의 집) 구입내역

1) 1979년 신년 공동의회에서 교회 교육관 마련을 결의하고 헌금을 시작하여 1981년까지 매해 교인들이 정성껏 헌금하였다.

2) 1981년 서독 E.M.S.에서 상당액의 헌금을 보내왔다.

3) 현 교회당에 인접한 가옥을 매입하려고 하였으나 여러가지 사정으로 여의치 못하였고 부득이 다소 불편하지만, 미아3동 130—81에 소재한 대지 68평, 건평45평의 가옥을 매입하여 교육관으로 사용키로 하였다.

4) 앞으로 교회자체의 각종 교육프로그램은 물론 특히 젊은 이들을 위한 선교프로그램과 지역사회 봉사를 위한 프로그램을 위해 다목적으로 활용할 방침이다.

5) 교육관 구입에 따른 비용은 다음과 같다.

건물구입비	58,000,000
구입에 따른 부대 비용(등기및 소개비)	1,519,000
수리비	580,000
전화구입 및 설치비	1,178,000
전화청약비	75,400
집기 및 비품비	521,000
기 타	232,750
합 계	62,106,150

알리는 말씀

① 바쁘시고 피곤하실터인데도 저희 교회의 이 뜻깊고 즐거운 예배에 참석하셔서 격려해 주시는 여러분들께 심심한 감사를 드립니다. 이 예배가 끝난 후 새로 마련하여 봉헌한 교육관에서 조촐한 다과회를 마련하였아오니 한분 빠짐없이 참석하셔서 끝까지 기쁨을 함께 나누어 주십시요.

② 오는 28일(금) 오후7시에 향린교회당에서 서울노회가 주최하는 고난받는 분들을 위한 기도회가 있음을 알려드립니다.

교육관(겨자씨의 집) 구입 내역.

한빛교회 30주년, 40주년 기념예배 순서지.

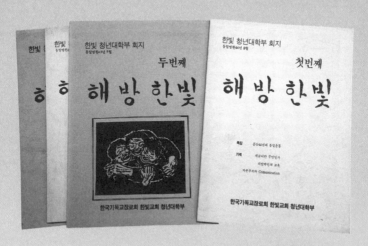

한빛 청년대학부에서 발간한 〈해방 한빛〉 회지. 통일, 자본주의, 노동문제 등 당시 대학생들의 고민을 엿볼 수 있다.

성 명 서

-문익환 목사 방북 일주년을 맞으며-

작년 3월 25일 부활절 아침에 날아든 문익환 목사의 평양도착 소식은 온 국민에게 큰 충격이 아닐 수 없었습니다. 많은 사람들에게 그것은 저 엄청난 분단의 벽이 마침내 무너져 내리기 시작하는 크나 큰 기쁨이었는가 하면, 분단 체제 아래에서 기득권을 누리며 살아 온 사람들에게도 더할 수 없는 위협으로 받아들였겠습니다.

이제 방북 1년을 맞는 오늘, 우리는 이 역사적 사건의 의미를 차근히 마음 속에 되새기는 자세가 필요하다고 하겠습니다.

문익환 목사의 방북사건은 그 무엇보다도 남북관계에서 뭔가 비밀스런 분위기를 걷어내고, 통일문제를 단번에 열린 공간으로 끌어내어 국민대중 누구나가 남북문제, 통일문제에 대해 관심을 갖고 이야기를 할수 있도록 하였다는데 의미가 두어져야 하리라고 봅니다. 그리하여 지난 1년 동안 남북문제, 통일문제가 시정의 일상적인 화제로까지 자리잡았으며, 몇몇 사람들이 들려 보던 백두산이나 금강산 사진들이 이제는 다방에, 미용실에 걸려있어도 조금도 어색하지 않은 사회분위기가 되었습니다.

정부 당국은 문익환 목사의 방북을 빌미로 소위 공안정국을 조성하여 그의 방북 성과를 무효화하면서, 민중운동 탄압을 개시하더니, 금년들어서는 보수대야합으로 그 정체를 구체화 시키면서 국정의 모든 면에서 5공으로 회귀하려 하고 있습니다. 통일문제에 있어서도 북한의 고려 연방제에 근접했던 체제연합론으로부터 시대착오적이며 도저히 실현 불가능한 통일론으로 후퇴하고 있습니다.

바로 이점이 역설적이게도 문익환 목사 방북의 또 다른 의미라고 우리는 생각합니다. 현정권은 통일을 진정으로 원했기 때문에 통일 논의를 진행시켰던게 아니고, 오직 정권유지의 수단으로 이용하려 했을 뿐이었다는 사실이 문목사 방북사건으로 드러났다는 것입니다. 현 정권의 기만적인 성격이 만천하에 드러났다는 것입니다. 현정권이 애초부터 민주화 의지를 갖고 있지 않았을 뿐 아니라, 오히려 틈만 있으면 유신, 5공 시절로 돌아가고 싶어한다는 저의가 바로 문목사의 방북을 계기로 적나라하게 드러났다는 것입니다.

그리고 문익환 목사는 아직도 감옥에 있습니다. 반시대적인 국가 보안법에 묶여, 73세의 고령인데도 불구하고, 환자임에도 불구하고 차디찬 감옥에 있습니다.

우리는 주장합니다.

문익환 목사는 석방되어야 합니다. 그리하여 그가 국민대중을 자유롭게 만나고, 국민대중의 통일 의지를 한데 모아내는데 기여 하도록 석방되어야 합니다.

문익환 목사의 건강회복과 그의 즉각적인 석방을 우리들은 마음을 모아 하나님께 기도하면서, 애국애족 국민여러분께 호소하는 바입니다.

통일염원 46년 3월 25일
한 빛 가 족 일 동
문익환 목사 가족 일동

문익환 목사의 방북 1주기를 맞아 한빛 가족과 문 목사 가족이 함께 발표한 성명서.

성 명 서

　박용길 장로님의 방북과 이에 따른 검찰의 장기 구속 사태에 대한 우리의 입장 지금 지구는 일대 세계사적인 대전환기를 맞고 있다. 국지적으로는 아직도 분쟁이 끊이지 않고 있으나 전체적으로는 평화체제를 구축하여 가고 있다. 그리하여 이데올로기에 의한 국가간의 대립은 거의 소멸되었다. 특별히 한 민족은 이제 해방 50년, 분단 50년을 맞아 민족사의 숙원인 통일에 대한 염원이 어느 때보다 간절하다. 더욱이 전체 기독교인에게 95년은 희년의 해로서 그 의미가 심장한 바가 있다. 희년은 이제 우리만의 것이 아닌 지구의 전체의 열망으로 확산되었다. 모든 민족이 평화를 노래하고 함께 어울려 번영을 누 누리자는 것이 희년정신이라고 믿는다. 지금 전세계의 기독교인은 한반도의 통일과 그를 통한 지구의 평화를 위해 기도하며 함께 협력하고 있다. 세계화란 바로 우리 민족이 세계가족으로서 이러한 세계사적인 통합과 평화협력의 주도적 역할을 자임한데서 나온 개념이라 할수 있다. 그러나 불행히도 현정부는 자신들의 통치이념이자 철학적 기조인 세계화를 단순히 세계자본주의의 편입이라는 지극히 경제적인 부분에 한정하고 있는 것 같다. 정치, 문화, 복지, 교육등 모든 부분에서 세계화는 통전적으로 추진되어야 할 것이었다. 그러나 정치와 인권 부분에서는 후진성, 국지성으로 인해 아직도 세계화의 구호와는 엄청난 현실적 격차를 보이고 있다. 5.6공 때부터 더 많은 양심범의 양산, 민족 분단의 희생양인 비전향 장기수의 장기구금사태, 반민주적이며 반통일적인 국가보안법 등은 현 정부의 정치와 휴머니즘의 저급한 수준을 말해주는 바이다. 이번 박용길 장로님의 방북은 적어도 다음과 같은 대의명분이 있음을 밝히고자 한다. 정상회담을 약속해 놓고도 상대 국가원수가 사망하자 온갖 저주의 말로 상대 측의 자긍심을 여지없이 뭉개버리는 후안무치를 조금이라도 벗겨내고자 적어도 북한의 철천지 원수였던 미국의 클린턴 대통령이 행한 유감인사 정도의 수준에서, 그러나 실제로는 더욱 절실한 통일의 염원을 담고 남편이신 고 문익환 목사님에 대한 북한의 조의에 보답하기 위해 방북을 감행하셨던 것으로 안다. 더우기 그분은 진정 민족의 화해와 평화를 간절히 바라는 그리스도인이요. 오늘날 김영삼 문민정권의 탄생을 가능케 했던 민주화 투쟁에 헌신하신 분이며 지금도 민족분단의 십자가를 온몸에 지고 가는 작은 예수다. 박용길 장로님의 방북은 이제 더 이상의 반국가적 행위도 아니오, 더구나 이것을 반민족적 행위라고 규정할 도덕적 우위성을 남한 내 어떤 누구도 가지고 있지 않다. 통일을 향한 발걸음은 문익환 목사님에 의하여 시작되었고, 이제 그의 아내인 박용길 장로님에 의하여 이어졌으니 어느 누가 이 발걸음을 멈추려 하는가? 그 어떠한 설정법도 이 행진을 막지 못할것이다. 보안법이 이러한 민족적 열망과 실천 앞에 무력해질 때까지 통일의 행진은 멈추지 않는다. 우리는 이번 기회에 김영삼 정부가 대북정책의 대원칙을 확실하게 천명하기를 바란다. 우선 남한 내 모든 통일 세력의 대화합, 민족의 화해와 일치를 위한 대원칙이 먼저 서야 할 것이다. 과연 북한은 국가보안법에서 말하는 적성국가인가, 아니면 7.4남북공동성명에 의한 민족화합의 대상인가? 이제는 통일에 대한 발상의 대전환이 필요한 때다. 통일을 위해서는 민족 우선의 대원칙이 다시 서야 한다. 민간 통일운동 차원에서 북한과 협력하는 모든 이들에 대한 정부 차원의 신뢰와 지원이 있어야 한다. 적어도 한탕 위주 경쟁 위주로서의 대북 자세를 지양하고 오히려 진리를 추구하는 성실함과 사랑으로 북한을 감싸안는 자세가 필요하다고 본다. 박용길 장로님은 즉시 석방되어야 한다. 그리고 통일을 저해하는 국가보안법도 즉각 폐지되어야 한다. 오히려 평화적인 남북화해법이 전향적으로 먼저 마련되어야 한다. 그리하여 먼저 국민의 대북접촉을 전면적, 무제한적으로 허용하여야 한다. 북한을 방문하거나 북한을 고무찬양하였다는 사실만으로 범죄를 인정하는 반통일적인 국가보안법은 폐지되어야 한다. 이러한 원칙과 당위성으로 볼 때, 기장총회에서도 밝힌 바와 같이 우리는 정부당국이 금번 방북에 대하여 무조건 국가보안법을 적용하여 구속하기보다 그분의 통일열망과 참뜻을 대승적 차원에서 수용하는 화해조치가 있기를 희망한다. 특히 70이 넘은 나이를 고려해서라도 불구속 수사를 하기를 바란다. 8.15, 광복 50주년을 맞아 남한 내 통일과 개혁세력의 수장임을 자임하고 있는 김영삼 대통령의 흔쾌한, 회년정신에 입각한 결단을 촉구한다.

1995. 8. 15.

한국기독교장로회 한빛교회 교우 일동

북한에 다녀온 박용길 장로의 석방을 요구하는 성명서.

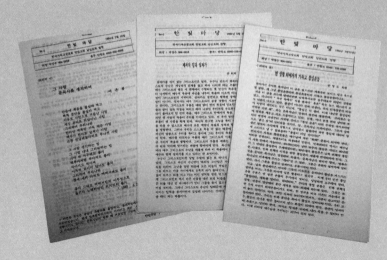

1994년 남신도회서 발간한 회지 〈한빛 마당〉.

1999년에 발간된 〈한울타리〉 창간호. 박갑영 장로의 그림이 표지 그림으로
사용되었다.

한빛교회 시국 선언문

"그 때를 기다려라. 반드시 오고야 만다."(하박국 2장 3절)

2007년 12월, 많은 허물과 도덕성 논란에도 불구하고 국민들이 이명박 후보를 선택한 것은 지난 정부가 쌓아 놓은 민주화의 터전 위에 경제적 번영을 이루어 주기를 바라는 국민들의 소망 때문이었습니다. 그러나 정권이 바뀌고 2년도 채 지나지 않은 지금, 우리는 참담한 심정을 가눌 수가 없습니다.

그 동안 쌓아왔던 민주주의의 기초는 심각한 위기에 직면하였고, 경제는 침몰직전의 상태에서 우왕좌왕하며 서민들의 삶을 위협하며, 남북관계는 10년 전으로 돌아가 대결과 반목으로만 치닫고 있습니다. 지난 40여 년 동안 이 땅 위에 하나님의 뜻이 이루어지도록 민주화와 인권 회복, 그리고 평화 통일을 위해 기도하고 행동해 왔던 우리 한빛교회는 지금의 이 참담한 현실을 극복하기 위하여 모든 노력을 다할 것임을 고백하면서 현 정부에게 다음과 같이 요구합니다.

1. 용산 참사로 숨져 가신 분들에게 진정으로 사과하고 용서를 구하십시오.(잠언 31:8-9)
   국가의 공권력에 의해 철거민 5명과 경찰 1명의 귀한 목숨이 희생되었지만 5개월이 넘도록 정부는 한마디의 사과도 없이, 오히려 희생자의 아들을 아버지를 죽인 살인범으로 몰아 감옥에 가두어놓고 있습니다. 법원이 요구한 경찰조사결과를 공개하십시오. 그리고 지금이라도 유족에게 사과하고 진상을 철저히 규명하며, 구속된 가족들을 석방하고 장례를 치르도록 하십시오.

2. 민주주의를 부정하지 말고 소중히 여기십시오.(아모스 5:24)
   미네르바를 구속하여 표현의 자유를 빼앗고, 시국선언에 참여한 양심적인 교사들을 무더기로 해임시켰으며, 검찰과 국세청을 전 대통령을 겁박하는 정권의 하수인으로 만들어 놓았고, 언론을 장악하기 위해 미디어 악법을 통과시키려고 하는 것 등은 하나같이 민주주의를 송두리째 부정하는 일입니다. 국민이 이 나라의 주인이라는 사실을 단 한 순간이라도 잊지 마십시오.

3. 대결과 반목이 아닌 평화와 화해로 남북관계를 발전시키십시오.(마태복음 26:52)
   새 정부가 들어선 후 남북관계는 단 하나의 성과도 없이 그동안 정성을 다해 쌓아왔던 성과들을 한꺼번에 무너뜨렸으니 참으로 기가 막힙니다. 무원칙한 대북정책과 근거 없는 대북비난은 남북대화와 교류의 중단, 개성공단의 위기, 그리고 핵실험과 전쟁위협만을 불러오고 말았습니다. 대결과 반목을 중단하고 평화와 화해로 나아가십시오.

우리는 이것이 단순히 우리만의 요구가 아니라 사람 사는 세상을 원하는 많은 국민들의 요구이며, 나아가 이 땅에 당신의 나라가 임하길 바라는 하나님의 명령임을 믿고, 우리의 주장이 관철될 때까지 쉬지 않고 기도하며 행동해 나갈 것임을 밝힙니다.

2009. 7. 19.
한국기독교장로회 한빛교회 교인 일동

2009년 7월 19일 용산참사, 민주주의 후퇴, 남북관계 경색을 염려하며 한빛 교인들이 발표한 시국선언문.

한빛교회 60년 약사

1955-2015

1955. 2. 20. 중구 필동 2가 28번지에서 첫 예배 드림.

    2. 27. '서울중앙교회' 창립 예배 드림.

    5. 한국기독교장로회 경기노회에 가입.

    10.30. 중구 소재 건물 2층(25평)을 빌려 교회를 옮김.

        문재린 목사 대구 한남신학교 학장 부임.

1956. 2. 12. 문익환 목사 담임목사 취임. 김성호, 문치룡 장로 임직.

1957. 6. 중구 소재 건물(을지로 4가 국도극장 건너 이면도로 50평 한옥 다다미 집 2층)을 빌려 교회를 옮기고 교회 이름을 '중부교회'라고 함.

        조남순 전도사 부임.

    7. 정영근 장로 임직.

    10.27. 예배당 건축을 위한 기성회 조직.

1959. 2. 충무로 3가 퇴계로 대원호텔 앞 4층 건물로 교회를 옮김.

1960. 6. 김정돈, 이원초 장로 임직.

1961. 2. 26. 종로구 장사동 중앙신학교 강당 한옥 건물로 교회를 옮김.

1962. 3. 종로 6가 이화장 위 이화동 언덕에 있는 건물로 교회를 옮김.

1962. 11.25. 동부교회와 통합.

1965. 5. 9. 동부교회와 분리.

    5. 16. 충무로 3가로 교회를 옮기고, 교회 이름을 '한빛교회'라고 함.

    7. 중구 장충동 산 14번지 장충모자원 내 건물(20평)을 15만 원에 매입하여 교회를 옮김.

        안계희 전도사 부임.

    8. 29. 문익환 목사 미국 유니언 신학대학교에 10개월간 유학.

        문재린 목사 임시 당회장.

1966. 8. 문익환 목사 당회장 복귀.

1967. 6.   김연재 교육전도사 부임(1969년 3월 26일 사임).

1968. 2. 25. 젊은 부부 모임 '비둘기회' 조직.

    10.   교회 건축을 위한 바자회.

1969. 3. 19. 문익환 목사 사임.

    3. 26. 나형렬 목사 부임.

    12.25. 나형렬 목사 미국 이민으로 사임.

1970. 3. 15. 이해동 목사 부임.

1971. 7. 10. 성북구 미아4동 136-118(대지 70평 3홉)에 현재의 교회당 기공.

    11.28. 헌당예배.

1972. 5. 1.   안계희 전도사 베다니집 관장으로 부임.

    6. 4.   이해동 목사 담임목사 취임.

1973. 3. 25. 한빛장학위원회 창립 총회(이귀옥 집사가 기증한 집을 정리하고 남은 돈을
            헌금한 365,000원으로 시작).

1974. 2. 17. 이응창 교육전도사 부임(1975년 8월 사임).

1975. 8. 24. '갈릴리교회'에 교회 시설 제공, 양심수 석방 집회 지원.

    10.   이우정 집사 유신체제 반대로 교수직 해임.

    11.23. 교회 창립 20주년 기념예배 및 박용길, 김경영 장로 임직.

    11.   교회 창립 20주년 사업의 일환으로 사택을 전세로 마련.

1976. 2. 8.   이일애 전도사 부임(1976년 6월 6일 사임).

    3. 1.   '3·1민주구국선언문 사건'으로 이해동 목사, 문익환 목사, 안병무 교수
            구속, 이우정 집사 불구속 입건.
            김관석 목사 임시 당회장.

    8. 3.   대법정 제13차 공판에서 변호인단 퇴장한 채로 '3·1민주구국선언문 사
            건' 판결 구형(이해동 목사 징역5년/자격정지5년, 문익환 목사 징역10/자격정
            지10, 안병무 교수 징역5/자격정지5, 이우정 집사 징역7/자격정지7 불구속).

    12.29. 이해동 목사, 안병무 교수 석방.

1977. 5. 8.   박윤수 전도사 부임(1983년 6월 26일 사임).

    4. 7.   김하범 한신대생 '4·7 고난선언 사건'으로 구속(1978년 8월 15일 석방).

    5. 11. 같은 한신대 사건으로 청년회장 박창수 군 구속(1979년 5월 12일 석방).

    5. 22. EMS독일서남지역선교협의회에서 보낸 100만 원 헌금과 사택 전세금

및 한빛 교인들 헌금 250만 원으로 사택(미아9동 3-163) 구입.

1977. 6.　　일본 잡지 「세계」에 실린 시가 빌미가 되어 양성우 시인 긴급조치 9호로 구속(징역5년/자격정지3년). (1979년 7월 17일 석방.)

10.25.　　연세대 '77 민주수호결사 투쟁선언' 사건으로 대학생부 강성구(경제2), 공유상(경영2), 박성훈(경영2) 구속. (강성구, 박성훈은 1978년 7월 17일 집행유예로 석방, 공유상은1979년 8월 석방.)

9. 2-30.　　문익환 목사 29일간 옥중 단식.

12.31.　　문익환 목사 형집행 정지로 석방.

1978. 8. 27.　　추수감사절을 우리나라 절기에 맞게 추석 다음 주일로 지키기로 함.

10.24.　　'동아투위민권일지사건'으로 안종필 교우(동아투위원장), 박종만 교우 구속(안종필 징역2/자격정지2, 박종만 징역1.6/자격정지1.6).

11.24.　　'10월구국선언사건'으로 문익환 목사 형집행 정지 취소로 재수감(1979년 12월 8일 석방).

12.7.　　민주주의 국민연합 등 13개 단체가 발표한 '12.12 사건에 대한 우리의 입장' 성명서 사건으로 이해동 목사 연행됨.

1979. 10.　　권영근 교우 '남민전 사건'으로 구속(1983년 1월 26일 석방).

11.　　YH노조지부장 권순갑 교우 'YH사건'으로 수배 중 체포되어 구속(1979년 12월 석방).

12.20.　　김원철 집사(한국신학대학 입학) 전도사 대우 결정.

1980. 2. 24.　　교회 창립 25주년 기념예배: 김정돈 장로 20년 근속 찬하, 김신묵 안임희 문복녀 김동숙 이순이 김순덕 권사 취임.

5. 17.　　이해동 목사, 문익환 목사 '김대중 내란음모 사건'으로 구속. 박윤수 전도사, 강성구, 장종호, 이동섭 구속.

6. 29.　　김관석 목사 임시 당회장.

9. 17.　　이해동 목사 징역 4년, 문익환 목사 징역 20년 선고.

12.16.　　김정돈 장로 소천.

1981. 5. 11.　　이해동 목사, 박윤수 전도사, 강성구, 장종호, 이동섭 사면 석방.

6. 14.　　문익환 목사, 김관석 목사, 김성재 목사 협동목사 추대.

11.　　교육관 구입(1979년 1월 공동의회에서 교육관을 마련하기로 결정. 1981년 EMS독일서남지역선교협의회에서 보낸 지원금과 한빛 교인의 헌금으로 미아3

동 130-81의 대지 68평, 연건평 45평인 2층 양옥 구입).

1982. 2. 14. 남신도회 창립 총회.

5. 23. 교육관 봉헌예배.

이우정, 안계희, 이학전 장로 임직.

12.24. 문익환 목사 형집행 정지로 석방.

1983. 9. 25. 교육관 독서실 개관(원장 이학전 장로).

8. 14. 김종수 전도사 부임(1986년 8월 31일 목사로 사임).

9. 5. 이해동 목사 10개월간 영국 유학.

1984. 6. 24. 이해동 목사 담임목사 사임(독일 프랑크푸르트 한인교회 담임목사 취임).

8. 25. 유원규 담임목사 부임.

10.10. 문익환 목사 민주통일국민회의를 발족하고 의장 취임.

11. 9. 교육관 프로그램 진행(지역 주부를 위한 꽃꽂이 강좌: 강사 김옥희 집사).

1985. 2. 17. 교회 창립 30주년 기념예배.

유원규 목사 담임목사 취임, 이순신 오복림 권사 취임.

3. 20. 장영달 교우 '성원제강 어용노조에 항의하는 근로자 단식농성 사건'으로 25일간 구류 처분을 받았으나 10일 만인 29일 귀가.

3. 24. 소혜자 선교사 송별예배.

4. 고난주간 특별 새벽기도회 시작.

8. 18. 갈릴리교회 창립 10주년 기념예배.

12.28. 문재린 목사 소천.

1986. 1. 5. 배태진 전도사 부임(1988년 12월 25일 부목사로 사임).

3. 17. 문혜림 집사 한국기독교장로회 여신도회 산하 기지촌 여성들을 위한 선교센터 '두레방' 시작.

5. 21. 문익환 목사 '5·3인천사건'과 '서울대 5월제 행사' 강연으로 구속.

5. 28-30. 한빛 교인들 문익환 목사 석방을 위한 철야농성을 기독교회관 인권 위사무실에서 진행(29일 한빛 교인들 명의로 문익환 목사를 음해하는 관계 기관에 항의성명서 발표).

8. 21. 장영달 교우 '5·3인천사건'으로 수배 중 구속.

11.16. 한빛교회당에서 비상구국기도회 개최(참석 인원 150여 명).

11.18. 유원규 목사 민정당사 앞에서 '민주화를 열망하는 목회자 선언'을 발표

하고 목회자 52명과 함께 연행(불구속 입건).

1987. 4. 26. 갈릴리교회와 공동 신앙강좌.

　　5. 4. 유원규 목사 '호헌철폐와 군부독재정권의 즉각퇴진'을 위한 삭발 단식에 목회자 35명과 함께 참여.

　　5. 27. 민주헌법쟁취 국민운동본부가 발기인 2,191명의 명의로 결성[문익환 목사(고문), 이우정 장로, 박용길 장로(상임공동대표), 문동환 목사(공동대표), 유원규 목사, 안계희 장로, 김병걸, 장영달, 윤수경, 양성우, 김인한, 김혜식, 고광헌, 최미희 교우 등이 발기인으로 참여].

　　6. 7. 건축위원회 결성(위원: 유원규, 김경영, 이학전, 안인숙, 문의근, 김순필, 임익근).

　　11. 10. 임익근 집사 노태우 대통령후보 벽보에 '광주학살원흉'이라는 스티커 부착 혐의로 의정부서에 연행됨. 11일 귀가.

　　11. 30. 교육관(미아4동 136-112) 구입.

1988. 2. 21. 제1여신도회를 에스더회로, 제2여신도회를 마르다회로 명칭 바꿈.

　　5. 1. '한빛 늘푸른 야학' 개설.

　　7. 10. 교회부지 확보를 위한 건축헌금을 하기로 결의.

　　7. 17. 문동환 목사 '광주민주화운동 진상조사 특별위원회' 위원장 선임.

　　8. 28. 청년대학부 첫 번째 회지 〈해방한빛〉 발간.

1989. 1. 29. 이은우 준목 부임(1992년 11월 26일 목사 임직 후 사임).

　　　　　　교육법 개정 서명과 의문사 가족 농성장 방문.

　　2. 12. 남신도들 주일예배 후 교육법 개정을 위한 거리 서명을 벌여 1천여 명의 서명 받음.

　　3. 5. 서항룡 교우의 100만 원 헌금으로 이웃사랑실천헌금 시작.

　　　　　　북한 통일교회에 종 보내기 지원.

　　　　　　현대 노조 빈소 방문.

　　3. 20-24. 고난주간 기도회를 교인들의 연속기도회 형식으로 바꿈.

　　3. 25. 문익환 목사 방북. (3월 20일 동경, 24일 북경을 경유하여 25일 평양에 도착, 26일 평양 봉수교회에서 부활절 예배 드림, 27일 김일성 주석과 면담, 허담 조평통위원장과의 공동성명 채택 등 4월 3일까지 10일간의 방문 일정을 진행한 뒤, 북경과 동경을 경유하여 4월 13일 김포공항에 도착하자마자 연행되어 구속됨. 이우정 장로는 문익환 목사를 환영하기 위해 12일 일본에서부터 문익환 목

사와 동행.)

4. 13. 한빛 교인들 문익환 목사 방북을 빌미로 민주 세력을 탄압하는 정책을 즉각 중지할 것을 주장한 뒤, 사흘에 걸친 60시간 연속기도회 가짐.

6. 1. 한빛 교인들과 재야인사 50여 명이 문익환 목사의 71회 생신을 축하하기 위해 안양교도소 방문, 가족만 면회가 허용되어 가족면회 후 교도소 정문 옆에서 생신축하예배 드림.

7. 이우정 장로 '전교조탄압저지 및 참교육실현을 위한 전국 공동대책위원회' 의장 선임.

8. 6. 이웃사랑실천 위원회 조직[당회장 안계희 장로(당회), 정경희 권사(권사회), 임익근 집사(남신도회), 이양자 집사(에스더회), 윤수경 집사(마르다회), 서항룡 교우].

8. 13. 매월 둘째주일에 드리는 이웃사랑실천 헌금으로 수재민 지원.

9. 3. 참교육 실현을 위한 기도주일예배(증언: 김성재 교수), 전교조 선생들에게 헌금 전달.

10.8. 청년대학부 두 번째 회지 〈해방한빛〉 발간.

12.3. 이웃사랑실천 위원회가 장기수들의 겨울 준비를 위한 사랑의 헌금 실시.

12.10. 이웃사랑실천 위원회가 보호감호자와 무연고 출소자를 돕기로 함.

1990. 2. 10. 문익환 목사 징역 선고(징역7년/자격정지7년), 안양교도소 수감.

2. 27. 차풍길 교우 대구교도소에서 7년 만에 출감.

9. 18. 김신묵 권사 소천, 한빛교회장으로 장례식 거행.

11.20. 문익환 목사 형집행 정지로 석방.

11.25. 박용길 장로 원로장로 추대식.
주일 점심공동식사를 매주일 하기로 함.

12.9. 인권주일 예배로 '유원호 선생 석방을 위한 예배'로 드림.

1991. 2. 17. 손인숙 권사 제1회 한빛봉사상 수상.

6. 6. 문익환 목사 재수감.

10.1. 한빛교회, 성남주민교회, 향린교회 '문익환 목사, 이해학 목사, 홍근수 목사와 양심수, 민족통일을 위한 기도'를 시작하여 10월 한 달 동안 함께 드림.

1992. 1. 5. 배광진 전도사 부임(1996년 3월 31일 부목사로 사임).

11.22. 교회 총예산의 10%를 대외선교비로 정함.

1993. 5. 30. 교육관 신축 착공.

11.20. 교육관(겨자씨의 집) 봉헌예배.

1994. 1. 18. 문익환 목사 소천, 겨레장으로 장례 거행.

1. 25. 태백 '사랑의 집' 교사 인건비 후원.

2. 13. 사회부에서 장기수 돕기 사업 진행(대전교도소의 안영기, 홍경선, 대구교도
소의 홍명기, 광주교도소의 이경찬, 양희철).

2. 29. 통일맞이 7천만 겨레 모임 발족.

1995. 2. 19. 교회 창립 40주년 기념예배: 윤수경, 문의근, 김순필 장로 임직. 창립 교
인 박용길, 김경영, 안인숙, 안임희, 문복녀, 김순덕, 이순신, 오복림, 박순
덕 기념패 수여.

6. 11. 한빛교회, 성남주민교회, 향린교회가 함께 농촌 일손 돕기 참여.

6. 28-7. 31. 박용길 장로 김일성 주석 1주기 추모행사 참석차 방북.

9. 10. 박용길 장로가 석방될 때까지 '박용길 장로의 구속 철회와 석방을 위한
기도회'를 매주일 예배 전에 남신도회가 진행. 교인들의 이름으로 탄원
서를 작성하여 대통령과 관계 기관(대법원장, 검찰총장)에 보내고, 한겨레
신문에 석방촉구 광고를 내기로 함.

10.20. 박용길 장로 구속 정지로 석방.

10.22-25. 교회 창립 40주년 기념 한빛가족 작품전(김인숙, 박갑영, 박용길, 임지
하, 정승언).

11.5. '젊은 부부 모임' 결성.

11.30. 박용길 장로 징역2년/집행유예3년을 선고받고 석방.

12.10. 장기수와 양심수를 돕기 위한 1천 원 미만의 '작은 돈 헌금' 시작.

12.31. '(사)통일맞이'에서 시행하는 늦봄통일상의 상금을 한빛교회가 맡기로 함.

1996. 7. 7. 한빛교회, 성남주민교회, 향린교회가 명동성당에서 '외국인 노동자 보호
법 제정과 김해성 목사 석방 촉구를 위한 기도회' 진행.

10.13. 한빛교회, 성남주민교회, 향린교회 청장년 연대모임이 신반포 중학교에
서 체육대회.

11.17. 한빛교회, 성남주민교회, 향린교회 청장년 연대모임이 '탈이데올로기 시
대의 통일 운동'을 주제로 통일세미나.

1997. 1. 1. 정웅용 교회학교 총무 전도사로 부임(2000년 7월 30일 사임).

    6. 1. 북한동포돕기 헌금을 '평화를 만드는 여성회'에 전달.

            한빛교회, 성남주민교회, 향린교회가 함께 안성 고삼면 유기농 농가에 농촌봉사 활동.

    11.16. 한빛교회, 성남주민교회, 향린교회가 '북녘을 만났습니다'란 주제로 연대모임.

1998. 2. 22. 매월 첫째 월요일 아침 6시에 직장인을 위한 기도회 실시.

            건축연구위원회 조직(이학전, 김순필, 안인숙, 박혜경, 김영란, 송영관, 박성수, 김기봉, 배장호).

    6. 28. 선교부 주관으로 노방전도 실시.

    8. 9. 김용섭 교우 영신여자실업고등학교에서 학원민주화운동을 하다가 해직.

    9. 6. 수재민 돕기 헌금 전달.

    11.22. 윤수경 장로 '(사)전국공동모금회' 사무총장 취임.

1999. 10.31. 중고등부가 역촌동 결핵환자촌을 방문하여 사마리아 사업을 통하여 마련한 기금 전달.

    11.7. 한빛교회, 성남주민교회, 향린교회, 강남향린교회 청장년 연대모임이 '국가보안법 폐지를 위한 특별기도회'를 향린교회에서 진행하고 거리 행진.

    12.25. 청년2부 갈현동 출소자의 집 방문.

2000. 3. 25-28. 유원규 목사 방북(KNCC가 보내는 TV와 VCR 전달 및 조선그리스도교연맹과의 선교협력관계 협의차).

    9. 2. 북으로 송환되는 비전향 장기수들을 초청하여 함께 예배.

    9. 24. 송영관 장로 임직.

    12.3. 이원표 전도사 부임(2006년 8월 31일 부목사로 사임).

2001. 4. 1. 가정이 해체된 청소년 20여 명과 공동생활을 하고 있는 '은행골 우리집' 김광수 목사 초청 예배, 헌금 200만 원 전달.

    5. 6. 한빛풍물단 결성.

    10.28. 한빛교회, 성남주민교회, 향린교회, 강남향린교회, 새민족교회가 종교개혁주일 강단 교류.

    11.18. 한빛교회, 성남주민교회, 향린교회, 강남향린교회와 함께 '국가보안법과 민족통일-기독인의 역할'이란 주제로 통일강연회.

2003. 1. 26. '작은불꽃운동' 성금을 외국인노동자센터, 통일맞이, 탈북자를 위한 통일준비 여성회에 전달.

   3. 16. 「한빛노래모음집」 발간.

   9. 28. 추수감사헌금 일부를 '미혼모를 위한 집수리 사업'에 전달.

2004. 4. 25. 통일세미나 '한반도 평화와 통일을 위한 기본 과제'(강사: 강정구 교수) 개최. 이 통일세미나는 2008년까지 지속됨.

2005. 3. 18. 교회부지(수유리 산87-1번지) 매입.

   7. 21. 박용길 장로 수유리 교회부지 진입을 위해 수유리 527-57번지를 교회에 헌납.

   12. 1. 유원규 목사 KNCC 인권위원장 선임.

   12. 11. '우토로 주민돕기' 특별헌금 실시.

2006. 2. 22. 이해동 목사 대통령 소속 기구인 '군의문사진상규명위원회' 위원장 선임.

   5. 14-15. 남신도들이 나오미회원 모시고 강원도 정선으로 효도관광.

   5. 27. 도라산과 통일촌으로 통일기행.

   9. 10. 홍승헌 준목 부임.

   12. 3. 이순신 권사 유족이 장학기금으로 1억 원 헌금.

2007. 1. 12. 유원규 목사 KNCC 정의평화위원장 선임.

   2. 25. 김경숙, 박갑영 장로 임직.

   8. 19. 수유리 교회부지를 보수하여 한빛영성수련원으로 개원.

   9. 16. 교회 홈페이지www.hanbitc.org 개설.

   11. 4. 구본순 전도사 부임(2010년 12월 26일 사임).

2008. 5. 25. 역사세미나 '뉴라이트 역사교과서 무엇이 문제인가'(강사: 주진오 교수) 개최.

   8. 4-8. 백두산, 북간도 지역으로 한빛뿌리찾기 기행(21명 참여).

   11. 22. 강화도 통일기행.

2009. 6. 21. 선교부 세미나 '거울로서의 역사'(강사: 연규홍 교수) 개최.

   7. 19. 민주주의 회복과 남북의 화해와 통일을 위한 한빛시국기도회 개최.

   8. 26. 일본 기독교단 북규슈 지구가 주최한 분단현실 견학 행사 일정으로 재일청년과 신도 11명이 통일의 집 방문 뒤, 한빛영성수련원에서 한빛 교인들과 교류회 가짐.

   9. 13. 장영달 권사 '민청학련사건(1974년)' 재심에서 무죄 선고받음.

10.15. 용산 남일당에서 한빛교회 주관 용산참사 촛불예배 개최.

12.13. 공동의회에서 한빛교회 신앙고백문 제정 가결, 장로임기제 부결.

2010. 1. 3. 수유리 한빛영성수련원 금요기도회 시작.

5. 9. 남신도들이 나오미회원들을 모시고 경기도 연천으로 효도관광.

6. 13. 김복희 권사의 특별헌금으로 본당에 그랜드피아노 설치.

10.3. 이문숙 목사 아시아교회 여성연합회 총무 취임.

2011. 6. 4. 배성진 전도사 반값등록금 집회 중 관악경찰서로 연행되었다 풀려남.

8. 21. 제1회 한빛 남신도 요리대회 개최.

10.2. 박용길 장로 소천, 겨레장으로 장례식 거행.

2012. 1. 22. 성탄헌금 일부를 정신대 할머니들의 차량 구입에 지원, 중증 장애인 공동체 '샬롬의 집'에 전달.

7. 1. 장영달 권사 '민청학련사건(1974년)' 배상금 일부(3천만 원)를 장영달-김혜식 권사 장학금으로 헌금.

11.4. 매월 첫 주일마다 관상기도 모임(이학전 장로 인도).

2013. 6. 2. 한빛강좌 '후쿠시마와 건강 영향'(강사: 김익중 교수).

10.13. 나석호 교육전도사 전임전도사 부임.

12.29. 성탄헌금 일부를 '밀양 송전탑 반대대책위원회'와 어려운 이웃에게 전달.

2014. 7. 10. 세월호 참사 추모촛불예배에 한빛 성가대 참여.

8. 4. 세월호 참사 특별법 제정을 위한 한국기독교장로회 연속금식기도회에 참여.

10. 15. 세월호 참사 진상규명을 위한 연속촛불기도회 주관.

12.31. 성탄헌금 일부를 이주노동 희망센터(이사장 이수호)에 전달.

2015. 2. 12-14. 세월호 가족의 안산~팽목항 도보행진에 한빛교인들 전남도청~팽목항 구간 참여.

2. 15. 교회 창립 60주년 기념주일에 쌍용차 평택공장을 방문, 굴뚝에서 고공농성 중인 김정욱, 이창근 씨를 응원하고 후원금 전달.

4. 3. 세월호 참사 실종자 허다윤 학생(단원고 2학년 2반)의 부모님이 한빛성금요일 예배에 참석.

11.29. 공동의회 홍승헌 목사 한빛교회 담임목사 청빙.

도움말을 주신 분들

한빛교회 나오미회, 베드로회, 에스더회,
  마르다회, 청년부
강경신(동부교회 목사)
강달현(캐나다 거주)
강성구
고춘식
공유상
권순갑
김경영
김경환(캐나다 거주)
김석(이순신 권사 아들)
김성재
김원철
김은성
김은순, 김양순(김성호 장로 딸)
김은총
김장주
김종철(동아투위)
김혜현
문동환
문영금
문영환
문은희
박갑영
박봉순
박윤수
송영관, 원혜진
안계희
안인숙
양관수

오승룡
유원규, 한선희
윤수경(한빛교회 장로)
윤수경(조남순 전도사 큰딸, 미국 거주)
이광일
이학전
이해동, 이종옥
이현자
장영달
장진숙
전병선(전동림 장로 아들, 캐나다 거주)
정경희
정두철
조인영
차풍길, 박명자
최인성
한운석
홍승헌

고 박용길 장로 [기록과 사진]
강성구 [사진]
김경애(한겨레 신문) [사진]
김은숙(김창필 누이) [4·19 10주년 기념지]
김재홍(김약연 증손) [사진]
김하수(김관석 아들) [사진]
동부교회 [동부교회 당회록 및 제직회의록]
소혜자(도로테아 슈바이처) [기록과 사진]
송영관 [사진]
임우선 [사진]

참고한 책과 자료

김경재, 「김재준 평전」, 삼인, 서울 2001
김관석, 「김관석 설교집, 평화를 찾아서」, 시인사, 서울 1979
김병철, 「한국근대번역문학사연구」, 을유문화사, 서울 1975
김주한, "북간도지역의 기독교 민족운동 연구," 「한국개신교가 한국 근현대의 사회, 문화
    적 변동에 끼친 영향 연구」, 한국신학연구소, 서울 2005
김형수, 「문익환 평전」, 실천문학사, 서울 2004
동아자유언론수호투쟁위원회, 「자유언론 1975-2005 동아투위 30년의 발자취」, 해담솔,
    서울 2005
문동환, 「문동환 자서전, 떠돌이 목자의 노래」, 삼인, 서울 2009
문영금·문영미 공저, 「기린갑이와 고만녜의 꿈」, 삼인출판사, 서울 2006
문영미, 「아무도 그녀의 이야기를 들어주지 않았다」, 샘터, 서울 1999
문익환, 「문익환 전집 9권, 옥중서신」, 사계절출판사, 서울 1999
문익환, 「문익환 전집 12권, 설교편」, 사계절출판사, 서울 1999
문일평 저·이기백 역, 「호암사론선」, 탐구당, 서울 1975
민경배, 「한국 기독교회사」, 연세대출판부, 서울 2007
민경배, 「대한예수교장로회 100년사」, 대한예수교총회, 서울 1984.
민주화운동기념사업회연구소 편, 「한국민주화운동사 연표」, 선인, 서울 2006
서중석, 「사진과 그림으로 보는 한국현대사」, 웅진지식하우스, 서울 2013
손승호, 「유신체제하 한국기독교교회협의회의 인권운동에 대한 연구」, 연세대학교 대학
    원 박사학위 논문, 2014
신동호, 「70년대 캠퍼스, 군사독재와 맞서 싸운 청년들의 이야기 2」, 환경재단 도요새, 서
    울 2007
연규홍, 「역사를 살다-한신과 기장의 신앙고백」, 한신대학교출판부, 오산 2012
연규홍, 「하나님이 빚은 달항아리, 동부교회 60년사」, 동부교회, 서울 2011
윤정란, 「한국전쟁과 기독교」, 한울, 서울 2015
이덕주, 「이덕주 교수가 쉽게 쓴 한국교회 이야기」, 신앙과 지성사, 서울 2009
이문숙, 「이우정 평전」, 삼인, 서울 2012
이영미, "개신교가 한국 여성 지위 변화에 미친 영향," 「한국개신교가 한국 근현대의 사회·
    문화적 변동에 끼친 영향 연구」, 한국신학연구소, 서울 2005

이우정·이현숙 공저, 「한국기독교장로회 여신도회 60년사」, 한국기독교장로회 여신도회
　전국연합회,1989
이해동·이종옥 공저, 「회고록: 둘이 걸은 한길 1」, 대한기독교서회, 서울 2014
이현숙, 「한국교회여성연합회 25년사」, 한국교회여성연합회, 서울 1992
이현주 엮음, 「세기의 기도」, 삼인, 서울 2008
지동식, "전국복음화운동을 평가한다," 「전국복음화운동 보고서」, 전국복음화운동 중앙
　위원회, 1965
편집위원회, 「한신대학 50년사,1940-1990」, 한신대학교출판부, 오산 1990
한국기독교역사학회, 「한국기독교의 역사 II」, 한국기독교역사연구소, 서울 2009
한국기독교교회협의회 인권위원회, 「1970년대 한국민주화운동」, 한국기독교교회협의회,
　서울 1987
한국정치연구회 편, 「다시 보는 한국 민주화운동」, 도서출판 선인, 서울 2010

강인철, "남한사회와 월남기독교인," 〈역사비평〉, 1993 여름호
문동환, "문동환-떠돌이 목자의 노래" 한겨레 신문
백상현, "한국사를 바꾼 한국 교회사 명장면 20—성경한글번역," 국민일보, 2013년 7월
　17일 자
이만열, "한국기독교 통일운동의 전개과정," 〈신학정론〉 14(1)
조연현, "해방의 등불 된 간도의 대통령," 한겨레신문, 2007년 6월 18일 자
채수일, "1970년대 진보교회 사회참여의 신학적 기반", 〈한국기독교와 역사〉 18호, 한국
　기독교역사학회, 2003
최현배, "기독교와 한글," 〈신학논단〉 제7호, 1962년 10월

문익환, "항소이유서-문익환은 어떤 사람인가," 1990. 2. 10.
이승환, "늦봄 문익환, 김일성 주석을 설득하다"(문익환 목사의 방북 20주년 기념 글)
한빛교회 교우 일동, "김영삼 대통령에게 드리는 탄원서", 1995. 9. 24.
비전향 장기수 이경찬 편지, "문영미 선생에게," 광주 교도소, 1996
비전향 장기수 양희철 편지, "안기림에게," 광주교도소, 1996
비전향 장기수 양희철 편지, "정금자 집사님께, 1995년 새해를 희망으로 맞으며," 광주교
　도소, 1995
사단법인 4·19유족회(김정돈), 「4·19 10주년 기념지」, 1971

우남일, "박용길 장로님이 계셨고 내가 예배드리는 교회 '한빛',"「봄길과 함께, 통일의 봄
　　길 박용길 장로 추모 문집」, 통일맞이, 서울 2012
한국기독교장로회 여교역자 협의회, 「창립20주년 기념회보」

한빛교회 소식지 〈한울타리〉
한빛교회 당회록
한빛교회 공동의회 회의록
한빛교회 주보, 요람
동부교회 당회록
동부교회 제직회의록